Thomas Haedge
Thomas Nitzsche
Claudio Kahnt

Musterschreiben für den Betriebsrat

Der erfolgreiche Betriebsrat

Thomas Haedge
Thomas Nitzsche
Claudio Kahnt

Musterschreiben für den Betriebsrat

Rechtssicher und präzise formuliert

17., überarbeitete Auflage

BUND
VERLAG

Bibliografische Information Der Deutschen Nationalbibliothek
Die Deutsche Nationalbibliothek verzeichnet diese Publikation in der Deutschen Nationalbibliografie; detaillierte bibliografische Daten sind im Internet über *http://dnb.d-nb.de* abrufbar.

17., überarbeitete Auflage 2022

Umschlag: Neil McBeath, Stuttgart
Satz: Dörlemann Satz, Lemförde
Druck: Druckerei C. H. Beck, Berger Str. 3-5, 86720 Nördlingen

ISBN 978-3-7663-7194-2

www.bund-verlag.de

Vorwort

Das bewährte Handbuch aus der Reihe »Der erfolgreiche Betriebsrat« erläutert kurz und prägnant die wichtigsten Rechtsgrundlagen der täglichen Betriebsratsarbeit. Die auf die individuellen betrieblichen Gegebenheiten anzupassenden Musterschreiben decken die ganze Spannbreite des für die Aufgabenerledigung notwendigen Schriftverkehrs ab. Ergänzt um Handlungshilfen und hinterlegt mit Musterschreiben für ein effektives Vorgehen des Betriebsrats bei wirtschaftlichen Angelegenheiten und der sicheren Durchsetzung seiner Rechte, wird die aktuelle Auflage den Anforderungen auch auf diesem komplexen Gebiet gerecht. Die aktuelle Rechtsprechung bis in das Erscheinungsjahr ist ebenso eingearbeitet worden wie auch relevante gesetzliche Änderungen/Ergänzungen des aufbereiteten Handlungsrahmens. Damit bietet das Handbuch eine wertvolle Hilfestellung bei der rechtssicheren Formulierung von Anträgen und Stellungnahmen.
Die Vorteile des Handbuchs liegen in

- der Vielzahl individualisierbarer Musterschreiben, die alle online abrufbar sind;
- der Zuordnung von Musterschreiben zu den betreffenden Rechtsvorschriften;
- der themenbezogenen Gliederung des Buches mit Nennung und Erläuterung der einschlägigen Rechtsvorschriften.

Die im Handbuch am Ende jedes Kapitels zitierten Gesetzestexte entstammen – sofern nicht anders angegeben – dem Betriebsverfassungsgesetz.
Die Autoren hoffen, den Lesern mit der vorliegenden Arbeitshilfe wertvolle Hinweise für laufende Themenstellungen des Betriebsrats sowie direkt einsetzbare Mustervorlagen für die Bearbeitung zu geben.

Für Anregungen sind die Autoren jederzeit offen und dankbar. Gerne können diese direkt erfolgen über:

HNK Rechtsanwälte – www.rae-arbeitsrecht.com

Frankfurt am Main, im Januar 2022
Thomas Haedge, Thomas Nitzsche, Claudio Kahnt

Verzeichnis der Musterschreiben

§-Angaben ohne Gesetzesbezeichnungen sind immer solche des Betriebsverfassungsgesetzes.

Abkürzungsverzeichnis

aaO.	am angegebenen Ort
ABl.	Amtsblatt
Abs.	Absatz
AGG	Allgemeines Gleichbehandlungsgesetz
Alt.	Alternative
AOK	Allgemeine Ortskrankenkasse
AP	Arbeitsrechtliche Praxis
ArbSchG	Arbeitsschutzgesetz
ArbStättV	Arbeitsstättenverordnung
ArbZG	Arbeitszeitgesetz
BAG	Bundesarbeitsgericht
ber.	berichtigt
BeschFG	Beschäftigungsförderungsgesetz
BetrVG	Betriebsverfassungsgesetz
BGB	Bürgerliches Gesetzbuch
BGBl.	Bundesgesetzblatt
BRTV	Bundesrahmentarifvertrag
BTHG	Bundesteilhabegesetz
Buchst.	Buchstabe
BVerfG	Bundesverfassungsgericht
BVG	Besonderes Verhandlungsgremium
bzw.	beziehungsweise
CAD	Computer Aided Design
DGB	Deutscher Gewerkschaftsbund
d. h.	das heißt
d. J.	des Jahres
DV	Datenverarbeitung

EBRG	Europäisches Betriebsrätegesetz
EDV	Elektronische Datenverarbeitung
etc.	et cetera
EU	Europäische Union
Fa.	Firma
ff.	fortfolgende
ggf.	gegebenenfalls
GleiBG	Gleichberechtigungsgesetz
GmbH	Gesellschaft mit beschränkter Haftung
i. S. d.	im Sinne des
i. S. v.	im Sinne von
i. V. m.	in Verbindung mit
KSchG	Kündigungsschutzgesetz
LAG	Landesarbeitsgericht
n. J.	nächsten Jahres
Nr.	Nummer
NZA	Neue Zeitschrift für Arbeitsrecht
o. Ä.	oder Ähnliches
o. g.	oben genannt
PC	Personalcomputer
PLZ	Postleitzahl
Rdn.	Randnummer
Rspr.	Rechtsprechung
RVG	Rechtsanwaltsvergütungsgesetz
S.	Seite
s.	siehe
SchwbG	Schwerbehindertengesetz
SGB	Sozialgesetzbuch
SGB IX	Sozialgesetzbuch Neuntes Buch – Rehabilitation und Teilhabe von Menschen mit Behinderungen
SprAuG	Sprecherausschussgesetz

st.	ständige
Std.	Stunde(n)
TOP	Tagesordnungspunkt
TzBfG	Teilzeit- und Befristungsgesetz
u. a.	unter anderem
u. a.m.	und andere mehr
u. U.	unter Umständen
z. B.	zum Beispiel
Ziff.	Ziffer

I. Errichtung von Betriebsräten – Wahl eines Betriebsrats

Es ist der Wille des Gesetzgebers, dass in Betrieben mit in der Regel mindestens fünf ständigen wahlberechtigten Arbeitnehmern, von denen drei wählbar sind, Betriebsräte gewählt werden.

Die Bedeutung des Betriebsrats als kollektivrechtliches – mit vielfältigen Rechten ausgestattetes – Vertretungsorgan der Belegschaft ist auch nach der Novellierung des Betriebsverfassungsgesetzes im Jahre 2001 vielen Arbeitnehmern nicht voll bewusst, insbesondere was den Umfang der Einwirkungsmöglichkeiten des betrieblichen Vertretungsorgans betrifft. Dabei liegt das Zustandekommen des Organs »Betriebsrat« ab einer bestimmten Betriebsgröße allein in den Händen der Belegschaft. Zweifelsohne erfordert die Initiative zur Wahl eines Betriebsrats ein bestimmtes Maß an Selbstbewusstsein, die gesetzlich vorgesehenen Beteiligungsrechte für sich zu nutzen. Jeder Arbeitnehmer muss sich bewusst machen, dass die Wahl einer Betriebsvertretung vom Gesetzgeber als wichtiger Baustein zur Gewährleistung der innerbetrieblichen Demokratie gewollt ist und kein besonderes Entgegenkommen des Arbeitgebers darstellt. Ein Betriebsrat ist allein dem Gesetz verantwortlich. Er handelt auf dieser Grundlage als Interessenvertretung der Belegschaft.

Der Trend, verstärkt öffentlich-rechtliche Aufgaben von öffentlich-rechtlichen Institutionen zu privatisieren, führte dazu, dass Beamte und Angestellte des Öffentlichen Dienstes in privatrechtlich geführten Unternehmen arbeiten. So gelten i. S. d. § 5 Abs. 1 Satz 3 BetrVG als Arbeitnehmer auch Beamte, Soldaten sowie Arbeitnehmer des Öffentlichen Dienstes, die in Betrieben privatrechtlich organisierter Unternehmen tätig sind. Auch im Hinblick auf den Zweck der Schwellenwerte bei den Organisationsvorschriften des Betriebsverfassungsgesetzes ist die Berücksichtigung der in § 5 Abs. 1 Satz 3 BetrVG genannten Beschäftigten geboten. »Tätig im Sinn der Bestimmung sind solche Beschäftigten, die in die Betriebsorganisation eingegliedert sind.«[1]

1 Jahresbericht des Bundesarbeitsgerichts 2012, S. 74/75: Entscheidungen des Siebten Senats vom 15. 12. 2011 – 7 ABR 65/10 und 15. 8. 2012 – 7 ABR 34/11.

Ist einmal ein Betriebsrat gewählt, wird er in der Regel zur Dauereinrichtung im Betrieb. Der Arbeitgeber wehrt sich in vielen Fällen gegen dessen Errichtung. Wird ihm jedoch bewusst, dass ihm mit der Interessenvertretung der Arbeitnehmer des Betriebs ein gleichberechtigter Verhandlungspartner gegenübersteht, der – durch das BetrVG geschützt – in der Ausübung seiner Tätigkeit seinem Direktionsrecht entzogen ist, kann der Arbeitgeber den Betriebsrat im Rahmen der gesetzlich gebotenen vertrauensvollen Zusammenarbeit als Mitgestalter des betrieblichen Leistungsprozesses nutzen. Allerdings darf auch nicht übersehen werden, dass der Betriebsrat, besonders in kleinen und mittleren Betrieben, als Störfaktor autokratischen Handelns angesehen wird. Da die Missachtung der Mitwirkungs- und Mitbestimmungsrechte seitens der Arbeitgeber im Betriebsverfassungsgesetz strafbewehrt ist, versuchen viele Arbeitgeber die Wahl eines Betriebsrats zu verhindern. Um dieser Tendenz entgegenzuwirken, hat der Gesetzgeber zunächst mit der Novellierung des Betriebsverfassungsgesetzes im Jahre 2001 u. a. auch das Verfahren zur Betriebsratswahl erleichtert. Auch das Inkrafttreten des Betriebsrätemodernisierungsgesetzes im Jahr 2021, mit seiner Vielzahl an Veränderungen im BetrVG – insbesondere im Wahlrecht – soll die Bildung neuer Gremien erleichtern.
Nach den Ergebnissen des IAB-Betriebspanels für das Jahr 2020 lag der Anteil der Betriebe mit Betriebsrat bei circa 8 Prozent; wobei es insbesondere in kleineren und mittleren Betrieben an Betriebsräten mangelte.[2]
Bei der Durchsetzung ihrer Rechte erfahren die Arbeitnehmer des Betriebs einen wirksamen Schutz durch ihre Gewerkschaft. Die starke Stellung der im Betrieb vertretenen Gewerkschaft wird bereits bei der Vorbereitung und Durchführung der Wahl zum Betriebsrat deutlich.
Eine Betriebsratswahl kann zum juristischen Hürdenlauf werden, den die in der Regel gewerkschaftlich organisierten und betriebsratswilligen Arbeitnehmer nur gemeinsam mit ihrer Gewerkschaft meistern können. Das gilt nicht nur für die Wahl des Betriebsrats, sondern auch für die weitere Zusammenarbeit des Betriebsrats mit der im Betrieb vertretenen Gewerkschaft nach seiner Konstituierung.
Der Ministerrat der Europäischen Gemeinschaften hatte bereits am 22. 9. 1994 eine Richtlinie verabschiedet, mit der die Errichtung Europäischer Betriebsräte ermöglicht wird. Mit dieser Richtlinie soll gewährleistet werden, dass Arbeitnehmer von Unternehmen und Unternehmensgruppen, die in mehreren Mitgliedstaaten der EU tätig sind, vom Arbeitgeber in angemessener Weise unterrichtet und angehört werden. Das Gesetz über Europäische Betriebsräte (Europäische Betriebsräte-Gesetz – EBRG) ist am 1. 11. 1996 in Kraft getreten. Das EBRG setzt

2 *https://www.iab.de/de/informationsservice/presse/presseinformationen/tarifbindungabnahme.aspx*

die EU-Richtlinie 94/45/EG über die Einsetzung eines Europäischen Betriebsrats oder die Schaffung eines Verfahrens zur Unterrichtung und Anhörung der Arbeitnehmer in gemeinschaftsweit operierenden Unternehmen und Unternehmensgruppen in deutsches Recht um.

Die EBR-Richtlinie und das nationale Umsetzungsgesetz wirken der Tendenz entgegen, dass es für Arbeitnehmervertretungen im Rahmen der Globalisierung und zunehmenden Internationalisierung immer schwieriger wird, auf die Gestaltung der unternehmerischen Entscheidungen Einfluss zu nehmen. Ziel des nationalen Umsetzungsgesetzes ist eine grenzübergreifende Unterrichtung und Anhörung der Arbeitnehmer in gemeinschaftsweit tätigen Unternehmen und Konzernen.

Die Vereinbarung über eine grenzübergreifende Unterrichtung und Anhörung ist zwischen der Unternehmens- oder Konzernleitung und einem besonderen Verhandlungsgremium (BVG) der Arbeitnehmer zu treffen. Nach § 8 EBRG hat das BVG die Aufgabe, mit der zentralen Leitung eine Vereinbarung über eine grenzüberschreitende Unterrichtung und Anhörung der Arbeitnehmer abzuschließen. Entscheiden sich BVG und die zentrale Leitung für die Bildung eines EBR, so ist dessen Ausgestaltung schriftlich zu vereinbaren. § 18 Abs. 1 EBRG gibt für diese Ausgestaltung einen Mindestinhalt vor.

Verweigert die zentrale Leitung innerhalb von sechs Monaten nach Antragstellung (§ 9 EBRG) die Aufnahme von Verhandlungen oder kommt innerhalb von drei Jahren keine Verhandlungslösung gemäß §§ 18, 19 EBRG zustande oder erklären die zentrale Leitung und das BVG vorzeitig das Scheitern der Verhandlungen, ist ein EBR kraft Gesetzes nach §§ 22, 23 EBRG zu errichten (§ 21 Abs. 1 EBRG).

Der Europäische Betriebsrat kraft Gesetzes ist insbesondere in wirtschaftlichen Angelegenheiten zuständig, sofern diese mindestens zwei Betriebe oder zwei Unternehmen in verschiedenen Mitgliedstaaten betreffen oder sich dort grenzübergreifend auswirken. Der Europäische Betriebsrat kraft Gesetzes ist einmal in jedem Kalenderjahr über die Entwicklung der Geschäftslage und die Perspektiven des gemeinschaftsweit tätigen Unternehmens oder Konzerns von der Unternehmensleitung zu unterrichten und anzuhören.

Gesetzestexte

Betriebsverfassungsgesetz[3]

§ 1 Errichtung von Betriebsräten

(1) In Betrieben mit in der Regel mindestens fünf ständigen wahlberechtigten Arbeitnehmern, von denen drei wählbar sind, werden Betriebsräte gewählt. Dies gilt auch für gemeinsame Betriebe mehrerer Unternehmen.
(2) Ein gemeinsamer Betrieb mehrerer Unternehmen wird vermutet, wenn
1. zur Verfolgung arbeitstechnischer Zwecke die Betriebsmittel sowie die Arbeitnehmer von den Unternehmen gemeinsam eingesetzt werden oder
2. die Spaltung eines Unternehmens zur Folge hat, dass von einem Betrieb ein oder mehrere Betriebsteile einem an der Spaltung beteiligten anderen Unternehmen zugeordnet werden, ohne dass sich dabei die Organisation des betroffenen Betriebs wesentlich ändert.

§ 2 Stellung der Gewerkschaften und Vereinigungen der Arbeitgeber

(1) Arbeitgeber und Betriebsrat arbeiten unter Beachtung der geltenden Tarifverträge vertrauensvoll und im Zusammenwirken mit den im Betrieb vertretenen Gewerkschaften und Arbeitgebervereinigungen zum Wohl der Arbeitnehmer und des Betriebs zusammen.
(2) Zur Wahrnehmung der in diesem Gesetz genannten Aufgaben und Befugnisse der im Betrieb vertretenen Gewerkschaften ist deren Beauftragten nach Unterrichtung des Arbeitgebers oder seines Vertreters Zugang zum Betrieb zu gewähren, soweit dem nicht unumgängliche Notwendigkeiten des Betriebsablaufs, zwingende Sicherheitsvorschriften oder der Schutz von Betriebsgeheimnissen entgegenstehen.
(3) Die Aufgaben der Gewerkschaften und der Vereinigungen der Arbeitgeber, insbesondere die Wahrnehmung der Interessen ihrer Mitglieder, werden durch dieses Gesetz nicht berührt.

§ 3 Abweichende Regelungen

(1) Durch Tarifvertrag können bestimmt werden:
1. für Unternehmen mit mehreren Betrieben
   a) die Bildung eines unternehmenseinheitlichen Betriebsrats oder

3 Vom 15. Januar 1972, in der Fassung der Bekanntmachung vom 25. September 2001 (BGBl. I 2518), zuletzt geändert durch Gesetz vom 10. Dezember 2021 (BGBl. I 5162).

b) die Zusammenfassung von Betrieben, wenn dies die Bildung von Betriebsräten erleichtert oder einer sachgerechten Wahrnehmung der Interessen der Arbeitnehmer dient;

2. für Unternehmen und Konzerne, soweit sie nach produkt- oder projektbezogenen Geschäftsbereichen (Sparten) organisiert sind und die Leitung der Sparte auch Entscheidungen in beteiligungspflichtigen Angelegenheiten trifft, die Bildung von Betriebsräten in den Sparten (Spartenbetriebsräte), wenn dies der sachgerechten Wahrnehmung der Aufgaben des Betriebsrats dient;
3. andere Arbeitnehmervertretungsstrukturen, soweit dies insbesondere aufgrund der Betriebs-, Unternehmens- oder Konzernorganisation oder aufgrund anderer Formen der Zusammenarbeit von Unternehmen einer wirksamen und zweckmäßigen Interessenvertretung der Arbeitnehmer dient;
4. zusätzliche betriebsverfassungsrechtliche Gremien (Arbeitsgemeinschaften), die der unternehmensübergreifenden Zusammenarbeit von Arbeitnehmervertretungen dienen;
5. zusätzliche betriebsverfassungsrechtliche Vertretungen der Arbeitnehmer, die die Zusammenarbeit zwischen Betriebsrat und Arbeitnehmern erleichtern.

(2) Besteht in den Fällen des Absatzes 1 Nr. 1, 2, 4 oder 5 keine tarifliche Regelung und gilt auch kein anderer Tarifvertrag, kann die Regelung durch Betriebsvereinbarung getroffen werden.

(3) Besteht im Fall des Absatzes 1 Nr. 1 Buchstabe a keine tarifliche Regelung und besteht in dem Unternehmen kein Betriebsrat, können die Arbeitnehmer mit Stimmenmehrheit die Wahl eines unternehmenseinheitlichen Betriebsrats beschließen. Die Abstimmung kann von mindestens drei wahlberechtigten Arbeitnehmern des Unternehmens oder einer im Unternehmen vertretenen Gewerkschaft veranlasst werden.

(4) Sofern der Tarifvertrag oder die Betriebsvereinbarung nichts anderes bestimmt, sind Regelungen nach Absatz 1 Nr. 1 bis 3 erstmals bei der nächsten regelmäßigen Betriebsratswahl anzuwenden, es sei denn, es besteht kein Betriebsrat oder es ist aus anderen Gründen eine Neuwahl des Betriebsrats erforderlich. Sieht der Tarifvertrag oder die Betriebsvereinbarung einen anderen Wahlzeitpunkt vor, endet die Amtszeit bestehender Betriebsräte, die durch die Regelungen nach Absatz 1 Nr. 1 bis 3 entfallen, mit Bekanntgabe des Wahlergebnisses.

(5) Die aufgrund eines Tarifvertrages oder einer Betriebsvereinbarung nach Absatz 1 Nr. 1 bis 3 gebildeten betriebsverfassungsrechtlichen Organisationseinheiten gelten als Betriebe im Sinne dieses Gesetzes. Auf die in ihnen gebildeten Arbeitnehmervertretungen finden die Vorschriften über die Rechte und Pflichten des Betriebsrats und die Rechtsstellung seiner Mitglieder Anwendung.

§ 4 Betriebsteile, Kleinstbetriebe

(1) Betriebsteile gelten als selbständige Betriebe, wenn sie die Voraussetzungen des § 1 Abs. 1 Satz 1 erfüllen und
1. räumlich weit vom Hauptbetrieb entfernt oder
2. durch Aufgabenbereich und Organisation eigenständig sind.

Die Arbeitnehmer eines Betriebsteils, in dem kein eigener Betriebsrat besteht, können mit Stimmenmehrheit formlos beschließen, an der Wahl des Betriebsrats im Hauptbetrieb teilzunehmen; § 3 Abs. 3 Satz 2 gilt entsprechend. Die Abstimmung kann auch vom Betriebsrat des Hauptbetriebs veranlasst werden. Der Beschluss ist dem Betriebsrat des Hauptbetriebs spätestens zehn Wochen vor Ablauf seiner Amtszeit mitzuteilen. Für den Widerruf des Beschlusses gelten die Sätze 2 bis 4 entsprechend.

(2) Betriebe, die die Voraussetzungen des § 1 Abs. 1 Satz 1 nicht erfüllen, sind dem Hauptbetrieb zuzuordnen.

§ 5 Arbeitnehmer

(1) Arbeitnehmer (Arbeitnehmerinnen und Arbeitnehmer) im Sinne dieses Gesetzes sind Arbeiter und Angestellte einschließlich der zu ihrer Berufsausbildung Beschäftigten, unabhängig davon, ob sie im Betrieb, im Außendienst oder mit Telearbeit beschäftigt werden. Als Arbeitnehmer gelten auch die in Heimarbeit Beschäftigten, die in der Hauptsache für den Betrieb arbeiten. Als Arbeitnehmer gelten ferner Beamte (Beamtinnen und Beamte), Soldaten (Soldatinnen und Soldaten) sowie Arbeitnehmer des öffentlichen Dienstes einschließlich der zu ihrer Berufsausbildung Beschäftigten, die in Betrieben privatrechtlich organisierter Unternehmen tätig sind.

(2) Als Arbeitnehmer im Sinne dieses Gesetzes gelten nicht
1. in Betrieben einer juristischen Person die Mitglieder des Organs, das zur gesetzlichen Vertretung der juristischen Person berufen ist;
2. die Gesellschafter einer offenen Handelsgesellschaft oder die Mitglieder einer anderen Personengesamtheit, soweit sie durch Gesetz, Satzung oder Gesellschaftsvertrag zur Vertretung der Personengesamtheit oder zur Geschäftsführung berufen sind, in deren Betrieben;
3. Personen, deren Beschäftigung nicht in erster Linie ihrem Erwerb dient, sondern vorwiegend durch Beweggründe karitativer oder religiöser Art bestimmt ist;
4. Personen, deren Beschäftigung nicht in erster Linie ihrem Erwerb dient und die vorwiegend zu ihrer Heilung, Wiedereingewöhnung, sittlichen Besserung oder Erziehung beschäftigt werden;

5. der Ehegatte, der Lebenspartner, Verwandte und Verschwägerte ersten Grades, die in häuslicher Gemeinschaft mit dem Arbeitgeber leben.

(3) Dieses Gesetz findet, soweit in ihm nicht ausdrücklich etwas anderes bestimmt ist, keine Anwendung auf leitende Angestellte. Leitender Angestellter ist, wer nach Arbeitsvertrag und Stellung im Unternehmen oder im Betrieb

1. zur selbständigen Einstellung und Entlassung von im Betrieb oder in der Betriebsabteilung beschäftigten Arbeitnehmern berechtigt ist oder
2. Generalvollmacht oder Prokura hat und die Prokura auch im Verhältnis zum Arbeitgeber nicht unbedeutend ist oder
3. regelmäßig sonstige Aufgaben wahrnimmt, die für den Bestand und die Entwicklung des Unternehmens oder eines Betriebs von Bedeutung sind und deren Erfüllung besondere Erfahrungen und Kenntnisse voraussetzt, wenn er dabei entweder die Entscheidungen im Wesentlichen frei von Weisungen trifft oder sie maßgeblich beeinflusst; dies kann auch bei Vorgaben insbesondere aufgrund von Rechtsvorschriften, Plänen oder Richtlinien sowie bei Zusammenarbeit mit anderen leitenden Angestellten gegeben sein. Für die in Absatz 1 Satz 3 genannten Beamten und Soldaten gelten die Sätze 1 und 2 entsprechend.

(4) Leitender Angestellter nach Absatz 3 Nr. 3 ist im Zweifel, wer

1. aus Anlass der letzten Wahl des Betriebsrats, des Sprecherausschusses oder von Aufsichtsratsmitgliedern der Arbeitnehmer oder durch rechtskräftige gerichtliche Entscheidung den leitenden Angestellten zugeordnet worden ist oder
2. einer Leitungsebene angehört, auf der in dem Unternehmen überwiegend leitende Angestellte vertreten sind, oder
3. ein regelmäßiges Jahresarbeitsentgelt erhält, das für leitende Angestellte in dem Unternehmen üblich ist, oder,
4. falls auch bei der Anwendung der Nummer 3 noch Zweifel bleiben, ein regelmäßiges Jahresarbeitsentgelt erhält, das das Dreifache der Bezugsgröße nach § 18 des Vierten Buches Sozialgesetzbuch überschreitet.

§ 6 *(weggefallen)*

§ 7 Wahlberechtigung

Wahlberechtigt sind alle Arbeitnehmer des Betriebs, die das 16. Lebensjahr vollendet haben. Werden Arbeitnehmer eines anderen Arbeitgebers zur Arbeitsleistung überlassen, so sind diese wahlberechtigt, wenn sie länger als drei Monate im Betrieb eingesetzt werden.

§ 8 Wählbarkeit

(1) Wählbar sind alle Wahlberechtigten, die das 18. Lebensjahr vollendet haben und sechs Monate dem Betrieb angehören oder als in Heimarbeit Beschäftigte in der Hauptsache für den Betrieb gearbeitet haben. Auf diese sechsmonatige Betriebszugehörigkeit werden Zeiten angerechnet, in denen der Arbeitnehmer unmittelbar vorher einem anderen Betrieb desselben Unternehmens oder Konzerns (§ 18 Abs. 1 des Aktiengesetzes) angehört hat. Nicht wählbar ist, wer infolge strafgerichtlicher Verurteilung die Fähigkeit, Rechte aus öffentlichen Wahlen zu erlangen, nicht besitzt.
(2) Besteht der Betrieb weniger als sechs Monate, so sind abweichend von der Vorschrift in Absatz 1 über die sechsmonatige Betriebszugehörigkeit diejenigen Arbeitnehmer wählbar, die bei der Einleitung der Betriebsratswahl im Betrieb beschäftigt sind und die übrigen Voraussetzungen für die Wählbarkeit erfüllen.

§ 9 Zahl der Betriebsratsmitglieder

Der Betriebsrat besteht in Betrieben mit in der Regel

5 bis 20 wahlberechtigten Arbeitnehmern	aus einer Person,
21 bis 50 wahlberechtigten Arbeitnehmern	aus 3 Mitgliedern,
51 wahlberechtigten Arbeitnehmern bis 100 Arbeitnehmern	aus 5 Mitgliedern,
101 bis 200 Arbeitnehmern	aus 7 Mitgliedern,
201 bis 400 Arbeitnehmern	aus 9 Mitgliedern,
401 bis 700 Arbeitnehmern	aus 11 Mitgliedern,
701 bis 1000 Arbeitnehmern	aus 13 Mitgliedern,
1001 bis 1500 Arbeitnehmern	aus 15 Mitgliedern,
1501 bis 2000 Arbeitnehmern	aus 17 Mitgliedern,
2001 bis 2500 Arbeitnehmern	aus 19 Mitgliedern,
2501 bis 3000 Arbeitnehmern	aus 21 Mitgliedern,
3001 bis 3500 Arbeitnehmern	aus 23 Mitgliedern,
3501 bis 4000 Arbeitnehmern	aus 25 Mitgliedern,
4001 bis 4500 Arbeitnehmern	aus 27 Mitgliedern,
4501 bis 5000 Arbeitnehmern	aus 29 Mitgliedern,
5001 bis 6000 Arbeitnehmern	aus 31 Mitgliedern,
6001 bis 7000 Arbeitnehmern	aus 33 Mitgliedern,
7001 bis 9000 Arbeitnehmern	aus 35 Mitgliedern.

In Betrieben mit mehr als 9000 Arbeitnehmern erhöht sich die Zahl der Mitglieder des Betriebsrats für je angefangene weitere 3000 Arbeitnehmer um 2 Mitglieder.

§ 10 *(weggefallen)*

§ 11 Ermäßigte Zahl der Betriebsratsmitglieder

Hat ein Betrieb nicht die ausreichende Zahl von wählbaren Arbeitnehmern, so ist die Zahl der Betriebsratsmitglieder der nächstniedrigeren Betriebsgröße zugrunde zu legen.

§ 12 *(weggefallen)*

§ 13 Zeitpunkt der Betriebsratswahlen

(1) Die regelmäßigen Betriebsratswahlen finden alle vier Jahre in der Zeit vom 1. März bis 31. Mai statt. Sie sind zeitgleich mit den regelmäßigen Wahlen nach § 5 Abs. 1 des Sprecherausschussgesetzes einzuleiten.
(2) Außerhalb dieser Zeit ist der Betriebsrat zu wählen, wenn

1. mit Ablauf von 24 Monaten, vom Tage der Wahl an gerechnet, die Zahl der regelmäßig beschäftigten Arbeitnehmer um die Hälfte, mindestens aber um fünfzig, gestiegen oder gesunken ist,
2. die Gesamtzahl der Betriebsratsmitglieder nach Eintreten sämtlicher Ersatzmitglieder unter die vorgeschriebene Zahl der Betriebsratsmitglieder gesunken ist,
3. der Betriebsrat mit der Mehrheit seiner Mitglieder seinen Rücktritt beschlossen hat,
4. die Betriebsratswahl mit Erfolg angefochten worden ist,
5. der Betriebsrat durch eine gerichtliche Entscheidung aufgelöst ist oder
6. im Betrieb ein Betriebsrat nicht besteht.

(3) Hat außerhalb des für die regelmäßigen Betriebsratswahlen festgelegten Zeitraums eine Betriebsratswahl stattgefunden, so ist der Betriebsrat in dem auf die Wahl folgenden nächsten Zeitraum der regelmäßigen Betriebsratswahlen neu zu wählen. Hat die Amtszeit des Betriebsrats zu Beginn des für die regelmäßigen Betriebsratswahlen festgelegten Zeitraums noch nicht ein Jahr betragen, so ist der Betriebsrat in dem übernächsten Zeitraum der regelmäßigen Betriebsratswahlen neu zu wählen.

§ 14 Wahlvorschriften

(1) Der Betriebsrat wird in geheimer und unmittelbarer Wahl gewählt.
(2) Die Wahl erfolgt nach den Grundsätzen der Verhältniswahl. Sie erfolgt nach den Grundsätzen der Mehrheitswahl, wenn nur ein Wahlvorschlag eingereicht

wird oder wenn der Betriebsrat im vereinfachten Wahlverfahren nach § 14a zu wählen ist.
(3) Zur Wahl des Betriebsrats können die wahlberechtigten Arbeitnehmer und die im Betrieb vertretenen Gewerkschaften Wahlvorschläge machen.
(4) In Betrieben mit in der Regel bis zu 20 wahlberechtigten Arbeitnehmern bedarf es keiner Unterzeichnung von Wahlvorschlägen. Wahlvorschläge sind in Betrieben mit in der Regel 21 bis 100 wahlberechtigten Arbeitnehmern von mindestens zwei wahlberechtigten Arbeitnehmern und in Betrieben mit in der Regel mehr als 100 wahlberechtigten Arbeitnehmern von mindestens einem Zwanzigstel der wahlberechtigten Arbeitnehmer zu unterzeichnen. In jedem Fall genügt die Unterzeichnung durch 50 wahlberechtigte Arbeitnehmer.
(5) Jeder Wahlvorschlag einer Gewerkschaft muss von zwei Beauftragten unterzeichnet sein.

§ 14a Vereinfachtes Wahlverfahren für Kleinbetriebe

(1) In Betrieben mit in der Regel fünf bis 100 wahlberechtigten Arbeitnehmern wird der Betriebsrat in einem zweistufigen Verfahren gewählt. Auf einer ersten Wahlversammlung wird der Wahlvorstand nach § 17a Nr. 3 gewählt. Auf einer zweiten Wahlversammlung wird der Betriebsrat in geheimer und unmittelbarer Wahl gewählt. Diese Wahlversammlung findet eine Woche nach der Wahlversammlung zur Wahl des Wahlvorstands statt.
(2) Wahlvorschläge können bis zum Ende der Wahlversammlung zur Wahl des Wahlvorstands nach § 17a Nr. 3 gemacht werden; für Wahlvorschläge der Arbeitnehmer gilt § 14 Abs. 4 mit der Maßgabe, dass für Wahlvorschläge, die erst auf dieser Wahlversammlung gemacht werden, keine Schriftform erforderlich ist.
(3) Ist der Wahlvorstand in Betrieben mit in der Regel fünf bis 100 wahlberechtigten Arbeitnehmern nach § 17a Nr. 1 in Verbindung mit § 16 vom Betriebsrat, Gesamtbetriebsrat oder Konzernbetriebsrat oder nach § 17a Nr. 4 vom Arbeitsgericht bestellt, wird der Betriebsrat abweichend von Absatz 1 Satz 1 und 2 auf nur einer Wahlversammlung in geheimer und unmittelbarer Wahl gewählt. Wahlvorschläge können bis eine Woche vor der Wahlversammlung zur Wahl des Betriebsrats gemacht werden; § 14 Abs. 4 gilt unverändert.
(4) Wahlberechtigten Arbeitnehmern, die an der Wahlversammlung zur Wahl des Betriebsrats nicht teilnehmen können, ist Gelegenheit zur schriftlichen Stimmabgabe zu geben.
(5) In Betrieben mit in der Regel 101 bis 200 wahlberechtigten Arbeitnehmern können der Wahlvorstand und der Arbeitgeber die Anwendung des vereinfachten Wahlverfahrens vereinbaren.

§ 15 Zusammensetzung nach Beschäftigungsarten und Geschlechter

(1) Der Betriebsrat soll sich möglichst aus Arbeitnehmern der einzelnen Organisationsbereiche und der verschiedenen Beschäftigungsarten der im Betrieb tätigen Arbeitnehmer zusammensetzen.
(2) Das Geschlecht, das in der Belegschaft in der Minderheit ist, muss mindestens entsprechend seinem zahlenmäßigen Verhältnis im Betriebsrat vertreten sein, wenn dieser aus mindestens drei Mitgliedern besteht.

§ 16 Bestellung des Wahlvorstands

(1) Spätestens zehn Wochen vor Ablauf seiner Amtszeit bestellt der Betriebsrat einen aus drei Wahlberechtigten bestehenden Wahlvorstand und einen von ihnen als Vorsitzenden. Der Betriebsrat kann die Zahl der Wahlvorstandsmitglieder erhöhen, wenn dies zur ordnungsgemäßen Durchführung der Wahl erforderlich ist. Der Wahlvorstand muss in jedem Fall aus einer ungeraden Zahl von Mitgliedern bestehen. Für jedes Mitglied des Wahlvorstands kann für den Fall seiner Verhinderung ein Ersatzmitglied bestellt werden. In Betrieben mit weiblichen und männlichen Arbeitnehmern sollen dem Wahlvorstand Frauen und Männer angehören. Jede im Betrieb vertretene Gewerkschaft kann zusätzlich einen dem Betrieb angehörenden Beauftragten als nicht stimmberechtigtes Mitglied in den Wahlvorstand entsenden, sofern ihr nicht ein stimmberechtigtes Wahlvorstandsmitglied angehört.
(2) Besteht acht Wochen vor Ablauf der Amtszeit des Betriebsrats kein Wahlvorstand, so bestellt ihn das Arbeitsgericht auf Antrag von mindestens drei Wahlberechtigten oder einer im Betrieb vertretenen Gewerkschaft; Absatz 1 gilt entsprechend. In dem Antrag können Vorschläge für die Zusammensetzung des Wahlvorstands gemacht werden. Das Arbeitsgericht kann für Betriebe mit in der Regel mehr als zwanzig wahlberechtigten Arbeitnehmern auch Mitglieder einer im Betrieb vertretenen Gewerkschaft, die nicht Arbeitnehmer des Betriebs sind, zu Mitgliedern des Wahlvorstands bestellen, wenn dies zur ordnungsgemäßen Durchführung der Wahl erforderlich ist.
(3) Besteht acht Wochen vor Ablauf der Amtszeit des Betriebsrats kein Wahlvorstand, kann auch der Gesamtbetriebsrat oder, falls ein solcher nicht besteht, der Konzernbetriebsrat den Wahlvorstand bestellen. Absatz 1 gilt entsprechend.

§ 17 Bestellung des Wahlvorstands in Betrieben ohne Betriebsrat

(1) Besteht in einem Betrieb, der die Voraussetzungen des § 1 Abs. 1 Satz 1 erfüllt, kein Betriebsrat, so bestellt der Gesamtbetriebsrat oder, falls ein solcher

nicht besteht, der Konzernbetriebsrat einen Wahlvorstand. § 16 Abs. 1 gilt entsprechend.

(2) Besteht weder ein Gesamtbetriebsrat noch ein Konzernbetriebsrat, so wird in einer Betriebsversammlung von der Mehrheit der anwesenden Arbeitnehmer ein Wahlvorstand gewählt; § 16 Abs. 1 gilt entsprechend. Gleiches gilt, wenn der Gesamtbetriebsrat oder Konzernbetriebsrat die Bestellung des Wahlvorstands nach Absatz 1 unterlässt.

(3) Zu dieser Betriebsversammlung können drei wahlberechtigte Arbeitnehmer des Betriebs oder eine im Betrieb vertretene Gewerkschaft einladen und Vorschläge für die Zusammensetzung des Wahlvorstands machen.

(4) Findet trotz Einladung keine Betriebsversammlung statt oder wählt die Betriebsversammlung keinen Wahlvorstand, so bestellt ihn das Arbeitsgericht auf Antrag von mindestens drei wahlberechtigten Arbeitnehmern oder einer im Betrieb vertretenen Gewerkschaft. § 16 Abs. 2 gilt entsprechend.

§ 17a Bestellung des Wahlvorstands im vereinfachten Wahlverfahren

Im Fall des § 14a finden die §§ 16 und 17 mit folgender Maßgabe Anwendung:

1. Die Frist des § 16 Abs. 1 Satz 1 wird auf vier Wochen und die des § 16 Abs. 2 Satz 1, Abs. 3 Satz 1 auf drei Wochen verkürzt.
2. § 16 Abs. 1 Satz 2 und 3 findet keine Anwendung.
3. In den Fällen des § 17 Abs. 2 wird der Wahlvorstand in einer Wahlversammlung von der Mehrheit der anwesenden Arbeitnehmer gewählt. Für die Einladung zu der Wahlversammlung gilt § 17 Abs. 3 entsprechend.
4. § 17 Abs. 4 gilt entsprechend, wenn trotz Einladung keine Wahlversammlung stattfindet oder auf der Wahlversammlung kein Wahlvorstand gewählt wird.

§ 18 Vorbereitung und Durchführung der Wahl

(1) Der Wahlvorstand hat die Wahl unverzüglich einzuleiten, sie durchzuführen und das Wahlergebnis festzustellen. Kommt der Wahlvorstand dieser Verpflichtung nicht nach, so ersetzt ihn das Arbeitsgericht auf Antrag des Betriebsrats, von mindestens drei wahlberechtigten Arbeitnehmern oder einer im Betrieb vertretenen Gewerkschaft. § 16 Abs. 2 gilt entsprechend.

(2) Ist zweifelhaft, ob eine betriebsratsfähige Organisationseinheit vorliegt, so können der Arbeitgeber, jeder beteiligte Betriebsrat, jeder beteiligte Wahlvorstand oder eine im Betrieb vertretene Gewerkschaft eine Entscheidung des Arbeitsgerichts beantragen.

(3) Unverzüglich nach Abschluss der Wahl nimmt der Wahlvorstand öffentlich die Auszählung der Stimmen vor, stellt deren Ergebnis in einer Niederschrift fest und gibt es den Arbeitnehmern des Betriebs bekannt. Dem Arbeitgeber und den

im Betrieb vertretenen Gewerkschaften ist eine Abschrift der Wahlniederschrift zu übersenden.

§ 18a Zuordnung der leitenden Angestellten bei Wahlen

(1) Sind die Wahlen nach § 13 Abs. 1 und nach § 5 Abs. 1 des Sprecherausschussgesetzes zeitgleich einzuleiten, so haben sich die Wahlvorstände unverzüglich nach Aufstellung der Wählerlisten, spätestens jedoch zwei Wochen vor Einleitung der Wahlen, gegenseitig darüber zu unterrichten, welche Angestellten sie den leitenden Angestellten zugeordnet haben; dies gilt auch, wenn die Wahlen ohne Bestehen einer gesetzlichen Verpflichtung zeitgleich eingeleitet werden. Soweit zwischen den Wahlvorständen kein Einvernehmen über die Zuordnung besteht, haben sie in gemeinsamer Sitzung eine Einigung zu versuchen. Soweit eine Einigung zustande kommt, sind die Angestellten entsprechend ihrer Zuordnung in die jeweilige Wählerliste einzutragen.
(2) Soweit eine Einigung nicht zustande kommt, hat ein Vermittler spätestens eine Woche vor Einleitung der Wahlen erneut eine Verständigung der Wahlvorstände über die Zuordnung zu versuchen. Der Arbeitgeber hat den Vermittler auf dessen Verlangen zu unterstützen, insbesondere die erforderlichen Auskünfte zu erteilen und die erforderlichen Unterlagen zur Verfügung zu stellen. Bleibt der Verständigungsversuch erfolglos, so entscheidet der Vermittler nach Beratung mit dem Arbeitgeber. Absatz 1 Satz 3 gilt entsprechend.
(3) Auf die Person des Vermittlers müssen sich die Wahlvorstände einigen. Zum Vermittler kann nur ein Beschäftigter des Betriebs oder eines anderen Betriebs des Unternehmens oder Konzerns oder der Arbeitgeber bestellt werden. Kommt eine Einigung nicht zustande, so schlagen die Wahlvorstände je eine Person als Vermittler vor; durch Los wird entschieden, wer als Vermittler tätig wird.
(4) Wird mit der Wahl nach § 13 Abs. 1 oder 2 nicht zeitgleich eine Wahl nach dem Sprecherausschussgesetz eingeleitet, so hat der Wahlvorstand den Sprecherausschuss entsprechend Absatz 1 Satz 1 erster Halbsatz zu unterrichten. Soweit kein Einvernehmen über die Zuordnung besteht, hat der Sprecherausschuss Mitglieder zu benennen, die anstelle des Wahlvorstands an dem Zuordnungsverfahren teilnehmen. Wird mit der Wahl nach § 5 Abs. 1 oder 2 des Sprecherausschussgesetzes nicht zeitgleich eine Wahl nach diesem Gesetz eingeleitet, so gelten die Sätze 1 und 2 für den Betriebsrat entsprechend.
(5) Durch die Zuordnung wird der Rechtsweg nicht ausgeschlossen. Die Anfechtung der Betriebsratswahl oder der Wahl nach dem Sprecherausschussgesetz ist ausgeschlossen, soweit sie darauf gestützt wird, die Zuordnung sei fehlerhaft erfolgt. Satz 2 gilt nicht, soweit die Zuordnung offensichtlich fehlerhaft ist.

§ 19 Wahlanfechtung

(1) Die Wahl kann beim Arbeitsgericht angefochten werden, wenn gegen wesentliche Vorschriften über das Wahlrecht, die Wählbarkeit oder das Wahlverfahren verstoßen worden ist und eine Berichtigung nicht erfolgt ist, es sei denn, dass durch den Verstoß das Wahlergebnis nicht geändert oder beeinflusst werden konnte.
(2) Zur Anfechtung berechtigt sind mindestens drei Wahlberechtigte, eine im Betrieb vertretene Gewerkschaft oder der Arbeitgeber. Die Wahlanfechtung ist nur binnen einer Frist von zwei Wochen, vom Tage der Bekanntgabe des Wahlergebnisses angerechnet, zulässig.
(3) Die Anfechtung durch die Wahlberechtigten ist ausgeschlossen, soweit sie darauf gestützt wird, dass die Wählerliste unrichtig ist, wenn nicht zuvor aus demselben Grund ordnungsgemäß Einspruch gegen die Richtigkeit der Wählerliste eingelegt wurde. Dies gilt nicht, wenn die anfechtenden Wahlberechtigten an der Einlegung eines Einspruchs gehindert waren. Die Anfechtung durch den Arbeitgeber ist ausgeschlossen, soweit sie darauf gestützt wird, dass die Wählerliste unrichtig ist und wenn diese Unrichtigkeit auf seinen Angaben beruht.

§ 20 Wahlschutz und Wahlkosten

(1) Niemand darf die Wahl des Betriebsrats behindern. Insbesondere darf kein Arbeitnehmer in der Ausübung des aktiven und passiven Wahlrechts beschränkt werden.
(2) Niemand darf die Wahl des Betriebsrats durch Zufügung oder Androhung von Nachteilen oder durch Gewährung oder Versprechen von Vorteilen beeinflussen.
(3) Die Kosten der Wahl trägt der Arbeitgeber. Versäumnis von Arbeitszeit, die zur Ausübung des Wahlrechts, zur Betätigung im Wahlvorstand oder zur Tätigkeit als Vermittler (§ 18a) erforderlich ist, berechtigt den Arbeitgeber nicht zur Minderung des Arbeitsentgelts.

§ 21 Amtszeit

Die regelmäßige Amtszeit des Betriebsrats beträgt vier Jahre. Die Amtszeit beginnt mit der Bekanntgabe des Wahlergebnisses oder, wenn zu diesem Zeitpunkt noch ein Betriebsrat besteht, mit Ablauf von dessen Amtszeit. Die Amtszeit endet spätestens am 31. Mai des Jahres, in dem nach § 13 Abs. 1 die regelmäßigen Betriebsratswahlen stattfinden. In dem Fall des § 13 Abs. 3 Satz 2 endet die Amtszeit spätestens am 31. Mai des Jahres, in dem der Betriebsrat neu zu wählen ist. In den Fällen des § 13 Abs. 2 Nr. 1 und 2 endet die Amtszeit mit der Bekanntgabe des Wahlergebnisses des neu gewählten Betriebsrats.

§ 21a Übergangsmandat

(1) Wird ein Betrieb gespalten, so bleibt dessen Betriebsrat im Amt und führt die Geschäfte für die ihm bislang zugeordneten Betriebsteile weiter, soweit sie die Voraussetzungen des § 1 Abs. 1 Satz 1 erfüllen und nicht in einen Betrieb eingegliedert werden, in dem ein Betriebsrat besteht (Übergangsmandat). Der Betriebsrat hat insbesondere unverzüglich Wahlvorstände zu bestellen. Das Übergangsmandat endet, sobald in den Betriebsteilen ein neuer Betriebsrat gewählt und das Wahlergebnis bekannt gegeben ist, spätestens jedoch sechs Monate nach Wirksamwerden der Spaltung. Durch Tarifvertrag oder Betriebsvereinbarung kann das Übergangsmandat um weitere sechs Monate verlängert werden.
(2) Werden Betriebe oder Betriebsteile zu einem Betrieb zusammengefasst, so nimmt der Betriebsrat des nach der Zahl der wahlberechtigten Arbeitnehmer größten Betriebs oder Betriebsteils das Übergangsmandat wahr. Absatz 1 gilt entsprechend.
(3) Die Absätze 1 und 2 gelten auch, wenn die Spaltung oder Zusammenlegung von Betrieben und Betriebsteilen im Zusammenhang mit einer Betriebsveräußerung oder einer Umwandlung nach dem Umwandlungsgesetz erfolgt.

§ 21b Restmandat

Geht ein Betrieb durch Stilllegung, Spaltung oder Zusammenlegung unter, so bleibt dessen Betriebsrat so lange im Amt, wie dies zur Wahrnehmung der damit im Zusammenhang stehenden Mitwirkungs- und Mitbestimmungsrechte erforderlich ist.

§ 22 Weiterführung der Geschäfte des Betriebsrats

In den Fällen des § 13 Abs. 2 Nr. 1 bis 3 führt der Betriebsrat die Geschäfte weiter, bis der neue Betriebsrat gewählt und das Wahlergebnis bekanntgegeben ist.

Europäisches Betriebsräte-Gesetz[4]

§ 1 Grenzübergreifende Unterrichtung und Anhörung

(1) Zur Stärkung des Rechts auf grenzübergreifende Unterrichtung und Anhörung der Arbeitnehmer in gemeinschaftsweit tätigen Unternehmen und Unternehmensgruppen werden Europäische Betriebsräte oder Verfahren zur Unterrichtung und Anhörung der Arbeitnehmer vereinbart. Kommt es nicht zu einer Vereinbarung, wird ein Europäischer Betriebsrat kraft Gesetzes errichtet.
(2) Der Europäische Betriebsrat ist zuständig in Angelegenheiten, die das gemeinschaftsweit tätige Unternehmen oder die gemeinschaftsweit tätige Unternehmensgruppe insgesamt oder mindestens zwei Betriebe oder zwei Unternehmen in verschiedenen Mitgliedstaaten betreffen. Bei Unternehmen und Unternehmensgruppen nach § 2 Absatz 2 ist der Europäische Betriebsrat nur in solchen Angelegenheiten zuständig, die sich auf das Hoheitsgebiet der Mitgliedstaaten erstrecken, soweit kein größerer Geltungsbereich vereinbart wird.
(3) Die grenzübergreifende Unterrichtung und Anhörung der Arbeitnehmer erstreckt sich in einem Unternehmen auf alle in einem Mitgliedstaat liegenden Betriebe sowie in einer Unternehmensgruppe auf alle Unternehmen, die ihren Sitz in einem Mitgliedstaat haben, soweit kein größerer Geltungsbereich vereinbart wird.
(4) Unterrichtung im Sinne dieses Gesetzes bezeichnet die Übermittlung von Informationen durch die zentrale Leitung oder eine andere geeignete Leitungsebene an die Arbeitnehmervertreter, um ihnen Gelegenheit zur Kenntnisnahme und Prüfung der behandelten Frage zu geben. Die Unterrichtung erfolgt zu einem Zeitpunkt, in einer Weise und in einer inhaltlichen Ausgestaltung, die dem Zweck angemessen sind und es den Arbeitnehmervertretern ermöglichen, die möglichen Auswirkungen eingehend zu bewerten und gegebenenfalls Anhörungen mit dem zuständigen Organ des gemeinschaftsweit tätigen Unternehmens oder der gemeinschaftsweit tätigen Unternehmensgruppe vorzubereiten.
(5) Anhörung im Sinne dieses Gesetzes bezeichnet den Meinungsaustausch und die Einrichtung eines Dialogs zwischen den Arbeitnehmervertretern und der zentralen Leitung oder einer anderen geeigneten Leitungsebene zu einem Zeitpunkt, in einer Weise und in einer inhaltlichen Ausgestaltung, die es den Arbeitnehmervertretern auf der Grundlage der erhaltenen Informationen ermöglichen, innerhalb einer angemessenen Frist zu den vorgeschlagenen Maßnahmen, die Gegenstand der Anhörung sind, eine Stellungnahme abzugeben, die innerhalb des gemeinschaftsweit tätigen Unternehmens oder der gemeinschaftsweit

4 Europäisches Betriebsräte-Gesetz (EBRG) in der Fassung der Bekanntmachung vom 7. Dezember 2011 (BGBl. I S. 2650); zuletzt geändert durch Gesetz vom 10. Dezember 2021 (BGBl. I S. 5162).

tätigen Unternehmensgruppe berücksichtigt werden kann. Die Anhörung muss den Arbeitnehmervertretern gestatten, mit der zentralen Leitung zusammenzukommen und eine mit Gründen versehene Antwort auf ihre etwaige Stellungnahme zu erhalten.
(6) Zentrale Leitung im Sinne dieses Gesetzes ist ein gemeinschaftsweit tätiges Unternehmen oder das herrschende Unternehmen einer gemeinschaftsweit tätigen Unternehmensgruppe.
(7) Unterrichtung und Anhörung des Europäischen Betriebsrats sind spätestens gleichzeitig mit der der nationalen Arbeitnehmervertretungen durchzuführen.

§ 2 Geltungsbereich

(1) Dieses Gesetz gilt für gemeinschaftsweit tätige Unternehmen mit Sitz im Inland und für gemeinschaftsweit tätige Unternehmensgruppen mit Sitz des herrschenden Unternehmens im Inland.
(2) Liegt die zentrale Leitung nicht in einem Mitgliedstaat, besteht jedoch eine nachgeordnete Leitung für in Mitgliedstaaten liegende Betriebe oder Unternehmen, findet dieses Gesetz Anwendung, wenn die nachgeordnete Leitung im Inland liegt. Gibt es keine nachgeordnete Leitung, findet das Gesetz Anwendung, wenn die zentrale Leitung einen Betrieb oder ein Unternehmen im Inland als ihren Vertreter benennt. Wird kein Vertreter benannt, findet das Gesetz Anwendung, wenn der Betrieb oder das Unternehmen im Inland liegt, in dem verglichen mit anderen in den Mitgliedstaaten liegenden Betrieben des Unternehmens oder Unternehmen der Unternehmensgruppe die meisten Arbeitnehmer beschäftigt sind. Die vorgenannten Stellen gelten als zentrale Leitung.
(3) Mitgliedstaaten im Sinne dieses Gesetzes sind die Mitgliedstaaten der Europäischen Union sowie die anderen Vertragsstaaten des Abkommens über den Europäischen Wirtschaftsraum.
(4) Für die Berechnung der Anzahl der im Inland beschäftigten Arbeitnehmer (§ 4), den Auskunftsanspruch (§ 5 Absatz 2 und 3), die Bestimmung des herrschenden Unternehmens (§ 6), die Weiterleitung des Antrags (§ 9 Absatz 2 Satz 3), die gesamtschuldnerische Haftung des Arbeitgebers (§ 16 Absatz 2), die Bestellung der auf das Inland entfallenden Arbeitnehmervertreter (§§ 11, 23 Absatz 1 bis 5 und § 18 Absatz 2 in Verbindung mit § 23) und die für sie geltenden Schutzbestimmungen (§ 40) sowie für den Bericht gegenüber den örtlichen Arbeitnehmervertretungen im Inland (§ 36 Absatz 2) gilt dieses Gesetz auch dann, wenn die zentrale Leitung nicht im Inland liegt.

§ 3 Gemeinschaftsweite Tätigkeit

(1) Ein Unternehmen ist gemeinschaftsweit tätig, wenn es mindestens 1000 Arbeitnehmer in den Mitgliedstaaten und davon jeweils mindestens 150 Arbeitnehmer in mindestens zwei Mitgliedstaaten beschäftigt.
(2) Eine Unternehmensgruppe ist gemeinschaftsweit tätig, wenn sie mindestens 1000 Arbeitnehmer in den Mitgliedstaaten beschäftigt und ihr mindestens zwei Unternehmen mit Sitz in verschiedenen Mitgliedstaaten angehören, die jeweils mindestens je 150 Arbeitnehmer in verschiedenen Mitgliedstaaten beschäftigen.

§ 5 Auskunftsanspruch

(1) Die zentrale Leitung hat auf Verlangen einer Arbeitnehmervertretung die für die Aufnahme von Verhandlungen zur Bildung eines Europäischen Betriebsrats erforderlichen Informationen zu erheben und an die Arbeitnehmervertretung weiterzuleiten. Zu den erforderlichen Informationen gehören insbesondere die durchschnittliche Gesamtzahl der Arbeitnehmer und ihre Verteilung auf die Mitgliedstaaten, die Unternehmen und Betriebe sowie über die Struktur des Unternehmens oder der Unternehmensgruppe.
(2) Ein Betriebsrat oder ein Gesamtbetriebsrat kann den Anspruch nach Absatz 1 gegenüber der örtlichen Betriebs- oder Unternehmensleitung geltend machen; diese ist verpflichtet, die erforderlichen Informationen und Unterlagen bei der zentralen Leitung einzuholen.
(3) Jede Leitung eines Unternehmens einer gemeinschaftsweit tätigen Unternehmensgruppe sowie die zentrale Leitung sind verpflichtet, die Informationen nach Absatz 1 zu erheben und zur Verfügung zu stellen.

§ 8 Aufgabe

(1) Das besondere Verhandlungsgremium hat die Aufgabe, mit der zentralen Leitung eine Vereinbarung über eine grenzübergreifende Unterrichtung und Anhörung der Arbeitnehmer abzuschließen.
(2) Die zentrale Leitung hat dem besonderen Verhandlungsgremium rechtzeitig alle zur Durchführung seiner Aufgaben erforderlichen Auskünfte zu erteilen und die erforderlichen Unterlagen zur Verfügung zu stellen.
(3) Die zentrale Leitung und das besondere Verhandlungsgremium arbeiten vertrauensvoll zusammen. Zeitpunkt, Häufigkeit und Ort der Verhandlungen werden zwischen der zentralen Leitung und dem besonderen Verhandlungsgremium einvernehmlich festgelegt.

§ 9 Bildung

(1) Die Bildung des besonderen Verhandlungsgremiums ist von den Arbeitnehmern oder ihren Vertretern schriftlich bei der zentralen Leitung zu beantragen oder erfolgt auf Initiative der zentralen Leitung.
(2) Der Antrag ist wirksam gestellt, wenn er von mindestens 100 Arbeitnehmern oder ihren Vertretern aus mindestens zwei Betrieben oder Unternehmen, die in verschiedenen Mitgliedstaaten liegen, unterzeichnet ist und der zentralen Leitung zugeht. Werden mehrere Anträge gestellt, sind die Unterschriften zusammenzuzählen. Wird ein Antrag bei einer im Inland liegenden Betriebs- oder Unternehmensleitung eingereicht, hat diese den Antrag unverzüglich an die zentrale Leitung weiterzuleiten und die Antragsteller darüber zu unterrichten.
(3) Die zentrale Leitung hat die Antragsteller, die örtlichen Betriebs- oder Unternehmensleitungen, die dort bestehenden Arbeitnehmervertretungen sowie die in inländischen Betrieben vertretenen Gewerkschaften über die Bildung eines besonderen Verhandlungsgremiums und seine Zusammensetzung zu unterrichten.

§ 10 Zusammensetzung

(1) Für jeden Anteil der in einem Mitgliedstaat beschäftigten Arbeitnehmer, der 10 Prozent der Gesamtzahl der in allen Mitgliedstaaten beschäftigten Arbeitnehmer der gemeinschaftsweit tätigen Unternehmen oder Unternehmensgruppen oder einen Bruchteil davon beträgt, wird ein Mitglied aus diesem Mitgliedstaat in das besondere Verhandlungsgremium entsandt.
(2) Es können Ersatzmitglieder bestellt werden.

§ 18 Europäischer Betriebsrat kraft Vereinbarung

(1) Soll ein Europäischer Betriebsrat errichtet werden, ist schriftlich zu vereinbaren, wie dieser ausgestaltet werden soll. Dabei soll insbesondere Folgendes geregelt werden:

1. Bezeichnung der erfassten Betriebe und Unternehmen, einschließlich der außerhalb des Hoheitsgebietes der Mitgliedstaaten liegenden Niederlassungen, sofern diese in den Geltungsbereich einbezogen werden,
2. Zusammensetzung des Europäischen Betriebsrats, Anzahl der Mitglieder, Ersatzmitglieder, Sitzverteilung und Mandatsdauer,
3. Aufgaben und Befugnisse des Europäischen Betriebsrats sowie das Verfahren zu seiner Unterrichtung und Anhörung; dieses Verfahren kann auf die Beteiligungsrechte der nationalen Arbeitnehmervertretungen abgestimmt werden, soweit deren Rechte hierdurch nicht beeinträchtigt werden,

4. Ort, Häufigkeit und Dauer der Sitzungen,
5. die Einrichtung eines Ausschusses des Europäischen Betriebsrats einschließlich seiner Zusammensetzung, der Bestellung seiner Mitglieder, seiner Befugnisse und Arbeitsweise,
6. die für den Europäischen Betriebsrat zur Verfügung zu stellenden finanziellen und sachlichen Mittel,
7. Klausel zur Anpassung der Vereinbarung an Strukturänderungen, die Geltungsdauer der Vereinbarung und das bei ihrer Neuverhandlung, Änderung oder Kündigung anzuwendende Verfahren, einschließlich einer Übergangsregelung.

(2) § 23 gilt entsprechend.

§ 21 Voraussetzungen

(1) Verweigert die zentrale Leitung die Aufnahme von Verhandlungen innerhalb von sechs Monaten nach Antragstellung (§ 9), ist ein Europäischer Betriebsrat gemäß den §§ 22 und 23 zu errichten. Das gleiche gilt, wenn innerhalb von drei Jahren nach Antragstellung keine Vereinbarung nach § 18 oder § 19 zustande kommt oder die zentrale Leitung und das besondere Verhandlungsgremium das vorzeitige Scheitern der Verhandlungen erklären. Die Sätze 1 und 2 gelten entsprechend, wenn die Bildung des besonderen Verhandlungsgremiums auf Initiative der zentralen Leitung erfolgt.
(2) Ein Europäischer Betriebsrat ist nicht zu errichten, wenn das besondere Verhandlungsgremium vor Ablauf der in Absatz 1 genannten Fristen einen Beschluss nach § 15 Absatz 1 fasst.

Schreiben an den Arbeitgeber wegen erstmaliger Durchführung einer Betriebsratswahl

1

An die
Unternehmensleitung
Im Hause

Ort, Datum

Erstmalige Wahl eines Betriebsrats

Sehr geehrte Damen und Herren,
die Mehrheit unserer Belegschaft hat sich nach eingehender Diskussion für eine Vertretung durch einen von ihr gewählten Betriebsrat entschieden. Die einschlägigen Vorschriften des Betriebsverfassungsgesetzes geben den Arbeitnehmern das Recht zur Errichtung von Betriebsräten bei einer bestimmten Betriebsgröße.
Auch wenn die Wahl einer gesetzlichen Belegschaftsvertretung ausschließlich in die Zuständigkeit der Arbeitnehmer fällt, halten wir ein gemeinsames Gespräch mit der Unternehmensleitung zur Vorbereitung der Betriebsratswahl für notwendig. Eine Absprache über wahlvorbereitende organisatorische Maßnahmen, wie z. B. Bereitstellung notwendiger Personalunterlagen sowie eine Terminkoordination für die Wahlversammlung und die damit verbundenen Wahl des Wahlvorstands, dürfte der Aufrechterhaltung des Betriebsfriedens einerseits wie auch der im Betriebsverfassungsgesetz gebotenen vertrauensvollen Zusammenarbeit andererseits dienlich sein. An diesem Termin werden auch Beauftragte der in unserem Betrieb vertretenen Gewerkschaften teilnehmen.
Wir bitten um entsprechende Terminvorschläge für eine Zusammenkunft innerhalb der nächsten zwei Wochen.
Wir rechnen mit Ihrer konstruktiven Zusammenarbeit bei den anstehenden wahlvorbereitenden Maßnahmen und gehen auch davon aus, dass Sie an einer vertrauensvollen Zusammenarbeit mit dem neuen Betriebsrat interessiert sind.

Mit freundlichen Grüßen

....
(Unterschrift Arbeitnehmer/-in
Gewerkschaft)

2

Schreiben an die Gewerkschaft zur Unterstützung bei der Einleitung und Durchführung einer Betriebsratswahl

An die
Verwaltungsstelle der XY-Gewerkschaft
Anschrift

Ort, Datum

Erstmalige Wahl eines Betriebsrats in unserem Unternehmen

Liebe Kolleginnen und Kollegen,
nachdem wir die gesetzlichen Voraussetzungen zur Errichtung eines Betriebsrats schon seit dem .... erfüllen, ist in den letzten Monaten aufgrund diverser Vorkommnisse in unserem Unternehmen in weiten Kreisen der Belegschaft die Bereitschaft gewachsen, eine Arbeitnehmervertretung zu wählen.
Die Unternehmensleitung löste die zurückliegende wirtschaftliche Krise hauptsächlich auf Kosten der Belegschaft durch Stellenabbau, Entgeltkürzungen und Abbau sozialer Leistungen. Aktuell befürchten wir trotz enormer Gewinnzuwächse weitere einschneidende Maßnahmen, bis zur Produktionsverlagerung in Billiglohnländer. Wir bitten euch um einen Gesprächstermin außerhalb der Arbeitszeit, also nach 17:00 Uhr, damit interessierte Kolleginnen und Kollegen mit euch über die Modalitäten für die Kandidatur zum Wahlvorstand bzw. zum Betriebsrat diskutieren können. Da es unsere erste Betriebsratswahl sein wird, haben wir ein erhebliches Informationsdefizit.
Darüber hinaus bitten wir euch, uns durch eine gezielte Schulung auf die Einleitung und Durchführung der Wahl vorzubereiten. Wir sind bestrebt, jeglichen Formfehler zu vermeiden und keinen Anlass zu einer möglichen Wahlanfechtung zu geben. Nicht zuletzt wären wir euch sehr verbunden, wenn ihr uns Prospekte, Wahlleitfaden sowie Wahlunterlagen und entsprechende Musterbriefe und Aushänge zur Verfügung stellen könntet.
Wir sind euch sehr dankbar für einen kurzfristigen Termin. Zur Beschleunigung des Vorgangs ist auch eine telefonische Abstimmung mit dem Kollegen/der Kollegin .... unter der Rufnummer .... möglich.

Mit freundlichen Grüßen

....
(Unterschrift Arbeitnehmer/-in
Gewerkschaft)

Schreiben an den Arbeitgeber wegen Durchführung einer Betriebsratswahl in einem gemeinsamen Betrieb mehrerer Unternehmen

An die
Geschäftsleitung
Im Hause

Ort, Datum

Betriebsratswahl

Sehr geehrte Damen und Herren,
Ihrer schriftlichen Mitteilung vom .... haben wir entnommen, dass aus der bisherigen .... ABC-GmbH im Wege der Unternehmensaufspaltung drei selbstständige Unternehmen entstanden sind. Die Belegschaft wurde aufgeteilt und der Besitz-GmbH, der Produktions-GmbH und der Vertriebs-GmbH zugeordnet.
Nach Ihrer Auffassung sind nunmehr in den drei neu gegründeten Unternehmen jeweils Betriebsräte neu zu wählen, vorausgesetzt, die Belegschaft wünscht eine Arbeitnehmervertretung. Wir sind jedoch der Meinung, dass es sich vorliegend um einen Gemeinschaftsbetrieb mehrerer Unternehmen handelt.
Zunächst besagt das Betriebsverfassungsgesetz, dass auch mehrere Unternehmen einen gemeinsamen Betrieb unterhalten können. Sofern dies der Fall ist, ist auch ein Betriebsrat unternehmensübergreifend zu wählen und für die Mitarbeiter der beteiligten Unternehmen zuständig.
Das oben zitierte Gesetz besagt in § 1 Abs. 2 Ziffer 2, dass ein gemeinsamer Betrieb bereits zu vermuten ist, wenn sich nach einer Spaltung eines Unternehmens die Organisation in den daraus hervorgegangenen Unternehmen nicht wesentlich verändert hat.
Zudem besagt § 1 Abs. 2 Ziffer 1, dass auch bei zwei bislang »fremden« Unternehmen ein gemeinsamer Betrieb vermutet wird, wenn diese Betriebsmittel und Mitarbeiter gemeinsam einsetzen, um einen arbeitstechnischen Zweck zu verfolgen, um ein Ziel gemeinsam einfacher zu erreichen.
Für diesen gemeinsamen Einsatz von Mitarbeitern und Betriebsmitteln finden sich in der Rechtsprechung Beispielsfälle, die auszugsweise im Folgenden näher angesprochen werden und bei deren Vorliegen ein gemeinsamer Betrieb vermutet wird:

1. Gemeinsame Nutzung von Betriebsmitteln
   (u.a. BAG vom 13.8.2008, Az.: 7 ABR 21/07).
   Hier unter anderem die Nutzung einheitlicher Hard- und Software, Telekommunikation, gemeinsame Dienstwagennutzung, gemeinsam genutztes Zeiterfassungssystem, gemeinsamer Internetauftritt, gleiche Visitenkarten der Mitarbeiter.
2. Unterhaltung zentraler Betriebseinrichtungen
   (u.a. BAG vom 13.6.1985, Az.: 2 AZR 452/84).
   Von den Unternehmen gemeinsam genutzte Sanitäts- und Ruheräume, gemeinsam genutzte Reinigungsdienste, zentrales Facility-Management, gemeinsam genutzter Empfang, gemeinsame Poststelle, gemeinsames Lager, gemeinsame Parkplätze in einer Tiefgarage, gemeinsamer Betriebssport etc.
3. Organisatorische, personelle und technische Verknüpfung der Arbeitsabläufe
   (so BAG vom 23.3.1984, Az.: 7 AZR 515/82).

Gemeinsame Personalführung und -leitung, gemeinsame Rechtsabteilung, unternehmensübergreifende Verabschiedung von Betriebsvereinbarungen, gemeinsame Richtlinien für die Mitarbeiter (Compliance u. a.) etc.

4. Austausch von Arbeitnehmern
   (u. a. BAG vom 14. 9. 1988, Az.: 7 ABR 10/87).
5. Arbeitgeberübergreifender Personaleinsatz
   (u. a. BAG vom 22. 6. 2005, Az.: 7 ABR 57/04).
6. Personenidentität auf Ebene der Geschäftsführung/der leitenden Angestellten
   (so BAG vom 13. 6. 1985, Az.: 2 AZR 452/84).
7. Gemeinsam genutzte Personalabteilung
   (so BAG vom 13. 8. 2008, Az.: 7 ABR 21/07).
   welche in mitbestimmungsrechtlich relevanten Angelegenheiten eigenständige Entscheidungen treffen kann und sich nicht im Wesentlichen auf Beratungs- und Unterstützungsleistungen beschränkt.
8. Gemeinsame Entscheidungen über Einstellungen und Entlassungen
   (so BAG vom 24. 1. 1996, Az.: 7 ABR 10/85).
9. Gemeinsame Ausbildungsaufgaben
   (so BAG vom 7. 8. 1986, Az.: 6 ABR 57/82).

Nach unserer Auffassung sind die Kriterien für die Wahl eines gemeinsamen Betriebsrats für die drei neuen Unternehmen erfüllt. Die Gleichheit organisatorischer Abläufe, die undifferenzierte Tätigkeitsvermischung in den Verwaltungsbereichen und die Personalunion der drei Geschäftsführungen mit der sich daraus ergebenden Führungsidentität sprechen für diese Annahme. Die tatsächliche Entscheidungszuständigkeit und die rechtliche Entscheidungszurechnung für alle unternehmerischen Handlungen liegen faktisch nur bei einem Arbeitgeber – bei nur einem »Gegenüber« des Betriebsrats.

Als Betriebsrat des aufgespaltenen Unternehmens sehen wir homogene Wählerschaften für die praktische Realisierung der gesetzlichen Mitbestimmungs- und Kommunikationsordnung als gegeben an. Folglich kann auch nur ein Betriebsrat errichtet werden.

Wir dürfen davon ausgehen, dass Sie sich unserer rechtlichen Würdigung des unternehmensrechtlichen Vorgangs mit den daraus resultierenden Konsequenzen für die Wahl einer gemeinsamen Arbeitnehmervertretung anschließen. Daher bitten wir um ein gemeinsames Gespräch zur Festlegung der weiteren organisatorischen Schritte sowie eine Terminfixierung für die Wahlversammlung zur Wahl des Wahlvorstands. Wir weisen bereits heute darauf hin, dass an diesem Gespräch auch ein Beauftragter unserer XY-Gewerkschaft teilnehmen wird.

Wir bitten um kurzfristige Mitteilung von Terminvorschlägen. Wir gehen davon aus, dass die Terminierung innerhalb der nächsten beiden Wochen möglich sein müsste.

Im Vertrauen auf eine weiterhin vertrauensvolle Zusammenarbeit verbleiben wir

mit freundlichen Grüßen

....

(Unterschrift
Betriebsratsvorsitzende/r)

Schreiben an den Arbeitgeber zur Durchführung der BR-Wahl unter Einbeziehung der regelmäßig im Entleiherbetrieb beschäftigten Leiharbeiter

An die
Geschäftsleitung
Im Hause

Ort, Datum

Betriebsratswahl: Einbeziehung der im Betrieb regelmäßig beschäftigten Leiharbeiter – Größe des Betriebsrats

Sehr geehrte Damen und Herren,
in diesem Jahr stehen erneut Wahlen zum Betriebsrat an. Entscheidend für die Größe des Betriebsrats ist der sog. Schwellenwert nach § 9 Abs. 1 BetrVG. Danach richtet sich die Größe des Betriebsrats nach der Anzahl der im Betrieb in der Regel beschäftigten Arbeitnehmer.
Im Betrieb sind nach Mitteilung der Personalabteilung aktuell 187 ArbeitnehmerInnen in einem direkten Arbeitsverhältnis mit der Firma ....
Ebenso sind im Betrieb sind seit drei Jahren regelmäßig 18 Leiharbeiter tätig. Eine Festanstellung von Arbeitnehmern und somit Besetzung dieser Stammarbeitsplätze wurde durch die Geschäftsleitung und das Personalwesen systematisch aus diversen Gründen vermieden.
Wir weisen Sie hiermit darauf hin, dass bei der anstehenden Betriebsratswahl auch diese Beschäftigtengruppe wahlberechtigt ist.
Das Bundesarbeitsgericht hat seine bisherige Rechtsprechung aufgegeben, wonach bisher Leiharbeitnehmer im Rahmen von § 9 Satz 1 BetrVG nicht zu berücksichtigen waren, und hat mit seiner Entscheidung vom 13. März 2013 (7 ABR 69/11) entschieden, dass im Entleiherbetrieb regelmäßig beschäftigte Leiharbeitnehmer bei der Größe des Betriebsrats grundsätzlich zu berücksichtigen sind, und unsere Auffassung voll umfänglich bestätigt.
Somit erhöht sich die Anzahl der wahlberechtigen Arbeitnehmer auf 205. Das bedeutet gleichzeitig, dass der Betriebsrat zukünftig aus neun Mitgliedern besteht.
Wir bitten hiermit, dem vom Betriebsrat eingesetzten Wahlvorstand die geforderten Personaldaten der eingesetzten Leiharbeiter zur Erstellung der Wahlunterlagen kurzfristig zu übergeben.

Mit freundlichen Grüßen

....
(Unterschrift
Betriebsratsvorsitzende/r
der ..... GmbH)

Schreiben der Gewerkschaft an den Wahlvorstand – Einreichen eines gewerkschaftlichen Wahlvorschlags gem. § 14 Abs. 3–5 BetrVG

5 An den
Wahlvorstand des Unternehmens
Anschrift

Ort, Datum

Einreichen eines gewerkschaftlichen Wahlvorschlags

Liebe Kolleginnen und Kollegen,
zur anstehenden Betriebsratswahl in eurem Unternehmen haben wir als Gewerkschaft X entschieden, einen gewerkschaftlichen Wahlvorschlag einzubringen. Dieser Vorschlag dient dazu, bekennenden gewerkschaftlich organisierten Arbeitnehmern des Betriebes mit unserer Unterstützung die Möglichkeit zu geben, auf diesem Wege zur Wahl des Betriebsrats zu kandidieren.
Zur anstehenden BR-Wahl reichen wir hiermit in der Anlage einen ordentlichen Wahlvorschlag ein.
Im Unternehmen sind neun BR-Mitglieder zu wählen.
Der beiliegende Wahlvorschlag weist neun Kandidaten sowie weitere neun Ersatzkandidaten, nach Geschlechtern gemischt, auf. Alle Kandidaten sind ordentliche Arbeitnehmer des Unternehmens ....
Die entsprechenden persönlichen Daten, soweit erforderlich, sind ebenfalls aufgeführt.
Die Liste soll unter dem Namen »Mitarbeiterliste der in der Gewerkschaft .... Organisierten« geführt werden.
Der Wahlvorschlag ist mit den Unterschriften des 1. und 2. Bevollmächtigten der Verwaltungsstelle .... der Gewerkschaft ... versehen.
Wir versichern die Richtigkeit der Unterschriften.

Mit freundlichen Grüßen
Gewerkschaft .... Verwaltungsstelle ....
1. Bevollmächtigter ....
2. Bevollmächtigter ....

Schreiben des Wahlvorstandes des Unternehmens an die Gewerkschaft, Verwaltungsstelle

6

An die
Gewerkschaft, Verwaltungsstelle
Anschrift

Ort, Datum

Bestätigung des Eingangs des eingereichten gewerkschaftlichen Wahlvorschlags

Liebe Kolleginnen und Kollegen,
hiermit bestätigen wir den Eingang eures namentlich gekennzeichneten Wahlvorschlags.

....

Dieser Wahlvorschlag entspricht den Vorgaben nach § 14 Abs. 5 BetrVG und genügt somit den vom BAG vorgegebenen Maßstäben (Siebter Senat mit Beschluss vom 15. Mai 2013 – 7 ABR 40/11).
Er wird mit der Bezeichnung der Gewerkschaft als Kennwort angenommen und registriert.

Mit kollegialen Grüßen

....
(Unterschrift
Vorsitzende/r Wahlvorstand Unternehmen)

Schreiben der im Betrieb vertretenen Gewerkschaft an den Arbeitgeber zur Durchführung der Wahl eines Wahlvorstands gemäß § 17 BetrVG

7 ABC-Gewerkschaft Ort, Datum
Verwaltungsstelle ......
Anschrift

An die
Geschäftsleitung

Einleitung der Betriebsratswahl in Ihrem Unternehmen Durchführung einer Versammlung zur Wahl des Wahlvorstands

Sehr geehrte Damen und Herren,
zur Einleitung der anstehenden Betriebsratswahl bitten wir Sie namens und im Auftrag der von uns vertretenen Belegschaftsmitglieder Ihres Unternehmens, für die auf den .... terminierte Versammlung zur Wahl des Wahlvorstands einen geeigneten Raum in Ihrem Hause zur Verfügung zu stellen. Wir gehen davon aus, dass mindestens .... Mitarbeiterinnen und Mitarbeiter Ihres Hauses an dieser Versammlung teilnehmen werden.
Des Weiteren bitten wir Sie zu gewährleisten, dass die notwendigen Einladungen zu dieser Versammlung in allen Abteilungen Ihres Betriebs durch unsere Beauftragten an geeigneter Stelle zum Aushang gebracht werden können, und sicherzustellen, dass die Einladungen nicht unberechtigt vorzeitig entfernt werden.
Vorsorglich weisen wir Sie darauf hin, dass Sie allen Arbeitnehmern Ihres Unternehmens die Teilnahme an dieser Versammlung ermöglichen müssen. Die gesetzlichen Regelungen über Wahlschutz und Wahlkosten gemäß § 20 BetrVG dürften Ihnen ohnehin bekannt sein.
Unabhängig von den gesetzlichen Regularien gehen wir von Ihrer konstruktiven Mitarbeit bei der Durchführung der anstehenden Wahlen aus. Somit ist von Beginn an die vertrauensvolle Zusammenarbeit zwischen Unternehmensleitung und Belegschaftsvertretung auf ein solides Fundament gestellt.

Mit freundlichen Grüßen

....
(Unterschrift Vertreter/-in
ABC-Gewerkschaft)

Schreiben an den Arbeitgeber zur Durchführung der Wahl eines unternehmenseinheitlichen Betriebsrats

An die
Geschäftsleitung
Im Hause

Ort, Datum

Wahl eines unternehmenseinheitlichen Betriebsrats für alle Betriebe des Unternehmens ... GmbH gemäß § 3 Abs. 1 Nr. 1a BetrVG

Sehr geehrte Damen und Herren,
nachdem in diversen Betrieben der Unternehmensgruppe der Wunsch der Belegschaften besteht, ihre gesetzlichen Rechte durch einen Betriebsrat wahrzunehmen, schlagen wir vor, durch die Wahl eines für die gesamte Unternehmensgruppe der .... GmbH zuständigen Betriebsrats übersichtliche Vertretungsstrukturen zu bilden. Zu diesem Zwecke ist die Wahl eines für die gesamte Unternehmensgruppe zuständigen Betriebsrats einzuleiten.
Aus der Konstellation einer zentralistischen Führungs- und Entscheidungsstruktur – die Geschäftsführung der .... GmbH leitet in Personalunion alle weiteren Gesellschaften – sowie aus der Existenz von faktischen Gemeinschaftsbetrieben in den Niederlassungen ergibt sich die Idealbedingung für die Bildung eines Betriebsrats für die gesamte Unternehmensgruppe.
Um dies zu realisieren, schlagen wir der Geschäftsleitung vor, einen Tarifvertrag nach § 3 BetrVG mit der durch Tarifbindung für das Gros der Belegschaft zuständigen Gewerkschaft .... abzuschließen.
Ein solcher Tarifvertrag, durch den Betriebe zusammengefasst werden, regelt dynamisch, dass Betriebsräte jeweils in den Regionen zu wählen sind, in denen nach den organisatorischen Vorgaben des Arbeitgebers Bezirksleitungen bestehen. Dies entspricht dem Grundsatz, dass Interessenvertretungen der Arbeitnehmer dort gebildet werden, wo sich unternehmerische Leitungsmacht konkret entfaltet (s. BAG vom 21.9.2011 – 7 ABR 54/10.)[5]
Mit der Schaffung eines überschaubaren und effizient arbeitenden Betriebsratsgremiums und kurzen Entscheidungswegen bleibt auch der für den Arbeitgeber notwendige Betreuungsaufwand in einem angemessenen Verhältnis.
Wir haben im Vorfeld bereits mit der Gewerkschaft .... Kontakt aufgenommen. Sie ist bereit, einen Vertrag nach § 3 BetrVG über abweichende Betriebsratsstrukturen zügig zu verhandeln und abzuschließen.
Zum Verfahren schlagen wir Folgendes vor:

- Eintreten in Verhandlungen mit der Gewerkschaft .... mit dem Ziel des Abschlusses eines Tarifvertrags zur Bildung eines bundesweit zuständigen Betriebsrats für alle Beschäftigten der Unternehmensgruppe,
- Abschluss des Tarifvertrags bis ....,

5 Siehe Jahresbericht des Bundesarbeitsgerichts 2012, S. 75.

- Einleiten der Betriebsratswahl ggf. nach verkürztem Wahlmodus,
- Wahl und Stimmauszählung spätestens Ende ....

Wir erwarten dazu in Kürze Ihre Stellungnahme.

Mit freundlichen Grüßen

....

(Unterschrift
Betriebsratsvorsitzende/r
der ..... GmbH)

Schreiben des Gesamtbetriebsrats an den Arbeitgeber zur Durchführung der Wahl von Regionalbetriebsräten

9

An die
Geschäftsleitung
Im Hause

Ort, Datum

Wahl von Regionalbetriebsräten auf der Grundlage von § 3 Abs. 1 Nr. 3 BetrVG (»Andere Arbeitnehmervertretungsstrukturen«)

Sehr geehrte Damen und Herren,
in diversen Betrieben der Unternehmensgruppe besteht der Wunsch der Belegschaften, ihre gesetzlichen Rechte durch einen Betriebsrat wahrzunehmen. Der Unternehmensaufbau weist eindeutig aus, dass es sich faktisch um einen Konzern handelt – bestimmt durch klar voneinander getrennte Geschäftsfelder der einzelnen Unternehmen.
Als Gesamtbetriebsrat der .... GmbH nehmen wir das Recht nach § 17 BetrVG wahr, in den in der Anlage genannten Betrieben der Konzerngesellschaften einen Wahlvorstand zu bilden und die Betriebsratswahl einzuleiten.
Gleichwohl erscheint es sinnvoll, Belegschaften jeweils nach den Standorten oder nach den Betreuungsbereichen zusammenzufassen und somit die Errichtung anderer betriebsverfassungsrechtlicher Vertretungen anzustreben. Dazu ist jedoch erforderlich, zwischen der Unternehmensleitung und der zuständigen Gewerkschaft .... einen entsprechenden Tarifvertrag nach § 3 Abs. 1 Nr. 3 BetrVG abzuschließen. Mit der zuständigen Gewerkschaft .... haben wir im Vorfeld bereits Kontakt aufgenommen. Sie ist bereit, einen Vertrag nach § 3 BetrVG über abweichende Betriebsratsstrukturen zügig zu verhandeln und abzuschließen.
Zur weiteren Gestaltung des Vertrags schlagen wir folgende Kernpunkte vor:

- Der Tarifvertrag soll der effektiveren Arbeitnehmervertretung, ihrer Anpassung an die Entscheidungsstrukturen innerhalb der in den Vertrag eingebundenen Unternehmen sowie dem Aufbau wirksamer Informations-, Kommunikations- und Mitbestimmungsstrukturen dienen.
- Die als Betriebe, Betriebsteile oder Kleinstbetriebe anzusehenden Betriebsstätten – insbesondere Niederlassungen – der genannten Unternehmen sollen abweichend von den §§ 1, 4 BetrVG in .... Regionen zugeordnet werden, mit der Folge, dass die Arbeitnehmer aller Betriebe, Betriebsteile oder Kleinstbetriebe in ihrer Zusammenfassung gemeinsam für den gesamten Zuständigkeitsbereich einer Region einen Betriebsrat wählen (Regionalbetriebsrat). Die Zuständigkeit des gemeinsamen Betriebsrats aller Unternehmen soll sich auf sämtliche innerhalb einer Region gelegenen Betriebsstätten erstrecken.
- Sollte sich die Struktur und der Zuschnitt einer Region durch Verschmelzung, Zukauf oder Neueröffnung von Betriebsstätten – insbesondere Niederlassungen – im überwiegend gleichen Geschäftsfeld verändern, soll der Geltungsbereich des Vertrags entsprechend angepasst werden. Die gesetzlichen Bestimmungen werden beachtet.

- Die Betriebsratswahlen sollen nach der in diesem Tarifvertrag vorgesehenen und zu definierenden Betriebsstruktur unmittelbar nach dessen Inkrafttreten eingeleitet werden.
- Mit Konstituierung des Regionalbetriebsrats endet das Mandat etwaiger anderer in der jeweiligen Region gewählter Betriebsräte.
- § 13 BetrVG findet Anwendung.
- Anstatt eines Konzern- bzw. Gesamtbetriebsrats soll ein Koordinationsausschuss errichtet werden. Dieser soll nur die Unternehmen und Betriebe repräsentieren, deren Regionalbetriebsrat den Ausschuss mit gebildet hat.

Mit dieser Konstellation werden in der Unternehmensgruppe flächendeckend Betriebsrats- und Vertretungsstrukturen gebildet, welche überschaubare und effizient arbeitende Gremien darstellen, kurze Entscheidungswege beinhalten und den arbeitgeberseitigen Betreuungsaufwand in einem angemessenen Verhältnis belassen.
Zum Verfahren schlagen wir folgende Vorgehensweise vor:

- Eintreten in Verhandlungen mit der Gewerkschaft .... mit dem Ziel des Abschlusses eines Tarifvertrags bis ......,
- Einleiten der Betriebsratswahl ggf. nach verkürztem Wahlmodus,
- Wahl und Auszählung spätestens Ende ....

Wir erwarten Ihre kurzfristige Stellungnahme.

Mit freundlichen Grüßen

....
(Unterschrift
Gesamtbetriebsrats-
vorsitzende/r der .....)

Schreiben des Wahlvorstands an die zuständige Gewerkschaft zur Bekanntmachung des Wahlergebnisses gemäß § 18 Abs. 3 BetrVG

Der Wahlvorstand
der Firma ....
ABC-Gewerkschaft
Verwaltungsstelle
Anschrift

Ort, Datum

Bekanntmachung des Wahlergebnisses unserer Betriebsratswahl vom …

Liebe Kolleginnen und Kollegen,
durch Ablauf der Amtsperiode
(oder: – durch Unternehmensaufspaltung;
– aufgrund von Ereignissen nach § 13 Abs. 2 Nrn. 1–6)
wurde in unserem Unternehmen eine Neuwahl gemäß § 13 Abs. 2 BetrVG erforderlich, die am ...., den ...., stattgefunden hat.
Es waren Kandidaten auf drei Listen angetreten.
Erfreulich ist auch, dass der Geschlechteranteil bei den gewählten Kandidaten der Zusammensetzung der Belegschaft entspricht.
Insgesamt haben sich ...... Arbeitnehmer an der Wahl beteiligt. Die Wahlbeteiligung war mit .... % erfreulich hoch und ist sicher auf unsere umfangreiche Informationspolitik zurückzuführen. Von den abgegebenen Stimmen waren ...... gültig.
Die Wahl verlief ordnungsgemäß und ohne Störungen. Einsprüche liegen bislang nicht vor. Die Ergebnisse könnt ihr aus der beigefügten Niederschrift des Wahlvorstands entnehmen.
Für eventuelle Rückfragen stehen wir selbstverständlich jederzeit zur Verfügung.

Mit freundlichen Grüßen

....	....
Vorsitzende/r des Wahlvorstands	Wahlvorstandsmitglied

Anlage: 1 Niederschrift

Schreiben des Wahlvorstandes an Listenführer – Anfechtung des Auszählverfahrens

11 Der Wahlvorstand der Firma .... Ort, Datum

An den
Listenführer der Liste X
Adresse

Betriebsratswahl Sitzverteilung nach dem Höchstzahlverfahren

Sehr geehrte Damen und Herren,
Als Listenführer X der erfolgten Betriebsratswahl reklamieren Sie in Ihrem Schreiben vom . . ., dass die von Ihnen vertretene Liste bei der erfolgten Betriebsratswahl durch die nach dem d'Hondtschen Höchstzahlverfahren zur Verteilung der Betriebsratssitze vorgenommene Auszählung unverhältnismäßig benachteiligt wurde, da nur drei Sitze auf Ihre Liste entfielen.
Ihr Vorwurf, dieses Verfahren wäre verfassungswidrig, da es kleinere Gruppen benachteilige, und Ihre Aufforderung, eine anderes Verfahren anzuwenden, welches im Ergebnis eine gerechtere Sitzverteilung gewährleiste, kann der Wahlvorstand nicht nachvollziehen.
Der Wahlausschuss ist gem. § 15 Abs. 1 und 2 WO BetrVG vorgegangen. Die Auszählung erfolgte streng nach dem d'Hondtschen Höchstzahlverfahren, das in der Wahlordnung ausdrücklich vorgesehen ist.
Wir verweisen Sie auf den Beschluss vom 22. November 2017 – 7 ABR 35/16. Das Gericht bestätigt unsere Rechtsauffassung umfänglich und erklärt die in § 15 Abs. 1 und 2 WO BetrVG für verfassungsgemäß. Das Gericht führt in seiner Entscheidung im Weiteren aus: *»Bei der Umrechnung von Wählerstimmen in Betriebsratssitze lässt sich bei der Verhältniswahl eine vollständige Gleichheit des Erfolgswertes einer Wählerstimme mit keinem der gängigen Sitzzuteilungsverfahren erreichen, da nur ganze Sitze verteilt werden können. Daher fällt die Entscheidung, wie die Sitzverteilung vorzunehmen ist, in den Gestaltungsspielraum des Verordnungsgebers. Das d'Hondtsche Höchstzahlverfahren fördert zudem die Mehrheitssicherung und dient damit einem unter Berücksichtigung der Funktion der betriebsverfassungsrechtlichen Arbeitnehmervertretung anzuerkennenden Ziel.« (s. Pressemitteilung des BAG v. 22.11.2017 Nr. 53/17)*
Wir fordern Sie hiermit auf, die erfolgte Verteilung der Betriebsratssitze nach dem vorgenommenen Verfahren zu akzeptieren und von einer gerichtlichen Anfechtung abzusehen.

Mit freundlichen Grüßen

....
Unterschrift
Vorsitzende/r des Wahlvorstands

Schreiben an den Arbeitgeber nach vollzogener Unternehmensteilung zur Fortführung der Betriebsratsarbeit in den neuen Unternehmen

Gesamtbetriebsrat der XY-GmbH Ort, Datum

An die
Geschäftsleitung
Im Hause

Fortführung der Betriebsratsarbeit

Sehr geehrte Damen und Herren,
die von Ihnen mit Schreiben vom .... angekündigte Aufspaltung des Unternehmens in vier rechtlich selbstständige Einheiten hat der Gesamtbetriebsrat zur Kenntnis genommen.
Aus Ihrer schriftlichen Mitteilung vom .... haben wir entnommen, dass die bisher als Niederlassungen der .... GmbH geführten drei Produktionsstätten als selbstständige Unternehmen in der Rechtsform einer .... firmieren sollen. Das bedeutet, dass die örtlichen Betriebsräte der Produktionsstätten künftig als eigenständige Gremien selbstständiger Unternehmen weiterarbeiten werden.
Hinsichtlich der von Ihnen geplanten Aufspaltung der bisherigen Hauptverwaltung in drei unselbstständige Bereiche, die der jeweiligen Geschäftsleitung der neuen Unternehmen unterliegen sollen, sowie zur Gründung einer eigenständigen Verwaltungs-GmbH nehmen wir wie folgt Stellung:
In der beabsichtigten Aufspaltung der bisherigen Hauptverwaltung in drei unselbstständige Abteilungen der jeweils neu zu gründenden Produktionsgesellschaften sieht der Gesamtbetriebsrat eine unechte Unternehmensteilung. Aus den uns vorgelegten Unterlagen entnehmen wir, dass es sich tatsächlich um einen Gemeinschaftsbetrieb mehrerer Unternehmen handelt. Der Verwaltungsbetrieb untersteht ganz offensichtlich einem einheitlichen Leitungsapparat. Wesentliches Indiz dafür ist, dass alle drei Unternehmen durch dieselbe Geschäftsleitung geführt werden. Sämtliche Entscheidungen in personellen und sozialen Angelegenheiten werden also vom gleichen Personenkreis getroffen. Darüber hinaus werden auch die technischen Betriebsmittel gemeinsam genutzt.
Angesichts dieser Sachlage werden Sie nachvollziehen können, dass wir als Gesamtbetriebsrat Ihren Bestrebungen, den Betriebsrat der ehemaligen Hauptverwaltung aufzulösen, widersprechen. Nach unserer Auffassung, die auch durch die ständige Rechtsprechung des Bundesarbeitsgerichts gestützt wird, behält der Betriebsrat der zergliederten Hauptverwaltung sein Amt, künftig zuständig für den Gemeinschaftsbetrieb mehrerer Unternehmen.

Mit freundlichen Grüßen

....
(Unterschrift
Gesamtbetriebsrats-
vorsitzende/r)

13 **Schreiben an den Arbeitgeber zur Wahrnehmung eines Übergangsmandats**

Betriebsrat der XY-GmbH Ort, Datum

An die
Geschäftsleitung
Im Hause

Übergangsmandat nach § 21a BetrVG

Sehr geehrte Damen und Herren,
wie von Ihnen mit Schreiben vom .... angekündigt, werden künftig von der Gesellschaft .... GmbH die gesamten bisherigen technischen Arbeiten übernommen. Auch die in diesem Bereich beschäftigten Mitarbeiter sollen künftig dem neuen Unternehmen zugeordnet werden. Es handelt sich offensichtlich um eine Unternehmensteilung durch Verkauf und einem Betriebsübergang nach § 613a BGB für die betroffenen Beschäftigten.
Die von Ihnen dargelegten Führungs- und Beschäftigungsstrukturen lassen zwar einen eigenen einheitlichen Leitungsapparat erkennen, welcher unabhängig Unternehmensentscheidungen treffen wird. Ebenso gehen wesentliche Betriebsmittel auf die neue Gesellschaft und deren Eigentümer über.
Der Gesetzgeber hat jedoch vorgesehen, dass die von der Abspaltung und dem Betriebsübergang betroffenen Arbeitnehmer vom Verlust der Beteiligungsrechte des Betriebsrats zu beschützen und betriebsratslose Zeiten zu vermeiden sind. Er hat dem Betriebsrat ein Übergangsmandat nach § 21a BetrVG für die Dauer von sechs Monaten zugestanden, in welcher ein neuer Betriebsrat in der Gesellschaft .... GmbH zu wählen ist.
Der Betriebsrat wird dieses Mandat ausschöpfen und rechtzeitig die Betriebsratswahl einleiten.

Mit freundlichen Grüßen

....
(Unterschrift
Betriebsratsvorsitzende/r)

Schreiben des Gesamtbetriebsrats eines multinational tätigen Unternehmens an den Arbeitgeber zur Errichtung eines Europäischen Betriebsrats

14

Gesamtbetriebsrat der XY-GmbH　　　　　Ort, Datum

An die
Geschäftsleitung
Im Hause

Errichtung eines Europäischen Betriebsrats

Sehr geehrte Damen und Herren,
nachdem unser Unternehmen zwischenzeitlich europaweit agiert und mit insgesamt mehr als 1000 Arbeitnehmern in den Mitgliedstaaten der EU an diversen Standorten sowie mit jeweils mehr als 150 Arbeitnehmern in zwei verschiedenen Mitgliedstaaten vertreten ist, besteht das Recht, einen Euro-Betriebsrat zu bilden.
Wir fordern Sie hiermit nach Artikel 5 der Richtlinie 94/45/EG über die Einrichtung eines Europäischen Betriebsrats bzw. § 9 Abs. 1 des Europäischen Betriebsräte-Gesetzes auf, mit uns in entsprechende Verhandlungen einzutreten. Der Form halber weisen wir Sie darauf hin, dass wir als Gesamtbetriebsrat insgesamt .... Arbeitnehmer vertreten und im Auftrag von zwei Betrieben in .... (EU-Land 1) und .... (EU-Land 2) handeln.
Als international renommiertes Unternehmen dürften auch Sie ein großes Interesse an der Einrichtung eines Europäischen Betriebsrats im Wege einer freiwilligen Vereinbarung haben, die auch Ihnen einen entsprechenden Verhandlungsspielraum einräumt.
Wir sehen Ihrer Rückantwort gespannt entgegen und sagen Ihnen zu, dass wir auf Arbeitnehmerseite ein kompetentes Verhandlungsgremium benennen werden, das die bisher auf nationaler Ebene praktizierte vertrauensvolle Zusammenarbeit auf die internationale Ebene übertragen wird.

Mit freundlichen Grüßen

....
(Unterschrift
Gesamtbetriebsrats-
vorsitzende/r)

II. Verletzung gesetzlicher Pflichten

Der § 23 BetrVG soll vor allem eine funktionsfähige Betriebsverfassung sicherstellen. Abs. 1 und 2 beinhalten Sanktionen gegen den Betriebsrat und einzelne Betriebsratsmitglieder sowie Regelungen über die Auflösung des Betriebsrats. Abs. 3 enthält die Sanktionsmöglichkeiten gegen einen Arbeitgeber, der seine Verpflichtungen aus dem Betriebsverfassungsgesetz in grober Weise verletzt.
Im § 23 Abs. 1 und 2 wird das Verfahren über eine Auflösung des Betriebsrats als Organ und den Ausschluss eines Betriebsratsmitglieds geregelt. Voraussetzung für den Ausschluss eines einzelnen Betriebsratsmitglieds oder gar die Auflösung des ganzen Gremiums ist jeweils eine grobe Verletzung gesetzlicher Pflichten. Ein Ausschluss eines Betriebsratsmitglieds aus dem Betriebsrat wie auch die Auflösung des Betriebsrats kann nur durch die im Gesetz vorgesehenen Antragsberechtigten im Wege eines arbeitsgerichtlichen Beschlussverfahrens erfolgen. Als antragsberechtigt gelten mindestens ein Viertel der wahlberechtigten Arbeitnehmer, der Arbeitgeber, die im Betrieb vertretene Gewerkschaft bzw. der Betriebsrat selbst.
Zu den gesetzlichen Pflichten, bei denen ein Verstoß zum Ausschluss aus dem Betriebsrat oder zur Auflösung der Betriebsvertretung führen kann, zählen neben den Pflichten nach dem Betriebsverfassungsgesetz solche, wie sie durch andere Gesetze und Tarifverträge geschaffen oder konkretisiert worden sind. Auch durch die unzureichende Wahrnehmung oder die Nichtwahrnehmung von betriebsverfassungsrechtlichen Funktionen kann sich ein Verstoß gegen die gesetzlichen Pflichten ergeben. Allerdings muss es sich immer um eine grobe Amtspflichtverletzung handeln, die objektiv erheblich und offensichtlich schwerwiegend ist. Eine grobe Amtspflichtverletzung eines Betriebsratsmitglieds setzt außerdem regelmäßig ein schuldhaftes Verhalten im Sinne von Vorsatz oder einer groben Fahrlässigkeit voraus. Unter Umständen kann auch ein einmaliger, besonders schwerwiegender grober Pflichtverstoß genügen.
Beispielhaft seien genannt:

- Diffamierung anderer Betriebsratsmitglieder, Ausspruch rassistischer, fremdenfeindlicher oder sexistischer Parolen,
- gegen die Funktionsfähigkeit des Betriebsrats gerichtete Maßnahmen,

- beharrliche Weigerung, an Betriebsratssitzungen und Abstimmungen im Betriebsrat teilzunehmen,
- Handgreiflichkeiten gegenüber anderen Betriebsratsmitgliedern.

Verstöße gegen die Arbeitspflichten führen grundsätzlich nicht zur Amtsenthebung. In Einzelfällen kann jedoch eine grobe Verletzung der Amtspflichten zugleich eine grobe Verletzung der dem Betriebsratsmitglied obliegenden Pflichten als Arbeitnehmer darstellen. Dem Arbeitgeber bleibt dann die Wahlfreiheit, ob er nach § 23 Abs. 1 BetrVG das Ausschlussverfahren betreibt oder dem Betriebsratsmitglied unter Beachtung betriebsverfassungsrechtlicher Vorschriften außerordentlich kündigt; bei ordentlichen Mitgliedern des Betriebsrats ist hier insbesondere der Zustimmungsvorbehalt des Betriebsrats nach § 103 BetrVG zu beachten.

Nur eine rechtskräftige gerichtliche Entscheidung zur Feststellung der Amtsenthebung führt zum Verlust des Betriebsratsamts. Das aus dem Betriebsrat ausgeschlossene Betriebsratsmitglied bleibt – wenn keine weiteren arbeitsrechtlichen Maßnahmen ergriffen werden – Arbeitnehmer des Betriebs.

Grobe Verstöße, die zur Amtsenthebung des Betriebsrats als gesamtes Gremium führen können, können z. B. sein:

- Nichtbestellung eines Vorsitzenden oder eines stellvertretenden Vorsitzenden,
- mehrfache Nichteinberufung der vierteljährlich vorgesehenen Betriebsversammlungen nach § 43 Abs. 1 BetrVG,
- Nichtausübung gesetzlicher Mitwirkungs- und Mitbestimmungsrechte,
- Betriebsratsbeschlüsse, die beharrlich gegen arbeitsrechtliche Schutzvorschriften oder Tarifverträge verstoßen.

In § 23 Abs. 3 BetrVG ist die Möglichkeit gegeben, Fehlverhalten des Arbeitgebers wegen grober Verletzung seiner gesetzlichen Pflichten zu ahnden. Das Bundesarbeitsgericht vertritt in seiner Rechtsprechung die Auffassung, dass in jedem Fall beim Übergehen des Betriebsrats bei regelungspflichtigen Tatbeständen wie auch dem mehrfachen Übergehen bei erzwingbaren Mitbestimmungsrechten ein schwerer Verstoß des Arbeitgebers gegen gesetzliche Pflichten vorliegt, was die Möglichkeit eines arbeitsgerichtlichen Unterlassungsanspruchs eröffnet. Der Anspruch ist schon bei objektiver Pflichtwidrigkeit gegeben; auf ein Verschulden des Arbeitgebers kommt es nicht an (siehe BAG, Beschluss vom 18. 4. 1985 – 6 ABR 19/84). Nach den Regelungen des § 23 Abs. 3 BetrVG kann – neben dem Betriebsrat – die im Betrieb vertretene Gewerkschaft gegen den Arbeitgeber gerichtlich vorgehen, wenn er grob gegen seine Verpflichtungen aus dem Betriebsverfassungsgesetz verstoßen hat. Sie können beim Arbeitsgericht beantragen, dem Arbeitgeber aufzugeben, eine bestimmte Handlung zu unterlassen, die Vornahme einer bestimmten Handlung zu dulden oder eine bestimmte Handlung vorzunehmen.

Grobe Verstöße des Arbeitgebers gegen betriebsverfassungsrechtliche Vorschriften können sein:
- Verstoß gegen das Verbot der parteipolitischen Betätigung im Betrieb,
- Verstöße gegen die Duldungs- und Unterstützungspflichten im Zusammenhang mit der Betriebsratswahl,
- Behinderung der Freistellung von Betriebsratsmitgliedern zur Ausübung ihres Ehrenamts,
- Verletzung der Informationspflichten gegenüber dem Betriebsrat,
- einmalige schwere oder fortgesetzt leichtere Verstöße gegen das Zusammenarbeitsgebot mit dem Betriebsrat nach § 2 Abs. 1 BetrVG,
- Androhen von arbeitsvertraglichen Konsequenzen gegenüber Betriebsratsmitgliedern, wenn diese wegen der Erfüllung von Betriebsratsaufgaben (§ 37 Abs. 2 BetrVG) der Arbeitspflicht nicht nachkommen,
- Verletzung des Postgeheimnisses,
- willkürliche Bekanntmachung von Schriftwechsel mit dem Betriebsrat am »schwarzen Brett«,
- Bekanntgabe von »Fehlzeiten« von Betriebsratsmitgliedern,
- gravierende Verstöße gegen das Behinderungs- und Benachteiligungsverbot nach § 78 BetrVG,
- Veröffentlichung der Kosten des Betriebsrats,
- offensichtlich unberechtigtes Versagen des Zutritts von Gewerkschaftsbeauftragten zum Betrieb gemäß § 2 Abs. 2 BetrVG,
- Aufforderung an Betriebsratsmitglieder, von Betriebsratssitzungen fernzubleiben oder diese zu verlassen,
- Nichtdurchführung von Vereinbarungen mit dem Betriebsrat.

Auch das Verfahren nach § 23 Abs. 3 BetrVG setzt einen »groben Verstoß« des Arbeitgebers gegen seine gesetzlichen Verpflichtungen voraus. Dabei ist es nicht zugleich erforderlich, dass das Verhalten des Arbeitgebers schuldhaft ist. Sanktioniert werden in § 23 Abs. 3 BetrVG alle Pflichtverstöße des Arbeitgebers gegen seine betriebsverfassungsrechtlichen Pflichten, die sich auch aus anderen Gesetzen ergeben (z.B. Arbeitsschutzgesetz). Die Verletzung betriebsverfassungsrechtlicher Verpflichtungen kann sich ferner aus Verstößen gegen Tarifverträge und Betriebsvereinbarungen ergeben.

Das Verfahren gegen den Arbeitgeber gliedert sich in ein Erkenntnisverfahren (Verurteilung des Arbeitgebers) und in ein Vollstreckungsverfahren (Durchsetzung der arbeitsgerichtlichen Entscheidung mit gerichtlichen Zwangsmaßnahmen).

Wird der Arbeitgeber rechtskräftig gerichtlich verurteilt, eine Handlung zu unterlassen oder die Vornahme einer Handlung zu dulden, und handelt er dieser Entscheidung zuwider, wird er vom Arbeitsgericht auf Antrag, wenn auch nach vorheriger Androhung, wegen einer jeden Zuwiderhandlung zu einem Ordnungsgeld verurteilt. Führt der Arbeitgeber eine Handlung nicht durch, die ihm durch eine rechtskräftige gerichtliche Entscheidung auferlegt worden ist, so hält ihn das Arbeitsgericht zur Vornahme der Handlung durch ein Zwangsgeld an.

Gesetzestexte

Betriebsverfassungsgesetz

§ 23 Verletzung gesetzlicher Pflichten

(1) Mindestens ein Viertel der wahlberechtigten Arbeitnehmer, der Arbeitgeber oder eine im Betrieb vertretene Gewerkschaft können beim Arbeitsgericht den Ausschluss eines Mitglieds aus dem Betriebsrat oder die Auflösung des Betriebsrats wegen grober Verletzung seiner gesetzlichen Pflichten beantragen. Der Ausschluss eines Mitglieds kann auch vom Betriebsrat beantragt werden.
(2) Wird der Betriebsrat aufgelöst, so setzt das Arbeitsgericht unverzüglich einen Wahlvorstand für die Neuwahl ein. § 16 Abs. 2 gilt entsprechend.
(3) Der Betriebsrat oder eine im Betrieb vertretene Gewerkschaft können bei groben Verstößen des Arbeitgebers gegen seine Verpflichtungen aus diesem Gesetz beim Arbeitsgericht beantragen, dem Arbeitgeber aufzugeben, eine Handlung zu unterlassen, die Vornahme einer Handlung zu dulden oder eine Handlung vorzunehmen. Handelt der Arbeitgeber der ihm durch rechtskräftige gerichtliche Entscheidung auferlegten Verpflichtung zuwider, eine Handlung zu unterlassen oder die Vornahme einer Handlung zu dulden, so ist er auf Antrag vom Arbeitsgericht wegen einer jeden Zuwiderhandlung nach vorheriger Androhung zu einem Ordnungsgeld zu verurteilen. Führt der Arbeitgeber die ihm durch eine rechtskräftige gerichtliche Entscheidung auferlegte Handlung nicht durch, so ist auf Antrag vom Arbeitsgericht zu erkennen, dass er zur Vornahme der Handlung durch Zwangsgeld anzuhalten sei. Antragsberechtigt sind der Betriebsrat oder eine im Betrieb vertretene Gewerkschaft. Das Höchstmaß des Ordnungsgeldes und Zwangsgeldes beträgt 10 000 Euro.

§ 24 Erlöschen der Mitgliedschaft

Die Mitgliedschaft im Betriebsrat erlischt durch
1. Ablauf der Amtszeit,
2. Niederlegung des Betriebsratsamtes,
3. Beendigung des Arbeitsverhältnisses,
4. Verlust der Wählbarkeit,

5. Ausschluss aus dem Betriebsrat oder Auflösung des Betriebsrats aufgrund einer gerichtlichen Entscheidung,
6. gerichtliche Entscheidung über die Feststellung der Nichtwählbarkeit nach Ablauf der in § 19 Abs. 2 bezeichneten Frist, es sei denn, der Mangel liegt nicht mehr vor.

§ 40 Kosten und Sachaufwand des Betriebsrats

(1) Die durch die Tätigkeit des Betriebsrats entstehenden Kosten trägt der Arbeitgeber.
(2) Für die Sitzungen, die Sprechstunden und die laufende Geschäftsführung hat der Arbeitgeber in erforderlichem Umfang Räume, sachliche Mittel, Informations- und Kommunikationstechnik sowie Büropersonal zur Verfügung zu stellen.

§ 119 Straftaten gegen Betriebsverfassungsorgane und ihre Mitglieder

(1) Mit Freiheitsstrafe bis zu einem Jahr oder mit Geldstrafe wird bestraft, wer
1. eine Wahl des Betriebsrats, der Jugend- und Auszubildendenvertretung, der Bordvertretung, des Seebetriebsrats oder der in § 3 Abs. 1 Nr. 1 bis 3 oder 5 bezeichneten Vertretungen der Arbeitnehmer behindert oder durch Zufügung oder Androhung von Nachteilen oder durch Gewährung oder Versprechen von Vorteilen beeinflusst,
2. die Tätigkeit des Betriebsrats, des Gesamtbetriebsrats, des Konzernbetriebsrats, der Jugend- und Auszubildendenvertretung, der Gesamt-Jugend- und Auszubildendenvertretung, der Konzern-Jugend- und Auszubildendenvertretung, der Bordvertretung, des Seebetriebsrats, der in § 3 Abs. 1 bezeichneten Vertretungen der Arbeitnehmer, der Einigungsstelle, der in § 76 Abs. 8 bezeichneten tariflichen Schlichtungsstelle, der in § 86 bezeichneten betrieblichen Beschwerdestelle oder des Wirtschaftsausschusses behindert oder stört oder
3. ein Mitglied oder ein Ersatzmitglied des Betriebsrats, des Gesamtbetriebsrats, des Konzernbetriebsrats, der Jugend- und Auszubildendenvertretung, der Gesamt-Jugend- und Auszubildendenvertretung, der Konzern-Jugend- und Auszubildendenvertretung, der Bordvertretung, des Seebetriebsrats, der in § 3 Abs. 1 bezeichneten Vertretungen der Arbeitnehmer, der Einigungsstelle, der in § 76 Abs. 8 bezeichneten Schlichtungsstelle, der in § 86 bezeichneten betrieblichen Beschwerdestelle oder des Wirtschaftsausschusses um seiner Tätigkeit willen oder eine Auskunftsperson nach § 80 Absatz 2 Satz 4 um ihrer Tätigkeit willen benachteiligt oder begünstigt.

(2) Die Tat wird nur auf Antrag des Betriebsrats, des Gesamtbetriebsrats, des Konzernbetriebsrats, der Bordvertretung, des Seebetriebsrats, einer der in § 3 Abs. 1 bezeichneten Vertretungen der Arbeitnehmer, des Wahlvorstands, des Unternehmers oder einer im Betrieb vertretenen Gewerkschaft verfolgt.

§ 121 Bußgeldvorschriften

(1) Ordnungswidrig handelt, wer eine der in § 90 Abs. 1, 2 Satz 1, § 92 Abs. 1 Satz 1 auch in Verbindung mit Abs. 3, § 99 Abs. 1, § 106 Abs. 2, § 108 Abs. 5, § 110 oder § 111 bezeichneten Aufklärungs- oder Auskunftspflichten nicht, wahrheitswidrig, unvollständig oder verspätet erfüllt.
(2) Die Ordnungswidrigkeit kann mit einer Geldbuße bis zu zehntausend Euro geahndet werden.

Verletzung gesetzlicher Pflichten

Schreiben an ein Betriebsratsmitglied mit Hinweis auf die Notwendigkeit, seine gesetzlichen Pflichten einzuhalten

15 Betriebsratsvorsitzende/r der XY-GmbH — Ort, Datum

Herrn ....

Im Hause

Einhaltung Ihrer Pflichten als Betriebsrat

Sehr geehrte/r Kollege/in ....,

seit Beginn der Amtsperiode des neuen Betriebsrats haben wir bereits .... Sitzungen durchgeführt. Leider haben Sie trotz ordnungsgemäßer Einladung nur ... mal teilgenommen.

Der Betriebsrat hat Ihr offensichtliches Desinteresse an der Ausübung des Wahlamts zum Anlass genommen, mit Ihnen eine Reihe von Gesprächen zu führen, um Sie in kollegialer Weise auf Ihre Betriebsratspflichten hinzuweisen. Leider haben Sie bis heute Ihr Verhalten nicht geändert. Ihre Rechtfertigung, mit der Kandidatur und der Annahme des Amts hätten Sie einen adäquaten Beitrag für eine Interessenvertretung geleistet, können wir nicht akzeptieren. Ebenso unakzeptabel ist Ihre Auffassung, dass Sie den aus der Kandidatur und der Wahl zum Betriebsrat erwachsenden Kündigungsschutz als angemessene Entschädigung für Ihr Engagement betrachten. Es versteht sich von selbst, dass Engagement auch ein aktives Mitarbeiten im Gremium voraussetzt.

Sollten Ihre Äußerungen Ihre wahren Beweggründe für die Kandidatur wiedergeben, sehen wir in Ihrem Verhalten eine Verkennung des gesetzlichen Auftrags des übernommenen Ehrenamts. Sollten Sie nicht umgehend aktive Bereitschaft zeigen, das Betriebsratsmandat entsprechend dem gesetzlichen Auftrag durch regelmäßige Teilnahme an Betriebsratssitzungen und durch die Übernahme von Betriebsratsaufgaben auszufüllen, betrachten wir Ihre fortgesetzte Passivität als grobe Verletzung der Ihnen auferlegten Pflichten aus dem Betriebsverfassungsgesetz. Wir sehen uns dann gezwungen, Sie zur Aufgabe Ihres Betriebsratsmandats aufzufordern, damit die Interessenvertretung künftig durch einen anderen Kollegen oder eine andere Kollegin engagiert wahrgenommen werden kann.

Sollten Sie unserer Aufforderung nicht Folge leisten, sind wir verpflichtet, ein Amtsenthebungsverfahren nach § 23 Abs. 1 BetrVG gegen Sie beim zuständigen Arbeitsgericht einzuleiten.

In Erwartung einer künftig konstruktiven Zusammenarbeit verbleiben wir

mit freundlichen Grüßen

....

(Unterschrift Betriebsratsvorsitzende/r)

Schreiben an den Arbeitgeber mit Hinweis auf ein drohendes Verfahren nach § 23 Abs. 3 i.V.m. § 74 Abs. 2 BetrVG

16

Betriebsrat der XY-GmbH   Ort, Datum

An die
Geschäftsleitung
...

Verletzung der vom Betriebsverfassungsgesetz auferlegten parteipolitischen Neutralität im Betrieb

Sehr geehrte/r Frau/Herr ....,
der Betriebsrat musste sich leider schon mehrfach mit Ihrer parteipolitischen Betätigung im Betrieb befassen. Ihr Verhalten war auch schon Gegenstand von persönlichen Gesprächen, zuletzt am .... Sie haben uns jedes Mal versichert, dass Sie künftig die Friedenspflicht im Betrieb beachten werden. Die jüngsten Vorkommnisse zeigen uns jedoch, dass Sie offensichtlich nicht gewillt sind, Ihr gesetzwidriges Verhalten aufzugeben.
So haben Sie z.B. anlässlich einer kürzlich durchgeführten Betriebsbesichtigung Mitglieder Ihrer Partei offen dazu ermutigt, parteipolitische Propaganda zu betreiben. In einer anschließenden Diskussion in einem kleineren ausgesuchten Kreis haben Sie dann noch erklärt, dass eine Karriere in unserem Unternehmen nur mit dem »richtigen« Parteibuch möglich sei, wobei Sie eindeutig klargestellt haben, welche Partei denn die »richtige« sei.
Diese Handlungsweise betrachten wir als einen groben Verstoß gegen die Ihnen obliegende Friedenspflicht gemäß § 74 Abs. 2 BetrVG. Der Betriebsrat hat in seiner Sitzung am .... einstimmig beschlossen, Sie aufzufordern, Ihr bisheriges Verhalten grundlegend zu ändern und die von Ihnen an einzelne Arbeitnehmer erteilten Auflagen hinsichtlich einer parteipolitischen Betätigung umgehend rückgängig zu machen.
Zur Vermeidung eines Gerichtsverfahrens nach § 23 Abs. 3 BetrVG erwarten wir Ihre schriftliche Zusage zur Einhaltung der parteipolitischen Neutralität. Das ausgegebene Agitationsmaterial ist – soweit noch möglich – bis zum .... wieder einzusammeln. Die Aufforderung an die Belegschaft zum Beitritt in die von ihnen vertretene politische Interessengemeinschaft ist bis zum gleichen Termin schriftlich zu widerrufen.

Mit freundlichen Grüßen

....
(Unterschrift
Betriebsratsvorsitzende/r)

17

Schreiben an den Arbeitgeber wegen Behinderung bei der Ausübung der Betriebsratstätigkeit

Betriebsrat der XY-GmbH Ort, Datum

An die
Geschäftsleitung
Im Hause

Behinderung der Betriebsratstätigkeit des Kollegen ....

Sehr geehrte/r Frau/Herr ....,
der Betriebsrat hat sich in seiner Sitzung am .... mit der unserem Betriebsratsmitglied .... am ... erteilten Abmahnung befasst und kommt nach eingehender Prüfung des zu Grunde liegenden Sachverhalts zu folgenden Ergebnissen und Forderungen:

1. Die von Ihnen ausgesprochene Abmahnung ist unberechtigt. Sie ist als Behinderung eines einzelnen Betriebsratsmitglieds bei der Ausübung seines betriebsverfassungsrechtlichen Amts zu werten. Darüber hinaus drohen Sie unserem Kollegen persönliche und materielle Nachteile an. Herr .... hat in dem von Ihnen beanstandeten Vorgang ausschließlich seine Aufgaben als Betriebsrat wahrgenommen und sich dabei völlig korrekt verhalten. Ihnen dürfte sicherlich bekannt sein, dass mit einer Abmahnung ausschließlich eine arbeitsvertragliche Pflichtverletzung gerügt werden kann. Herr .... hat seine gesetzlichen Aufgaben als Betriebsrat wahrgenommen und kann dafür nicht mit einer Abmahnung gemaßregelt werden. Auch hat er seiner Pflicht Genüge getan und sich ordnungsgemäß von seiner Arbeit bei seinem Vorgesetzten zur Erfüllung von Betriebsratsaufgaben ab- und rückgemeldet. Somit war auch eine entsprechende Arbeitsdisposition uneingeschränkt möglich.
2. Wir stimmen Ihnen grundsätzlich zu, dass der Betriebsrat insbesondere bei der Terminierung seiner Tätigkeiten betriebliche Notwendigkeiten und Erfordernisse zu berücksichtigen hat. Das haben wir in der Vergangenheit auch stets getan und werden auch künftig von dieser gesetzlichen Vorgabe nicht abweichen. Allerdings obliegt es der Beurteilung des jeweiligen Betriebsratsmitglieds, ob die Wahrnehmung seiner Aufgaben im konkreten Fall Vorrang vor den betrieblichen Interessen hat. Im vorliegenden Fall hatte die Betriebsratstätigkeit eindeutig Priorität, und die betrieblichen Interessen wurden auch nicht nachhaltig beeinträchtigt.
3. Die von Ihnen ausgesprochene Abmahnung stellt einen unberechtigten Eingriff in die inneren Angelegenheiten des Betriebsrats dar. Allein der Betriebsrat beschließt über eine Aufgabenverteilung auf seine Mitglieder oder Ausschüsse und über die Geschäftsordnung. Wir verwahren uns gegen jeden Versuch Ihrerseits, in unser Selbstbestimmungsrecht einzugreifen. Wir erinnern nochmals daran, dass wir Ihnen unmittelbar nach der Wahl eine Übersicht über regelmäßige Sitzungstermine, Besetzungen von Ausschüssen und Zuständigkeiten einzelner Betriebsratsmitglie-

der zur Verfügung gestellt haben. Damit haben wir unserer Informationspflicht in vollem Umfange Genüge getan.

4. Der Betriebsrat fordert Sie hiermit auf, die Herrn .... im Rahmen seiner Betriebsratstätigkeit am ... erteilte Abmahnung unverzüglich als gegenstandslos zu erklären und aus der Personalakte zu entfernen. Der Unterzeichner und Herr .... werden sich am .... durch Einsichtnahme in die Personalakte persönlich davon überzeugen.
5. Darüber hinaus fordern wir Sie auf, künftig entsprechend Ihrer gesetzlichen Duldungspflicht und Ihrer Pflicht zur konstruktiven Zusammenarbeit mit dem Betriebsrat gemäß § 2 BetrVG die Betriebsratstätigkeit einzelner Mitglieder des Gremiums sanktionslos und frei von Repressalien jeglicher Art zuzulassen. Weitere Versuche Ihrerseits, die Amtsführung des Betriebsrats zu beeinflussen, werden wir nicht hinnehmen.
6. Sollten Sie der Aufforderung zur Entfernung der Abmahnung aus der Personalakte nicht bis zum o.g. Termin nachkommen, wird der Betriebsrat ein Verfahren nach § 23 Abs. 3 BetrVG vor dem zuständigen Arbeitsgericht gegen Sie anstrengen. Eine Anzeige nach § 119 Abs. 1 Nr. 3 BetrVG bei der zuständigen Staatsanwaltschaft müssen wir uns zudem ebenfalls vorbehalten.

Wir sehen Ihrer unverzüglichen Rückäußerung entgegen.

Mit freundlichen Grüßen

....

(Unterschrift
Betriebsratsvorsitzende/r)

Schreiben an den Arbeitgeber wegen Verletzung der gesetzlichen Mitbestimmungsrechte des Betriebsrats

18 Betriebsrat der XY-GmbH | Ort, Datum

An die
Geschäftsleitung
Im Hause

Verletzung gesetzlicher Mitbestimmungsrechte des Betriebsrats

Sehr geehrte/r Frau/Herr . . .,
der Betriebsrat hat festgestellt, dass Sie ihn in seinen gesetzlich verbrieften Mitbestimmungsrechten zum wiederholten Male übergangen haben.
Nachdem wir Ihnen bereits in persönlichen Gesprächen am . . . . und am . . . . sowie durch schriftliche Mitteilung vom . . . . erläutert haben, dass der Betriebsrat nach den Vorschriften des § 87 Abs. 1 Nrn. 2 und 3 BetrVG vor jeder Änderung der täglichen Arbeitszeit, insbesondere auch vor der Anordnung von Mehrarbeit, zu beteiligen ist, haben Sie erneut gegen diese gesetzliche Auflage verstoßen. Am gestrigen Tag haben Sie kurz vor Ablauf der regelmäßigen Arbeitszeit durch die Abteilungsleiter . . . . und . . . . anordnen lassen, dass in den Abteilungen . . . . und . . . . zwei Stunden länger gearbeitet werden müsse, ohne zuvor den Betriebsrat in Kenntnis zu setzen und dessen Zustimmung einzuholen.
Unsere Nachforschungen haben ergeben, dass die Mehrarbeit nicht auf ein unabwendbares Ereignis zurückzuführen, sondern durch betriebliche Fehldispositionen bei der Auftragsannahme und Terminzusage entstanden ist. Seit Wochen war erkennbar, dass es zu einem erhöhten Arbeitsanfall kommen würde. Wiederholt haben wir auf diese Entwicklung hingewiesen.
Der Betriebsrat weist in diesem Zusammenhang darauf hin, dass das Bundesarbeitsgericht in ständiger Rechtsprechung, unter anderem in seinem Beschluss vom 3. 5. 1994 (1 ABR 24/93), klargestellt hat, dass dem Betriebsrat zur Sicherung seines Mitbestimmungsrechts ein Beseitigungs- und Unterlassungsanspruch zusteht. Das heißt, dass die getroffenen Anordnungen zur Ableistung von Mehrarbeit zurückzunehmen sind.
Aus diesem Grund werden wir vor dem zuständigen Arbeitsgericht ein Verfahren nach § 23 Abs. 3 BetrVG und den Erlass einer Einstweiligen Verfügung gegen Sie anstrengen, sollten Sie die Anordnung nicht unverzüglich zurücknehmen.

Mit freundlichen Grüßen

. . . .
(Unterschrift
Betriebsratsvorsitzende/r)

Schreiben des Betriebsrats an den Arbeitgeber über die Beauftragung eines Verfahrensbevollmächtigten

Der Betriebsrat der XY-GmbH — Ort, Datum

An die
Geschäftsleitung
Im Hause

Beauftragung eines Verfahrensbevollmächtigten

Sehr geehrte/r Frau/Herr ...,
trotz einer Vielzahl gemeinsamer Sitzungen, in denen wir über die von Ihnen geplanten Veränderungen der Arbeitszeiten diskutiert und dabei die gesetzlichen und tarifvertraglichen Gestaltungsmöglichkeiten ausgelotet haben, konnten wir mit Ihnen insbesondere in der Frage des Mitbestimmungsrechts keine Einigung erzielen.
Obwohl Ihnen die gesetzlichen Regelungen bekannt sind, haben Sie das zwischenzeitlich vom Betriebsrat eingeleitete Einigungsstellenverfahren ignoriert und einseitig die Arbeitszeit für die Betriebe .... und .... verändert.
Da trotz intensiver Bemühungen unsererseits offensichtlich keine Einigung mit Ihnen herbeizuführen ist und Sie auch das Einigungsstellenverfahren übergehen, sehen wir uns gezwungen, zur Wahrung unserer Rechte einen Verfahrensbevollmächtigten zu beauftragen. Herr Rechtsanwalt/Frau Rechtsanwältin .... wird uns aufgrund eines Betriebsratsbeschlusses vom .... vor dem hiesigen Arbeitsgericht vertreten und entsprechende Beschlussanträge stellen.
Wir verweisen darauf, dass die durch das Tätigwerden des Verfahrensbevollmächtigten entstehenden Auslagen zu den Kosten und dem Sachaufwand des Betriebsrats gehören, zu deren Übernahme der Arbeitgeber im Rahmen des § 40 Abs. 1 BetrVG verpflichtet ist.

Mit freundlichen Grüßen

....
(Unterschrift
Betriebsratsvorsitzende/r)

III. Die Geschäftsführung des Betriebsrats

Einladungen, Beschlüsse, Sitzungsniederschriften

Die Vorschriften über die Geschäftsführung, also die interne Organisation, des Betriebsrats finden sich schwerpunktmäßig in den §§ 26–41 BetrVG. Allerdings sind für diesen Themenkomplex auch die §§ 13, 22, 24 und 25 BetrVG bedeutsam.

Die Geschäftsführung des Betriebsrats erfordert gleichermaßen umfangreiche Kompetenzen inhaltlicher (gestalterischer) und formaler Art. Zu den formalen gehören insbesondere das Wissen um Regularien zur Einberufung von Sitzungen, ordnungsgemäßes Zustandekommen von Betriebsratsbeschlüssen, die Delegation von Aufgaben auf Ausschüsse, die Wahrnehmung von Bildungsaufgaben sowie weitere Verfahrensabläufe zur Sicherstellung einer gesetzeskonformen Wahrnehmung von Betriebsratsrechten und -pflichten. Hier können aus Platzgründen nur die wichtigsten Bereiche erwähnt und kommentiert werden.

Unter chronologischen Gesichtspunkten beginnt die Tätigkeit des Betriebsrats mit der Einladung zu seiner konstituierenden Sitzung. Der Vorsitzende des Wahlvorstands lädt zu dieser Sitzung ein, in welcher der Betriebsratsvorsitzende wie auch sein Stellvertreter und ggf. die übrigen Mitglieder des Betriebsausschusses gewählt werden. Nicht zuletzt wird regelmäßig auch ein Schriftführer benannt.

An den Vorsitzenden des Betriebsrats sind hohe Anforderungen zu stellen. Bei der Wahl des Betriebsratsvorsitzenden ist daher darauf zu achten, dass die zu wählende Person über Durchsetzungsbereitschaft gegenüber dem Arbeitgeber und Problembewusstsein verfügt. Dabei ist zu berücksichtigen, dass der Vorsitzende mehr Zeit für das Ehrenamt aufwenden muss als andere Betriebsratsmitglieder. Dies ist dann bedeutsam, wenn dem Betriebsrat keine Freistellung von der beruflichen Tätigkeit nach § 38 BetrVG zusteht.

Der Betriebsratsvorsitzende hat bestimmte gesetzliche Aufgaben zu erfüllen, zu denen exemplarisch zählen:

- Einladung verschiedener Teilnehmer zu Betriebsratssitzungen,
- Festlegung der Tagesordnung,

- Leitung der Sitzungen, Feststellung der Abstimmungsergebnisse, Unterzeichnung der Sitzungsniederschriften,
- Leitung der Betriebsversammlungen u. v. a. m.

Allein schon durch die Festsetzung der Inhalte der Tagesordnung gemäß § 29 Abs. 2 BetrVG kann der Betriebsratsvorsitzende großen Einfluss auf die politische Ausrichtung der Betriebsratstätigkeit ausüben.

Zur Sicherstellung einer gesetzeskonformen Erledigung seiner Aufgaben kann der Betriebsrat im Rahmen einer gebotenen Arbeitsteilung diverse Ausschüsse und Arbeitsgruppen bilden. Nach § 27 Abs. 1 BetrVG muss bereits in Betrieben mit mehr als 200 Arbeitnehmern ein sogenannter Betriebsausschuss gebildet werden. Damit soll der Betriebsrat über ausreichende Arbeitsmöglichkeiten verfügen können, und zwar in Bezug auf die materielle und personelle Ausstattung des Betriebsrats sowie im Hinblick auf die innere Organisation.

Der Betriebsausschuss führt die laufenden Geschäfte des Betriebsrats. Darunter sind jedoch nur die verwaltungsmäßigen und organisatorischen Aufgaben zu verstehen. Nur in diesem gesetzlich zugewiesenen Zuständigkeitsbereich entscheidet der Betriebsausschuss anstelle des Betriebsrats.

Mit »laufende Geschäfte« sind insbesondere wiederkehrende Routineaufgaben gemeint. Der Betriebsausschuss bereitet Betriebsratssitzungen sowie Betriebs- und Abteilungsversammlungen vor, führt Vorgespräche mit dem Arbeitgeber, bereitet Beschlüsse und Betriebsvereinbarungen vor, nimmt Anregungen von Arbeitnehmern entgegen und erledigt den anfallenden Schriftwechsel. Sie erfordern keinen Beschluss im Betriebsrat. Es handelt sich also auf keinen Fall um mitbestimmungs- oder mitwirkungspflichtige Angelegenheiten. Durch eine Geschäftsordnung kann der Betriebsrat genau definieren, welche Angelegenheiten unter die laufenden Geschäfte fallen.

Dem Betriebsausschuss oder einem anderen Ausschuss können allenfalls durch formellen Beschluss ausdrücklich Aufgaben zur selbstständigen Erledigung übertragen werden. Ein solcher Beschluss muss jedoch mit qualifizierter Mehrheit und schriftlich erfolgen. So kann der Betriebsausschuss z. B. selbstständig über die Genehmigung oder Ablehnung von Überstunden entscheiden, wenn dies vom Betriebsrat gewünscht wird. Es obliegt dem Betriebsrat, die formellen Modalitäten für eine Übertragung von Aufgaben auf den Betriebsausschuss festzulegen. So kann festgelegt werden, ob ein Übertragungsbeschluss mit einer qualifizierten Mehrheit oder sogar einstimmig erfolgen muss. Vorgeschrieben ist die Schriftform.

Nach § 28 BetrVG hat der Betriebsrat in Betrieben mit mehr als 100 Arbeitnehmern die Möglichkeit, Ausschüsse zu bilden und ihnen bestimmte Aufgaben zu übertragen. Damit wird Betriebsräten in Betrieben ab der vorgenannten Größenordnung die Möglichkeit gegeben, ihre Betriebsratsarbeit effektiv zu strukturieren und zu erledigen, indem sie für bestimmte Angelegenheiten sogenannte Fachausschüsse bilden können, z. B. speziell für Fragen der Frauenförderung oder der betrieblichen Integration ausländischer Arbeitnehmer. Es liegt im Ermessen des Betriebsrats, ob er von dieser Möglichkeit Gebrauch macht, wie viele Ausschüsse er bildet, welche Zuständigkeiten diese Ausschüsse haben und mit wie vielen Mitgliedern er sie besetzt.

Die Vorschrift des § 28a regelt die Delegation von Aufgaben des Betriebsrats an Arbeitsgruppen in Betrieben mit mehr als 100 Arbeitnehmern. Sie trägt den Bedürfnissen der Praxis und dem Wunsch der Arbeitnehmer nach unmittelbarer Beteiligung Rechnung. Nach § 28a Abs. 1 Satz 1 BetrVG kann der Betriebsrat mit der Mehrheit der Stimmen seiner Mitglieder beschließen, bestimmte Aufgaben auf Arbeitsgruppen zu übertragen. Eine Übertragung kommt insbesondere bei Gruppenarbeit i. S. v. § 87 Abs. 1 Nr. 13 BetrVG, aber auch bei sonstiger Team- und Projektarbeit sowie für bestimmte Beschäftigungsarten und Arbeitsbereiche in Frage. Grundlage für die Übertragung ist eine zwischen Arbeitgeber und Betriebsrat abzuschließende Rahmenvereinbarung, in der vor allem festzulegen ist, welchen Arbeitsgruppen in welchem Umfang Aufgaben übertragen werden sollen. Die rechtlichen Grenzen für eine Delegation sind insoweit festgelegt, als die Aufgaben, die übertragen werden sollen, in einem inneren Zusammenhang mit den von der Arbeitsgruppe zu erledigenden Tätigkeiten stehen müssen. Das ist z. B. bei Übertragung von Regelungsbefugnissen im Zusammenhang mit Arbeitszeitfragen, Pausenregelungen, Urlaubsplanung, Arbeitsgestaltung und ähnlichen tätigkeits- oder aufgabenbezogenen Sachverhalten der Fall.

Nachdem die konstituierende Sitzung des Betriebsrats stattgefunden hat, beruft der Betriebsratsvorsitzende nach § 29 BetrVG die weiteren Sitzungen ein.

Das Gesetz schreibt Häufigkeit und Dauer von Betriebsratssitzungen nicht vor. Sie sind dann einzuberufen, wenn sie zur Erfüllung der Betriebsratsaufgaben erforderlich sind. Empfehlenswert sind turnusmäßige Sitzungen, z. B. an einem bestimmten Wochentag zur gleichen Zeit. Die Termine könnten in der Geschäftsordnung festgeschrieben werden. In diesem Fall kann die Ladung der ordentlichen Betriebsratsmitglieder unterbleiben (Ersatzmitglieder müssen geladen werden), die Tagesordnung muss aber auf jeden Fall mitgeteilt werden. Selbstverständlich kann der Betriebsratsvorsitzende neben den Routineterminen auch jederzeit zusätzliche Betriebsratssitzungen einberufen, wenn die anstehenden Probleme das erfordern.

Die vorherige Mitteilung der Tagesordnung soll den Betriebsratsmitgliedern Gelegenheit geben, sich ein Bild über die in der Sitzung zu treffenden Entscheidungen zu machen, und es ihnen ermöglichen, sich auf die Beratung der einzelnen Tagesordnungspunkte ordnungsgemäß vorzubereiten.

Wird ein Tagesordnungspunkt bei der Erstellung vergessen aufzuführen und wird dieser nachträglich in der Betriebsratssitzung vom beschlussfähigen Betriebsrat in die Tagesordnung aufgenommen, ist der dazu gefasste Beschluss auch wirk-

sam. Das Bundesarbeitsgericht ist mit Beschluss vom 22.1.2014 (7 AS 6/13) von seiner bisherigen Rechtsprechung abgerückt, sodass nun die Beschlussfähigkeit des Betriebsrats genügt und das Gremium sich mit der Behandlung eines nicht vorher mitgeteilten Tagesordnungspunkts – aus welchen Gründen auch immer – einverstanden erklären muss. Der Betriebsrat muss jedoch beschlussfähig sein und zudem müssen die ordnungsgemäß geladenen Mitglieder in der Sitzung einstimmig der Änderung und ggf. Ergänzung der Tagesordnung zustimmen. Auf diese Weise erfolgt eine Heilung der unterbliebenen Benachrichtigung. Auch die übrigen Beschlüsse des Betriebsrats aus einer solchen Sitzung sind wirksam.
Der Arbeitgeber hat ein Teilnahmerecht an Betriebsratssitzungen, wenn er die Sitzung ausdrücklich gewünscht hat (§ 29 Abs. 4 BetrVG) oder wenn er zu der Sitzung eingeladen wurde. Bei Einladungen an den Arbeitgeber und die zuständige Gewerkschaft zur Betriebsratssitzung ist auf den persönlichen Charakter dieser Schreiben zu achten. Für den Arbeitgeber, der in der Regel zu einem speziellen Tagesordnungspunkt zur Betriebsratssitzung eingeladen wird, muss sie unter Berücksichtigung dieses speziellen Gesichtspunkts formuliert werden.
Anders wird eine Einladung an die zuständige Gewerkschaft formuliert, deren Vertreter in der Regel für die gesamte Betriebsratssitzung eingeladen wird. Hier genügen ein persönliches Anschreiben und die Beilage der vorgesehenen Tagesordnung, wie sie die Betriebsratsmitglieder auch erhalten.
Die Sitzungsniederschrift sollte über die notwendigen Formalitäten (z. B. Anwesenheitsliste) hinaus nicht nur den Text der gefassten Beschlüsse beinhalten. Es kann im Einzelfall wichtig sein, zu einem späteren Zeitpunkt Hintergründe und Ursachen feststellen zu können, die zum gefassten Beschluss geführt haben. Es ist daher empfehlenswert, die hauptsächlichen Positionen und die Diskussionen in einem stichwortartigen Verlaufsprotokoll zu skizzieren.

Freistellung, Schulungsbesuch, Sprechstunden

Der § 37 BetrVG qualifiziert die Tätigkeit von Betriebsratsmitgliedern als unentgeltliches Ehrenamt zur Gewährleistung deren Unabhängigkeit. Er regelt die Modalitäten, in welchem Umfang ein Betriebsratsmitglied zur Erfüllung seines Ehrenamts von seiner beruflichen Tätigkeit ohne Minderung des Arbeitsentgelts freizustellen ist.
In der betrieblichen Praxis werden die Arbeitszeiten der Beschäftigten in zunehmendem Maße flexibel gestaltet. Die verschiedenartigen Formen der betrieblichen Arbeitszeitgestaltung können auch für die Mitglieder des Betriebsrats maßgebend sein. Um zu verhindern, dass sich unterschiedliche Arbeitszeiten der Betriebsratsmitglieder nachteilig auf die Arbeit des Betriebsrats oder die persönliche Rechtsstellung seiner Mitglieder auswirken, ist gesetzlich geregelt, dass erforderliche Betriebsratsarbeit, die wegen unterschiedlicher Arbeitszeiten

der Betriebsratsmitglieder nicht innerhalb der persönlichen Arbeitszeit des einzelnen Betriebsratsmitglieds durchgeführt werden kann, Freizeitausgleichsansprüche auslöst. Außerdem ist sichergestellt, dass Betriebsratsmitgliedern, die aus betriebsbedingten Gründen außerhalb ihrer Arbeitszeit an erforderlichen Schulungsveranstaltungen teilnehmen, ein entsprechender Freizeitausgleichsanspruch zusteht. Von dieser gesetzlichen Regelung profitieren insbesondere teilzeitbeschäftigte Betriebsratsmitglieder, deren persönliche Weiterbildung weitgehend außerhalb ihrer Arbeitszeit erfolgt. Voraussetzung für den Freizeitausgleichsanspruch ist stets, dass betriebsbedingte Gründe vorliegen, die die Durchführung der Schulung außerhalb der persönlichen Arbeitszeit des Betriebsratsmitglieds bedingen. Dabei sind Besonderheiten der betrieblichen Arbeitszeitgestaltung als betriebsbedingte Gründe anzusehen. Als Besonderheit der betrieblichen Arbeitszeitgestaltung ist auch die Beschäftigung von Teilzeitarbeitnehmern anzusehen. Aus diesem Grunde steht teilzeitbeschäftigten Betriebsratsmitgliedern, die über ihre tägliche Arbeitszeit hinaus an einer Schulungsveranstaltung teilnehmen, ein entsprechender Ausgleichsanspruch zu. Allein schon unter dem Gesichtspunkt der Gleichbehandlung der Betriebsratsmitglieder ist es unangemessen, von Teilzeitbeschäftigten grundsätzlich ein größeres Freizeitopfer für die Teilnahme an Schulungsveranstaltungen zu fordern als von vollzeitbeschäftigten Mitgliedern.

Was die Freistellung von Betriebsratsmitgliedern für die notwendig zu erledigende Betriebsratsarbeit betrifft, hat das Bundesarbeitsgericht in den letzten Jahren zunehmend für Rechtssicherheit gesorgt. Will ein Betriebsratsmitglied betriebsverfassungsrechtliche Aufgaben wahrnehmen, muss es sich bei seinem Vorgesetzten abmelden (mündlich genügt), ist aber nicht von dessen Zustimmung abhängig. Der Hinweis auf die Wahrnehmung von Betriebsratsaufgaben genügt. Details, die eine Kontrolle der Betriebsratsarbeit durch den Arbeitgeber ermöglichen, müssen auf keinen Fall genannt werden (BAG vom 13.5.1997 – 1 ABR 2/97, EzA § 37 BetrVG 1972 Nr. 135). Bei der Abmeldung hat das Betriebsratsmitglied dem Arbeitgeber Ort und voraussichtliche Dauer der beabsichtigten Betriebsratstätigkeit mitzuteilen. Die Dauer der Freistellung hängt vom konkreten Anlass und der zu erledigenden Angelegenheit ab. Dies liegt im Entscheidungsbereich des Betriebsratsmitglieds. Nach Rückkehr zur Arbeitsstelle hat es sich beim zuständigen Vorgesetzten wieder zurückzumelden (s. BAG vom 29.6.2011 – 7 ABR 135/09).

§ 37 Abs. 2 BetrVG gibt die Möglichkeit, dass nicht freigestellte Betriebsratsmitglieder eine solche Freistellung zeitweilig, ob zur Erledigung übertragener Aufgaben des Betriebsrats oder aus aktuellem Anlass heraus, wahrnehmen können. Es gilt, das Ehrenamt des Betriebsrats auszufüllen. Häufig kommt es hier zu Reibereien mit dem Arbeitgeber, insbesondere bei Betriebsräten in kleineren

Betrieben. Hier versuchen Arbeitgeber häufig, in die autonome Amtsführung des Betriebsrats einzugreifen.
Betriebsratsmitglieder haben einen gesetzlich weit gesteckten Aufgabenumfang. Der daraus resultierende vielfältige Wissensbedarf kann nur in besonderen Schulungs- und Bildungsveranstaltungen gedeckt werden. Grundlage für die Freistellung für Schulungs- und Bildungsbesuche von Betriebsratsmitgliedern nach § 37 Abs. 6 und 7 BetrVG ist ebenfalls § 37 Abs. 2. Während bei Schulungsmaßnahmen nach § 37 Abs. 6 BetrVG der Schulungsanspruch allein beim Betriebsrat liegt und das einzelne Betriebsratsmitglied erst nach Beschlussfassung im Betriebsrat einen abgeleiteten Individualanspruch erwirbt, steht dem Betriebsratsmitglied bei Bildungsmaßnahmen nach § 37 Abs. 7 BetrVG von vornherein ein Individualanspruch zu. Allerdings ist dieser begrenzt auf drei bzw. max. vier Wochen während der regelmäßigen Amtszeit. Eine solche Beschränkung kennt Abs. 6 nicht. Auch bei der Kostentragungspflicht des Arbeitgebers sind große Unterschiede festzustellen, ebenso wie bei den Voraussetzungen, die an die Schulungsmaßnahme gestellt werden. Muss eine Veranstaltung nach Abs. 6 für die Betriebsratsarbeit erforderlich sein, so genügt bei einer Maßnahme nach Abs. 7, dass sie von der obersten Arbeitsbehörde des Landes als geeignet anerkannt worden ist. Sie muss der Betriebsratstätigkeit im weiteren Sinne dienlich und förderlich sein. Sowohl für Bildungsmaßnahmen nach § 37 Abs. 6 BetrVG als auch nach § 37 Abs. 7 BetrVG gilt jedoch, dass ein Beschluss des Betriebsrats gefasst werden muss. Der Betriebsrat hat bei der zeitlichen Festlegung der Schulung die betrieblichen Notwendigkeiten zu berücksichtigen.
Die hierfür auf den folgenden Seiten formulierten Musterbeschlüsse beinhalten alles Notwendige. Das einzelne Betriebsratsmitglied bildet sich bei Fortbildungsmaßnahmen gemäß § 37 Abs. 6 BetrVG im Auftrag des Betriebsrats weiter. Der zeitliche Umfang ist gesetzlich nicht begrenzt. Der Arbeitgeber ist zur Zahlung des Entgelts sowie von Fahrt-, Lehrgangs- und Unterbringungskosten verpflichtet. Der Bildungsanspruch nach § 37 Abs. 7 erlaubt jedem Mitglied des Betriebsrats darüber hinaus eine persönliche Weiterbildung in als geeignet anerkannten Themenbereichen. Im Falle eines solchen Schulungsbesuchs hat der Arbeitgeber lediglich das Entgelt fortzuzahlen.
Grundlage für jede vollständige Freistellung von der beruflichen Tätigkeit als Betriebsratsmitglied zur Erledigung der Aufgaben des Betriebsrats ist § 38 BetrVG. Freistellungen können auch in Form von Teilfreistellungen erfolgen. Damit ist der Tatsache Rechnung getragen, dass die Teilzeitarbeit eine immer häufiger werdende Arbeitsform ist, die sich auch in der Betriebsratsarbeit widerspiegeln soll. Die Möglichkeit der Teilfreistellung gibt gerade auch Teilzeitkräften die Chance, sich in der Betriebsratsarbeit stärker zu engagieren und sich dafür entweder vollständig oder auch nur teilweise von ihrer Arbeit freistellen zu lassen.

Die Teilfreistellungen dürfen jedoch in Summe nicht den zeitlichen Umfang der Freistellungsstaffel des § 38 Abs. 1 BetrVG überschreiten. Für die Berechnung des Freistellungsvolumens von Teilfreistellungen ist dabei ausschließlich auf den Umfang der Arbeitszeit abzustellen, für die das Betriebsratsmitglied freigestellt wird.
Der Betriebsrat kann mit einfacher Stimmenmehrheit beschließen, während der Arbeitszeit Sprechstunden einzurichten (§ 39 BetrVG). Er entscheidet auch, welche seiner Mitglieder die Sprechstunden abhalten. Die Modalitäten gehören zur Führung der laufenden Geschäfte des Betriebsrats. Die mit den Sprechstunden verbundenen Kosten (z. B. Räume, Schreibmaterial) trägt gemäß § 40 BetrVG der Arbeitgeber. Es liegt im Ermessen des jeweiligen Betriebsrats, Sprechstunden durchzuführen oder darauf zu verzichten. Eine Verpflichtung besteht nicht. Sprechstunden sollen den Arbeitnehmern des Betriebs die Möglichkeit geben, persönliche oder allgemeine Belange mit dem Betriebsrat zu erörtern. Das Arbeitsentgelt ist vom Arbeitgeber auch für diese Zeit ungemindert weiterzuzahlen. Beabsichtigt der Betriebsrat, Sprechstunden durchzuführen, so hat er nicht nur das gesetzliche Verfahren zu berücksichtigen, nämlich sich mit dem Arbeitgeber darüber abzusprechen, sondern sich auch Gedanken über den für die Belegschaft günstigsten Zeitpunkt zu machen. In einem stationären Betrieb liegt es nahe, Sprechstunden im Betriebsratsbüro durchzuführen. Im Baugewerbe oder in anderen nicht stationären Gewerben ist dagegen für den Betriebsrat die Frage zu lösen, wie er den besonderen Arbeitsbedingungen gerecht wird und z. B. baustellenbezogene Sprechstunden abhält.

Kosten und Sachaufwand des Betriebsrats

Gemäß § 40 BetrVG hat der Arbeitgeber die durch die Tätigkeit des Betriebsrats entstehenden Kosten zu tragen. Unter Kosten des Betriebsrats sind in erster Linie die Kosten aus der laufenden Geschäftsführung zu verstehen. Verursacht der Betriebsrat bei der Durchführung seiner Aufgaben Kosten, so ist ausschlaggebend, dass er sie für erforderlich erachtet und dafür einen vernünftigen Grund benennen kann. Gewöhnliche Aufwendungen unterliegen grundsätzlich nicht der Zustimmung des Arbeitgebers. Dazu gehören auch laufende Anwaltskosten zur gerichtlichen Verfolgung oder Verteidigung der Rechte des Betriebsrats. Lediglich bei außerordentlichen Aufwendungen, wie z. B. Kosten für Sachverständige, ist nach dem Grundsatz der vertrauensvollen Zusammenarbeit der Arbeitgeber vor der Kostenverursachung zu konsultieren. In diesem speziellen Fall bedarf es also gemäß § 80 Abs. 3 BetrVG zunächst einer näheren Vereinbarung mit dem Arbeitgeber.
Bei der Bereitstellung erforderlicher Sachmittel sind geeignete Räume für den Betriebsrat und deren sachgerechte Ausstattung zur ordnungsgemäßen Aus-

übung der Betriebsratstätigkeit obligatorisch. Ebenso gehört dazu die im Betrieb übliche bürotechnische Ausstattung wie auch entsprechende Literatur einschließlich Fachzeitschriften. Wenn es sich als notwendig erweist, ist außerdem geeignetes Büropersonal zur Verfügung zu stellen.
Im Zuge der fortschreitenden Einrichtung von Bildschirmarbeitsplätzen stellte sich in den letzten Jahren zunehmend die Frage nach der Ausstattung des Betriebsrats mit IT-Geräten. Die Arbeitsgerichte haben sich in einer Reihe von Entscheidungen damit befasst und sind überwiegend zu dem Schluss gekommen, dass auch der Betriebsrat grundsätzlich ein Recht zur Überlassung von Personalcomputern mit entsprechender Softwareausstattung sowie Anbindung an Internet und – sofern vorhanden – Intranet hat.
Der Gesetzgeber hatte der technologischen Weiterentwicklung im Verwaltungsbereich zunächst schon Rechnung getragen und im § 40 Abs. 2 BetrVG den Begriff »Informations- und Kommunikationstechnik« verankert, die der Arbeitgeber dem Betriebsrat als moderne Sachmittel zur Verfügung zu stellen hat. Dazu gehören eben vor allem Computer mit entsprechender Software, aber auch die Nutzung im Betrieb oder Unternehmen vorhandener moderner Kommunikationseinrichtungen. Spätestens seit der Novellierung des BetrVG im Jahr 2021 und der damit einhergehenden Möglichkeit, Sitzungen des Betriebsrats auch mittels Video- und Telefonkonferenzen abzuhalten, sollte der Anspruch des Gremiums auf diese Sachmittel unstrittig sein. Gleichfalls spricht hierfür auch die ins Gesetz aufgenommene Zuständigkeit des Betriebsrats im Bereich der künstlichen Intelligenz.

Gesetzestexte

Betriebsverfassungsgesetz

§ 27 Betriebsausschuss

(1) Hat ein Betriebsrat neun oder mehr Mitglieder, so bildet er einen Betriebsausschuss. Der Betriebsausschuss besteht aus dem Vorsitzenden des Betriebsrats, dessen Stellvertreter und bei Betriebsräten mit

9 bis 15 Mitgliedern	aus 3 weiteren Ausschussmitgliedern,
17 bis 23 Mitgliedern	aus 5 weiteren Ausschussmitgliedern,
25 bis 35 Mitgliedern	aus 7 weiteren Ausschussmitgliedern,
37 oder mehr Mitgliedern	aus 9 weiteren Ausschussmitgliedern.

Die weiteren Ausschussmitglieder werden vom Betriebsrat aus seiner Mitte in geheimer Wahl und nach den Grundsätzen der Verhältniswahl gewählt. Wird nur ein Wahlvorschlag gemacht, so erfolgt die Wahl nach den Grundsätzen der

Mehrheitswahl. Sind die weiteren Ausschussmitglieder nach den Grundsätzen der Verhältniswahl gewählt, so erfolgt die Abberufung durch Beschluss des Betriebsrats, der in geheimer Abstimmung gefasst wird und einer Mehrheit von drei Vierteln der Stimmen der Mitglieder des Betriebsrats bedarf.
(2) Der Betriebsausschuss führt die laufenden Geschäfte des Betriebsrats. Der Betriebsrat kann dem Betriebsausschuss mit der Mehrheit der Stimmen seiner Mitglieder Aufgaben zur selbständigen Erledigung übertragen; dies gilt nicht für den Abschluss von Betriebsvereinbarungen. Die Übertragung bedarf der Schriftform. Die Sätze 2 und 3 gelten entsprechend für den Widerruf der Übertragung von Aufgaben.
(3) Betriebsräte mit weniger als neun Mitgliedern können die laufenden Geschäfte auf den Vorsitzenden des Betriebsrats oder andere Betriebsratsmitglieder übertragen.

§ 28 Übertragung von Aufgaben auf Ausschüsse

(1) Der Betriebsrat kann in Betrieben mit mehr als 100 Arbeitnehmern Ausschüsse bilden und ihnen bestimmte Aufgaben übertragen. Für die Wahl und Abberufung der Ausschussmitglieder gilt § 27 Abs. 1 Satz 3 bis 5 entsprechend. Ist ein Betriebsausschuss gebildet, kann der Betriebsrat den Ausschüssen Aufgaben zur selbständigen Erledigung übertragen; § 27 Abs. 2 Satz 2 bis 4 gilt entsprechend.
(2) Absatz 1 gilt entsprechend für die Übertragung von Aufgaben zur selbständigen Entscheidung auf Mitglieder des Betriebsrats in Ausschüssen, deren Mitglieder vom Betriebsrat und vom Arbeitgeber benannt werden.

§ 28a Übertragung von Aufgaben auf Arbeitsgruppen

(1) In Betrieben mit mehr als 100 Arbeitnehmern kann der Betriebsrat mit der Mehrheit der Stimmen seiner Mitglieder bestimmte Aufgaben auf Arbeitsgruppen übertragen; dies erfolgt nach Maßgabe einer mit dem Arbeitgeber abzuschließenden Rahmenvereinbarung. Die Aufgaben müssen im Zusammenhang mit den von der Arbeitsgruppe zu erledigenden Tätigkeiten stehen. Die Übertragung bedarf der Schriftform. Für den Widerruf der Übertragung gelten Satz 1 erster Halbsatz und Satz 3 entsprechend.
(2) Die Arbeitsgruppe kann im Rahmen der ihr übertragenen Aufgaben mit dem Arbeitgeber Vereinbarungen schließen; eine Vereinbarung bedarf der Mehrheit der Stimmen der Gruppenmitglieder. § 77 gilt entsprechend. Können sich Arbeitgeber und Arbeitsgruppe in einer Angelegenheit nicht einigen, nimmt der Betriebsrat das Beteiligungsrecht wahr.

§ 29 Einberufung der Sitzungen

(1) Vor Ablauf einer Woche nach dem Wahltag hat der Wahlvorstand die Mitglieder des Betriebsrats zu der nach § 26 Abs. 1 vorgeschriebenen Wahl einzuberufen. Der Vorsitzende des Wahlvorstands leitet die Sitzung, bis der Betriebsrat aus seiner Mitte einen Wahlleiter bestellt hat.
(2) Die weiteren Sitzungen beruft der Vorsitzende des Betriebsrats ein. Er setzt die Tagesordnung fest und leitet die Verhandlung. Der Vorsitzende hat die Mitglieder des Betriebsrats zu den Sitzungen rechtzeitig unter Mitteilung der Tagesordnung zu laden. Dies gilt auch für die Schwerbehindertenvertretung sowie für die Jugend- und Auszubildendenvertreter, soweit sie ein Recht auf Teilnahme an der Betriebsratssitzung haben. Kann ein Mitglied des Betriebsrats oder der Jugend- und Auszubildendenvertretung an der Sitzung nicht teilnehmen, so soll es dies unter Angabe der Gründe unverzüglich dem Vorsitzenden mitteilen. Der Vorsitzende hat für ein verhindertes Betriebsratsmitglied oder für einen verhinderten Jugend- und Auszubildendenvertreter das Ersatzmitglied zu laden.
(3) Der Vorsitzende hat eine Sitzung einzuberufen und den Gegenstand, dessen Beratung beantragt ist, auf die Tagesordnung zu setzen, wenn dies ein Viertel der Mitglieder des Betriebsrats oder der Arbeitgeber beantragt.
(4) Der Arbeitgeber nimmt an den Sitzungen, die auf sein Verlangen anberaumt sind, und an den Sitzungen, zu denen er ausdrücklich eingeladen ist, teil. Er kann einen Vertreter der Vereinigung der Arbeitgeber, der er angehört, hinzuziehen.

§ 30 Betriebsratssitzungen

(1) Die Sitzungen des Betriebsrats finden in der Regel während der Arbeitszeit statt. Der Betriebsrat hat bei der Ansetzung von Betriebsratssitzungen auf die betriebliche Notwendigkeiten Rücksicht zu nehmen. Der Arbeitgeber ist vom Zeitpunkt der Sitzung vorher zu verständigen. Die Sitzungen des Betriebsrats sind nicht öffentlich. Sie finden als Präsenzsitzungen statt.
(2) Abweichend von Absatz 1 Satz 5 kann die Teilnahme an einer Betriebsratssitzung mittels Video-und Telefonkonferenz erfolgen, wenn
1. die Voraussetzungen für eine solche Teilnahme in der Geschäftsordnung unter Sicherung des Vorrangs der Präsenzsitzung festgelegt sind,
2. nicht mindestens ein Viertel der Mitglieder des Betriebsrats binnen einer von dem Vorsitzenden zu bestimmenden Frist diesem gegenüber widerspricht und
3. sichergestellt ist, dass Dritte vom Inhalt der Sitzung keine Kenntnis nehmen können. Eine Aufzeichnung der Sitzung ist unzulässig.

(3) Erfolgt die Betriebsratssitzung mit der zusätzlichen Möglichkeit der Teilnahme mittels Video-und Telefonkonferenz, gilt auch eine Teilnahme vor Ort als erforderlich.

§ 31 Teilnahme der Gewerkschaften

Auf Antrag von einem Viertel der Mitglieder des Betriebsrats kann ein Beauftragter einer im Betriebsrat vertretenen Gewerkschaft an den Sitzungen beratend teilnehmen; in diesem Fall sind der Zeitpunkt der Sitzung und die Tagesordnung der Gewerkschaft rechtzeitig mitzuteilen.

§ 33 Beschlüsse des Betriebsrats

(1) Die Beschlüsse des Betriebsrats werden, soweit in diesem Gesetz nichts anderes bestimmt ist, mit der Mehrheit der Stimmen der anwesenden Mitglieder gefasst. Betriebsratsmitglieder, die mittels Video- und Telefonkonferenz an der Beschlussfassung teilnehmen, gelten als anwesend. Bei Stimmengleichheit ist ein Antrag abgelehnt.
(2) Der Betriebsrat ist nur beschlussfähig, wenn mindestens die Hälfte der Betriebsratsmitglieder an der Beschlussfassung teilnimmt; Stellvertretung durch Ersatzmitglieder ist zulässig.
(3) Nimmt die Jugend- und Auszubildendenvertretung an der Beschlussfassung teil, so werden die Stimmen der Jugend- und Auszubildendenvertreter bei der Feststellung der Stimmenmehrheit mitgezählt.

§ 34 Sitzungsniederschrift

(1) Über jede Verhandlung des Betriebsrats ist eine Niederschrift aufzunehmen, die mindestens den Wortlaut der Beschlüsse und die Stimmenmehrheit, mit der sie gefasst sind, enthält. Die Niederschrift ist von dem Vorsitzenden und einem weiteren Mitglied zu unterzeichnen. Der Niederschrift ist eine Anwesenheitsliste beizufügen, in die sich jeder Teilnehmer eigenhändig einzutragen hat. Nimmt ein Betriebsratsmitglied mittels Video- und Telefonkonferenz an der Sitzung teil, so hat es seine Teilnahme gegenüber dem Vorsitzenden in Textform zu bestätigen. Die Bestätigung ist der Niederschrift beizufügen.
(2) Hat der Arbeitgeber oder ein Beauftragter einer Gewerkschaft an der Sitzung teilgenommen, so ist ihm der entsprechende Teil der Niederschrift abschriftlich auszuhändigen. Einwendungen gegen die Niederschrift sind unverzüglich schriftlich zu erheben; sie sind der Niederschrift beizufügen.
(3) Die Mitglieder des Betriebsrats haben das Recht, die Unterlagen des Betriebsrats und seiner Ausschüsse jederzeit einzusehen.

§ 36 Geschäftsordnung

Sonstige Bestimmungen über die Geschäftsführung sollen in einer schriftlichen Geschäftsordnung getroffen werden, die der Betriebsrat mit der Mehrheit der Stimmen seiner Mitglieder beschließt.

§ 37 Ehrenamtliche Tätigkeit, Arbeitsversäumnis

(1) Die Mitglieder des Betriebsrats führen ihr Amt unentgeltlich als Ehrenamt.

(2) Mitglieder des Betriebsrats sind von ihrer beruflichen Tätigkeit ohne Minderung des Arbeitsentgelts zu befreien, wenn und soweit es nach Umfang und Art des Betriebs zur ordnungsgemäßen Durchführung ihrer Aufgaben erforderlich ist.

(3) Zum Ausgleich für Betriebsratstätigkeit, die aus betriebsbedingten Gründen außerhalb der Arbeitszeit durchzuführen ist, hat das Betriebsratsmitglied Anspruch auf entsprechende Arbeitsbefreiung unter Fortzahlung des Arbeitsentgelts. Betriebsbedingte Gründe liegen auch vor, wenn die Betriebsratstätigkeit wegen der unterschiedlichen Arbeitszeiten der Betriebsratsmitglieder nicht innerhalb der persönlichen Arbeitszeit erfolgen kann. Die Arbeitsbefreiung ist vor Ablauf eines Monats zu gewähren; ist dies aus betriebsbedingten Gründen nicht möglich, so ist die aufgewendete Zeit wie Mehrarbeit zu vergüten.

(4) Das Arbeitsentgelt von Mitgliedern des Betriebsrats darf einschließlich eines Zeitraums von einem Jahr nach Beendigung der Amtszeit nicht geringer bemessen werden als das Arbeitsentgelt vergleichbarer Arbeitnehmer mit betriebsüblicher beruflicher Entwicklung. Dies gilt auch für allgemeine Zuwendungen des Arbeitgebers.

(5) Soweit nicht zwingende betriebliche Notwendigkeiten entgegenstehen, dürfen Mitglieder des Betriebsrats einschließlich eines Zeitraums von einem Jahr nach Beendigung der Amtszeit nur mit Tätigkeiten beschäftigt werden, die den Tätigkeiten der in Absatz 4 genannten Arbeitnehmer gleichwertig sind.

(6) Die Absätze 2 und 3 gelten entsprechend für die Teilnahme an Schulungs- und Bildungsveranstaltungen, soweit diese Kenntnisse vermitteln, die für die Arbeit des Betriebsrats erforderlich sind. Betriebsbedingte Gründe im Sinne des Absatzes 3 liegen auch vor, wenn wegen Besonderheiten der betrieblichen Arbeitszeitgestaltung die Schulung des Betriebsratsmitglieds außerhalb seiner Arbeitszeit erfolgt; in diesem Fall ist der Umfang des Ausgleichsanspruchs unter Einbeziehung der Arbeitsbefreiung nach Absatz 2 pro Schulungstag begrenzt auf die Arbeitszeit eines vollzeitbeschäftigten Arbeitnehmers. Der Betriebsrat hat bei der Festlegung der zeitlichen Lage der Teilnahme an Schulungs- und Bildungsveranstaltungen die betrieblichen Notwendigkeiten zu berücksichtigen. Er

hat dem Arbeitgeber die Teilnahme und die zeitliche Lage der Schulungs- und Bildungsveranstaltungen rechtzeitig bekannt zu geben. Hält der Arbeitgeber die betrieblichen Notwendigkeiten für nicht ausreichend berücksichtigt, so kann er die Einigungsstelle anrufen. Der Spruch der Einigungsstelle ersetzt die Einigung zwischen Arbeitgeber und Betriebsrat.
(7) Unbeschadet der Vorschrift des Absatzes 6 hat jedes Mitglied des Betriebsrats während seiner regelmäßigen Amtszeit Anspruch auf bezahlte Freistellung für insgesamt drei Wochen zur Teilnahme an Schulungs- und Bildungsveranstaltungen, die von der zuständigen obersten Arbeitsbehörde des Landes nach Beratung mit den Spitzenorganisationen der Gewerkschaften und der Arbeitgeberverbände als geeignet anerkannt sind. Der Anspruch nach Satz 1 erhöht sich für Arbeitnehmer, die erstmals das Amt eines Betriebsratsmitglieds übernehmen und auch nicht zuvor Jugend- und Auszubildendenvertreter waren, auf vier Wochen. Absatz 6 Satz 2 bis 6 findet Anwendung.

§ 38 Freistellungen

(1) Von ihrer beruflichen Tätigkeit sind mindestens freizustellen in Betrieben mit in der Regel

200 bis 500 Arbeitnehmern	ein Betriebsratsmitglied,
501 bis 900 Arbeitnehmern	2 Betriebsratsmitglieder,
901 bis 1500 Arbeitnehmern	3 Betriebsratsmitglieder,
1501 bis 2000 Arbeitnehmern	4 Betriebsratsmitglieder,
2001 bis 3000 Arbeitnehmern	5 Betriebsratsmitglieder,
3001 bis 4000 Arbeitnehmern	6 Betriebsratsmitglieder,
4001 bis 5000 Arbeitnehmern	7 Betriebsratsmitglieder,
5001 bis 6000 Arbeitnehmern	8 Betriebsratsmitglieder,
6001 bis 7000 Arbeitnehmern	9 Betriebsratsmitglieder,
7001 bis 8000 Arbeitnehmern	10 Betriebsratsmitglieder,
8001 bis 9000 Arbeitnehmern	11 Betriebsratsmitglieder,
9001 bis 10 000 Arbeitnehmern	12 Betriebsratsmitglieder.

In Betrieben mit über 10 000 Arbeitnehmern ist für je angefangene weitere 2000 Arbeitnehmer ein weiteres Betriebsratsmitglied freizustellen. Freistellungen können auch in Form von Teilfreistellungen erfolgen. Diese dürfen zusammengenommen nicht den Umfang der Freistellungen nach den Sätzen 1 und 2 überschreiten. Durch Tarifvertrag oder Betriebsvereinbarung können anderweitige Regelungen über die Freistellung vereinbart werden.
(2) Die freizustellenden Betriebsratsmitglieder werden nach Beratung mit dem Arbeitgeber vom Betriebsrat aus seiner Mitte in geheimer Wahl und nach den Grundsätzen der Verhältniswahl gewählt. Wird nur ein Wahlvorschlag gemacht, so erfolgt die Wahl nach den Grundsätzen der Mehrheitswahl; ist nur ein Be-

triebsratsmitglied freizustellen, so wird dieses mit einfacher Stimmenmehrheit gewählt. Der Betriebsrat hat die Namen der Freizustellenden dem Arbeitgeber bekannt zu geben. Hält der Arbeitgeber eine Freistellung für sachlich nicht vertretbar, so kann er innerhalb einer Frist von zwei Wochen nach der Bekanntgabe die Einigungsstelle anrufen. Der Spruch der Einigungsstelle ersetzt die Einigung zwischen Arbeitgeber und Betriebsrat. Bestätigt die Einigungsstelle die Bedenken des Arbeitgebers, so hat sie bei der Bestimmung eines anderen freizustellenden Betriebsratsmitglieds auch den Minderheitenschutz im Sinne des Satzes 1 zu beachten. Ruft der Arbeitgeber die Einigungsstelle nicht an, so gilt sein Einverständnis mit den Freistellungen nach Ablauf der zweiwöchigen Frist als erteilt. Für die Abberufung gilt § 27 Abs. 1 Satz 5 entsprechend.
(3) Der Zeitraum für die Weiterzahlung des nach § 37 Abs. 4 zu bemessenden Arbeitsentgelts und für die Beschäftigung nach § 37 Abs. 5 erhöht sich für Mitglieder des Betriebsrats, die drei volle aufeinanderfolgende Amtszeiten freigestellt waren, auf zwei Jahre nach Ablauf der Amtszeit.
(4) Freigestellte Betriebsratsmitglieder dürfen von inner- und außerbetrieblichen Maßnahmen der Berufsbildung nicht ausgeschlossen werden. Innerhalb eines Jahres nach Beendigung der Freistellung eines Betriebsratsmitglieds ist diesem im Rahmen der Möglichkeiten des Betriebs Gelegenheit zu geben, eine wegen der Freistellung unterbliebene betriebsübliche berufliche Entwicklung nachzuholen. Für Mitglieder des Betriebsrats, die drei volle aufeinanderfolgende Amtszeiten freigestellt waren, erhöht sich der Zeitraum nach Satz 2 auf zwei Jahre.

§ 39 Sprechstunden

(1) Der Betriebsrat kann während der Arbeitszeit Sprechstunden einrichten. Zeit und Ort sind mit dem Arbeitgeber zu vereinbaren. Kommt eine Einigung nicht zustande, so entscheidet die Einigungsstelle. Der Spruch der Einigungsstelle ersetzt die Einigung zwischen Arbeitgeber und Betriebsrat.
(2) Führt die Jugend- und Auszubildendenvertretung keine eigenen Sprechstunden durch, so kann an den Sprechstunden des Betriebsrats ein Mitglied der Jugend- und Auszubildendenvertretung zur Beratung der in § 60 Abs. 1 genannten Arbeitnehmer teilnehmen.
(3) Versäumnis von Arbeitszeit, die zum Besuch der Sprechstunden oder durch sonstige Inanspruchnahme des Betriebsrats erforderlich ist, berechtigt den Arbeitgeber nicht zur Minderung des Arbeitsentgelts des Arbeitnehmers.

§ 40 Kosten und Sachaufwand des Betriebsrats

(1) Die durch die Tätigkeit des Betriebsrats entstehenden Kosten trägt der Arbeitgeber.
(2) Für die Sitzungen, die Sprechstunden und die laufende Geschäftsführung hat der Arbeitgeber in erforderlichem Umfang Räume, sachliche Mittel, Informations- und Kommunikationstechnik sowie Büropersonal zur Verfügung zu stellen.

Beschluss des Betriebsrats zur Übertragung von Aufgaben auf den Betriebsausschuss

20

TOP 3
Der Betriebsrat hat in seiner Sitzung vom ...., an der alle Betriebsratsmitglieder teilnahmen, mit sechs Ja-Stimmen, zwei Nein-Stimmen und einer Enthaltung und damit mit der Mehrheit der Stimmen seiner Mitglieder beschlossen, dem Betriebsausschuss, der bisher lediglich mit der Führung der laufenden Geschäfte des Betriebsrats betraut war, weitere Aufgaben zur selbstständigen Erledigung zu übertragen.
Diese weiteren Aufgaben sind die Mitbestimmungsrechte, einschließlich der Widerspruchsrechte, die sich aus den §§ 99 und 100 BetrVG ergeben.
Damit hat der Betriebsausschuss das Recht, anstelle des Betriebsrats die Mitbestimmungs-, Beratungs- und Anhörungsrechte in den personellen Einzelmaßnahmen und vorläufigen personellen Maßnahmen wie Einstellungen, Eingruppierungen, Umgruppierungen und Versetzungen wahrzunehmen.

Anmerkung: Dem Arbeitgeber ist hiervon Kenntnis zu geben, damit er sich künftig wegen der Mitteilungen nach §§ 99 und 100 BetrVG an den Vorsitzenden des Betriebsausschusses wenden kann (der Betriebsratsvorsitzende ist gleichzeitig Vorsitzender des Betriebsausschusses).

Schreiben an den Arbeitgeber zur Übertragung von Aufgaben auf den Betriebsausschuss

21 Der Betriebsrat der XY-GmbH Ort, Datum

An die
Geschäftsleitung
Im Hause

Übertragung weiterer Aufgaben auf den Betriebsausschuss

Sehr geehrte/r Frau/Herr ....,
in seiner Sitzung vom .... hat der Betriebsrat beschlossen, weitere Aufgaben auf den Betriebsausschuss zu übertragen.
Ab sofort nimmt der Betriebsausschuss als weitere Aufgaben die Mitbestimmungsrechte einschließlich der Widerspruchsrechte wahr, die sich aus den §§ 99 und 100 BetrVG ergeben.
Damit hat der Betriebsausschuss das Recht, für den Betriebsrat die Mitbestimmungs-, Beratungs- und Anhörungsrechte in den personellen Einzelmaßnahmen und vorläufigen personellen Maßnahmen wie Einstellungen, Eingruppierungen, Umgruppierungen und Versetzungen wahrzunehmen.
Der Betriebsrat war zur Beschlussfassung vollzählig und hat diesem Beschluss mit der Mehrheit seiner Mitglieder zugestimmt.
Dem Betriebsausschuss sind künftig über die bisherige Führung der laufenden Geschäfte des Betriebsrats hinaus die o.g. weiteren Aufgaben zur selbstständigen Erledigung übertragen.

Mit freundlichen Grüßen

....
(Unterschrift
Betriebsratsvorsitzende/r)

Anmerkung: Dieser Beschluss ist dem Arbeitgeber zur Kenntnis zu geben, um künftig die formalen Verfahrenswege und Fristen einzuhalten sowie die richtigen Ansprechpartner konsultieren zu können.

Schreiben an den Arbeitgeber zur Übertragung von Aufgaben auf weitere Ausschüsse

22

Der Betriebsrat der XY-GmbH Ort, Datum

An die
Geschäftsleitung
Im Hause

Übertragung von Aufgaben auf weitere Ausschüsse

Sehr geehrte/r Frau/Herr ....,
da das BetrVG die Möglichkeit vorsieht, in Betrieben mit mehr als 100 Arbeitnehmern Ausschüsse als formelle Arbeitsgremien einzurichten und entsprechende Aufgaben zu übertragen, hat der Betriebsrat in seiner Sitzung vom .... beschlossen, einen solchen Ausschuss nach § 28 BetrVG einzurichten und ihm folgende Aufgaben zu übertragen:

- Zum Abbau einer geschlechterbezogenen Diskriminierung und der Verwirklichung der Gleichstellung zwischen Frauen und Männern im Berufsleben soll der Ausschuss den Grad der Umsetzung untersuchen. Gegebenenfalls soll er Vorschläge für Maßnahmen zur Beseitigung geschlechterbezogener Diskriminierung erarbeiten.
- Der Ausschuss erhält das Recht, für den Betriebsrat die Angelegenheiten wahrzunehmen und die erarbeiteten Vorschläge in Verhandlungen mit dem Arbeitgeber umzusetzen.

Der Betriebsrat war zur Beschlussfassung vollzählig und hat den Beschluss mit der Mehrheit seiner Mitglieder getroffen.

Mit freundlichen Grüßen

....
(Unterschrift
Betriebsratsvorsitzende/r)

Anmerkung: Dieser Beschluss ist dem Arbeitgeber zur Kenntnis zu geben, um künftig die formalen Verfahrenswege einzuhalten sowie die richtigen Ansprechpartner konsultieren zu können.

Einladungsschreiben des Wahlvorstands zur konstituierenden Sitzung des Betriebsrats

23 Der Wahlvorstand der XY-GmbH Ort, Datum

Einladung zur konstituierenden Sitzung des Betriebsrats

Liebe Kolleginnen und Kollegen,
am .... wurde der neue Betriebsrat gewählt. Um einen nahtlosen Übergang der Amtszeiten des bisherigen und des neu gewählten Betriebsrats zu gewährleisten, darf ich euch hiermit recht herzlich zur konstituierenden Sitzung des Betriebsrats einladen.
Zeit: .... um .... Uhr
Ort: Hauptverwaltung – Sitzungszimmer Nr. ... (... Stock)
Als Tagesordnung ist vorgesehen:

1. Eröffnung durch die/den Vorsitzende/n des Wahlvorstands
2. Wahl eines Wahlleiters/einer Wahlleiterin
3. Wahl der/des Betriebsratsvorsitzenden
4. Wahl der/des stellvertretenden Betriebsratsvorsitzenden

Da es sich um die konstituierende Sitzung handelt, bitten wir nachdrücklich darum, dass alle Betriebsratsmitglieder an der Sitzung teilnehmen. Bei Verhinderung ist so rechtzeitig Bescheid zu geben, dass noch ein Ersatzmitglied benachrichtigt werden kann.

Mit freundlichen Grüßen

....
(Unterschrift Vorsitzende/r
des Wahlvorstands)

24

Einladung zur Betriebsratssitzung – gemäß § 29 Abs. 2 BetrVG – 1. Vorschlag

Der Betriebsratsvorsitzende der XY-GmbH Ort, Datum

Einladung zur Betriebsratssitzung

Liebe Kolleginnen und Kollegen,
unsere nächste Betriebsratssitzung findet am Donnerstag, den .... um ...... Uhr statt. Wir treffen uns diesmal wieder im Betriebsratszimmer.
Nachstehend die Tagesordnung:

1. Genehmigung des Protokolls vom ....
2. Bericht des Wirtschaftsausschusses
3. Personelle Angelegenheiten
   a) *Beschlussfassung über beabsichtigte personelle Einzelmaßnahmen (Einstellungen/Versetzungen)*
   b) *Beschlussfassung über die beabsichtigte Kündigung des Kollegen ...*
4. Beschlussfassung über die Teilnahme des Betriebsrats an einer eintägigen Schulungsveranstaltung unserer Gewerkschaft gemäß § 37 Abs. 6 BetrVG
5. Verabschiedung einer Geschäftsordnung für den Betriebsrat
6. Vorbereitung der nächsten Betriebsversammlung
7. Anfragen und Mitteilungen

Zum Tagesordnungspunkt 3 wird ein/e Vertreter/in der Geschäftsführung dem Betriebsrat die notwendigen Informationen über die anstehenden personellen Einzelmaßnahmen geben.
Die Gewerkschaft .... hat entsprechend unserem Beschluss vom .... eine Einladung zu dieser Sitzung erhalten.
Sollten Betriebsratsmitglieder an der Teilnahme verhindert sein, bitte ich um umgehende Unterrichtung, so dass die entsprechenden Ersatzmitglieder eingeladen werden können.

Mit freundlichem Gruß

....
(Unterschrift
Betriebsratsvorsitzende/r)

Anlage: Entwurf einer Geschäftsordnung des Betriebsrats

25

Einladung zur Betriebsratssitzung – gemäß § 29 Abs. 2 BetrVG – 2. Vorschlag

Der Betriebsratsvorsitzende der XY-GmbH Ort, Datum

Einladung zur Betriebsratssitzung

Liebe Kolleginnen und Kollegen,
zu unserer nächsten Betriebsratssitzung am .... um .... in den Räumen des Betriebsrats lade ich hiermit ein.
Folgende Tagesordnung ist zur Behandlung vorgesehen:

1. Genehmigung des Protokolls vom ....
2. Verabschiedung einer Geschäftsordnung für den Betriebsrat
3. Übertragung besonderer Aufgaben des Betriebsrats auf einzelne Ausschüsse nach § 28 Abs. 1 BetrVG
4. Bestellung eines Wirtschaftsausschusses
5. Personelle Angelegenheiten:
   - Der Arbeitgeber beantragt eine Änderungskündigung gegenüber dem Kollegen ....
   - Der Arbeitgeber beabsichtigt, eine fristgerechte Kündigung gegenüber der Kollegin .... auszusprechen (detaillierte Unterlagen findet ihr als Anlage zur Einladung). Zu diesem Tagesordnungspunkt wurde von uns ein Vertreter des Arbeitgebers zur Erörterung des Kündigungsbegehrens eingeladen.
6. a) *Beschlussfassung über die Teilnahme von Betriebsratsmitgliedern an Schulungsmaßnahmen der Gewerkschaft im Jahre . . . zur Aneignung notwendiger Kenntnisse für die Betriebsratsarbeit nach § 37 Abs. 6 BetrVG.*
   b) *Beschlussfassung über die Teilnahme einzelner Betriebsratsmitglieder an Tagesveranstaltungen der Gewerkschaft nach § 37 Abs. 6 BetrVG. Ein Zeit- und Themenplan liegt sowohl für die Wochenlehrgänge als auch die Tagesveranstaltungen dieser Einladung bei.*
7. Grobplanung zur Vorbereitung der nächsten Betriebsversammlung.

Die zuständige Gewerkschaft hat entsprechend unserem Beschluss vom .... eine Einladung zu dieser Sitzung erhalten.
Alle Betriebsratsmitglieder sollten an der Betriebsratssitzung teilnehmen. Bei Verhinderung bitte ich um möglichst umgehende Mitteilung, so dass das entsprechende Ersatzmitglied termingerecht eingeladen werden kann.

Mit freundlichen Grüßen

....
(Unterschrift
Betriebsratsvorsitzende/r)

Schreiben von drei Betriebsratsmitgliedern an den Betriebsratsvorsitzenden zwecks Einberufung einer Betriebsratssitzung

26

Absender
(3 Betriebsratsmitglieder)

Ort, Datum

An die/den
Betriebsratsvorsitzende/n der XY-GmbH

Einberufung einer Betriebsratssitzung

Liebe/r Kollegin/Kollege . . .,
mehrfach – aber leider vergeblich – haben wir die Anregung gegeben, dass sich der Betriebsrat mit dem strittigen Problem der Parkraumverteilung auf dem Betriebsgelände befasst. Dieses Thema wird seit einigen Monaten in der Belegschaft sehr kontrovers diskutiert und birgt die Gefahr in sich, den Betriebsfrieden nachhaltig zu stören. Dieses Thema berührt zudem Fragen der betrieblichen Ordnung nach § 87 Abs. 1 Nr. 1 BetrVG. Somit steht dem Betriebsrat ein qualifiziertes Mitbestimmungsrecht zu.
In Anbetracht der Bedeutung der zu regelnden Angelegenheit und zur zügigen Beilegung der strittigen Fragen stellen wir den Antrag zur Durchführung einer außerordentlichen Betriebsratssitzung mit dem einzigen Tagesordnungspunkt »Parkraumaufteilung«.
Die Voraussetzungen für die Antragstellung gemäß § 29 Abs. 3 BetrVG liegen vor. Die im Absenderfeld genannten Betriebsratsmitglieder stellen diesen Antrag gemeinsam.
In der Hoffnung, das leidige Problem in dieser Betriebsratssitzung abschließend behandeln zu können, verbleiben wir

mit freundlichen Grüßen

. . . .
(Unterschriften)

27

Einladung zur Betriebsratssitzung an den Arbeitgeber

Betriebsrat der XY-GmbH Ort, Datum

An die
Geschäftsleitung
der XY-GmbH

Betriebsratssitzung am . . . um . . . im Betriebsratszimmer

Sehr geehrte Damen und Herren,
wie bereits mündlich angekündigt, findet zum oben angegebenen Termin unsere nächste Betriebsratssitzung statt, zu der Sie freundlich eingeladen sind.
Der Betriebsrat möchte mit Ihnen folgende Tagesordnungspunkte beraten:

a) Bericht des Arbeitgebers gemäß § 110 BetrVG über die wirtschaftliche Lage und die Entwicklung des Unternehmens
b) Abschluss einer Betriebsvereinbarung über Personalplanung

Wir hoffen, dass Sie diesen Termin wahrnehmen können. Im Falle einer Verhinderung bitten wir um entsprechende Nachricht und Vorschläge für einen Ersatztermin.

Mit freundlichem Gruß

. . . .
(Unterschrift
Betriebsratsvorsitzende/r)

Einladung zur Betriebsratssitzung an die zuständige Gewerkschaft

Betriebsrat der XY-GmbH Ort, Datum

An die
Gewerkschaft ...

Einladung zur Betriebsratssitzung

Liebe Kolleginnen, liebe Kollegen,
am Dienstag, den ...., um .... Uhr findet unsere nächste Betriebsratssitzung im Büro des Betriebsrats unserer Hauptverwaltung statt. Zu dieser lade ich herzlich ein. Der Arbeitgeber unserer Firma ist ebenfalls eingeladen.
Da in der Sitzung einige schwierige Punkte, wie der Abschluss einer Betriebsvereinbarung über die Einführung einer betrieblichen Personalplanung sowie die Handhabung personen- und verhaltensbezogener Daten durch Anwendung EDV-gestützter Systeme, zu behandeln sind, bitten wir euch, uns beratend zur Seite zu stehen.
Wir hoffen auf eure Unterstützung und freuen uns, eine/n Beauftragte/n eurer Gewerkschaft begrüßen zu können. Wir bitten um eine schriftliche Zusage mit Nennung des Beauftragten.

Mit freundlichen Grüßen

....
(Unterschrift
Betriebsratsvorsitzende/r)

Anlage: Tagesordnung

29 Schreiben an den Arbeitgeber zur fehlerhaften Tagesordnung, deren Ergänzung oder Änderung gem. § 33 Abs. 2 BetrVG und Wirksamkeit eines so gefassten Beschlusses

Der Betriebsrat der XY-GmbH — Ort, Datum

An die
Geschäftsleitung
Im Hause

Heilung der fehlerhaften Tagesordnung – Wirksamkeit der gefassten BR-Beschlüsse

Sehr geehrte Damen und Herren,
wir bestätigen den Eingang Ihres Schreibens vom ..... In diesem Schreiben gehen Sie auf den vom BR gefassten Beschluss .... ein und bestreiten dessen ordentliches Zustandekommen und seine Wirksamkeit. Der Antrag dazu wäre nicht Bestandteil der schriftlich versandten Tagesordnung der besagten Betriebsratssitzung gewesen.
Entgegen Ihrer Auffassung ist der Beschluss sowohl ordentlich zustande gekommen als auch wirksam.

- Richtig ist, dass der Punkt nicht auf der Tagesordnung vermerkt war.
- Zu der Betriebsratssitzung waren alle Betriebsratsmitglieder ordnungsgemäß eingeladen worden.
- Der Betriebsrat war auch i. S. d. § 33 Abs. 2 BetrVG beschlussfähig.
- Durch einstimmigen Beschluss wurde der Beschlussantrag in die Tagesordnung aufgenommen.
- Der Beschluss wurde mit Mehrheit der Stimmen der anwesenden Mitglieder gefasst.

Unsere Rechtsauffassung dazu wird durch die Entscheidung des 7. Senats des Bundesarbeitsgerichts vom 22. 1. 2014 – 7 AS 6/13 voll umfänglich abgedeckt.
Mit dieser Entscheidung hat der 7. Senat des BAG seine bisherige Rechtsauffassung aufgegeben, dass ein Beschluss des Betriebsrats zu einem nicht in der Tagesordnung aufgeführten Punkt auch bei einstimmiger Beschlussfassung wirksam nur gefasst werden könne, wenn alle Betriebsratsmitglieder anwesend wären. Zur Begründung heißt es, »nicht jeder Verstoß gegen die formellen Anforderungen einer Betriebsratssitzung« führe zur Unwirksamkeit der darin gefassten Beschlüsse. Dies gelte vielmehr nur dann, wenn ein Formfehler »so schwerwiegend ist, dass der Fortbestand des Beschlusses von der Rechtsordnung nicht hingenommen werden kann«.
Damit reiche es »für die Heilung eines Verfahrensmangels« i. S. d. § 29 Abs. 2 Satz 3 BetrVG aus, »dass alle Betriebsratsmitglieder einschließlich erforderlicher Ersatzmitglieder rechtzeitig zur Sitzung geladen worden sind und die beschlussfähig (§ 33 Abs. 2 BetrVG) Erschienenen in dieser Sitzung eine Ergänzung oder Erstellung der Tagesordnung einstimmig beschließen«. Seine bisherige Rechtsauffassung, dass Beschlüsse in der Sitzung selbst »nur bei Anwesenheit aller Betriebsratsmitglieder«

nachträglich auf die Tagesordnung gesetzt werden dürfen, wurde vom 7. Senat des BAG verworfen.

Mit freundlichen Grüßen

....

(Unterschrift
Betriebsratsvorsitzende/r)

Anmerkungen zur Sitzungsniederschrift gemäß § 34 BetrVG

30 Eine Sitzungsniederschrift (Protokoll) muss gemäß § 34 BetrVG den Wortlaut der Beschlüsse des Betriebsrats, die Stimmenmehrheit bei den Abstimmungen, die Unterschrift des Betriebsratsvorsitzenden bei den Abstimmungen sowie die Unterschrift des Betriebsratsvorsitzenden und eines weiteren Betriebsratsmitglieds (Schriftführer) enthalten.
Darüber hinaus muss die Anwesenheitsliste als Anlage dem Protokoll beigefügt werden.

Anmerkung: Über den gesetzlichen Mindestinhalt hinaus können in einer Geschäftsordnung – § 36 BetrVG – für die Erstellung, Form und Inhalt der Sitzungsniederschriften weitere Regelungen getroffen werden.

Ein Protokoll sollte enthalten:

1. Art der Veranstaltung (Betriebsratssitzung)
2. Zeitpunkt der Veranstaltung (Datum)
3. Ort der Sitzung (Stadt, Firma, Raum)
4. Zeitpunkt des Beginns der Sitzung (Eröffnung)
5. Feststellung über Beschlussfähigkeit (Anzahl der Teilnehmer)
6. Tagesordnung
7. Genehmigung des Protokolls der letzten Sitzung
8. Stichwortartiges Festhalten der wichtigsten Fragen, Positionen und Hintergründe, so dass später nachvollziehbar ist, wie es zu diesen Beschlüssen kam
9. Wortlaut der Beschlüsse der Sitzungen
10. Abstimmungsergebnisse
11. Stichwortartige Hinweise auf wichtige Angelegenheiten, über die diskutiert wurde, ohne abschließend einen Beschluss zu fassen
12. Termin für die nächste Sitzung
13. Zeitpunkt der Beendigung der Sitzung (Uhrzeit)
14. Anwesenheitsliste (als Anlage)
15. Unterschriften

Sitzungsniederschrift des Betriebsrats gemäß § 34 BetrVG

Der Betriebsrat der XY-GmbH Ort, Datum 31

Sitzungsniederschrift der Betriebsratssitzung vom ...

Sitzungsort: Betriebsratszimmer in der Hauptverwaltung
Beginn der Sitzung: ..... Uhr
Die ...... ordentlichen Betriebsratsmitglieder sind alle anwesend (Anwesenheitsliste – siehe Anlage).
Die Beschlussfähigkeit gemäß § 33 Abs. 2 BetrVG wird festgestellt.
Tagesordnung:

1. Genehmigung des Protokolls vom ....
2. Bericht des Wirtschaftsausschusses
3. Personelle Angelegenheiten
   a) *Beschlussfassung über beabsichtigte Neueinstellungen*
   b) *Beschlussfassung über eine beabsichtigte Kündigung*
4. Beschlussfassung über die Teilnahme von Betriebsratsmitgliedern an Bildungs- und Schulungsveranstaltungen
5. Widerruf von Aufgaben des Betriebsausschusses gemäß § 27 Abs. 2 BetrVG
6. Anfragen und Mitteilungen

Zu TOP 1: Der Betriebsratsvorsitzende eröffnet die Sitzung. Er stellt fest, dass gegen die Tagesordnung keine Einwände erhoben werden. Das Protokoll der Betriebsratssitzung vom .... wird verlesen und einstimmig genehmigt.
Zu TOP 2: Die Vorsitzende des Wirtschaftsausschusses gibt einen Bericht über die letzte Sitzung mit dem Arbeitgeber und stellt fest, dass es zurzeit keine wesentlichen Meinungsverschiedenheiten mit dem Arbeitgeber bei der Beurteilung der wirtschaftlichen Lage des Unternehmens gibt.
Der Bericht wird diskutiert.
Zu TOP 3: Der anwesende Geschäftsführer, Herr ...., begründet, dass dem Maschinisten .... wegen Arbeitsmangels aus betriebsbedingten Gründen gekündigt werden solle, und gibt gleichzeitig bekannt, dass beabsichtigt sei, zwei Mitarbeiter mit qualifizierten technischen Berufsabschlüssen einzustellen.
Nachdem der Geschäftsführer den Raum wieder verlassen hat, fasst der Betriebsrat nach ausführlicher Diskussion mit sieben Ja-Stimmen bei zwei Enthaltungen folgende Beschlüsse:

a) Der beabsichtigten Kündigung des .... wird gemäß § 102 Abs. 3 Nr. 4 BetrVG widersprochen, da der Mitarbeiter nach zumutbaren Fortbildungsmaßnahmen in der geforderten Funktion mit entsprechend aktualisierten technischen Kenntnissen weiterbeschäftigt werden kann.
b) Ein technischer Mitarbeiter kann eingestellt werden. Der Einstellung eines zweiten wird gemäß § 99 Abs. 2 Nr. 3 BetrVG widersprochen, da der Maschinist .... ansonsten Nachteile erleiden würde, ohne dass es aus betrieblichen oder in der Person des .... liegenden Gründen gerechtfertigt wäre.

Zu TOP 4: Der Betriebsrat fasst nach eingehender Diskussion einstimmig folgende Beschlüsse:

a) Auch im Jahre ... werden alle Betriebsratsmitglieder an den Betriebsrätefragestunden der Gewerkschaft gemäß § 37 Abs. 2 BetrVG teilnehmen.
b) Gemäß § 37 Abs. 6 BetrVG werden alle Betriebsratsmitglieder an für die Betriebsratstätigkeit notwendigen mehrtägigen Seminaren der Gewerkschaft .... teilnehmen. Die genauen Termine werden nach Erhalt des Lehrgangsprogramms mit dem Arbeitgeber abgesprochen.

Zu TOP 5: Der Betriebsrat fasst mit fünf Ja-Stimmen und drei Nein-Stimmen bei einer Enthaltung und damit gemäß § 33 Abs. 1 i.V.m. § 27 Abs. 3 BetrVG mit der Mehrheit seiner Stimmen folgenden Beschluss:
Die bisherige vollständige Übertragung von Mitbestimmungsrechten auf den Betriebsausschuss, die sich aus dem § 87 BetrVG ergeben, wird hiermit widerrufen.
Zu TOP 6: Der Betriebsratsvorsitzende gibt bekannt, dass die diesjährige Jahresabschlussfeier für alle Mitarbeiter des Unternehmens am Freitag, den ......, um .... Uhr im großen Saal der Gaststätte .... durchgeführt wird. Die näheren Einzelheiten werden auf der nächsten Sitzung besprochen.
Der Betriebsratsvorsitzende teilt mit, dass der Arbeitgeber im nächsten Jahr mit dem Betriebsrat Verhandlungen über den Abschluss einer Betriebsvereinbarung über ein Beurteilungsverfahren gemäß § 94 Abs. 2 BetrVG aufnehmen will.
Der Betriebsratsvorsitzende wird beauftragt, sich bereits im Vorfeld bei der Gewerkschaft .... über diese Fragen eingehend zu informieren und einen sachverständigen Gewerkschaftsvertreter zu einer der nächsten Sitzungen einzuladen.
Der Betriebsrat beschließt, die nächste Sitzung am .... durchzuführen.
Schluss der Sitzung: .... Uhr

....	....
Vorsitzende/r des Betriebsrats	Betriebsratsmitglied/Schriftführer/in

Anlage: Anwesenheitsliste vom ...

Schreiben an den Arbeitgeber (oder die Gewerkschaft) mit der auszugsweisen Wiedergabe des Protokolls

32

Der Betriebsrat der XY-GmbH Ort, Datum

An die
Geschäftsleitung
Im Hause

Auszug aus der Sitzungsniederschrift

Sehr geehrte Damen und Herren,
nachstehend übersenden wir Ihnen gemäß § 34 Abs. 2 BetrVG den Auszug aus der Niederschrift unserer Betriebsratssitzung vom ....
Auszug aus dem Protokoll:
Zu Tagesordnungspunkt 5
»Der Geschäftsführer .... der zu TOP 5 eingeladen wurde, gibt einen Überblick über die bisherigen Erfahrungen, die mit dem Beurteilungsverfahren gemäß § 94 Abs. 2 BetrVG gemacht wurden, und stellt fest, dass nach anfänglichen Schwierigkeiten das Verfahren zur Leistungsbeurteilung von Mitarbeitern reibungslos läuft. Die Mitarbeiter und die Vorgesetzten haben inzwischen die Notwendigkeit und die Bedeutung eines objektiven Verfahrens kennen- und schätzen gelernt. Auf den bisher gemachten Erfahrungen aufbauend, sollte die Betriebsvereinbarung weiterhin so durchgeführt werden.«
Sollten Sie Einwände gegen diesen Teil der Niederschrift haben, bitten wir Sie, diese uns gemäß § 34 Abs. 2 BetrVG unverzüglich schriftlich mitzuteilen, damit wir sie der Niederschrift beifügen können.

Mit freundlichen Grüßen

....
(Unterschrift
Betriebsratsvorsitzende/r)

Anmerkungen zur Geschäftsordnung des Betriebsrats gemäß § 36 BetrVG

Die grundsätzlichen Regelungen der Geschäftsführung des Betriebsrats sind in den
33 §§ 26–41 BetrVG niedergelegt. Diese Bestimmungen sollen nach § 36 BetrVG durch eine schriftliche Geschäftsordnung ergänzt werden.

Der Inhalt der Geschäftsordnung darf nicht von den im BetrVG festgelegten Grundsätzen der Geschäftsführung des Betriebsrats abweichen. Sie kann auch keine Vorschriften enthalten, die den Arbeitgeber oder die Belegschaft binden. Die Geschäftsordnung kann nur auf das Innenverhältnis des Betriebsrats bezogen sein und die Betriebsratsmitglieder auf deren Einhaltung festlegen.

Da die Geschäftsordnung nur interne Bedeutung für den Betriebsrat hat, kann der Arbeitgeber keinen Anspruch auf Aushändigung der Geschäftsordnung geltend machen.

Den Betriebsräten ist zu empfehlen, keine bis ins Einzelne gehende Geschäftsordnung zu beschließen, da sonst die Gefahr besteht, in Formalismus zu verfallen.

Die Geschäftsordnung muss mit der absoluten Mehrheit der Stimmen des Betriebsrats beschlossen werden. Es genügt also, abweichend von § 33 Abs. 1 Satz 1 BetrVG, nicht die Mehrheit der anwesenden Betriebsratsmitglieder. Mit der gleichen Stimmenmehrheit kann sie jederzeit geändert oder aufgehoben werden. Somit ist der »neue« Betriebsrat auch nicht an die von seinem Vorgänger verabschiedete Geschäftsordnung gebunden.

Das nachstehend abgedruckte Muster einer Geschäftsordnung soll als Anregung und Unterstützung zur Abfassung einer eigenen Geschäftsordnung dienen, deren Inhalt auf Art und Umfang des Betriebs und der sich daraus ergebenden besonderen Bedürfnisse des Betriebsrats abzustellen ist.

Geschäftsordnung des Betriebsrats

34

Ort, Datum

Der Betriebsrat der Firma . . . . hat sich gemäß § 36 BetrVG aufgrund seines Beschlusses vom . . . . folgende Geschäftsordnung gegeben.
Sie ist in Verbindung mit den Vorschriften des Betriebsverfassungsgesetzes für die Mitglieder des Betriebsrats bindend.

Organisation des Betriebsrats

1. In der vom Wahlvorstand anberaumten konstituierenden Sitzung ist aus der Mitte des Betriebsrats ein/e Wahlleiter/in zu bestellen. Bis dahin leitet die/der Vorsitzende des Wahlvorstands die Sitzung.
2. Mit einfacher Stimmenmehrheit werden die/der Vorsitzende und sein/e Stellvertreter/in gewählt.
3. Der/die Vorsitzende und sein/e Stellvertreter/in sollen nicht der gleichen Gruppe angehören.
4. Ein/e Schriftführer/in ist zu bestellen.

Betriebsausschuss und andere Ausschüsse

[Für Betriebsräte mit neun oder mehr Mitgliedern sind die unter 5. bis 8. angegebenen Regelungen aufzunehmen, für Betriebsräte mit weniger als neun Mitgliedern, jedoch mehr als 100 ständig beschäftigten Arbeitnehmern im Betrieb können die unter 9., 11. und 12. angegebenen Regelungen aufgenommen werden.]

5. Der Betriebsausschuss besteht aus dem/r Betriebsratsvorsitzenden, seinem/r Stellvertreter/in und . . . weiteren Mitgliedern. Die weiteren Mitglieder sind vom Betriebsrat zu wählen.
6. Ein Ausschussmitglied ist als Schriftführer/in zu bestellen.
7. Der Betriebsausschuss führt die laufenden Geschäfte des Betriebsrats.
8. Außerdem werden ihm bis auf schriftlichen Widerruf folgende Aufgaben zur selbstständigen Erledigung übertragen:
   . . . .
   . . . .
   . . . .
9. Weitere Ausschüsse können gebildet werden.
10. Der Betriebsausschuss sowie die übrigen Ausschüsse können keine Betriebsvereinbarungen abschließen. Hierfür ist in jedem Falle der Betriebsrat zuständig.
11. Der Betriebsrat kann einzelne oder mehrere Mitglieder beauftragen, besondere Sachgebiete zu bearbeiten.

Wirtschaftsausschuss

12. Für die Dauer seiner Amtszeit hat der Betriebsrat einen Wirtschaftsausschuss zu bilden.

13. Er besteht aus .... Mitgliedern. Mindestens eines der Mitglieder muss dem Betriebsrat angehören.

Betriebsratssitzungen

14. Die Sitzungen des Betriebsrats finden nach Bedarf statt, in jedem Falle mindestens einmal – wöchentlich – monatlich –, und zwar an jedem .... um .... Uhr.
15. Der/die Betriebsratsvorsitzende stellt die Tagesordnung auf und gibt sie den Betriebsratsmitgliedern zusammen mit der Einladung zur Sitzung schriftlich bekannt.
16. Jedes Betriebsratsmitglied kann Anträge für die Tagesordnung der Sitzung einreichen.
17. Punkte, die nicht auf der schriftlichen Tagesordnung aufgeführt waren, können nur behandelt werden, wenn zu Sitzungsbeginn kein anwesendes Betriebsratsmitglied dem widerspricht. Erst dann kann die Tagesordnung entsprechend erweitert werden.
18. Für Angelegenheiten, die besonders Jugendliche oder Auszubildende betreffen, kann auch die Jugend- und Auszubildendenvertretung Anträge für die Tagesordnung stellen.
19. Der Jugend- und Auszubildendenvertretung und der Schwerbehindertenvertretung sind ebenfalls die Einladungen und Tagesordnungen zuzustellen.
20. Nehmen der Arbeitgeber oder von ihm Beauftragte an Sitzungen teil, muss das mit der Einladung bekannt gegeben werden.
21. Zwischen Einladung und Sitzung soll eine Woche liegen, mindestens jedoch drei Tage. Eine Einladung braucht nicht zu erfolgen, wenn der Sitzungszeitpunkt und die Tagesordnung in der letzten Sitzung festgelegt worden sind.
22. Ist ein Betriebsratsmitglied verhindert, an einer Betriebsratssitzung teilzunehmen, hat es dies umgehend dem/der Betriebsratsvorsitzenden mitzuteilen.
23. Der/die Betriebsratsvorsitzende hat anstelle des/der Verhinderten das entsprechende Ersatzmitglied zur Betriebsratssitzung einzuladen.
24. Die Sitzung wird vom/von der Betriebsratsvorsitzenden, im Falle seiner/ihrer Verhinderung von seinem/r/ihrem/r Stellvertreter/in geleitet.
25. Ist auch der/die Stellvertreter/in verhindert, wird der/die Leiter/in der Sitzung vom Betriebsrat bestimmt.
26. Der/die Betriebsratsvorsitzende stellt nach der Eröffnung der Sitzung fest, ob jeder Teilnahmeberechtigte ordnungsgemäß eingeladen ist.
27. Die Anwesenheit ist namentlich festzustellen und mitzuteilen, wer entschuldigt und wer unentschuldigt fehlt, sowie, wer Ersatzmitglied ist.
28. Die Beschlussfähigkeit ist festzustellen.
29. Ein Beschluss des Betriebsrats kann nur gefasst werden, wenn alle Mitglieder unter Mitteilung der Tagesordnung geladen sind und mindestens die Hälfte der eingeladenen Betriebsratsmitglieder anwesend ist. Umlaufbeschlüsse sind nicht zulässig.
30. Die Beschlüsse werden, soweit im BetrVG nichts anderes bestimmt ist, durch Stimmenmehrheit gefasst. Bei Stimmengleichheit gilt der Antrag als abgelehnt.

Alle Abstimmungen werden durch Handaufheben oder ein dementsprechendes und geeignetes Zeichen durchgeführt. Auf Antrag eines Mitglieds ist geheim abzustimmen. Die gleichen Grundsätze gelten auch für Wahlen (§ 13 Abs. 2 Nr. 3, § 27 Abs. 3, § 28, § 50 Abs. 2 und § 107 Abs. 3 BetrVG).

31. Bei der Beschlussfassung über Angelegenheiten, die überwiegend jugendliche Arbeitnehmer oder Auszubildende betreffen, hat die Jugend- und Auszubildendenvertretung ein Stimmrecht. In diesem Fall werden die Stimmen der Jugend- und Auszubildendenvertretung bei der Feststellung der Stimmenmehrheit mitgezählt.
32. Bei Anwesenheit des Arbeitgebers oder seiner Beauftragten werden keine Abstimmungen vorgenommen.
33. Bei Behandlung persönlicher Angelegenheiten einzelner Betriebsratsmitglieder dürfen diese an der Beratung und Abstimmung nicht teilnehmen. Sie gelten für die Erledigung des Tagesordnungspunkts, nachdem sie gehört worden sind, als zeitweilig verhindert.
34. Der/die Betriebsratsvorsitzende hat einen Beauftragten der zuständigen Gewerkschaft unter Mitteilung der Tagesordnung rechtzeitig einzuladen, wenn es von einem Viertel der Betriebsratsmitglieder oder von der Mehrheit der Vertreter einer Gruppe beantragt worden ist.
35. Zur Beratung einzelner Gegenstände der Tagesordnung können weitere sachverständige Personen nach näherer Vereinbarung mit dem Arbeitgeber hinzugezogen werden.

Betriebsratssitzungen mittels Telefon- oder Videokonferenz

36. Die Sitzungen des Betriebsrats finden grundsätzlich als Präsenzsitzungen statt. Ausnahmsweise kann eine Sitzung jedoch mittels Telefon- oder Videokonferenz durchgeführt werden. Dies ist möglich, wenn eine unverzügliche Beschlussfassung des Betriebsrats erforderlich ist und eine Präsenzsitzung nicht mehr rechtzeitig stattfinden könnte.
37. Entsprechendes gilt auch, wenn und solange eine epidemische Lage von nationaler Tragweite vom deutschen Bundestag festgestellt ist.
38. Wenn eine Sitzung mittels Telefon- oder Videokonferenz durchgeführt werden soll, hat der Betriebsratsvorsitzende die Betriebsratsmitglieder in der Einladung zu der Sitzung darauf hinzuweisen. Ferner hat er bei einer geplanten Videokonferenz mitzuteilen, mit welchem IT-System die Sitzung stattfinden soll.
39. Der Betriebsratsvorsitzende hat eine angemessene Frist zum Widerspruch gegen die Durchführung der Sitzung per Telefon- oder Videokonferenz zu setzen. Die Sitzung wird nicht mittels Telefon- beziehungsweise Videokonferenz durchgeführt, wenn mindestens ein Viertel der Mitglieder des Betriebsrats in der vom Betriebsratsvorsitzenden gesetzten Frist widerspricht.
40. Die teilnehmenden Betriebsratsmitglieder bestätigen ihre Teilnahme gegenüber dem Betriebsratsvorsitzenden in Textform (z. B. per E-Mail).
41. Die Betriebsratsmitglieder müssen sicherstellen, dass während ihrer Teilnahme an einer mittels Telefon- oder Videokonferenz durchgeführten Sitzung keine unbe-

fugten Personen Kenntnis vom Inhalt der Sitzung nehmen können. Zu Beginn der Sitzung versichern dies die teilnehmenden Betriebsratsmitglieder gegenüber dem Betriebsratsvorsitzenden zu Protokoll.

42. Jede Form der Aufzeichnung einer mittels Telefon- oder Videokonferenz durchgeführten Sitzung ist unzulässig. Unzulässig ist insbesondere das Anfertigen von Ton-, Bild- oder Videoaufnahmen der Sitzung.

Niederschriften

43. Der/die Schriftführer/in führt das Sitzungsprotokoll und die Anwesenheitsliste. Der/die Betriebsratsvorsitzende und der/die Schriftführer/in unterzeichnen das Protokoll.
44. Nach jeder Abstimmung hat der/die Vorsitzende das Ergebnis festzustellen und zu Protokoll zu geben.
45. Das Protokoll muss mindestens den Wortlaut der gefassten Beschlüsse und das jeweilige Abstimmungsergebnis enthalten.
46. Das Protokoll wird allen Betriebsratsmitgliedern zugestellt und auf der nächsten Sitzung genehmigt.
47. Der Arbeitgeber und der Beauftragte der Gewerkschaften erhalten, soweit sie an der Sitzung teilgenommen haben, eine Abschrift des entsprechenden Teils der Niederschrift. Ihre eventuell eingehenden schriftlichen Einwendungen werden der Niederschrift beigefügt.
48. Über alle wichtigen Verhandlungen mit dem Arbeitgeber werden Niederschriften angefertigt. Sie werden vom/von der Betriebsratsvorsitzenden und einem weiteren Betriebsratsmitglied, das an der Verhandlung teilgenommen hat, unterzeichnet. Der Arbeitgeber soll ebenfalls zur Unterzeichnung veranlasst werden. Dasselbe gilt für wichtige Erklärungen des Arbeitgebers.
49. Die Betriebsratsmitglieder haben das Recht, die Niederschriften sowie die sonstigen Unterlagen des Betriebsrats und seiner Ausschüsse einzusehen.

Vertretung des Betriebsrats

50. Der Betriebsratsvorsitzende vertritt gemeinsam mit seinem/r/ihrem/r Stellvertreter/in den Betriebsrat im Rahmen der gefassten Beschlüsse. Ist einer von beiden verhindert, muss ein anderes Mitglied des Betriebsrats hinzugezogen werden.
51. Einzelne Mitglieder des Betriebsrats oder der Ausschüsse können nur Erklärungen im Namen des Betriebsrats abgeben, wenn sie vorher mit dem Betriebsrat abgestimmt worden sind.

Sprechstunden und Bekanntmachungen

52. Der Betriebsrat richtet im Einvernehmen mit dem Arbeitgeber Sprechstunden ein und macht sie durch Anschlag bekannt. In gleicher Weise wird bekanntgegeben, wo Anträge an den Betriebsrat abgegeben werden können.

53. Die Bekanntmachungen des Betriebsrats erfolgen an folgenden Stellen ....
Sie werden von dem/von der Betriebsratsvorsitzenden und dem/der Schriftführer/in unterschrieben.

35

Mitteilung an den Arbeitgeber über die Befreiung von der beruflichen Tätigkeit von zwei Betriebsratsmitgliedern – Teilfreistellungen

Der Betriebsrat der XY-GmbH   Ort, Datum

An die
Geschäftsleitung
Im Hause

Befreiung von der beruflichen Tätigkeit gemäß § 37 Abs. 2 BetrVG – Teilfreistellungen

Sehr geehrte Damen und Herren,
der Betriebsrat hat sich in seiner Sitzung am .... eingehend mit Art und Umfang der anfallenden Betriebsratstätigkeiten befasst und hat folgenden Beschluss gefasst.
Die beiden Mitglieder des Betriebsrats, Frau .... und Herr ...., werden ab sofort zur Bewältigung der Aufgaben des Gremiums gemäß § 37 Abs. 2 BetrVG an jeweils zwei Tagen wöchentlich ohne Minderung des Arbeitsentgelts von ihrer beruflichen Tätigkeit freigestellt. Nur durch solche Teilfreistellungen ist eine ordentliche, den gesetzlichen Vorgaben entsprechende Geschäftsführung des Betriebsrats gewährleistet.
In Erfüllung des Gebots zur vertrauensvollen Zusammenarbeit haben wir diesem Schreiben eine Übersicht beigefügt, aus der Sie Umfang und Verteilung der Aufgaben sowie die zeitliche Beanspruchung der einzelnen Betriebsratsmitglieder entnehmen können. Selbstverständlich stehen wir Ihnen bei Zweifeln an der Erforderlichkeit und des zeitlichen Umfangs der einzelnen Betriebsratstätigkeiten jederzeit zu zusätzlichen Informationen zur Verfügung, damit Sie die Ihnen zustehende Plausibilitätskontrolle (vgl. BAG vom 15. 3. 1994 – 7 AZR 643/94) durchführen können. Die Erforderlichkeit wird dann in jedem Einzelfall substantiiert nachgewiesen.
Wir gehen jedoch grundsätzlich davon aus, dass Sie im Rahmen der vertrauensvollen Zusammenarbeit dem Betriebsrat so viel Vertrauensvorschuss entgegenbringen, dass Sie nicht ständig Zweifel an der Erforderlichkeit der Betriebsratstätigkeit äußern. Dann dürfte eine einfache Ab- und Rückmeldung des einzelnen Betriebsratsmitglieds bei seinem Vorgesetzten ausreichend sein.

Mit freundlichen Grüßen

....
(Unterschrift
Betriebsratsvorsitzende/r)

Mitteilung an den Arbeitgeber über die Teilnahme an einer Schulungs- und Bildungsveranstaltung – 1. Vorschlag

36

An die
Geschäftsleitung
Im Hause

Ort, Datum

Teilnahme an einer Schulungs- und Bildungsveranstaltung gemäß § 37 Abs. 6 BetrVG – Grundlagenschulung

Sehr geehrte Damen und Herren,
der Betriebsrat hat in seiner Sitzung am .... folgenden Beschluss gefasst: Nach erfolgter Betriebsratswahl ist es für jedes Mitglied des Betriebsrats unerlässlich, sich fundierte Grundkenntnisse zur Erfüllung seiner Funktionen und Aufgaben im Gremium anzueignen.
Der Betriebsrat hat beschlossen, dass sämtliche neu gewählten Betriebsratsmitglieder unter Berücksichtigung der betrieblichen Notwendigkeiten und somit entsprechend zeitlich gestaffelt eine zweiwöchige Grundlagenschulung wahrnehmen, welche die Gewerkschaft ... in ihrer Bildungsstätte in .... (PLZ und Ort) durchführt.
In der Anlage erhalten Sie eine Aufstellung, aus welcher hervorgeht, welche Betriebsratsmitglieder zum entsprechenden Zeitraum diese Veranstaltung besuchen. Die Veranstaltung beginnt am ..... um ..... Uhr und endet am ..... um ..... Uhr.
Das Seminar hat folgende Themen zum Inhalt:

- Geschichte des Betriebsverfassungsrechts
- Einführung in das Betriebsverfassungsrecht
- Der Betriebsrat als Interessenvertretung aller Arbeitnehmer im Betrieb
- Aufgaben und Befugnisse des Betriebsrats gemäß § 80 BetrVG
- Geschäftsführung des Betriebsrats
- Überblick über die Informations-, Mitwirkungs- und Mitbestimmungsrechte des Betriebsrats in sozialen und personellen Angelegenheiten
- Einigungsstelle
- Grundlagen wirtschaftlicher Zusammenhänge

Der vorgelegte Themenplan beinhaltet Fachgebiete, deren Aneignung für die konkrete Tätigkeit jedes Betriebsratsmitglieds erforderlich ist. Dies hat der Betriebsrat in seiner Sitzung am ... auch eingehend geprüft und in seiner Beschlussfassung dokumentiert.
Wir teilen Ihnen daher auch den Wortlaut des Beschlusses mit: »Der Betriebsrat beschließt die Teilnahme der Betriebsratsmitglieder .... an der von der Gewerkschaft .... veranstalteten Grundlagenschulung gemäß § 37 Abs. 6 BetrVG, weil sie für den Betriebsrat erforderliche Grundkenntnisse vermittelt, um zu gewährleisten, dass das einzelne Betriebsratsmitglied künftig seine Aufgaben eigenverantwortlich erfüllen und wahrnehmen kann (vgl. auch BAG vom 19.7.1995, AP BetrVG 1972 § 37 Nr. 110 = EzA BetrVG 1972 Nr. 126).«

Die Geschäftsführung des Betriebsrats

Zur Gleichbehandlung von Betriebsratsmitgliedern bei der Ausübung ihres Mandats mit übrigen Belegschaftsangehörigen bei Dienstreisen möchten wir Sie an die gültige Dienstreiseregelung erinnern.
(Bei Betrieben ohne eine solche Dienstreiseregelung: »... schlagen wir Ihnen vor, entsprechend den Grundsätzen für Reisekosten und Mehraufwandsvergütungen des für die Angestellten gültigen Tarifvertrags zu verfahren.«)
Auch sollte vor Reiseantritt Einvernehmen über die Wahl des Verkehrsmittels und die Kostenerstattung erzielt werden. Bei Nutzung des Privat-Pkw sollte auch die versicherungsrechtliche Seite vor Reiseantritt mit dem Betriebsrat geregelt werden.
Zur Klärung dieser Angelegenheit bittet der Betriebsrat um ein Gespräch innerhalb der nächsten zwei Wochen.

Mit freundlichen Grüßen

....

(Unterschrift
Betriebsratsvorsitzende/r)

Mitteilung an den Arbeitgeber über die Teilnahme an einer Schulungs- und Bildungsveranstaltung – 2. Vorschlag

37

Der Betriebsrat der XY-GmbH Ort, Datum

An die
Geschäftsleitung
Im Hause

Teilnahme an einer Schulungs- und Bildungsveranstaltung gemäß § 37 Abs. 6 BetrVG – Vertiefung von Kenntnissen

Sehr geehrte Damen und Herren,
der Betriebsrat hat in seiner Sitzung am ... folgenden Beschluss gefasst:
Der Betriebsrat hat beschlossen, dass die Betriebsratsmitglieder .... und .... an einem einwöchigen Seminar zum Thema »Beteiligungsrechte des Betriebsrats in personellen Angelegenheiten«, veranstaltet von der Gewerkschaft ...... in deren Bildungsstätte .... (PLZ und Ort), teilnehmen. Die Veranstaltung beginnt am .... um .... Uhr und endet am .... um .... Uhr.
Bei der Prüfung der Erforderlichkeit dieser Maßnahme hat der Betriebsrat die Maßstäbe berücksichtigt, welche das Bundesarbeitsgericht in seiner Rechtsprechung (BAG vom 19.7.1995, AP BetrVG 1972 § 37 Nr. 110 = EzA BetrVG 1972 Nr. 126 und BAG vom 18.1.2012 – 7 ABR 73/10) zugrunde gelegt hat. Beide Betriebsratsmitglieder sind Mitglied des Personalausschusses. Zur Bewältigung dieser Aufgabe ist es unerlässlich, sich die entsprechenden Fach- und Spezialkenntnisse anzueignen, welche derzeit bereits für die Arbeit des Betriebsrats dringend erforderlich sind, um seinen Aufgaben jetzt und künftig gerecht werden zu können.
Der Betriebsrat reagiert damit auf die vom Unternehmen eingeführte systematische Unternehmens- und Personalplanung als Teil eines Strategiemanagements.
Das Seminar hat folgende Themen zum Inhalt:

- Überblick über die personellen Angelegenheiten im Betriebsverfassungsgesetz,
- Personalplanung; Handlungsansätze des Betriebsrats,
- Mitwirkungsmöglichkeiten des Betriebsrats bei Einstellung, Eingruppierung, Umgruppierung und Versetzungen,
- Handlungsmöglichkeiten des Betriebsrats bei Abmahnungen und Kündigungen,
- Unternehmen in der Krise: Personalabbau, Massenentlassungen, Betriebsänderungen, Interessenausgleich, Sozialplan,
- Möglichkeiten zur Beilegung von Meinungsverschiedenheiten zwischen Betriebsrat und Arbeitgeber.

Der Betriebsrat hat in seinem Beschluss die betrieblichen Belange, insbesondere bei der Auswahl des Zeitpunkts der beabsichtigten Schulungsmaßnahme, berücksichtigt.

Bezüglich der Erstattung anfallender Mehraufwendungen und von Reisekosten verweisen wir auf die im Unternehmen gültige Dienstreiseregelung, welche auch diesbezüglich für Mitglieder des Betriebsrats anzuwenden ist.
Wir gehen davon aus, dass einem Seminarbesuch von Frau/Herrn .... und Frau/Herrn .... nichts im Wege steht.

Mit freundlichen Grüßen

....
(Unterschrift
Betriebsratsvorsitzende/r)

Mitteilung an den Arbeitgeber über die Teilnahme an einer Schulungs- und Bildungsveranstaltung – 3. Vorschlag

38

Der Betriebsrat der XY-GmbH Ort, Datum
An die
Geschäftsleitung
Im Hause

Teilnahme an einer Schulungs- und Bildungsveranstaltung gemäß § 37 Abs. 6 BetrVG – Mobbingschulung – Kostentragung gem. § 40 BetrVG

Sehr geehrte ......
Nachdem im Unternehmen aktuell widerholt Beschwerden des »Mobbing« von Beschäftigten an den Betriebsrat herangetragen wurden, hat der BR in seiner Sitzung vom ...... folgenden Beschluss gefasst:
»Das Mitglied ... des Betriebsrats ... wird zu der Veranstaltung des Bildungsträgers W... vom ... bis ... 20 ... in L... zum Thema »Mobbing Teil 1, So erkennen und verhindern Sie Diskriminierung am Arbeitsplatz« (im Folgenden: »Mobbing Teil 1«) entsandt. Das Seminar beschäftigt sich mit Fragen des Begriffs, der Ursachen, des Verlaufs und betroffener Arbeitnehmer.
Es wird hiermit die Übernahme der dafür entstehenden Kosten über ......,00 Euro an Seminargebühren sowie ...,00 Euro für Übernachtung und Verpflegung beantragt.
Die Teilnahme an der Schulung ist erforderlich, weil es in der Gegenwart diverse Konfliktfälle im Unternehmen gibt, die Anlass geben, sich mit dem Thema Mobbing vertieft auseinanderzusetzen.
Anlass ist aktuell der Fall des Mitarbeiters G, eines »ausgeheilten« Alkoholikers. Als dieser im ... nach krankheitsbedingter Abwesenheit wieder zur Arbeit erschien, habe ein Kollege ihn wiederholt angerempelt und abschätzig behandelt.
Der Betriebsrat beabsichtigt aufgrund der aktuellen Fälle den Abschluss einer Betriebsvereinbarung zur Mobbingprävention, um mit Präventionsmaßnahmen der Entstehung von Mobbing im Unternehmen entgegenzuwirken. Die hierzu erforderlichen Kenntnisse werden in dem Seminar vermittelt.
Fürsorglich weist der Betriebsrat auf die Entscheidung des BAG vom 14. Januar 2015 (7 ABR 95/12) hin, in welcher über die Erforderlichkeit einer Schulung zum Thema Mobbing befunden wurde. Der Betriebsrat darf eine solche Schulung für erforderlich halten, wenn im Betrieb Konfliktlagen bestehen, aus denen sich Mobbing entwickeln kann.
Der Betriebsrat bittet um positiven Rückbescheid binnen einer Woche.

Mit freundlichen Grüßen

....
(Unterschrift
Betriebsratsvorsitzende/r)

Mitteilung an den Arbeitgeber über die Teilnahme an einer Schulungs- und Bildungsmaßnahme gemäß § 37 Abs. 7 BetrVG

39 Der Betriebsrat der XY-GmbH Ort, Datum

An die
Geschäftsleitung
Im Hause

Teilnahme an einer Schulungs- und Bildungsveranstaltung gemäß § 37 Abs. 7 BetrVG

Sehr geehrte Damen und Herren,
der Betriebsrat hat in seiner Sitzung am .... beschlossen, dass die Betriebsratsmitglieder .... und .... an einem Seminar über »Soziale Sicherung« teilnehmen, das in der Zeit vom .... bis .... vom Bundesvorstand der Gewerkschaft .... im Bildungszentrum in .... (PLZ und Ort) veranstaltet wird.
Die Lehrinhalte des Seminars bitten wir der als Anlage beigefügten Broschüre der Gewerkschaft »Unsere Lehrgänge ....«, Seite ...., zu entnehmen. Dieses Seminar ist von der obersten Arbeitsbehörde des Landes .... (Arbeits- und Sozialministerium) unter dem Aktenzeichen .... als geeignet i. S. d. § 37 Abs. 7 BetrVG anerkannt worden. Das Anerkennungsschreiben ist der o. g. Broschüre (Seite ....) zu entnehmen.
Der Betriebsrat ist davon überzeugt, dass auch Sie die Teilnahme der beiden Betriebsratsmitglieder an dem Seminar in .... begrüßen werden.

Mit freundlichen Grüßen

....
(Unterschrift
Betriebsratsvorsitzende/r)

Anlage

Schreiben an den Arbeitgeber zur Beratung über die Freistellung eines Betriebsratsmitglieds

40

Der Betriebsrat der XY-GmbH   Ort, Datum

An die
Geschäftsleitung
Im Hause

Freistellung eines Betriebsratsmitglieds von der beruflichen Tätigkeit

Sehr geehrte Damen und Herren,
der Betriebsrat hat in seiner letzten Sitzung über die vollständige Freistellung eines seiner Mitglieder beraten.
Entsprechend der Beschäftigtenzahl des Betriebs und der Anzahl der Betriebsratsmitglieder steht dem Betriebsrat ein in vollem Umfang von der beruflichen Tätigkeit freizustellendes Mitglied zu. Dadurch soll sichergestellt werden, dass der Betriebsrat seine Aufgaben ordnungsgemäß durchführen kann.
Einer solchen Freistellung geht gemäß § 38 BetrVG eine gesetzliche Beratungspflicht mit Ihnen voraus. Um dieser gerecht zu werden, laden wir Sie am .... um .... Uhr zu unserer Betriebsratssitzung ein. Diese findet in den Räumen des Betriebsrats statt.
Sollten Sie aus terminlichen Gründen verhindert sein, bitten wir Sie, uns rechtzeitig vorher Bescheid zu geben und uns einen Alternativtermin in den nächsten zwei Wochen zu benennen.

Mit freundlichen Grüßen

....
(Unterschrift
Betriebsratsvorsitzende/r)

Beschlussmitteilung an den Arbeitgeber über die Freistellung eines Betriebsratsmitglieds

41 Der Betriebsrat der XY-GmbH Ort, Datum

An die
Geschäftsleitung
Im Hause

Freistellung eines Betriebsratsmitglieds

Sehr geehrte Damen und Herren,
bedauerlicherweise haben Sie in unserer gemeinsamen Beratung am .... über die vollständige Freistellung des Betriebsratsmitglieds .... von seiner beruflichen Tätigkeit unseren Vorschlägen nicht zugestimmt. Sie vertraten die Auffassung, auf die weitere Mitarbeit von Herrn/Frau .... als Vorarbeiter/in nicht verzichten zu können.
Der Betriebsrat hat sich in seiner Sitzung am .... nochmals eingehend mit den von Ihnen vorgetragenen Argumenten beschäftigt und folgenden Beschluss gemäß § 38 Abs. 2 BetrVG gefasst:
»Herr/Frau .... wird ab .... von seiner/ihrer beruflichen Tätigkeit als Vorarbeiter/in freigestellt, um sich ausschließlich der Betriebsratsarbeit widmen zu können.«
Sollten Sie diesen Beschluss für sachlich nicht vertretbar halten, so haben Sie die Möglichkeit, gemäß § 38 Abs. 2 BetrVG innerhalb von zwei Wochen das dafür vorgesehene gesetzliche Einigungsstellenverfahren zur Klärung dieser Angelegenheit einzuleiten und die Einigungsstelle anzurufen.
Im Interesse einer weiteren konstruktiven Zusammenarbeit gehen wir jedoch davon aus, dass Sie den Begründungen des Betriebsrats, die zu diesem Freistellungsbeschluss geführt haben, folgen werden.

Mit freundlichen Grüßen

....
(Unterschrift
Betriebsratsvorsitzende/r)

Mitteilung über die Einrichtung von Betriebsratssprechstunden

42

Der Betriebsrat der XY-GmbH Ort, Datum

Mitteilung

Liebe Kolleginnen, liebe Kollegen,
nachdem wir uns mit der Geschäftsleitung über Zeit und Ort der von euch gewünschten Sprechstunden einigen konnten, kann der Betriebsrat nunmehr Folgendes bekannt geben:

1. Die Sprechstunden finden jeweils mittwochs in der Zeit von .... bis .... Uhr im Betriebsratszimmer statt.
2. Der Betriebsrat legt durch Beschluss fest, welche seiner Mitglieder die Sprechstunden abhalten. Die Namen werden jeweils rechtzeitig bekannt gegeben.
3. Der Betriebsrat wird sich auch bemühen, zeitweilig Beauftragte der Gewerkschaft .... zu den Sprechstunden hinzuzuziehen.

Abschließend sei noch darauf hingewiesen, dass jeder Arbeitnehmer das Recht hat, während seiner Arbeitszeit ohne Minderung des Arbeitsentgelts die Sprechstunden aufzusuchen. Er ist allerdings verpflichtet, sich bei seinem zuständigen Vorgesetzten abzumelden und wieder zurückzumelden.
Wir sind überzeugt davon, dass die Einrichtung von Sprechstunden die Zusammenarbeit zwischen der Belegschaft und dem Betriebsrat intensivieren wird.

Mit freundlichen Grüßen

....
(Unterschrift
Betriebsratsvorsitzende/r)

Schreiben an den Arbeitgeber wegen Übernahme von Kosten

43 Der Betriebsrat der XY-GmbH — Ort, Datum

An die
Geschäftsleitung
Im Hause

Mindestausstattung des Betriebsratsbüros

Sehr geehrte Damen und Herren,
seit nunmehr drei Monaten ist der erstmals gewählte Betriebsrat im Amt. Auf unsere mehrfach geäußerten Wünsche zur Überlassung eines geeigneten Betriebsratsbüros in unseren Betriebsräumen haben wir bislang nur ausweichende und sehr vage Antworten erhalten.
Der Betriebsrat hat sich mit dieser Angelegenheit in seiner letzten Sitzung am .... abschließend befasst und erwartet nunmehr von Ihnen, dass Sie unverzüglich ein Betriebsratsbüro mit der nachfolgend aufgeführten Mindestausstattung zur Verfügung stellen:

- einen Besprechungstisch mit 12 Stühlen,
- einen Schreibtisch mit einer Tischlampe,
- einen Personalcomputer mit betriebsüblicher Software (Schreibprogramm, Tabellenkalkulation, Internet und E-Mail-Anschluss ....),
- einen Drucker,
- einen Schreibtischstuhl,
- einen abschließbaren Büroschrank,
- ein großes Bücherregal,
- ein Telefon mit direkter externer Wahlmöglichkeit,
- ein Telefaxgerät.

Wir legen Wert darauf, dass die gewählten Rufnummern des Telefon- und Faxanschlusses nicht in einer Form gespeichert werden, die einen Rückschluss auf den jeweiligen Empfänger ermöglicht.
Hinsichtlich der Zurverfügungstellung eines Personalcomputers und des Telefaxgeräts verweisen wir auf die einschlägige Rechtsprechung (z. B. bezüglich Personalcomputer: BAG vom 11. 3. 1998 – 7 ABR 59/96; bezüglich Telefaxgerät: LAG Hamm vom 14. 5. 1997 – 3 TaBV 2/97).
Darüber hinaus fordern wir die üblichen Büromaterialien wie Druckerpapier, Briefumschläge, Briefblöcke, Schreibtischunterlagen, Schreibgeräte, Radiergummi, Locher, Hefter, Ordner, Schnellhefter usw. in ausreichender Menge.
Diese Aufzählung stellt eine erste Grundausstattung dar und ist nicht als abschließend zu betrachten.
Wir gehen davon aus, dass Sie uns die erforderlichen Sachmittel unverzüglich zur Verfügung stellen werden. Sollten Sie jedoch an Ihrer bisherigen Hinhaltetaktik festhalten und nicht innerhalb von zwei Wochen die Arbeitsmittel übergeben bzw. die

Bereitschaft zur schnellen Beschaffung mitteilen, wird der Betriebsrat in einem arbeitsgerichtlichen Beschlussverfahren auf Erfüllung seines Anspruchs bestehen.

Mit freundlichen Grüßen

....

(Unterschrift
Betriebsratsvorsitzende/r)

Schreiben an den Arbeitgeber wegen Kostenübernahme von Literatur

44 Der Betriebsrat der XY-GmbH Ort, Datum

An die
Geschäftsleitung
Im Hause

Bereitstellung notwendiger Fachliteratur

Sehr geehrte Damen und Herren,
der Betriebsrat hat in seiner Sitzung am .... über die Notwendigkeit von Fachliteratur beraten und ist zu folgendem Ergebnis gekommen:
Um eine nach dem gesetzlichen Auftrag ordnungsgemäße Betriebsratsarbeit leisten zu können, ist es notwendig, dass jedes Betriebsratsmitglied die grundlegenden Gesetzestexte für seine tägliche Arbeit erhält. Ebenso ist es wesentlich, dass der Betriebsrat über spezielle Fachliteratur für die Lösung weitergehender Fragen der kollektiven Interessenvertretung verfügt.
Für die Grundausstattung eines jeden Betriebsratsmitglieds bitten wir Sie, folgende Literatur zur Verfügung zu stellen:

- Klebe u. a.: Basiskommentar zum BetrVG (neueste Auflage), Bund-Verlag
- Kittner: Arbeits- und Sozialordnung. Ausgewählte und eingeleitete Gesetzestexte (neueste Auflage), Bund-Verlag.

Als weiterführende Literatur für den Betriebsrat bitten wir Sie, folgende Literatur zur Verfügung zu stellen:

- Däubler/Klebe/Wedde (Hrsg.): Betriebsverfassungsgesetz mit Wahlordnung, Kommentar für die Praxis (neueste Auflage), Bund-Verlag
- Fitting u. a.: Betriebsverfassungsgesetz mit Wahlordnung, Handkommentar (neueste Auflage), Verlag Franz Vahlen
- Kittner/Zwanziger/Deinert/Heuschmid (Hrsg.): Arbeitsrecht, Handbuch für die Praxis (neueste Auflage), Bund-Verlag
- Schaub: Arbeitsrechtshandbuch (neueste Auflage), Verlag C. H. Beck
- Schaub: Arbeitsrechtliche Formularsammlung (neueste Auflage), Verlag C. H. Beck
- Haedge/Nitzsche/Kahnt, Musterschreiben für den Betriebsrat (neueste Auflage), Bund-Verlag
- Eberhard/Haedge/Nitzsche, Wirksame Betriebsratsbeschlüsse – Musterbeschlüsse zum BetrVG (neueste Auflage), Bund-Verlag
- Braun u. a.: Die rationelle Fallbearbeitung im Arbeitsrecht, Band 1–3, Verlag Recht und Praxis
- Däubler: Arbeitsrecht, Ratgeber für Beruf, Praxis und Studium (neueste Auflage), Bund-Verlag
- Berg/Kocher/Schumann (Hrsg.): Tarifvertragsgesetz und Arbeitskampfrecht, Kompaktkommentar (neueste Auflage), Bund-Verlag
- Schoof: Betriebsratspraxis von A bis Z. Das Lexikon für die betriebliche Interessenvertretung (neueste Auflage), Bund-Verlag

- Schoof: Betriebsrats-Fachkalender (neueste Auflage), Bund-Verlag
- Däubler: Schulung und Fortbildung von betrieblichen Interessenvertretern (neueste Auflage), Bund-Verlag
- Kunz/Wedde: Entgeltfortzahlungsrecht, Kommentar für die Praxis (neueste Auflage), Bund-Verlag
- Buschmann/Ulber: Arbeitszeitgesetz, Basiskommentar mit Nebengesetzen (neueste Auflage), Bund-Verlag
- Bachner/Heilmann: Handbuch Betriebsvereinbarungen. Mit Online-Zugriff auf alle Mustervereinbarungen (neueste Auflage), Bund-Verlag

Mit freundlichen Grüßen

....

(Unterschrift
Betriebsratsvorsitzende/r)

Schreiben an den Arbeitgeber wegen Kostenübernahme des Abonnements der Fachzeitschrift »Arbeitsrecht im Betrieb« gem. § 40 Abs. 2 BetrVG

45 Der Betriebsrat der XY-GmbH — Ort, Datum

An die
Geschäftsleitung
Im Hause

Bereitstellung notwendiger Fachliteratur

Sehr geehrte Damen und Herren,
der Betriebsrat hat in seiner Sitzung am .... über die Notwendigkeit des Bezugs der Zeitschrift »Arbeitsrecht im Betrieb« beraten:
Er erachtet den Bezug dieser Zeitschrift für seine Arbeit als notwendig und erforderlich, auch wenn ihm aktuell ein Internetzugang zur Verfügung steht. Unbestritten für ihn sind die Vorteile eines Zeitschriftenbezuges als Ergänzung zu denen eines Internetzugangs. Ein Verweis auf die Möglichkeiten der Informationsbeschaffung über das Internet durch den Arbeitgeber genügt dem Anspruch des Betriebsrats nicht.
Ihm kommt es darauf an, ohne Zufallsfunde im Internet sich durch das Abonnement einer Fachzeitschrift den strukturierten Zugang zu arbeitsrechtlichen Problemen zu ermöglich.
Der Betriebsrat bezieht sich mit seinem Begehren auf die Entscheidung des BAG vom 19.3.2014, Aktenzeichen 7 ABN 91/13, und seinen Beurteilungsspielraum nach § 40 Abs. 2 BetrVG, wenn er eine Fachzeitschrift, die ihm in geordneter Fassung den Zugang zu arbeitsrechtlichen Problemen ermöglicht, als Sachmittel geltend macht.

Mit freundlichen Grüßen

....
(Unterschrift
Betriebsratsvorsitzende/r)

Schreiben an den Arbeitgeber wegen Kostenübernahme für ein Informationsblatt des Betriebsrats

46

Der Betriebsrat der XY-GmbH Ort, Datum

An die
Geschäftsleitung
Im Hause

Informationsblatt des Betriebsrats

Sehr geehrte Damen und Herren,
aus den Aufgaben des Betriebsrats, die das Betriebsverfassungsgesetz beschreibt, ergibt sich, dass der Betriebsrat eine umfassende Informationspflicht gegenüber der Belegschaft hat. Diese Informationspflicht ist zugleich ein Informationsrecht, auf das die Belegschaft einen Anspruch hat. Die durchgeführten Betriebs- und Abteilungsversammlungen haben gezeigt, dass ein erhebliches Informationsbedürfnis innerhalb der Belegschaft besteht. Daraus erklärt sich auch die immer länger werdende Dauer der Versammlungen.
Um dem ausgiebigen Informationsbedürfnis der Belegschaft besser gerecht zu werden, hat der Betriebsrat in seiner Sitzung vom .... beschlossen, ein Informationsblatt herauszugeben. Wir möchten Ihnen mit diesem Schreiben von dem Beschluss Kenntnis geben. Nach § 40 BetrVG sind Sie verpflichtet, die Kosten für die Herstellung des Informationsblattes zu übernehmen. Nicht zuletzt auch deshalb, weil das Bundesarbeitsgericht am 21.11.1985 (6 ABR 85/86) entschieden hat, dass der Betriebsrat jederzeit berechtigt ist, in vernünftigem Maß Informationsblätter herauszugeben, die er für erforderlich hält.
Wir beabsichtigen, diese Informationen an die Belegschaft auch in geeigneter Form über das betriebsinterne Intranet der Belegschaft zur Verfügung zu stellen.
Wir sind gerne bereit, Ihnen in einem persönlichen Gespräch die Gründe für unsere Beschlussfassung zu erläutern.

Mit freundlichen Grüßen

....
(Unterschrift
Betriebsratsvorsitzende/r)

47

Betriebsratsbeschluss zur Beauftragung eines Rechtsanwalts

Der Betriebsrat der XY-GmbH Ort, Datum

An die
Geschäftsleitung
Im Hause

Beschluss zur Beauftragung eines Rechtsanwalts im Rahmen eines arbeitsgerichtlichen Beschlussverfahrens

Sehr geehrte/r Frau/Herr ....,
der Betriebsrat hat in der Sitzung am ...., zu der durch schriftliche Mitteilung vom .... rechtzeitig und unter Beifügung einer detaillierten Tagesordnung eingeladen wurde, nach eingehender Beratung Folgendes beschlossen:
Herr Rechtsanwalt/Frau Rechtsanwältin .... (Name, Büroanschrift) wird beauftragt, den Betriebsrat im arbeitsgerichtlichen Beschlussverfahren gegen den Arbeitgeber zu vertreten.
Streitgegenstand ist eine einseitig vom Arbeitgeber ohne Beteiligung des Betriebsrats vorgenommene Veränderung der Arbeitszeit in den Betrieben .... und .... unserer Unternehmung.
Der Betriebsrat war mit .... anwesenden Mitgliedern beschlussfähig. Der Antrag zur Beauftragung wurde mit ..... Ja-Stimmen bei .... Enthaltungen angenommen. Die Beauftragung des o.g. Verfahrensbevollmächtigten ist damit beschlossen. Die Kostentragungspflicht des Arbeitgebers ergibt sich aus § 40 BetrVG (s. BAG, Beschluss des Siebten Senats vom 11.11.2009 – 7 ABR 26/08).

Mit freundlichen Grüßen

....
(Unterschrift Schriftführer/in)
ggf. Betriebsratsvorsitzende/r

Schreiben an den Arbeitgeber wegen Kostenübernahme für einen Personalcomputer

48

Der Betriebsrat der XY-GmbH Ort, Datum

An die
Geschäftsleitung
Im Hause

Überlassen eines Personalcomputers

Sehr geehrte Damen und Herren,
der Betriebsrat versucht, seine zahlreichen zu erledigenden Aufgaben effizient und zeitsparend zu erledigen.
Die vielfältigen Aufgaben, wie auch die Koordinierung von Ausschüssen, machen eine Anpassung der Büroausstattung des Betriebsrats hinsichtlich der üblichen technischen Entwicklung der Verwaltung unseres Betriebs notwendig.
Deshalb hat der Betriebsrat in seiner Sitzung am .... den Beschluss gefasst, beim Arbeitgeber zu beantragen, dass ihm für die Erledigung seiner Aufgaben ein Personalcomputer nebst entsprechender Programme zur Textverarbeitung, Tabellenkalkulation und Datenbankverwaltung zur Verfügung gestellt wird.
Wir verweisen dabei auf die regelmäßigen Entscheidungen der Arbeitsgerichte.
Zudem hat der Betriebsrat durch eine entsprechende Aufnahme in seine Geschäftsordnung ermöglicht, dass künftig Sitzungen des Gremiums per Videokonferenz erfolgen können. Auch dies muss gegebenenfalls durch einen Personalcomputer im Büro des Betriebsrats zuvor koordiniert werden.
Angesichts dessen bauen wir auf Ihre Einsicht und erwarten neben einem positiven Bescheid eine Terminabsprache hinsichtlich der Anschaffung entsprechender Hard- und Software.

Mit freundlichen Grüßen

....
(Unterschrift
Betriebsratsvorsitzende/r)

Schreiben an den Arbeitgeber wegen Kostenübernahme für einen Laptop

49 Der Betriebsrat der XY-GmbH Ort, Datum

An die
Geschäftsleitung
Im Hause

Überlassen eines Laptops

Sehr geehrte Damen und Herren,
der Betriebsrat versucht, seine zahlreichen zu erledigenden Aufgaben effizient und zeitsparend zu erledigen.
Im Betrieb ist ein Intranet installiert, und sämtliche bisher PC-gestützten Arbeitsplätze im Verwaltungsbereich sind auf Laptops umgerüstet. Lediglich im Betriebsratsbüro werden alle Arbeitsvorgänge noch mit einem stationären PC erledigt.
Die vielfältigen Aufgaben, wie auch die Koordinierung von Ausschüssen, machen eine Anpassung der Büroausstattung des Betriebsrats hinsichtlich der üblichen technischen Entwicklung der Verwaltung unseres Betriebs notwendig.
Deshalb hat der Betriebsrat in seiner Sitzung am .... den Beschluss gefasst, beim Arbeitgeber zu beantragen, dass ihm für die Erledigung seiner Aufgaben ein Laptop zur Verfügung gestellt wird.
Wir verweisen dabei auf die Entscheidung des Landesarbeitsgerichts Köln vom 13.12.2011 – 11 TaBV 59/11.
Das Gericht hebt darauf ab, dass ein Laptop, wie er in unserem Falle zum Einsatz kommen soll, zur sachgerechten Ausübung der Betriebsratstätigkeit dient und die Auswertung und Verwaltung vielfältiger Daten wie auch die zeitnahe Beantwortung des E-Mail-Verkehrs gestattet. Auf diese Weise sieht sich der Betriebsrat in die Lage versetzt, seine Aufgaben pflichtgemäß, kompetent und kostensparend zu erfüllen. Zudem hat der Betriebsrat durch eine entsprechende Aufnahme in seine Geschäftsordnung ermöglicht, dass künftig Sitzungen des Gremiums per Videokonferenz erfolgen können. Hierbei könnte ein Laptop notfalls auch als Ersatzgerät dienen, sollte der Personalcomputer eines Betriebsratsmitglieds kurzfristig ausfallen. Angesichts dessen bauen wir auf Ihre Einsicht und erwarten neben einem positiven Bescheid eine Terminabsprache hinsichtlich der Zurverfügungstellung eines entsprechenden Laptops incl. Software und Intranet- sowie Interneteinbindung.

Mit freundlichen Grüßen

....
(Unterschrift
Betriebsratsvorsitzende/r)

IV. Die Betriebsversammlung

Die §§ 42ff. BetrVG beinhalten Regelungen zum Thema »Betriebsversammlung«. Zur Vorbereitung einer Betriebsversammlung muss der Betriebsrat sowohl formale als auch inhaltliche Schritte berücksichtigen. Die Betriebsversammlung ist in erster Linie ein Platz der Information und der Aussprache. Das gilt auch für die Sonderformen Abteilungs- und Teilversammlungen. Auf die inhaltliche Vorbereitung der Betriebsversammlung soll hier nicht eingegangen werden. Zunehmende Bedeutung für den betrieblichen Alltag haben die Themenkomplexe »Rassismus« und »Fremdenfeindlichkeit«. Der Arbeitgeber soll nach dem Willen des Gesetzgebers auf Betriebsversammlungen auch über die betriebliche Integration und Situation ausländischer Arbeitnehmer berichten. Zur wirksamen Bekämpfung von Rassismus und Fremdenfeindlichkeit kann die Integration ausländischer Arbeitnehmer im Betrieb auch Gegenstand von Betriebs- und Abteilungsversammlungen sein. Darüber hinaus kommt der Umweltpolitik eines Unternehmens infolge des gewachsenen Umweltbewusstseins der Bevölkerung und damit der Verbraucher größere Bedeutung für die wirtschaftliche Entwicklung des Betriebs zu. Deshalb hat der Arbeitgeber auch auf Fragen des betrieblichen Umweltschutzes im Rahmen seiner Berichtspflicht einzugehen.

Im Rahmen dieses Handbuchs ist es im Wesentlichen notwendig, wichtige formale Schritte zu erläutern.

Eine Vorankündigung an die Belegschaft, die Ort, Tag und Zeitpunkt der Betriebsversammlung mitteilt, ist auf jeden Fall erforderlich. Dadurch kann sich auch die Belegschaft auf den Termin vorbereiten, sie wird stärker zu einer aktiven Teilnahme motiviert. Bei der Einladung zur Betriebsversammlung ist nämlich in erster Linie an die Belegschaft zu denken. Viele Betriebsräte belassen es bei einer formalen Einladung, die unpersönlich wirkt und einen relativ geringen Aussagewert hat. Eine inhaltlich präzise und persönlichere Einladung regt ein stärkeres Interesse und Neugier bei der Belegschaft. Entsprechende Einladungsmuster werden hier vorgelegt. Die Entscheidung, welcher Typ von Einladung eher die Belegschaft anspricht, bleibt dem Leser dieser Arbeitshilfe vorbehalten.

Der Betriebsrat hat auch darauf zu achten, dass er diejenigen Gäste rechtzeitig zur Versammlung einlädt, die Anwesenheits- und Rederecht haben. Dies sind in jedem Fall die im Betrieb vertretenen Gewerkschaften und der Arbeitgeber (siehe § 46 BetrVG). Nicht zu vergessen sind Gastreferenten aus Ämtern und Behörden (z. B. Staatliches Amt für Arbeitsschutz). Dabei ist darauf zu achten, dass mit diesen Gästen sowohl das vorgesehene Thema ihrer Rede als auch ein entsprechendes Zeitlimit vereinbart wird. Ansonsten läuft der Betriebsrat Gefahr, dass die Versammlung zeitlich aus den Fugen gerät. Ein Zeitlimit sollte im Übrigen auch dem Arbeitgeber und dem Vertreter der Gewerkschaft mitgeteilt werden.

Nach den Regelungen des BetrVG ist jede Form der Betriebsversammlung stets als Präsenzveranstaltung abzuhalten. Ähnlich wie bei den Sitzungen des Betriebsrats ist dem Gesetzgeber auch hier der Schutz des privaten Gesprächs und der Ausschluss der Öffentlichkeit wichtig. Anders als bei der Betriebsratssitzung wurde – bislang – jedoch keine dauerhafte Möglichkeit eröffnet, die Betriebsversammlungen mittels einer Video- oder gar Telefonkonferenz abzuhalten. Ohnehin dürfte derartiges wohl bereits aufgrund der möglichen Vielzahl an Teilnehmern regelmäßig technisch aufwendig bis inhaltlich sinnfrei sein. Vordringlich ist dem Gesetzgeber jedoch das unmittelbare Gespräch, der persönliche Gedankenaustausch der Teilnehmer, von derart großer Bedeutung, dass bislang lediglich gesetzlich befristete »Sonderregelungen aus Anlass der COVID-19-Pandemie« geschaffen wurden. Zuletzt ermöglichte der zunächst bis März 2022 befristete § 129 BetrVG die »audiovisuelle Einrichtung« der Betriebsversammlung, sofern nur teilnahmeberechtigte Personen Kenntnis von dem Inhalt der Versammlung nehmen können.

Gesetzestexte

Betriebsverfassungsgesetz

§ 42 Zusammensetzung, Teilversammlung, Abteilungsversammlung

(1) Die Betriebsversammlung besteht aus den Arbeitnehmern des Betriebs; sie wird von dem Vorsitzenden des Betriebsrats geleitet. Sie ist nicht öffentlich. Kann wegen der Eigenart des Betriebs eine Versammlung aller Arbeitnehmer zum gleichen Zeitpunkt nicht stattfinden, so sind Teilversammlungen durchzuführen.

(2) Arbeitnehmer organisatorisch oder räumlich abgegrenzter Betriebsteile sind vom Betriebsrat zu Abteilungsversammlungen zusammenzufassen, wenn dies für die Erörterung der besonderen Belange der Arbeitnehmer erforderlich ist. Die Abteilungsversammlung wird von einem Mitglied des Betriebsrats geleitet,

das möglichst einem beteiligten Betriebsteil als Arbeitnehmer angehört. Absatz 1 Satz 2 und 3 gilt entsprechend.

§ 43 Regelmäßige Betriebs- und Abteilungsversammlungen

(1) Der Betriebsrat hat einmal in jedem Kalendervierteljahr eine Betriebsversammlung einzuberufen und in ihr einen Tätigkeitsbericht zu erstatten. Liegen die Voraussetzungen des § 42 Abs. 2 Satz 1 vor, so hat der Betriebsrat in jedem Kalenderjahr zwei der in Satz 1 genannten Betriebsversammlungen als Abteilungsversammlungen durchzuführen. Die Abteilungsversammlungen sollen möglichst gleichzeitig stattfinden. Der Betriebsrat kann in jedem Kalenderhalbjahr eine weitere Betriebsversammlung oder, wenn die Voraussetzungen des § 42 Abs. 2 Satz 1 vorliegen, einmal weitere Abteilungsversammlungen durchführen, wenn dies aus besonderen Gründen zweckmäßig erscheint.
(2) Der Arbeitgeber ist zu den Betriebs- und Abteilungsversammlungen unter Mitteilung der Tagesordnung einzuladen. Er ist berechtigt, in den Versammlungen zu sprechen. Der Arbeitgeber oder sein Vertreter hat mindestens einmal in jedem Kalenderjahr in einer Betriebsversammlung über das Personal- und Sozialwesen einschließlich des Stands der Gleichstellung von Frauen und Männern im Betrieb sowie der Integration der im Betrieb beschäftigten ausländischen Arbeitnehmer, über die wirtschaftliche Lage und Entwicklung des Betriebs sowie über den betrieblichen Umweltschutz zu berichten, soweit dadurch nicht Betriebs- oder Geschäftsgeheimnisse gefährdet werden.
(3) Der Betriebsrat ist berechtigt und auf Wunsch des Arbeitgebers oder von mindestens einem Viertel der wahlberechtigten Arbeitnehmer verpflichtet, eine Betriebsversammlung einzuberufen und den beantragten Beratungsgegenstand auf die Tagesordnung zu setzen. Vom Zeitpunkt der Versammlungen, die auf Wunsch des Arbeitgebers stattfinden, ist dieser rechtzeitig zu verständigen.
(4) Auf Antrag einer im Betrieb vertretenen Gewerkschaft muss der Betriebsrat vor Ablauf von zwei Wochen nach Eingang des Antrags eine Betriebsversammlung nach Absatz 1 Satz 1 einberufen, wenn im vorhergegangenen Kalenderhalbjahr keine Betriebsversammlung und keine Abteilungsversammlungen durchgeführt worden sind.

§ 44 Zeitpunkt und Verdienstausfall

(1) Die in den §§ 14a, 17 und 43 Abs. 1 bezeichneten und die auf Wunsch des Arbeitgebers einberufenen Versammlungen finden während der Arbeitszeit statt, soweit nicht die Eigenart des Betriebs eine andere Regelung zwingend erfordert. Die Zeit der Teilnahme an diesen Versammlungen einschließlich der zusätzlichen Wegezeiten ist den Arbeitnehmern wie Arbeitszeit zu vergüten.

Dies gilt auch dann, wenn die Versammlungen wegen der Eigenart des Betriebs außerhalb der Arbeitszeit stattfinden; Fahrkosten, die den Arbeitnehmern durch die Teilnahme an diesen Versammlungen entstehen, sind vom Arbeitgeber zu erstatten.
(2) Sonstige Betriebs- oder Abteilungsversammlungen finden außerhalb der Arbeitszeit statt. Hiervon kann im Einvernehmen mit dem Arbeitgeber abgewichen werden; im Einvernehmen mit dem Arbeitgeber während der Arbeitszeit durchgeführte Versammlungen berechtigen den Arbeitgeber nicht, das Arbeitsentgelt der Arbeitnehmer zu mindern.

§ 45 Themen der Betriebs- und Abteilungsversammlungen

Die Betriebs- und Abteilungsversammlungen können Angelegenheiten einschließlich solcher tarifpolitischer, sozialpolitischer, umweltpolitischer und wirtschaftlicher Art sowie Fragen der Förderung der Gleichstellung von Frauen und Männern und der Vereinbarkeit von Familie und Erwerbstätigkeit sowie der Integration der im Betrieb beschäftigten ausländischen Arbeitnehmer behandeln, die den Betrieb oder seine Arbeitnehmer unmittelbar betreffen; die Grundsätze des § 74 Abs. 2 finden Anwendung. Die Betriebs- und Abteilungsversammlungen können dem Betriebsrat Anträge unterbreiten und zu seinen Beschlüssen Stellung nehmen.

§ 46 Beauftragte der Verbände

(1) An den Betriebs- oder Abteilungsversammlungen können Beauftragte der im Betrieb vertretenen Gewerkschaften beratend teilnehmen. Nimmt der Arbeitgeber an Betriebs- oder Abteilungsversammlungen teil, so kann er einen Beauftragten der Vereinigung der Arbeitgeber, der er angehört, hinzuziehen.
(2) Der Zeitpunkt und die Tagesordnung der Betriebs- oder Abteilungsversammlungen sind den im Betriebsrat vertretenen Gewerkschaften rechtzeitig schriftlich mitzuteilen.

§ 129 Sonderregelungen aus Anlass der COVID-19-Pandemie (gültig bis 19.3.2022)

(1) Versammlungen nach den §§ 42, 53 und 71 können bis zum Ablauf des 19. März 2022 auch mittels audiovisueller Einrichtungen durchgeführt werden, wenn sichergestellt ist, dass nur teilnahmeberechtigte Personen Kenntnis von dem Inhalt der Versammlung nehmen können. Eine Aufzeichnung ist unzulässig.

(2) Die Teilnahme an Sitzungen der Einigungsstelle sowie die Beschlussfassung können bis zum Ablauf des 19. März 2022 auch mittels einer Video- und Telefonkonferenz erfolgen, wenn sichergestellt ist, dass Dritte vom Inhalt der Sitzung keine Kenntnis nehmen können. Eine Aufzeichnung ist unzulässig. Die Teilnehmer, die mittels Video- und Telefonkonferenz teilnehmen, bestätigen ihre Anwesenheit gegenüber dem Vorsitzenden der Einigungsstelle in Textform.
(3) Der Deutsche Bundestag kann durch im Bundesgesetzblatt bekannt zu machenden Beschluss einmalig die Fristen nach Absatz 1 Satz 1 und Absatz 2 Satz 1 um bis zu drei Monate verlängern.

50

Vorankündigung für eine Betriebsversammlung (»Schwarzes Brett«)

Der Betriebsrat der XY-GmbH — Ort, Datum

An die Kolleginnen und Kollegen
im Hause

Vorankündigung der Betriebsversammlung

Unsere nächste Betriebsversammlung findet am
Mittwoch, dem ...., um .... Uhr
im hiesigen Gewerkschaftshaus, Neuer Saal, Otto-Brenner-Platz, statt.
Eine entsprechende Einladung folgt.
Wir bitten, den Termin bei allen betrieblichen Dispositionen zu berücksichtigen.

....
(Unterschrift
Betriebsratsvorsitzende/r)

Einladung an die Arbeitnehmer zu einer Betriebsversammlung

51

Der Betriebsrat der XY-GmbH Ort, Datum

Einladung zur Betriebsversammlung

Liebe Kolleginnen, liebe Kollegen,
unsere nächste Betriebsversammlung findet, wie bereits rechtzeitig angekündigt, am
Mittwoch, dem ...., um .... Uhr
im Konferenzzentrum ... (genaue Ortsangabe) statt.
Wie in jedem Quartal gibt der Betriebsrat Rechenschaft über seine Arbeit und zeigt die Gegensätze und notwendigen Regelungsbereiche mit dem Arbeitgeber auf. Auch dieses Mal fehlt es nicht an aktuellem Diskussionsstoff.
Folgende Themenbereiche werden offengelegt und problematisiert:

- Bericht des Arbeitgebers über die wirtschaftliche und personelle Lage und Entwicklung des Betriebs;
- Tätigkeitsbericht des Betriebsrats – Bilanz der letzten drei Monate;
  Berichte über die Schwerpunkte der Betriebsratsarbeit:
  - Personelle Angelegenheiten
    - *innerbetriebliche Stellenausschreibungen,*
    - *beabsichtigter Stellenabbau in der Verwaltung,*
  - Regelungsvorhaben des Betriebsrats durch Betriebsvereinbarungen
    - *Arbeitszeitregelung,*
    - *Überstunden,*
    - *Leistungszulage – ergebnisorientierte Vergütung;*
- Neuregelungen arbeits- und sozialrechtlicher Vorschriften und ihre Auswirkungen auf die Arbeitsverhältnisse (Referent der Agentur für Arbeit);
- Krank sein – gesund werden – Burnout-Prävention – die XY-Krankenkasse stellt ihre Leistungsstandards vor.

....
(Unterschrift
Betriebsratsvorsitzende/r)

52 **Einladung an den Arbeitgeber zu einer Betriebsversammlung**

Der Betriebsrat der XY-GmbH — Ort, Datum

An die
Geschäftsleitung
Im Hause

Einladung zur Betriebsversammlung

Sehr geehrte Damen und Herren,
wie bereits im ... mit Ihnen terminlich abgesprochen, findet am ...., dem ...., um .... Uhr im Aufenthaltsraum unserer Firma (bei kleineren Betrieben)/im großen Saal des Konferenzzentrums Bürgerhaus (bei größeren Betrieben außerhalb des Betriebs mangels geeigneter Räume) unsere nächste Betriebsversammlung statt, zu welcher wir Sie hiermit einladen.
Die Tagesordnungspunkte und den Ablaufplan der Versammlung finden Sie in der Anlage.
Wir dürfen Sie höflichst daran erinnern, unter TOP 2 detailliert die wirtschaftliche Entwicklung des Unternehmens zu erläutern sowie den Personal- und Sozialbericht zu erstatten. Um die Betriebsversammlung in einem angemessenen zeitlichen Rahmen zu gestalten, haben wir für Ihren Bericht ein Zeitlimit von etwa ... Minuten vorgesehen.
Wir bitten Sie, rechtzeitig zu Beginn der Versammlung zu erscheinen. Auch bitten wir Sie, uns vor der Versammlung mitzuteilen, ob Sie bei allen Tagesordnungspunkten zugegen sein wollen.

Mit freundlichen Grüßen

....
(Unterschrift
Betriebsratsvorsitzende/r)

Anlage: Tagesordnung zur Betriebsversammlung

Einladung an einen Referenten zu einer Betriebsversammlung

Frau/Herrn
...

Ort, Datum

Übernahme eines Redebeitrags anlässlich unserer Betriebsversammlung

Sehr geehrte/r Frau/Herr ...,
wie bereits im Rahmen einer ersten Kontaktaufnahme mit Ihnen besprochen, findet am ...., dem ...., um .... Uhr
in .... (genaue Anschrift)
unsere nächste Betriebsversammlung statt.
Wir bedanken uns für Ihre Bereitschaft, uns als Gastreferent/in mit einem Vortrag zu den aktuellen Änderungen im Sozialversicherungsrecht zur Verfügung zu stehen. Darüber hinaus haben Sie sich freundlicherweise bereit erklärt, über die Erfahrungen und Fortschritte der hiesigen Geschäftsstelle der Agentur für Arbeit im Veränderungsprozess zu einem modernen Dienstleistungscenter für Arbeitssuchende zu berichten. Sollten Sie für Ihren Vortrag technische Hilfsmittel benötigen, bitten wir vorab um Bescheid.
Gerne stehen wir für Rückfragen zur Verfügung.

Mit freundlichen Grüßen

....
(Unterschrift
Betriebsratsvorsitzende/r)

54

Einladung an die zuständige Gewerkschaft zu einer Betriebsversammlung

Der Betriebsrat der XY-GmbH | Ort, Datum

An die
Gewerkschaft
...

Einladung zur Betriebsversammlung

Liebe Kolleginnen, liebe Kollegen,
am ...., dem ...., um .... Uhr findet unsere nächste Betriebsversammlung statt, zu der ihr recht herzlich eingeladen seid.
Als Tagesordnung ist vorgesehen:

1. Eröffnung und Begrüßung.
2. Bericht des Arbeitgebers über die wirtschaftliche und personelle Lage und Entwicklung des Betriebs.
3. Tätigkeitsbericht des Betriebsrats – Bilanz der letzten drei Monate.
   Berichte über die Schwerpunkte in der Betriebsratsarbeit:
   - Personelle Angelegenheiten
     - *innerbetriebliche Stellenausschreibungen*
     - *Gestaltung von Arbeitsmodellen – Homeoffice*
   - Regelungsvorhaben des Betriebsrats durch Betriebsvereinbarungen
     - *flexible Arbeitszeitregelung / Überstunden*
     - *Leistungszulage – ergebnisorientierte Vergütung.*
4. Entgeltpolitik in der Branche
   Konfliktlinien und Lösungsvorschläge der Industriegewerkschaft XY
   (Referent/in: Kollege/in ... Tarifjurist/in Abteilung Tarifpolitik).
5. Industrie 4.0 – Die Digitalisierung gestalten – Gewerkschaftliche Positionen zu einer Gestaltung der Technik für den Menschen
   (Referent/in aus der Bezirksleitung der XY-Gewerkschaft).
6. »Krank sein/gesund werden« – die XY-Krankenkasse stellt ihre Leistungsstandards vor.
7. Anregungen und weitere Anfragen aus der Belegschaft.

Wie bereits vorab besprochen, haben wir als ein Schwerpunktthema dieser Versammlung die aktuelle tarifpolitische Situation und die gewerkschaftlichen Aktionen zur Durchsetzung aufgenommen. Bei dieser Gelegenheit erwarten wir ein motivierendes Referat eurerseits und rückhaltlose Aufklärung.
Wir bitten um baldige Mitteilung des/der Referenten/in aus eurer Bezirksleitung, so dass gemeinsam weitere Absprachen über Zeit und Umfang erfolgen können. Wir bauen auf eure Unterstützung und verbleiben

mit freundlichen Grüßen

....
(Unterschrift
Betriebsratsvorsitzende/r)

V. Errichtung eines Gesamtbetriebsrats – Errichtung eines Konzernbetriebsrats – Übertragung von Aufgaben an den Gesamtbetriebsrat/Betriebsräteversammlung

Nach § 47 Abs. 1 BetrVG ist in Unternehmen mit mehreren Betriebsräten ein Gesamtbetriebsrat zwingend zu errichten. Die Bildung eines Gesamtbetriebsrats ist keine freiwillige Angelegenheit der einzelnen Betriebsräte, ebenso wenig, wie einzelne oder mehrere Betriebsräte ihn durch Beschlussfassung verhindern können. Besteht nur in einem Betrieb des Unternehmens ein Betriebsrat, obwohl die anderen Betriebe betriebsratsfähig sind, kann ebenso wenig ein Gesamtbetriebsrat gebildet werden wie in dem Fall, dass nur ein Betrieb betriebsratsfähig ist. Betriebsräte, die der Verpflichtung zur Errichtung eines Gesamtbetriebsrats nicht nachkommen, begehen eine grobe Pflichtverletzung nach § 23 Abs. 1 BetrVG.
Bei einem Unternehmen handelt es sich, in Abgrenzung zum Betrieb, um eine einheitliche Rechtspersönlichkeit als wirtschaftliche Einheit. Es handelt sich um den Eigentümer des Betriebs, um den Vertragspartner der Arbeitnehmer im Arbeitsvertrag. Übliche Unternehmensformen in Deutschland sind beispielhaft die GbR, die GmbH, die KG oder auch die AG.
Die Betriebe, die zur Bildung des Gesamtbetriebsrats erforderlich sind, müssen also einem Unternehmen angehören. Die Zuständigkeit für die Einladung zur konstituierenden Sitzung des Gesamtbetriebsrats liegt gemäß § 51 BetrVG beim Betriebsrat der »Hauptverwaltung« oder, soweit ein solcher Betriebsrat nicht besteht, beim Betriebsrat des nach der Zahl der wahlberechtigten Arbeitnehmer größten Betriebs.
Besteht ein Gesamtbetriebsrat, so ist dieser zuständig für die Behandlung von Angelegenheiten, die (gleichzeitig) mehrere Betriebe betreffen und nicht durch die einzelnen Betriebsräte innerhalb ihrer Betriebe geregelt werden können. Hierbei spricht man von der »originären«, der eigenständigen, Zuständigkeit. Ein lokaler Betriebsrat kann jedoch auch per Beschluss die Erledigung von Aufgaben an den Gesamtbetriebsrat delegieren. Dies geschieht in der Regel dann, wenn zu erkennen ist, dass die zur Durchführung anstehende Aufgabe voraussichtlich die Arbeitnehmer des gesamten Unternehmens betreffen, eine originäre Zuständigkeit jedoch nicht zwingend besteht. Ein solcher Übertragungsbeschluss kann nach § 50 BetrVG vom jeweiligen Betriebsrat getroffen werden.

Gemäß § 50 BetrVG kann der Gesamtbetriebsrat im Rahmen seiner Zuständigkeit auch die Betriebe des Unternehmens vertreten, die keinen Betriebsrat haben. Ist die originäre Zuständigkeit des Gesamtbetriebsrats begründet, so kann der Gesamtbetriebsrat seine Beteiligungsrechte auch für die davon betroffenen betriebsratslosen Betriebe wahrnehmen. Dadurch soll erreicht werden, dass die dort beschäftigten Arbeitnehmer in überbetrieblichen Angelegenheiten mit Arbeitnehmern aus Betrieben mit einem Betriebsrat gleichbehandelt werden.
Einmal jährlich führt der Gesamtbetriebsrat nach § 53 BetrVG eine Betriebsräteversammlung durch. Ziel dieser Versammlung ist, dass zum einen der Gesamtbetriebsrat Rechenschaft über seine Tätigkeit gibt, zum anderen der Unternehmer über das Personal- und Sozialwesen wie auch über die wirtschaftliche Lage des Unternehmens berichtet. Im § 53 Abs. 2 Nr. 2 BetrVG wird der Arbeitgeber verpflichtet, auf der Betriebsräteversammlung seinen Bericht über das Personal- und Sozialwesen auch auf den Stand der Gleichstellung von Frauen und Männern im Unternehmen sowie auf die Integration ausländischer Arbeitnehmer im Unternehmen zu erstrecken. Bei dem Bericht über die wirtschaftliche Lage und Entwicklung des Unternehmens hat der Arbeitgeber auch auf Fragen des Umweltschutzes im Unternehmen einzugehen. Hierbei handelt es sich um die analoge Erweiterung des Themenkatalogs wie bei den Betriebsversammlungen.
Teilnehmer dieser Versammlung sind die Gesamtbetriebsratsmitglieder sowie die Mitglieder der Betriebsausschüsse der einzelnen Betriebe.
Wird ein Konzernbetriebsrat angestrebt, so kann dieser durch Beschlüsse der einzelnen Gesamtbetriebsräte errichtet werden. Diese Vorschrift in § 54 BetrVG weist darauf hin, dass die Errichtung eines Konzernbetriebsrats eine Angelegenheit ist, die vom Gesetzgeber als freiwillige Einrichtung angesehen wird. Die Gesamtbetriebsräte, die einen Konzernbetriebsrat errichten wollen, müssen mindestens 50 % der Arbeitnehmer des Konzernunternehmens vertreten.
Der Konzernbetriebsrat steht neben den Gesamtbetriebsräten und Betriebsräten des Konzernunternehmens. Er ist ihnen nicht übergeordnet. Der Konzernbetriebsrat ist eine Dauereinrichtung und besteht fort, solange die Voraussetzungen für seine Errichtung vorliegen. Die Zusammensetzung sowie seine Zuständigkeit ist analog zum Gesamtbetriebsrat geregelt.

Gesetzestexte

Betriebsverfassungsgesetz

§ 47 Voraussetzungen der Errichtung, Mitgliederzahl, Stimmengewicht

(1) Bestehen in einem Unternehmen mehrere Betriebsräte, so ist ein Gesamtbetriebsrat zu errichten.

(2) In den Gesamtbetriebsrat entsendet jeder Betriebsrat mit bis zu drei Mitgliedern eines seiner Mitglieder; jeder Betriebsrat mit mehr als drei Mitgliedern entsendet zwei seiner Mitglieder. Die Geschlechter sollen angemessen berücksichtigt werden.

(3) Der Betriebsrat hat für jedes Mitglied des Gesamtbetriebsrats mindestens ein Ersatzmitglied zu bestellen und die Reihenfolge des Nachrückens festzulegen.

(4) Durch Tarifvertrag oder Betriebsvereinbarung kann die Mitgliederzahl des Gesamtbetriebsrats abweichend von Absatz 2 Satz 1 geregelt werden.

(5) Gehören nach Absatz 2 Satz 1 dem Gesamtbetriebsrat mehr als vierzig Mitglieder an und besteht keine tarifliche Regelung nach Absatz 4, so ist zwischen Gesamtbetriebsrat und Arbeitgeber eine Betriebsvereinbarung über die Mitgliederzahl des Gesamtbetriebsrats abzuschließen, in der bestimmt wird, dass Betriebsräte mehrerer Betriebe eines Unternehmens, die regional oder durch gleichartige Interessen miteinander verbunden sind, gemeinsam Mitglieder in den Gesamtbetriebsrat entsenden.

(6) Kommt im Fall des Absatzes 5 eine Einigung nicht zustande, so entscheidet eine für das Gesamtunternehmen zu bildende Einigungsstelle. Der Spruch der Einigungsstelle ersetzt die Einigung zwischen Arbeitgeber und Gesamtbetriebsrat.

(7) Jedes Mitglied des Gesamtbetriebsrats hat so viele Stimmen, wie in dem Betrieb, in dem es gewählt wurde, wahlberechtigte Arbeitnehmer in der Wählerliste eingetragen sind. Entsendet der Betriebsrat mehrere Mitglieder, so stehen ihnen die Stimmen nach Satz 1 anteilig zu.

(8) Ist ein Mitglied des Gesamtbetriebsrats für mehrere Betriebe entsandt worden, so hat es so viele Stimmen, wie in den Betrieben, für die es entsandt ist, wahlberechtigte Arbeitnehmer in den Wählerlisten eingetragen sind; sind mehrere Mitglieder entsandt worden, gilt Absatz 7 Satz 2 entsprechend.

(9) Für Mitglieder des Gesamtbetriebsrats, die aus einem gemeinsamen Betrieb mehrerer Unternehmen entsandt worden sind, können durch Tarifvertrag oder Betriebsvereinbarung von den Absätzen 7 und 8 abweichende Regelungen getroffen werden.

§ 50 Zuständigkeit

(1) Der Gesamtbetriebsrat ist zuständig für die Behandlung von Angelegenheiten, die das Gesamtunternehmen oder mehrere Betriebe betreffen und nicht durch die einzelnen Betriebsräte innerhalb ihrer Betriebe geregelt werden können; seine Zuständigkeit erstreckt sich insoweit auch auf Betriebe ohne Betriebsrat. Er ist den einzelnen Betriebsräten nicht übergeordnet.
(2) Der Betriebsrat kann mit der Mehrheit der Stimmen seiner Mitglieder den Gesamtbetriebsrat beauftragen, eine Angelegenheit für ihn zu behandeln. Der Betriebsrat kann sich dabei die Entscheidungsbefugnis vorbehalten. § 27 Abs. 2 Satz 3 und 4 gilt entsprechend.

§ 53 Betriebsräteversammlung

(1) Mindestens einmal in jedem Kalenderjahr hat der Gesamtbetriebsrat die Vorsitzenden und die stellvertretenden Vorsitzenden der Betriebsräte sowie die weiteren Mitglieder der Betriebsausschüsse zu einer Versammlung einzuberufen. Zu dieser Versammlung kann der Betriebsrat abweichend von Satz 1 aus seiner Mitte andere Mitglieder entsenden, soweit dadurch die Gesamtzahl der sich für ihn nach Satz 1 ergebenden Teilnehmer nicht überschritten wird.
(2) In der Betriebsräteversammlung hat
1. der Gesamtbetriebsrat einen Tätigkeitsbericht,
2. der Unternehmer einen Bericht über das Personal- und Sozialwesen einschließlich des Stands der Gleichstellung von Frauen und Männern im Unternehmen, der Integration der im Unternehmen beschäftigten ausländischen Arbeitnehmer, über die wirtschaftliche Lage und Entwicklung des Unternehmens sowie über Fragen des Umweltschutzes im Unternehmen, soweit dadurch nicht Betriebs- und Geschäftsgeheimnisse gefährdet werden,

zu erstatten.
(3) Der Gesamtbetriebsrat kann die Betriebsräteversammlung in Form von Teilversammlungen durchführen. Im Übrigen gelten § 42 Abs. 1 Satz 1 zweiter Halbsatz und Satz 2, § 43 Abs. 2 Satz 1 und 2 sowie die §§ 45 und 46 entsprechend.

§ 54 Errichtung des Konzernbetriebsrats

(1) Für einen Konzern (§ 18 Abs. 1 des Aktiengesetzes) kann durch Beschlüsse der einzelnen Gesamtbetriebsräte ein Konzernbetriebsrat errichtet werden. Die Errichtung erfordert die Zustimmung der Gesamtbetriebsräte der Konzernunternehmen, in denen insgesamt mehr als 50 vom Hundert der Arbeitnehmer der Konzernunternehmen beschäftigt sind.

(2) Besteht in einem Konzernunternehmen nur ein Betriebsrat, so nimmt dieser die Aufgaben eines Gesamtbetriebsrats nach den Vorschriften dieses Abschnitts wahr.

Schreiben an alle Betriebsräte des Unternehmens wegen Errichtung eines Gesamtbetriebsrats

55 Der Betriebsrat der Hauptverwaltung der XY-GmbH Ort, Datum

An die
Betriebsräte der XY-GmbH
...

Bildung des Gesamtbetriebsrats

Liebe Kolleginnen und Kollegen,
nach der einschlägigen betriebsverfassungsgesetzlichen Vorschrift des § 47 Abs. 1 BetrVG besteht die Verpflichtung, in allen Unternehmen mit mehreren Betriebsräten einen Gesamtbetriebsrat zu bilden.
Gemäß § 51 Abs. 2 BetrVG haben wir als Betriebsrat der Hauptverwaltung zu der Wahl des Vorsitzenden und des stellvertretenden Vorsitzenden des Gesamtbetriebsrats einzuladen. Damit die Konstituierung des Gesamtbetriebsrats stattfinden kann, bitten wir euch, eure Vertreter für den Gesamtbetriebsrat bis zum .... zu benennen.
Die Entsendung von Gesamtbetriebsratsmitgliedern richtet sich, wie euch bekannt ist, nach den Vorschriften des § 47 Abs. 2 und 3 BetrVG.
In der Hoffnung auf eine gute Zusammenarbeit verbleiben wir

mit freundlichen Grüßen

....
(Unterschrift
Betriebsratsvorsitzende/r
der Hauptverwaltung)

Schreiben an den Gesamtbetriebsrat wegen Übertragung von Aufgaben

56

Der Betriebsrat der XY-GmbH Ort, Datum

An den
Gesamtbetriebsrat der XY-GmbH
...

Übertragung von Aufgaben

Liebe Kolleginnen und Kollegen,
die Geschäftsleitung der Niederlassung in .... ist an uns herangetreten und hat vorgeschlagen, eine Betriebsvereinbarung über ein Beurteilungsverfahren abzuschließen. Unser Betriebsrat hat dagegen grundsätzlich keine Einwände.
Ein Beurteilungsverfahren, das bei uns eingeführt würde, hätte präjudizierende Wirkung auch auf andere Niederlassungen. Aus diesem Grund hat unser Betriebsrat am .... mit der Mehrheit der Stimmen seiner Mitglieder den Beschluss gefasst, den Gesamtbetriebsrat gemäß § 50 Abs. 2 BetrVG mit der Verhandlung über den Abschluss einer entsprechenden Betriebsvereinbarung zu beauftragen.
Die endgültige Entscheidungsbefugnis über den Abschluss behalten wir uns jedoch gemäß § 50 Abs. 2 BetrVG noch vor.
Wir sind davon überzeugt, mit diesem Schritt auch im Interesse der übrigen Betriebsräte und des Gesamtbetriebsrats zu handeln, und hoffen auf ein gutes Verhandlungsergebnis.

Mit freundlichen Grüßen

....
(Unterschrift
Betriebsratsvorsitzende/r)

Anlage: Entwurf einer Betriebsvereinbarung

Einladung zur Betriebsräteversammlung

57 Der Gesamtbetriebsrat der XY-GmbH — Ort, Datum

An die
Vorsitzenden der Betriebsräte
stellvertretenden Vorsitzenden und
Mitglieder der Betriebsausschüsse

Einladung zur Betriebsräteversammlung

Liebe Kolleginnen, liebe Kollegen,
der Gesamtbetriebsrat hat in seiner Sitzung vom ...... beschlossen, die diesjährige Betriebsräteversammlung gemäß § 53 BetrVG am ..., dem ..., um ... im Hause der Hauptverwaltung, Großer Saal, in .... durchzuführen.
Als Tagesordnung ist vorgesehen:

1. Eröffnung und Begrüßung
2. Bericht des Unternehmens über weitere Unternehmenskäufe und -verkäufe; Bericht über die zukünftige Personal- und Sozialpolitik sowie die wirtschaftliche Lage und die Entwicklung des Unternehmens
3. Diskussion
4. Tätigkeitsbericht des Gesamtbetriebsrats
5. Diskussion
6. Referat eines Beauftragten der Gewerkschaft .... zum Thema »Umstrukturierungen von Unternehmen – Auswirkungen auf Qualifikationen und Arbeitsverhältnisse der Beschäftigten«
7. Diskussion
8. Berichte aus den Niederlassungen
9. Diskussion
10. Anregungen und Anfragen
11. Schlusswort

Wegen der Bedeutung der Veranstaltung und der Themen gehen wir davon aus, dass alle teilnahmeberechtigten Kollegen/innen den Termin wahrnehmen werden.

Mit freundlichen Grüßen

....
(Unterschrift Betriebsratsvorsitzende/r)

PS: Übernachtungswünsche sind an das Büro des Gesamtbetriebsrats, Telefon/E-Mail ...., zu richten.

Schreiben an die Gesamtbetriebsräte wegen Errichtung eines Konzernbetriebsrats

58

Der Gesamtbetriebsrat der XY-GmbH — Ort, Datum

An die
Gesamtbetriebsräte
im Konzernbereich der
...

Errichtung eines Konzernbetriebsrats

Liebe Kolleginnen und Kollegen,
der Gesamtbetriebsrat der Firma .... hat sich in seiner letzten Sitzung am .... einstimmig für die Errichtung eines Konzernbetriebsrats ausgesprochen. Der Beschluss ist auch von dem Hauptvorstand der Gewerkschaft .... begrüßt worden. Voraussetzung für die Errichtung ist jedoch gemäß § 54 Abs. 1 BetrVG die Zustimmung der Gesamtbetriebsräte des Konzerns, die zusammen mindestens 50 Prozent der im Konzernbereich tätigen Arbeitnehmer vertreten. Wir vertreten ca. 30 Prozent.
Wir sind davon überzeugt, dass auch ihr die Errichtung eines Konzernbetriebsrats für zweckmäßig und notwendig haltet und deshalb unseren Vorschlag begrüßen werdet. Teilt uns bitte die Ergebnisse eurer Beratungen bis zum .... mit, damit wir alles Weitere veranlassen können.

Mit freundlichen Grüßen

....
(Unterschrift
Gesamtbetriebsrats-
vorsitzende/r)

VI. Die betriebliche Jugend- und Auszubildendenvertretung

In den §§ 60–71 BetrVG sind die Errichtung, die Funktion und Aufgaben der Jugend- und Auszubildendenvertretung geregelt. In den §§ 72 und 73 BetrVG finden sich entsprechend Vorschriften für die Vertretung der Jugendlichen und Auszubildenden auf der Unternehmensebene, die Gesamt-Jugend- und Auszubildendenvertretung.
Die Jugend- und Auszubildendenvertretung ist ein unselbstständiges Organ nach dem BetrVG. In § 80 Abs. 1 Nr. 5 BetrVG wird dem Betriebsrat auferlegt, auf die Errichtung einer Jugend- und Auszubildendenvertretung hinzuwirken, deren Wahl vorzubereiten und durchzuführen sowie mit ihr eng zusammenzuarbeiten. Diese enge Zusammenarbeit ist formal bereits dadurch gegeben, dass die Jugend- und Auszubildendenvertretung bezüglich ihrer Außenvertretung, z. B. gegenüber dem Arbeitgeber, stets den Betriebsrat benötigt. Entsprechend den Richtlinien des BetrVG setzt sich die Jugend- und Auszubildendenvertretung – gestaffelt nach dem durch sie vertretenen Personenkreis – aus einer oder mehreren Personen zusammen. Das Gremium führt Sitzungen durch, hat Antrags- und Teilnahmerecht zu Betriebsratssitzungen und führt nicht zuletzt Jugend- und Auszubildendenversammlungen durch.
Parallel zur zunehmenden Arbeitsbelastung bei den Betriebsräten sieht sich auch die Jugend- und Auszubildendenvertretung einer wachsenden Aufgabenbelastung und veränderten Themenstellungen ausgesetzt. Die Unsicherheit über die Übernahme von der Ausbildung in einen gesicherten Arbeitsplatz ist bei Auszubildenden in vielen Betrieben zum Alltag geworden. Eine qualifizierte Ausbildung ist mehr denn je unabdingbare Voraussetzung für einen sicheren Arbeitsplatz geworden. Da es nur dort eine Jugend- und Auszubildendenvertretung gibt, wo ein Betriebsrat gebildet ist, bedeutet die Erosion der betrieblichen Mitbestimmung auch eine Erosion bei den Jugend- und Auszubildendenvertretungen.
Der Gesetzgeber hat mit § 78a BetrVG auch die Mitglieder der Jugend- und Auszubildendenvertretung unter einen besonderen Schutz gestellt. Ihnen ist vom Arbeitgeber spätestens drei Monate vor Beendigung ihres Ausbildungsverhältnisses schriftlich mitzuteilen, falls die Übernahme in ein unbefristetes Anschlussarbeitsverhältnis nicht beabsichtigt ist. Andererseits kann ein Mitglied

der Jugend- und Auszubildendenvertretung innerhalb der letzten drei Monate vor Beendigung des Ausbildungsverhältnisses vom Arbeitgeber schriftlich die Weiterbeschäftigung verlangen. Allerdings ist dieser Anspruch nicht schrankenlos: Der Arbeitgeber kann beim Arbeitsgericht entweder die Feststellung des Nichtzustandekommens eines Arbeitsverhältnisses beantragen oder seine Auflösung, wenn er Tatsachen vorbringen kann, die ihm unter Berücksichtigung aller Umstände die Weiterbeschäftigung unzumutbar machen.

In den zurückliegenden Jahren sind eine Reihe von Rechtsstreitigkeiten bis vor das Bundesarbeitsgericht getragen worden, bei denen der Arbeitgeber wegen eines fehlenden Arbeitsplatzes den Weiterbeschäftigungsanspruch von Jugend- und Auszubildendenvertretern abgelehnt hat. Dabei sind folgende Grundsätze bestätigt worden:

- Die Weiterbeschäftigung eines Jugend- und Auszubildendenvertreters ist zumutbar, wenn zum Zeitpunkt der Beendigung des Ausbildungsverhältnisses ein freier Dauerarbeitsplatz verfügbar ist. Geplante zukünftige Personaleinsparungsmaßnahmen können keine Unzumutbarkeit begründen (BAG vom 18.8.1995 – 7 ABR 52/94).
- Der Arbeitgeber braucht keine zusätzlichen Arbeitsplätze für die Übernahme von Jugend- und Auszubildendenvertretern einzurichten, auch nicht durch Abbau von Überstunden (BAG vom 12.11.1996 – 1 ABR 33/96).
- Die vom Arbeitgeber beantragte Auflösung eines kraft Erklärung eines Jugend- und Auszubildendenvertreters zustande gekommenen Arbeitsverhältnisses nach § 78a BetrVG kommt nicht in Betracht, wenn ein freier Arbeitsplatz kurz vor Beendigung des Ausbildungsverhältnisses durch einen anderen Arbeitnehmer besetzt wird und der Arbeitgeber nicht nachweisen kann, dass der Arbeitsplatz aus betrieblichen Gründen unverzüglich besetzt werden musste (BAG vom 12.11.1997 – 7 ABR 93/96).
- Dem Arbeitgeber ist die Übernahme eines durch § 78a BetrVG geschützten Auszubildenden aus betrieblichen Gründen nicht allein deshalb unzumutbar, weil sich der Arbeitgeber entschließt, die in seinem Betrieb anfallenden Arbeitsaufgaben künftig nicht mehr Arbeitnehmern zu übertragen, mit denen er selbst einen Arbeitsvertrag abgeschlossen hat, sondern mit Leiharbeitnehmern. Durch diese Entscheidung allein wird weder die Anzahl der Arbeitsplätze noch die Arbeitsmenge, für deren Bewältigung der Arbeitgeber Arbeitnehmer einsetzt, verändert. Durch den Einsatz von Leiharbeitnehmern entfällt lediglich der Bedarf an der Beschäftigung von Arbeitnehmern, die in einem durch Arbeitsvertrag begründeten Arbeitsverhältnis zum Betriebsinhaber stehen. Das führt nicht zur Unzumutbarkeit i. S. d. § 78a Abs. 4 BetrVG, weil sich allein durch die Entscheidung des Arbeitgebers, künftig für die Erledigung der Arbeitsmenge Leiharbeitnehmer einzusetzen, die Anzahl der im Betrieb eingerichteten Arbeitsplätze und damit auch der Beschäfti-

gungsbedarf nicht ändert (BAG vom 16.7.2008 – 7 ABR 13/07 – Rdn. 23, AP BetrVG 1972 § 78a Nr. 50; BAG vom 25.2.2009 – 7 ABR 61/07).

Gesetzestexte

Betriebsverfassungsgesetz

§ 60 Errichtung und Aufgabe

(1) In Betrieben mit in der Regel mindestens fünf Arbeitnehmern, die das 18. Lebensjahr noch nicht vollendet haben (jugendliche Arbeitnehmer) oder die zu ihrer Berufsausbildung beschäftigt sind, werden Jugend- und Auszubildendenvertretungen gewählt.
(2) Die Jugend- und Auszubildendenvertretung nimmt nach Maßgabe der folgenden Vorschriften die besonderen Belange der in Absatz 1 genannten Arbeitnehmer wahr.

§ 67 Teilnahme an Betriebsratssitzungen

(1) Die Jugend- und Auszubildendenvertretung kann zu allen Betriebsratssitzungen einen Vertreter entsenden. Werden Angelegenheiten behandelt, die besonders die in § 60 Abs. 1 genannten Arbeitnehmer betreffen, so hat zu diesen Tagesordnungspunkten die gesamte Jugend- und Auszubildendenvertretung ein Teilnahmerecht.
(2) Die Jugend- und Auszubildendenvertreter haben Stimmrecht, soweit die zu fassenden Beschlüsse des Betriebsrats überwiegend die in § 60 Abs. 1 genannten Arbeitnehmer betreffen.
(3) Die Jugend- und Auszubildendenvertretung kann beim Betriebsrat beantragen, Angelegenheiten, die besonders die in § 60 Abs. 1 genannten Arbeitnehmer betreffen und über die sie beraten hat, auf die nächste Tagesordnung zu setzen. Der Betriebsrat soll Angelegenheiten, die besonders die in § 60 Abs. 1 genannten Arbeitnehmer betreffen, der Jugend- und Auszubildendenvertretung zur Beratung zuleiten.

§ 70 Allgemeine Aufgaben

(1) Die Jugend- und Auszubildendenvertretung hat folgende allgemeine Aufgaben:
1. Maßnahmen, die den in § 60 Abs. 1 genannten Arbeitnehmern dienen, insbesondere in Fragen der Berufsbildung und der Übernahme der zu ihrer

Berufsausbildung Beschäftigten in ein Arbeitsverhältnis, beim Betriebsrat zu beantragen;

1a. Maßnahmen zur Durchsetzung der tatsächlichen Gleichstellung der in § 60 Abs. 1 genannten Arbeitnehmer entsprechend § 80 Abs. 1 Nr. 2a und 2b beim Betriebsrat zu beantragen;

2. darüber zu wachen, dass die zugunsten der in § 60 Abs. 1 genannten Arbeitnehmer geltenden Gesetze, Verordnungen, Unfallverhütungsvorschriften, Tarifverträge und Betriebsvereinbarungen durchgeführt werden;

3. Anregungen von in § 60 Abs. 1 genannten Arbeitnehmern, insbesondere in Fragen der Berufsbildung, entgegenzunehmen und, falls sie berechtigt erscheinen, beim Betriebsrat auf eine Erledigung hinzuwirken. Die Jugend- und Auszubildendenvertretung hat die betroffenen in § 60 Abs. 1 genannten Arbeitnehmer über den Stand und das Ergebnis der Verhandlungen zu informieren;

4. die Integration ausländischer, in § 60 Abs. 1 genannter Arbeitnehmer im Betrieb zu fördern und entsprechende Maßnahmen beim Betriebsrat zu beantragen.

(2) Zur Durchführung ihrer Aufgaben ist die Jugend- und Auszubildendenvertretung durch den Betriebsrat rechtzeitig und umfassend zu unterrichten. Die Jugend- und Auszubildendenvertretung kann verlangen, dass ihr der Betriebsrat die zur Durchführung ihrer Aufgaben erforderlichen Unterlagen zur Verfügung stellt.

§ 71 Jugend- und Auszubildendenversammlung

Die Jugend- und Auszubildendenvertretung kann vor oder nach jeder Betriebsversammlung im Einvernehmen mit dem Betriebsrat eine betriebliche Jugend- und Auszubildendenversammlung einberufen. Im Einvernehmen mit Betriebsrat und Arbeitgeber kann die betriebliche Jugend- und Auszubildendenversammlung auch zu einem anderen Zeitpunkt einberufen werden. § 43 Abs. 2 Satz 1 und 2, die §§ 44 bis 46 und § 65 Abs. 2 Satz 2 gelten entsprechend.

§ 78a Schutz Auszubildender in besonderen Fällen

(1) Beabsichtigt der Arbeitgeber, einen Auszubildenden, der Mitglied der Jugend- und Auszubildendenvertretung, des Betriebsrats, der Bordvertretung oder des Seebetriebsrats ist, nach Beendigung des Berufsausbildungsverhältnisses nicht in ein Arbeitsverhältnis auf unbestimmte Zeit zu übernehmen, so hat er dies drei Monate vor Beendigung des Berufsausbildungsverhältnisses dem Auszubildenden schriftlich mitzuteilen.

(2) Verlangt ein in Absatz 1 genannter Auszubildender innerhalb der letzten drei Monate vor Beendigung des Berufsausbildungsverhältnisses schriftlich vom Arbeitgeber die Weiterbeschäftigung, so gilt zwischen Auszubildendem und Arbeitgeber im Anschluss an das Berufsausbildungsverhältnis ein Arbeitsverhältnis auf unbestimmte Zeit als begründet. Auf dieses Arbeitsverhältnis ist insbesondere § 37 Abs. 4 und 5 entsprechend anzuwenden.
(3) Die Absätze 1 und 2 gelten auch, wenn das Berufsausbildungsverhältnis vor Ablauf eines Jahres nach Beendigung der Amtszeit der Jugend- und Auszubildendenvertretung, des Betriebsrats, der Bordvertretung oder des Seebetriebsrats endet.
(4) Der Arbeitgeber kann spätestens bis zum Ablauf von zwei Wochen nach Beendigung des Berufsausbildungsverhältnisses beim Arbeitsgericht beantragen,

1. festzustellen, dass ein Arbeitsverhältnis nach Absatz 2 oder 3 nicht begründet wird, oder
2. das bereits nach Absatz 2 oder 3 begründete Arbeitsverhältnis aufzulösen,

wenn Tatsachen vorliegen, aufgrund derer dem Arbeitgeber unter Berücksichtigung aller Umstände die Weiterbeschäftigung nicht zugemutet werden kann. In dem Verfahren vor dem Arbeitsgericht sind der Betriebsrat, die Bordvertretung, der Seebetriebsrat, bei Mitgliedern der Jugend- und Auszubildendenvertretung auch diese Beteiligte.
(5) Die Absätze 2 bis 4 finden unabhängig davon Anwendung, ob der Arbeitgeber seiner Mitteilungspflicht nach Absatz 1 nachgekommen ist.

Schreiben der Jugend- und Auszubildendenvertretung an den Betriebsrat gemäß § 67 Abs. 3 BetrVG

59

Die Jugend- und
Auszubildendenvertretung
der XY-GmbH . . .

Ort, Datum

An den
Betriebsrat der XY-GmbH
Im Hause

Tagesordnungspunkt für Betriebsratssitzung

Liebe Kolleginnen und Kollegen,
die Jugend- und Auszubildendenvertretung hat in ihrer Sitzung am . . . . beschlossen, gemäß § 67 Abs. 3 BetrVG beim Betriebsrat zu beantragen, die Themen
»Suchtgefährdung und Prävention bei jungen Menschen«
»Ausbildungsende und danach nur befristet beschäftigt?« – Zur Problematik der Übernahme nach Beendigung der Ausbildung in ein Arbeitsverhältnis mit einer Perspektive für die weitere Lebensplanung auf die Tagesordnung der nächsten Sitzung am Montag, dem . . . ., zu setzen.
Da wir in letzter Zeit mit den jugendlichen Arbeitnehmern verstärkt eine Diskussion über diese beiden Themenbereiche führen, halten wir deren Behandlung für äußerst dringend und wichtig. Gerade in Betrieben, die sich bemühen, eine vernünftige Zusammenarbeit zwischen Betriebsrat und Geschäftsleitung zu praktizieren, erwarten wir eine selbstkritische Haltung und Herangehensweise an diese Probleme.
In der Erwartung, dass wir am kommenden Montag mit euch darüber diskutieren können, verbleiben wir

mit freundlichen Grüßen

. . . .
(Unterschrift Vorsitzende/r der
Jugend- und
Auszubildendenvertretung)

60

Einladung der Jugend- und Auszubildendenvertretung zur Jugend- und Auszubildendenversammlung

Die Jugend- und
Auszubildendenvertretung der XY-GmbH

Ort, Datum

An die Kolleginnen und Kollegen
im Hause

Einladung

Liebe Kolleginnen und Kollegen,
die Jugend- und Auszubildendenvertretung hat im Einvernehmen mit dem Betriebsrat beschlossen, im Anschluss an die nächste Betriebsversammlung eine Jugend- und Auszubildendenversammlung durchzuführen.
Die Betriebsversammlung findet statt am

Montag, dem ...., um .... Uhr
im großen Saal des Gewerkschaftshauses
in .... (Straße, Ort).

Als Tagesordnung der Jugend- und Auszubildendenversammlung ist vorgesehen:

1. Eröffnung und Begrüßung
2. Tätigkeitsbericht der Jugend- und Auszubildendenvertretung
3. Referat eines Vertreters der XY-Krankenkasse über das Thema »Sucht bei jungen Menschen und mögliche Präventionsmaßnahmen – Hilfestellungen der Gesundheitskasse«
4. »Beschäftigungsverhältnisse nach der Ausbildung – zur sachgrundlosen Befristung von Arbeitsverträgen – ein Teufelskreis für junge Fachkräfte«, Referat des Sekretärs der IG ...
5. Zusammenarbeit mit den Ausbildern im Betrieb
6. Anfragen und Verschiedenes
7. Schlusswort

Selbstverständlich besteht nach jedem Thema die Gelegenheit zu einer ausführlichen Diskussion!
Wegen der aktuellen Bedeutung der Themen ist die Jugend- und Auszubildendenvertretung sicher, recht viele Kolleginnen und Kollegen auf der Jugend- und Auszubildendenversammlung begrüßen zu können.

Mit freundlichen Grüßen

....
(Unterschrift Vorsitzende/r der
Jugend- und
Auszubildendenvertretung)

Schreiben eines Jugend- und Auszubildendenvertreters an den Arbeitgeber mit dem Verlangen zur Weiterbeschäftigung

61

Absender

Ort, Datum

An die
Geschäftsleitung der XY-GmbH
...

Weiterbeschäftigung gemäß § 78a BetrVG nach Beendigung meiner Ausbildung

Sehr geehrte Damen und Herren,
seit dem .... absolviere ich in unserem Unternehmen eine Ausbildung als Bürokaufmann/-frau, die ich voraussichtlich am .... mit meiner praktischen Abschlussprüfung erfolgreich beenden werde.
Da ich der betrieblichen Jugend- und Auszubildendenvertretung seit .... als ordentliches gewähltes Mitglied angehöre und Sie mir entsprechend den Vorgaben des § 78a Abs. 1 BetrVG nicht innerhalb eines Zeitraums von drei Monaten vor Beendigung der Ausbildung mitgeteilt haben, mich nicht in ein Arbeitsverhältnis auf unbestimmte Zeit übernehmen zu wollen, gehe ich davon aus, dass mein Ausbildungsverhältnis in ein unbefristetes Arbeitsverhältnis einmündet. Mir ist klar, dass das Bestehen der Abschlussprüfung Grundvoraussetzung für eine Übernahme ist.
Um möglichen Missverständnissen vorzubeugen, stelle ich hiermit auch formell den Antrag zur Weiterbeschäftigung gemäß § 78a Abs. 2 BetrVG in meinem erlernten Beruf. Sollte aus mir derzeit nicht erkennbaren Gründen kein meiner Ausbildung entsprechender freier Arbeitsplatz zu besetzen sein, erkläre ich mich hilfsweise auch bereit, ein anderes zumutbares Arbeitsplatzangebot anzunehmen.
Zu einer persönlichen Rücksprache über die Einzelheiten des neuen Arbeitsvertrags stehe ich Ihnen jederzeit gerne zur Verfügung.
Zugleich möchte ich mich bei Ihnen für die bisherige gute und vertrauensvolle Zusammenarbeit bedanken. Ich verbinde den Dank mit der Hoffnung, diese Arbeit auch weiterhin bei Ihnen fortsetzen zu dürfen.

Mit freundlichen Grüßen

....
(Unterschrift)

Kopie: Betriebsrat
Jugend- und Auszubildendenvertretung

VII. Grundsätze für die Behandlung von Betriebsangehörigen

Nach § 75 BetrVG obliegt es dem Arbeitgeber und dem Betriebsrat, darüber zu wachen, dass Rechtsgrundsätze der Gleichbehandlung und das Diskriminierungsverbot als verfassungsmäßiger Grundsatz auch im Betrieb eingehalten werden. Das ist eine Aufgabe mit einem hohen moralischen Anspruch. Hier wird deutlich, dass das BetrVG mehr ist als ein Gesetz zur Regelung von Mitwirkungsrechten des Betriebsrats. Es stellt vielmehr auch gleichzeitig die Verfassung für den Betrieb und das Regelwerk für das betriebliche Leben und Zusammenwirken dar. Mit der Rechtsvorschrift des § 75 BetrVG wird dem Betriebsrat der Auftrag erteilt, den Betriebsfrieden zu sichern, wobei diese Bestimmung auch das Einzelarbeitsverhältnis beeinflusst.

§ 75 BetrVG ist zwingendes Recht und kann nicht durch Tarifvertrag oder Betriebsvereinbarung außer Kraft gesetzt werden.

Der Gesetzgeber hat in § 75 Abs. 1 BetrVG klargestellt, dass eine unterschiedliche Behandlung einer Person aus Gründen ihrer Rasse oder wegen ihrer ethnischen Herkunft, ihrer Abstammung oder sonstigen Herkunft, ihrer Nationalität, ihrer Religion oder Weltanschauung, ihrer Behinderung, ihres Alters, ihrer politischen oder gewerkschaftlichen Betätigung oder Einstellung oder wegen ihres Geschlechts oder wegen ihrer sexuellen Identität unterbleiben muss. Mit diesem umfassenden Katalog werden europarechtliche Vorgaben sogar noch übertroffen.

Für leitende Angestellte gelten nach § 27 SprAuG im Übrigen die gleichen Regelungen wie im § 75 Abs. 1 BetrVG.

Die Vorgaben des § 75 BetrVG sind aktueller denn je: Angesichts der hohen Anzahl von Geflüchteten werden künftig deutlich mehr Arbeitskräfte anderer ethnischer Herkunft in den Arbeitsmarkt integriert werden müssen.

Hinsichtlich der sexuellen Identität hat das Bundesverfassungsgericht am 10. Oktober 2017 den Gesetzgeber verpflichtet, bis Ende 2018 einen dritten Geschlechtsbegriff neben männlich und weiblich im Geburtenregister zu ermöglichen oder allgemein auf einen Geschlechtseintrag zu verzichten. Dies ist zwischenzeitlich erfolgt. Der Bundestag hat am 13.12.2018 das »Gesetz zur Änderung der im Geburtenregister einzutragenden Angaben« verabschiedet. Es bleibt abzuwarten, inwieweit sich die Existenz nunmehr dreier Geschlechtsbegriffe auf die betriebsverfassungsrechtliche Wirklichkeit – insbesondere unter dem Gesichtspunkt der Gleichbehandlung – auswirkt.

Durch die Regelung des § 75 Abs. 2 BetrVG werden Arbeitgeber und Betriebsrat verpflichtet, die Selbstständigkeit und Eigeninitiative der Arbeitnehmer und der Arbeitsgruppen im Rahmen der Betriebsverfassung zu fördern. Damit wird dem Umstand Rechnung getragen, dass eine berufliche Tätigkeit mehr ist als reine Einkommenserzielung, sondern auch als Möglichkeit zur Selbstverwirklichung und der Erweiterung beruflicher Kenntnisse und Fertigkeiten anzusehen ist.

Nach den Grundsätzen von Recht und Billigkeit soll im Rahmen der betrieblichen Ordnung auf die menschlichen, sozialen und wirtschaftlichen Belange eines jeden Arbeitnehmers Rücksicht genommen werden. Auch wird den Betriebspartnern der Auftrag erteilt, die Persönlichkeit des einzelnen Arbeitnehmers und dessen freie Entfaltung im Rahmen der betrieblichen Möglichkeiten zu schützen und zu fördern.

Auf der Grundlage des Gebots zur vertrauensvollen Zusammenarbeit gemäß § 2 BetrVG wie auch weiterer Rechtsgrundsätze, z. B. dem Beschwerderecht der Arbeitnehmer nach § 84 BetrVG und der möglichen Abhilfe durch den Betriebsrat nach § 85 BetrVG, ergibt sich ein Teilhaberecht des Betriebsrats, das ihn verpflichtet, auf die positive Gestaltung von Arbeitsbedingungen unter Berücksichtigung der Persönlichkeitsentfaltung des einzelnen Arbeitnehmers im Betrieb Einfluss zu nehmen.

Bereits mit dem Gesetz zur Durchsetzung der Gleichberechtigung von Frauen und Männern (Zweites Gleichberechtigungsgesetz – 2. GleiBG) wurde seit der Jahrtausendwende eine Vielzahl gesetzlicher Änderungen vorgenommen, die in einer Reihe von Einzelgesetzen die Gleichberechtigung von Männern und Frauen garantieren sollen. Dazu gehören u. a. die vor Inkrafttreten des BetrV-ReformG im Jahre 2001 vorgenommenen Änderungen im alten Betriebsverfassungsgesetz (z. B. Zusammensetzung des Wahlvorstands, Themen von Betriebs- und Abteilungsversammlungen, Erweiterung der allgemeinen Aufgaben des Betriebsrats, Ausschreibung von Teilzeitarbeitsplätzen, besondere Berücksichtigung bei der Förderung der beruflichen Bildung), im Bürgerlichen Gesetzbuch sowie im Arbeitsgerichtsgesetz. Besondere Bedeutung hat das Gesetz zum Schutz der Beschäftigten vor sexueller Belästigung am Arbeitsplatz (Beschäftigtenschutzgesetz) erhalten, das den Betroffenen ein Beschwerderecht eröffnet und den Arbeitgeber zu angemessenen arbeitsrechtlichen Maßnahmen verpflichtet. Kommt der Arbeitgeber dieser Pflicht nicht nach, steht dem Arbeitnehmer ein Leistungsverweigerungsrecht zu.

Das Allgemeine Gleichbehandlungsgesetz vom 14. August 2006 (AGG) hat die bislang in diversen Einzelgesetzen geregelten Vorschriften zur Gleichberechti-

gung zusammengeführt. Das AGG dient der Umsetzung von vier Europäischen Richtlinien, die in den Jahren 2000 bis 2004 erlassen worden sind.
Im Zusammenhang mit § 75 BetrVG ist ganz aktuell Art. 18 Abs. 1 und Art. 19 Abs. 5 Gesetz zur Stärkung der Teilhabe und Selbstbestimmung von Menschen mit Behinderungen (Bundesteilhabegesetz – BTHG) v. 23.12.2016 (BGBl. I S. 3234) zu beachten. Diese Novellierungen sind teilweise erst am 1.1.2018 in Kraft getreten. In der Reformstufe 2 sind betroffen die Einführung SGB IX, Teil 1 (Verfahrensrecht) und 3 (Schwerbehindertenrecht) sowie vorgezogene Verbesserungen im Bereich der Leistungen zur Teilhabe am Arbeitsleben in der Eingliederungshilfe im SGB XII.
Letztlich ist hinzuweisen auf das Entgelttransparenzgesetz vom 30.6.2017 mit zwischenzeitlich vorgenommenen Ergänzungen und Änderungen. Erklärtes Ziel des Gesetzes ist es, das Gebot des gleichen Entgelts für Frauen und Männer bei gleichwertiger Arbeit durchzusetzen. Dem Betriebsrat stehen hierbei besondere Aufgaben und Befugnisse zu.

Gesetzestexte

Betriebsverfassungsgesetz

§ 2 Stellung der Gewerkschaften und Vereinigungen der Arbeitgeber

(1) Arbeitgeber und Betriebsrat arbeiten unter Beachtung der geltenden Tarifverträge vertrauensvoll und im Zusammenwirken mit den im Betrieb vertretenen Gewerkschaften und Arbeitgebervereinigungen zum Wohl der Arbeitnehmer und des Betriebs zusammen.
(2) Zur Wahrnehmung der in diesem Gesetz genannten Aufgaben und Befugnisse der im Betrieb vertretenen Gewerkschaften ist deren Beauftragten nach Unterrichtung des Arbeitgebers oder seines Vertreters Zugang zum Betrieb zu gewähren, soweit dem nicht unumgängliche Notwendigkeiten des Betriebsablaufs, zwingende Sicherheitsvorschriften oder der Schutz von Betriebsgeheimnissen entgegenstehen.
(3) Die Aufgaben der Gewerkschaften und der Vereinigungen der Arbeitgeber, insbesondere die Wahrnehmung der Interessen ihrer Mitglieder, werden durch dieses Gesetz nicht berührt.

§ 74 Grundsätze für die Zusammenarbeit

(1) Arbeitgeber und Betriebsrat sollen mindestens einmal im Monat zu einer Besprechung zusammentreten. Sie haben über strittige Fragen mit dem ernsten

Willen zur Einigung zu verhandeln und Vorschläge für die Beilegung von Meinungsverschiedenheiten zu machen.
(2) Maßnahmen des Arbeitskampfes zwischen Arbeitgeber und Betriebsrat sind unzulässig; Arbeitskämpfe tariffähiger Parteien werden hierdurch nicht berührt. Arbeitgeber und Betriebsrat haben Betätigungen zu unterlassen, durch die der Arbeitsablauf oder der Frieden des Betriebs beeinträchtigt werden. Sie haben jede parteipolitische Betätigung im Betrieb zu unterlassen; die Behandlung von Angelegenheiten tarifpolitischer, sozialpolitischer, umweltpolitischer und wirtschaftlicher Art, die den Betrieb oder seine Arbeitnehmer unmittelbar betreffen, wird hierdurch nicht berührt.
(3) Arbeitnehmer, die im Rahmen dieses Gesetzes Aufgaben übernehmen, werden hierdurch in der Betätigung für ihre Gewerkschaft auch im Betrieb nicht beschränkt.

§ 75 Grundsätze für die Behandlung der Betriebsangehörigen

(1) Arbeitgeber und Betriebsrat haben darüber zu wachen, dass alle im Betrieb tätigen Personen nach den Grundsätzen von Recht und Billigkeit behandelt werden, insbesondere, dass jede Benachteiligung von Personen aus Gründen ihrer Rasse oder wegen ihrer ethnischen Herkunft, ihrer Abstammung oder sonstigen Herkunft, ihrer Nationalität, ihrer Religion oder Weltanschauung, ihrer Behinderung, ihres Alters, ihrer politischen oder gewerkschaftlichen Betätigung oder Einstellung oder wegen ihres Geschlechts oder ihrer sexuellen Identität unterbleibt.
(2) Arbeitgeber und Betriebsrat haben die freie Entfaltung der Persönlichkeit der im Betrieb beschäftigten Arbeitnehmer zu schützen und zu fördern. Sie haben die Selbständigkeit und Eigeninitiative der Arbeitnehmer und Arbeitsgruppen zu fördern.

§ 84 Beschwerderecht

(1) Jeder Arbeitnehmer hat das Recht, sich bei den zuständigen Stellen des Betriebs zu beschweren, wenn er sich vom Arbeitgeber oder von Arbeitnehmern des Betriebs benachteiligt oder ungerecht behandelt oder in sonstiger Weise beeinträchtigt fühlt. Er kann ein Mitglied des Betriebsrats zur Unterstützung oder Vermittlung hinzuziehen.
(2) Der Arbeitgeber hat den Arbeitnehmer über die Behandlung der Beschwerde zu bescheiden und, soweit er die Beschwerde für berechtigt erachtet, ihr abzuhelfen.
(3) Wegen der Erhebung einer Beschwerde dürfen dem Arbeitnehmer keine Nachteile entstehen.

§ 85 Behandlung von Beschwerden durch den Betriebsrat

(1) Der Betriebsrat hat Beschwerden von Arbeitnehmern entgegenzunehmen und, falls er sie für berechtigt erachtet, beim Arbeitgeber auf Abhilfe hinzuwirken.
(2) Bestehen zwischen Betriebsrat und Arbeitgeber Meinungsverschiedenheiten über die Berechtigung der Beschwerde, so kann der Betriebsrat die Einigungsstelle anrufen. Der Spruch der Einigungsstelle ersetzt die Einigung zwischen Arbeitgeber und Betriebsrat. Dies gilt nicht, soweit Gegenstand der Beschwerde ein Rechtsanspruch ist.
(3) Der Arbeitgeber hat den Betriebsrat über die Behandlung der Beschwerde zu unterrichten. § 84 Abs. 2 bleibt unberührt.

Allgemeines Gleichbehandlungsgesetz vom 14. August 2006 (AGG) Allgemeines Gleichbehandlungsgesetz vom 14. August 2006 (BGBl. I S. 1897), das zuletzt durch Artikel 8 des Gesetzes vom 3. April 2013 (BGBl. I S. 610) geändert worden ist.

§ 1 Ziel des Gesetzes

Ziel des Gesetzes ist, Benachteiligungen aus Gründen der Rasse oder wegen der ethnischen Herkunft, des Geschlechts, der Religion oder Weltanschauung, einer Behinderung, des Alters oder der sexuellen Identität zu verhindern oder zu beseitigen.

§ 2 Anwendungsbereich

(1) Benachteiligungen aus einem in § 1 genannten Grund sind nach Maßgabe dieses Gesetzes unzulässig in Bezug auf:
1. die Bedingungen, einschließlich Auswahlkriterien und Einstellungsbedingungen, für den Zugang zu unselbstständiger und selbstständiger Erwerbstätigkeit, unabhängig von Tätigkeitsfeld und beruflicher Position, sowie für den beruflichen Aufstieg,
2. die Beschäftigungs- und Arbeitsbedingungen einschließlich Arbeitsentgelt und Entlassungsbedingungen, insbesondere in individual- und kollektivrechtlichen Vereinbarungen und Maßnahmen bei der Durchführung und Beendigung eines Beschäftigungsverhältnisses sowie beim beruflichen Aufstieg,
3. den Zugang zu allen Formen und allen Ebenen der Berufsberatung, der Berufsbildung einschließlich der Berufsausbildung, der beruflichen Weiterbildung und der Umschulung sowie der praktischen Berufserfahrung,

4. die Mitgliedschaft und Mitwirkung in einer Beschäftigten- oder Arbeitgebervereinigung oder einer Vereinigung, deren Mitglieder einer bestimmten Berufsgruppe angehören, einschließlich der Inanspruchnahme der Leistungen solcher Vereinigungen,
5. den Sozialschutz, einschließlich der sozialen Sicherheit und der Gesundheitsdienste,
6. die sozialen Vergünstigungen,
7. die Bildung,
8. den Zugang zu und die Versorgung mit Gütern und Dienstleistungen, die der Öffentlichkeit zur Verfügung stehen, einschließlich von Wohnraum.

(2) Für Leistungen nach dem Sozialgesetzbuch gelten § 33c des Ersten Buches Sozialgesetzbuch und § 19a des Vierten Buches Sozialgesetzbuch. Für die betriebliche Altersvorsorge gilt das Betriebsrentengesetz.
(3) Die Geltung sonstiger Benachteiligungsverbote oder Gebote der Gleichbehandlung wird durch dieses Gesetz nicht berührt. Dies gilt auch für öffentlich-rechtliche Vorschriften, die dem Schutz bestimmter Personengruppen dienen.
(4) Für Kündigungen gelten ausschließlich die Bestimmungen zum allgemeinen und besonderen Kündigungsschutz.

§ 3 Begriffsbestimmungen

(1) Eine unmittelbare Benachteiligung liegt vor, wenn eine Person wegen eines in § 1 genannten Grundes eine weniger günstige Behandlung erfährt, als eine andere Person in einer vergleichbaren Situation erfährt, erfahren hat oder erfahren würde. Eine unmittelbare Benachteiligung wegen des Geschlechts liegt in Bezug auf § 2 Abs. 1 Nr. 1 bis 4 auch im Falle einer ungünstigeren Behandlung einer Frau wegen Schwangerschaft oder Mutterschaft vor.
(2) Eine mittelbare Benachteiligung liegt vor, wenn dem Anschein nach neutrale Vorschriften, Kriterien oder Verfahren Personen wegen eines in § 1 genannten Grundes gegenüber anderen Personen in besonderer Weise benachteiligen können, es sei denn, die betreffenden Vorschriften, Kriterien oder Verfahren sind durch ein rechtmäßiges Ziel sachlich gerechtfertigt und die Mittel sind zur Erreichung dieses Ziels angemessen und erforderlich.
(3) Eine Belästigung ist eine Benachteiligung, wenn unerwünschte Verhaltensweisen, die mit einem in § 1 genannten Grund in Zusammenhang stehen, bezwecken oder bewirken, dass die Würde der betreffenden Person verletzt und ein von Einschüchterungen, Anfeindungen, Erniedrigungen, Entwürdigungen oder Beleidigungen gekennzeichnetes Umfeld geschaffen wird.
(4) Eine sexuelle Belästigung ist eine Benachteiligung in Bezug auf § 2 Abs. 1 Nr. 1 bis 4, wenn ein unerwünschtes, sexuell bestimmtes Verhalten, wozu auch unerwünschte sexuelle Handlungen und Aufforderungen zu diesen, sexuell be-

stimmte körperliche Berührungen, Bemerkungen sexuellen Inhalts sowie unerwünschtes Zeigen und sichtbares Anbringen von pornographischen Darstellungen gehören, bezweckt oder bewirkt, dass die Würde der betreffenden Person verletzt wird, insbesondere wenn ein von Einschüchterungen, Anfeindungen, Erniedrigungen, Entwürdigungen oder Beleidigungen gekennzeichnetes Umfeld geschaffen wird.
(5) Die Anweisung zur Benachteiligung einer Person aus einem in § 1 genannten Grund gilt als Benachteiligung. Eine solche Anweisung liegt in Bezug auf § 2 Abs. 1 Nr. 1 bis 4 insbesondere vor, wenn jemand eine Person zu einem Verhalten bestimmt, das einen Beschäftigten oder eine Beschäftigte wegen eines in § 1 genannten Grundes benachteiligt oder benachteiligen kann.

§ 4 Unterschiedliche Behandlung wegen mehrerer Gründe

Erfolgt eine unterschiedliche Behandlung wegen mehrerer der in § 1 genannten Gründe, so kann diese unterschiedliche Behandlung nach den §§ 8 bis 10 und 20 nur gerechtfertigt werden, wenn sich die Rechtfertigung auf alle diese Gründe erstreckt, derentwegen die unterschiedliche Behandlung erfolgt.

§ 6 Persönlicher Anwendungsbereich

(1) Beschäftigte im Sinne dieses Gesetzes sind
1. Arbeitnehmerinnen und Arbeitnehmer,
2. die zu ihrer Berufsbildung Beschäftigten,
3. Personen, die wegen ihrer wirtschaftlichen Unselbstständigkeit als arbeitnehmerähnliche Personen anzusehen sind; zu diesen gehören auch die in Heimarbeit Beschäftigten und die ihnen Gleichgestellten.

Als Beschäftigte gelten auch die Bewerberinnen und Bewerber für ein Beschäftigungsverhältnis sowie die Personen, deren Beschäftigungsverhältnis beendet ist.
(2) Arbeitgeber (Arbeitgeber und Arbeitgeberinnen) im Sinne dieses Abschnitts sind natürliche und juristische Personen sowie rechtsfähige Personengesellschaften, die Personen nach Absatz 1 beschäftigen. Werden Beschäftigte einem Dritten zur Arbeitsleistung überlassen, so gilt auch dieser als Arbeitgeber im Sinne dieses Abschnitts. Für die in Heimarbeit Beschäftigten und die ihnen Gleichgestellten tritt an die Stelle des Arbeitgebers der Auftraggeber oder Zwischenmeister.
(3) Soweit es die Bedingungen für den Zugang zur Erwerbstätigkeit sowie den beruflichen Aufstieg betrifft, gelten die Vorschriften dieses Abschnitts für Selbstständige und Organmitglieder, insbesondere Geschäftsführer oder Geschäftsführerinnen und Vorstände, entsprechend.

§ 7 Benachteiligungsverbot

(1) Beschäftigte dürfen nicht wegen eines in § 1 genannten Grundes benachteiligt werden; dies gilt auch, wenn die Person, die die Benachteiligung begeht, das Vorliegen eines in § 1 genannten Grundes bei der Benachteiligung nur annimmt.
(2) Bestimmungen in Vereinbarungen, die gegen das Benachteiligungsverbot des Absatzes 1 verstoßen, sind unwirksam.
(3) Eine Benachteiligung nach Absatz 1 durch Arbeitgeber oder Beschäftigte ist eine Verletzung vertraglicher Pflichten.

§ 8 Zulässige unterschiedliche Behandlung wegen beruflicher Anforderungen

(1) Eine unterschiedliche Behandlung wegen eines in § 1 genannten Grundes ist zulässig, wenn dieser Grund wegen der Art der auszuübenden Tätigkeit oder der Bedingungen ihrer Ausübung eine wesentliche und entscheidende berufliche Anforderung darstellt, sofern der Zweck rechtmäßig und die Anforderung angemessen ist.
(2) Die Vereinbarung einer geringeren Vergütung für gleiche oder gleichwertige Arbeit wegen eines in § 1 genannten Grundes wird nicht dadurch gerechtfertigt, dass wegen eines in § 1 genannten Grundes besondere Schutzvorschriften gelten.

§ 9 Zulässige unterschiedliche Behandlung wegen der Religion oder Weltanschauung

(1) Ungeachtet des § 8 ist eine unterschiedliche Behandlung wegen der Religion oder der Weltanschauung bei der Beschäftigung durch Religionsgemeinschaften, die ihnen zugeordneten Einrichtungen ohne Rücksicht auf ihre Rechtsform oder durch Vereinigungen, die sich die gemeinschaftliche Pflege einer Religion oder Weltanschauung zur Aufgabe machen, auch zulässig, wenn eine bestimmte Religion oder Weltanschauung unter Beachtung des Selbstverständnisses der jeweiligen Religionsgemeinschaft oder Vereinigung im Hinblick auf ihr Selbstbestimmungsrecht oder nach der Art der Tätigkeit eine gerechtfertigte berufliche Anforderung darstellt.
(2) Das Verbot unterschiedlicher Behandlung wegen der Religion oder der Weltanschauung berührt nicht das Recht der in Absatz 1 genannten Religionsgemeinschaften, der ihnen zugeordneten Einrichtungen ohne Rücksicht auf ihre Rechtsform oder der Vereinigungen, die sich die gemeinschaftliche Pflege einer Religion oder Weltanschauung zur Aufgabe machen, von ihren Beschäftigten ein

loyales und aufrichtiges Verhalten im Sinne ihres jeweiligen Selbstverständnisses verlangen zu können.

§ 10 Zulässige unterschiedliche Behandlung wegen des Alters

Ungeachtet des § 8 ist eine unterschiedliche Behandlung wegen des Alters auch zulässig, wenn sie objektiv und angemessen und durch ein legitimes Ziel gerechtfertigt ist. Die Mittel zur Erreichung dieses Ziels müssen angemessen und erforderlich sein. Derartige unterschiedliche Behandlungen können insbesondere Folgendes einschließen:

1. die Festlegung besonderer Bedingungen für den Zugang zur Beschäftigung und zur beruflichen Bildung sowie besonderer Beschäftigungs- und Arbeitsbedingungen, einschließlich der Bedingungen für Entlohnung und Beendigung des Beschäftigungsverhältnisses, um die berufliche Eingliederung von Jugendlichen, älteren Beschäftigten und Personen mit Fürsorgepflichten zu fördern oder ihren Schutz sicherzustellen,
2. die Festlegung von Mindestanforderungen an das Alter, die Berufserfahrung oder das Dienstalter für den Zugang zur Beschäftigung oder für bestimmte mit der Beschäftigung verbundene Vorteile,
3. die Festsetzung eines Höchstalters für die Einstellung auf Grund der spezifischen Ausbildungsanforderungen eines bestimmten Arbeitsplatzes oder auf Grund der Notwendigkeit einer angemessenen Beschäftigungszeit vor dem Eintritt in den Ruhestand,
4. die Festsetzung von Altersgrenzen bei den betrieblichen Systemen der sozialen Sicherheit als Voraussetzung für die Mitgliedschaft oder den Bezug von Altersrente oder von Leistungen bei Invalidität einschließlich der Festsetzung unterschiedlicher Altersgrenzen im Rahmen dieser Systeme für bestimmte Beschäftigte oder Gruppen von Beschäftigten und die Verwendung von Alterskriterien im Rahmen dieser Systeme für versicherungsmathematische Berechnungen,
5. eine Vereinbarung, die die Beendigung des Beschäftigungsverhältnisses ohne Kündigung zu einem Zeitpunkt vorsieht, zu dem der oder die Beschäftigte eine Rente wegen Alters beantragen kann; § 41 des Sechsten Buches Sozialgesetzbuch bleibt unberührt,
6. Differenzierungen von Leistungen in Sozialplänen im Sinne des Betriebsverfassungsgesetzes, wenn die Parteien eine nach Alter oder Betriebszugehörigkeit gestaffelte Abfindungsregelung geschaffen haben, in der die wesentlich vom Alter abhängenden Chancen auf dem Arbeitsmarkt durch eine verhältnismäßig starke Betonung des Lebensalters erkennbar berücksichtigt worden sind, oder Beschäftigte von den Leistungen des Sozialplans ausgeschlossen

haben, die wirtschaftlich abgesichert sind, weil sie, gegebenenfalls nach Bezug von Arbeitslosengeld, rentenberechtigt sind.

§ 11 Ausschreibung

Ein Arbeitsplatz darf nicht unter Verstoß gegen § 7 Abs. 1 ausgeschrieben werden.

§ 12 Maßnahmen und Pflichten des Arbeitgebers

(1) Der Arbeitgeber ist verpflichtet, die erforderlichen Maßnahmen zum Schutz vor Benachteiligungen wegen eines in § 1 genannten Grundes zu treffen. Dieser Schutz umfasst auch vorbeugende Maßnahmen.
(2) Der Arbeitgeber soll in geeigneter Art und Weise, insbesondere im Rahmen der beruflichen Aus- und Fortbildung, auf die Unzulässigkeit solcher Benachteiligungen hinweisen und darauf hinwirken, dass diese unterbleiben. Hat der Arbeitgeber seine Beschäftigten in geeigneter Weise zum Zwecke der Verhinderung von Benachteiligung geschult, gilt dies als Erfüllung seiner Pflichten nach Absatz 1.
(3) Verstoßen Beschäftigte gegen das Benachteiligungsverbot des § 7 Abs. 1, so hat der Arbeitgeber die im Einzelfall geeigneten, erforderlichen und angemessenen Maßnahmen zur Unterbindung der Benachteiligung wie Abmahnung, Umsetzung, Versetzung oder Kündigung zu ergreifen.
(4) Werden Beschäftigte bei der Ausübung ihrer Tätigkeit durch Dritte nach § 7 Abs. 1 benachteiligt, so hat der Arbeitgeber die im Einzelfall geeigneten, erforderlichen und angemessenen Maßnahmen zum Schutz der Beschäftigten zu ergreifen.
(5) Dieses Gesetz und § 61b des Arbeitsgerichtsgesetzes sowie Informationen über die für die Behandlung von Beschwerden nach § 13 zuständigen Stellen sind im Betrieb oder in der Dienststelle bekannt zu machen. Die Bekanntmachung kann durch Aushang oder Auslegung an geeigneter Stelle oder den Einsatz der im Betrieb oder der Dienststelle üblichen Informations- und Kommunikationstechnik erfolgen.

§ 13 Beschwerderecht

(1) Die Beschäftigten haben das Recht, sich bei den zuständigen Stellen des Betriebs, des Unternehmens oder der Dienststelle zu beschweren, wenn sie sich im Zusammenhang mit ihrem Beschäftigungsverhältnis vom Arbeitgeber, von Vorgesetzten, anderen Beschäftigten oder Dritten wegen eines in § 1 genannten

Grundes benachteiligt fühlen. Die Beschwerde ist zu prüfen und das Ergebnis der oder dem beschwerdeführenden Beschäftigten mitzuteilen.
(2) Die Rechte der Arbeitnehmervertretungen bleiben unberührt.

§ 14 Leistungsverweigerungsrecht

Ergreift der Arbeitgeber keine oder offensichtlich ungeeignete Maßnahmen zur Unterbindung einer Belästigung oder sexuellen Belästigung am Arbeitsplatz, sind die betroffenen Beschäftigten berechtigt, ihre Tätigkeit ohne Verlust des Arbeitsentgelts einzustellen, soweit dies zu ihrem Schutz erforderlich ist. § 273 des Bürgerlichen Gesetzbuchs bleibt unberührt.

§ 15 Entschädigung und Schadensersatz

(1) Bei einem Verstoß gegen das Benachteiligungsverbot ist der Arbeitgeber verpflichtet, den hierdurch entstandenen Schaden zu ersetzen. Dies gilt nicht, wenn der Arbeitgeber die Pflichtverletzung nicht zu vertreten hat.
(2) Wegen eines Schadens, der nicht Vermögensschaden ist, kann der oder die Beschäftigte eine angemessene Entschädigung in Geld verlangen. Die Entschädigung darf bei einer Nichteinstellung drei Monatsgehälter nicht übersteigen, wenn der oder die Beschäftigte auch bei benachteiligungsfreier Auswahl nicht eingestellt worden wäre.
(3) Der Arbeitgeber ist bei der Anwendung kollektivrechtlicher Vereinbarungen nur dann zur Entschädigung verpflichtet, wenn er vorsätzlich oder grob fahrlässig handelt.
(4) Ein Anspruch nach Absatz 1 oder 2 muss innerhalb einer Frist von zwei Monaten schriftlich geltend gemacht werden, es sei denn, die Tarifvertragsparteien haben etwas anderes vereinbart. Die Frist beginnt im Falle einer Bewerbung oder eines beruflichen Aufstiegs mit dem Zugang der Ablehnung und in den sonstigen Fällen einer Benachteiligung zu dem Zeitpunkt, in dem der oder die Beschäftigte von der Benachteiligung Kenntnis erlangt.
(5) Im Übrigen bleiben Ansprüche gegen den Arbeitgeber, die sich aus anderen Rechtsvorschriften ergeben, unberührt.
(6) Ein Verstoß des Arbeitgebers gegen das Benachteiligungsverbot des § 7 Abs. 1 begründet keinen Anspruch auf Begründung eines Beschäftigungsverhältnisses, Berufsausbildungsverhältnisses oder einen beruflichen Aufstieg, es sei denn, ein solcher ergibt sich aus einem anderen Rechtsgrund.

§ 16 Maßregelungsverbot

(1) Der Arbeitgeber darf Beschäftigte nicht wegen der Inanspruchnahme von Rechten nach diesem Abschnitt oder wegen der Weigerung, eine gegen diesen Abschnitt verstoßende Anweisung auszuführen, benachteiligen. Gleiches gilt für Personen, die den Beschäftigten hierbei unterstützen oder als Zeuginnen oder Zeugen aussagen.
(2) Die Zurückweisung oder Duldung benachteiligender Verhaltensweisen durch betroffene Beschäftigte darf nicht als Grundlage für eine Entscheidung herangezogen werden, die diese Beschäftigten berührt. Absatz 1 Satz 2 gilt entsprechend.
(3) § 22 gilt entsprechend.

§ 17 Soziale Verantwortung der Beteiligten

(1) Tarifvertragsparteien, Arbeitgeber, Beschäftigte und deren Vertretungen sind aufgefordert, im Rahmen ihrer Aufgaben und Handlungsmöglichkeiten an der Verwirklichung des in § 1 genannten Ziels mitzuwirken.
(2) In Betrieben, in denen die Voraussetzungen des § 1 Abs. 1 Satz 1 des Betriebsverfassungsgesetzes vorliegen, können bei einem groben Verstoß des Arbeitgebers gegen Vorschriften aus diesem Abschnitt der Betriebsrat oder eine im Betrieb vertretene Gewerkschaft unter der Voraussetzung des § 23 Abs. 3 Satz 1 des Betriebsverfassungsgesetzes die dort genannten Rechte gerichtlich geltend machen; § 23 Abs. 3 Satz 2 bis 5 des Betriebsverfassungsgesetzes gilt entsprechend. Mit dem Antrag dürfen nicht Ansprüche des Benachteiligten geltend gemacht werden.

§ 22 Beweislast

Wenn im Streitfall die eine Partei Indizien beweist, die eine Benachteiligung wegen eines in § 1 genannten Grundes vermuten lassen, trägt die andere Partei die Beweislast dafür, dass kein Verstoß gegen die Bestimmungen zum Schutz vor Benachteiligung vorgelegen hat.

Gesetz zur Förderung der Entgelttransparenz zwischen Frauen und Männern vom 30.6.2017 (EntgTranspG)

§ 1 Ziel des Gesetzes

Ziel des Gesetzes ist es, das Gebot des gleichen Entgelts für Frauen und Männer bei gleichwertiger Arbeit durchzusetzen.

§ 13 Aufgaben und Rechte des Betriebsrates

(1) Im Rahmen seiner Aufgabe nach § 80 Absatz 1 Nummer 2a des Betriebsverfassungsgesetzes fördert der Betriebsrat die Durchsetzung der Entgeltgleichheit von Frauen und Männern im Betrieb. Dabei nimmt der Betriebsrat insbesondere die Aufgaben nach § 14 Absatz 1 und § 15 Absatz 2 wahr. Betriebsverfassungsrechtliche, tarifrechtliche oder betrieblich geregelte Verfahren bleiben unberührt.
(2) Der Betriebsausschuss nach § 27 des Betriebsverfassungsgesetzes oder ein nach § 28 Absatz 1 Satz 3 des Betriebsverfassungsgesetzes beauftragter Ausschuss hat für die Erfüllung seiner Aufgaben nach Absatz 1 das Recht, die Listen über die Bruttolöhne und -gehälter im Sinne des § 80 Absatz 2 Satz 2 des Betriebsverfassungsgesetzes einzusehen und auszuwerten. Er kann mehrere Auskunftsverlangen bündeln und gemeinsam behandeln.
(3) Der Arbeitgeber hat dem Betriebsausschuss Einblick in die Listen über die Bruttolöhne und -gehälter der Beschäftigten zu gewähren und diese aufzuschlüsseln. Die Entgeltlisten müssen nach Geschlecht aufgeschlüsselt alle Entgeltbestandteile enthalten einschließlich übertariflicher Zulagen und solcher Zahlungen, die individuell ausgehandelt und gezahlt werden. Die Entgeltlisten sind so aufzubereiten, dass der Betriebsausschuss im Rahmen seines Einblicksrechts die Auskunft ordnungsgemäß erfüllen kann.
(4) Leitende Angestellte wenden sich für ihr Auskunftsverlangen nach § 10, abweichend von den §§ 14 und 15, an den Arbeitgeber.
(5) Der Arbeitgeber erklärt schriftlich oder in Textform gegenüber dem Betriebsrat für dessen Beantwortung des Auskunftsverlangens, ob eine § 5 Absatz 5 entsprechende Anwendung der tariflichen Regelungen zum Entgelt erfolgt. Der Betriebsrat bestätigt gegenüber den Beschäftigten schriftlich oder in Textform die Abgabe dieser Erklärung. Die Satz 1 und 2 gelten in den Fällen des § 14 Absatz 3 Satz 3 entsprechend.
(6) Gesetzliche und sonstige kollektiv-rechtlich geregelte Beteiligungsrechte des Betriebsrates bleiben von diesem Gesetz unberührt.

Schreiben an den Arbeitgeber wegen Nichtbeachtens der Vorschriften des § 75 BetrVG

Der Betriebsrat der XY-GmbH Ort, Datum 62
An die
Geschäftsleitung
Im Hause

Behandlung der Betriebsangehörigen

Sehr geehrte Damen und Herren,
der Betriebsrat begrüßt die Entscheidung der Unternehmensleitung, im Unternehmen verstärkt Managementpositionen mit Frauen zu besetzen.
Leider ist dies weder bei der bisherigen noch bei der aktuellen Besetzungspraxis im Ansatz erkennbar.
Auch der angekündigte Grundsatz von »Equal Pay« im Unternehmen wird bisher nicht verwirklicht. Vielmehr stellen wir fest, dass bei der Entgeltfindung weiterhin durch abstrakte Funktionsbeschreibungen Abweichungen und Entgeltdifferenzen bei gleichem Tätigkeits- und Verantwortungsrahmen aufrechterhalten bleiben.
Entgegen der angekündigten Aktion, künftig bei Einstellungen qualifizierten älteren Bewerbern auch die Chance einer Beschäftigung im Unternehmen anzubieten, stellt der Betriebsrat fest, dass Bewerbungen von Kandidatinnen/Kandidaten mit einer gebrochenen beruflichen Vita – längere Arbeitslosigkeit u. a. m. – eine Beschäftigungschance versagt bleibt.
Im Gegenzug wird kein Anreiz für ältere Mitarbeiter und Mitarbeiterinnen geschaffen, ihr Wissen und ihre Erfahrung bis zum Erreichen der gesetzlichen Altersrente aktiv und mit einer entsprechenden Wertschätzung in das Unternehmen einzubringen. So ist trotz innerbetrieblicher Bewerbungen von älteren Beschäftigten in den letzten zwei Jahren niemand, der älter als 52 Jahre war, für die Besetzung einer höherwertigen Position berücksichtigt worden.
Dies widerspricht eindeutig den Grundsätzen für die Behandlung von Betriebsangehörigen gemäß § 75 BetrVG. Erschwerend kommt noch hinzu, dass in der Belegschaft sogar der Eindruck entstanden ist, dass auf ältere Kolleginnen und Kollegen ein bewusster und gezielter Leistungsdruck ausgeübt wird.
Eine solche Politik, progressive Maßnahmen anzukündigen und gleichzeitig die bisherige Personalpolitik weiterzuführen, kann von uns nicht akzeptiert werden. Wir beabsichtigen nicht, die Situation unnötig weiter zu verschärfen, und sehen momentan von weitergehenden Maßnahmen ab. Jedoch bitten wir dringend um ein klärendes Gespräch mit Ihnen über diese Entwicklung. Dieses Gespräch sollte unverzüglich terminiert werden.

Wir sind sicher, dass Sie sich diesem Gesprächswunsch nicht verschließen werden, und verbleiben

mit freundlichen Grüßen

....

(Unterschrift
Betriebsratsvorsitzende/r)

Schreiben an den Arbeitgeber wegen Benachteiligung eines ausländischen Arbeitnehmers aufgrund ethnischer Herkunft

Der Betriebsrat der XY-GmbH Ort, Datum 63

An die
Geschäftsleitung
Im Hause

Umgang mit dem Arbeitnehmer I. K.

Sehr geehrte Damen und Herren,
wir haben in der letzten Personalausschusssitzung vom .... darauf hingewiesen, dass dem neuen Kollegen Ismail Kotuglu in seiner Schichtmannschaft im Auslieferungslager »Verzinkte Bleche« von seinem Vorgesetzten, dem Vorarbeiter K. M., nicht der notwendige Respekt entgegengebracht wird. Der zuständige Betriebsrat Wilfried Müller hatte sich bereits mehrfach an Herrn M. gewandt und nachdrücklich darum gebeten, den Kollegen K. fair und vorurteilsfrei zu behandeln. Wir dulden es nicht länger, dass Herr K. wegen seines Glaubens gehänselt und von seinem Vorgesetzten in Schichtbesprechungen als »syrischer Ziegenhirt« angesprochen wird.
Wir erwarten, dass Sie umgehend mit Herrn M. ein entsprechendes Disziplinargespräch führen. Sollten Sie Zweifel an unseren Vorwürfen haben, können wir diese jederzeit durch die Beibringung von Zeugen entkräften.
Das Verhalten des Vorarbeiters widerspricht den in § 75 BetrVG niedergelegten Grundsätzen zum friedlichen Umgang im Betrieb in eklatanter Weise. Herr K. hat sich seit Erteilung der Arbeitsgenehmigung in vorbildlicher Weise in die Arbeitsmannschaft integriert und keinen Anlass gegeben, ihm in herabwürdigender Weise zu begegnen.
Sollten Ihre Bemühungen zur Befriedung nicht erfolgreich sein, werden wir bei weiteren Vorfällen ähnlicher Art unverzüglich – ggf. mit Hilfe des Arbeitsgerichts – die Entfernung des betriebsstörenden Herrn M. nach § 104 BetrVG verlangen.
Gleichwohl hoffen wir, dass es Ihnen gelingt, durch geeignete Maßnahmen den Betriebsfrieden wiederherzustellen.

Mit freundlichen Grüßen

....

(Unterschrift
Betriebsratsvorsitzende/r)

VIII. Die Einigungsstelle

Zur Beilegung von Meinungsverschiedenheiten zwischen Arbeitgeber und Betriebsrat hat der Gesetzgeber gemäß § 76 BetrVG die Einigungsstelle als vorgerichtliche Regelungsinstanz vorgesehen. Während in vielen anderen europäischen Ländern die Regulierung betrieblicher Streitigkeiten durch Streik erfolgt, hat sich der deutsche Gesetzgeber im Interesse der Gewährleistung des Betriebsfriedens für den Weg der betrieblichen Konfliktlösung durch die Einigungsstelle entschieden. Damit wird eine Konfliktlösung durch Arbeitskampfmaßnahmen, wie sie zwischen den Tarifvertragsparteien möglich sind, für die Betriebsparteien ausgeschlossen.

Die Einigungsstelle ersetzt bereits die freie Einigung zwischen Arbeitgeber und Betriebsrat über den zu regelnden Streitgegenstand. Im BetrVG ist bei einer ganzen Reihe von Mitwirkungs- und Mitbestimmungsrechten des Betriebsrats das Tätigwerden der Einigungsstelle bei Nichteinigung von Arbeitgeber und Betriebsrat vorgesehen. Handelt es sich um einen solchen Regelungsbereich, so kann eine Seite, z.B. der Betriebsrat, nach dem Scheitern der freien Verhandlungen von sich aus die Einigungsstelle anrufen (siehe § 76 Abs. 5 BetrVG).

Für folgende Angelegenheiten sieht das BetrVG ein erzwingbares Einigungsstellenverfahren vor:

- § 37 Abs. 6 und 7 BetrVG: Teilnahme an Schulungs- und Bildungsveranstaltungen für Betriebsratsmitglieder
- § 38 Abs. 2 BetrVG: Gesetzliche Mindestfreistellung von Betriebsratsmitgliedern
- § 39 Abs. 1 BetrVG: Zeit und Ort der Sprechstunden des Betriebsrats
- § 47 Abs. 6 BetrVG: Gemeinsame Entsendung von Betriebsratsmitgliedern in den Gesamtbetriebsrat
- § 55 Abs. 4 BetrVG: Gemeinsame Entsendung von Betriebsratsmitgliedern in den Konzernbetriebsrat
- § 65 Abs. 1 BetrVG: Schulungs- und Bildungsveranstaltungen für Mitglieder der Jugend- und Auszubildendenvertretung
- § 69 BetrVG: Zeit und Ort der Sprechstunden der Jugend- und Auszubildendenvertretung

- § 72 Abs. 6 BetrVG: Gemeinsame Entsendung von Mitgliedern in die Gesamt-Jugend- und Auszubildendenvertretung
- § 85 Abs. 2 BetrVG: Behandlung von Beschwerden durch den Betriebsrat
- § 87 Abs. 2 BetrVG: Mitbestimmung in sozialen Angelegenheiten
- § 91 BetrVG: Mitbestimmung bei Änderung von Arbeitsplätzen, Arbeitsablauf und -umgebung
- § 94 Abs. 1 u. 2 BetrVG: Mitbestimmung bei Personalfragebogen, Beurteilungsgrundsätzen und Formulararbeitsverträgen
- § 95 Abs. 1 u. 2 BetrVG: Mitbestimmung bei Auswahlrichtlinien
- § 97 Abs. 2 BetrVG: Mitbestimmung bei der Einführung betrieblicher Maßnahmen der Berufsbildung
- § 98 Abs. 1, 3 u. 4 BetrVG: Mitbestimmung bei der Durchführung betrieblicher Bildungsmaßnahmen
- § 109 BetrVG: Umfang der Auskunftspflicht gegenüber dem Wirtschaftsausschuss
- § 112 Abs. 2 Satz 2, Abs. 4 BetrVG: Verhandlungen über einen Interessenausgleich bei Betriebsänderungen und Sozialplan

Bereits an dieser Stelle sei darauf hingewiesen, dass der Gesetzgeber durch das Betriebsrätemodernisierungsgesetz vom 14.6.2021 mit § 87 Abs. 2 Ziff. 14 BetrVG einen weiteren mitbestimmungspflichtigen und damit einigungsstellenfähigen Tatbestand zum Regelungsthema »Ausgestaltung von mobiler Arbeit, die mittels Informations- und Kommunikationstechnik erbracht wird« geschaffen hat.

Darüber hinaus besteht die Möglichkeit der freiwilligen Einigungsstelle gemäß § 76 Abs. 6 BetrVG. Ein solches freiwilliges Verfahren kann in allen in der Zuständigkeit des Betriebsrats liegenden Angelegenheiten durchgeführt werden, in denen das BetrVG keine verbindliche Entscheidung der Einigungsstelle vorsieht. Ein freiwilliges Einigungsstellenverfahren wird durchgeführt, wenn beide Betriebspartner damit einverstanden sind und dies gemeinsam beantragen. Wenn sich beide Seiten im Voraus dem Spruch der Einigungsstelle unterwerfen oder ihn nachträglich annehmen, gilt die Einigung zwischen den Betriebsparteien als ersetzt.

Für den Betriebsrat ist vor allem die Organisation und das Verfahren der Einigungsstelle von Bedeutung.

Bereits bei den notwendigen Beschlüssen des Betriebsrats, ein Einigungsstellenverfahren einzuleiten, ist darauf zu achten, dass hier keine Unterlassungssünden begangen werden. Nimmt der Betriebsrat bei einem Regelungsbereich, der bei Nichteinigung die Einigungsstelle vorsieht, sein Initiativrecht zu ihrer Anrufung wahr, so hat er ein Vorschlagsrecht bei der Person des Einigungsstellenvorsitzenden sowie der Anzahl der Beisitzer und fasst nicht zuletzt auch einen Honorarbeschluss für die Vergütung der außerbetrieblichen Beisitzer und des Vorsitzenden. Zwar ist nachträglich der § 76a in das BetrVG eingefügt worden,

er trägt jedoch nicht zur Rechtssicherheit bei, denn bis heute ist eine gesetzliche Honorarverordnung nicht erlassen worden. Dies ist nachvollziehbar, da sich arbeitgeberseitige außerbetriebliche Beisitzer, z. B. Rechtsanwälte, wohl schwerlich von einer ihnen zustehenden Gebühr nach der Bundesrechtsanwaltsgebührenordnung abbringen lassen wollen.
Vor allem auch in den Anträgen und Schreiben bis zum Zustandekommen einer Einigungsstelle sind die formalen Verfahrensregeln zu beachten.

Gesetzestexte

Betriebsverfassungsgesetz

§ 76 Einigungsstelle

(1) Zur Beilegung von Meinungsverschiedenheiten zwischen Arbeitgeber und Betriebsrat, Gesamtbetriebsrat oder Konzernbetriebsrat ist bei Bedarf eine Einigungsstelle zu bilden. Durch Betriebsvereinbarung kann eine ständige Einigungsstelle errichtet werden.
(2) Die Einigungsstelle besteht aus einer gleichen Anzahl von Beisitzern, die vom Arbeitgeber und Betriebsrat bestellt werden, und einem unparteiischen Vorsitzenden, auf dessen Person sich beide Seiten einigen müssen. Kommt eine Einigung über die Person des Vorsitzenden nicht zustande, so bestellt ihn das Arbeitsgericht. Dieses entscheidet auch, wenn kein Einverständnis über die Zahl der Beisitzer erzielt wird.
(3) Die Einigungsstelle hat unverzüglich tätig zu werden. Sie fasst ihre Beschlüsse nach mündlicher Beratung mit Stimmenmehrheit. Bei der Beschlussfassung hat sich der Vorsitzende zunächst der Stimme zu enthalten; kommt eine Stimmenmehrheit nicht zustande, so nimmt der Vorsitzende nach weiterer Beratung an der erneuten Beschlussfassung teil. Die Beschlüsse der Einigungsstelle sind schriftlich niederzulegen und vom Vorsitzenden zu unterschreiben oder in elektronischer Form niederzulegen und vom Vorsitzenden mit seiner qualifizierten elektronischen Signatur zu versehen sowie Arbeitgeber und Betriebsrat zuzuleiten.
(4) Durch Betriebsvereinbarung können weitere Einzelheiten des Verfahrens vor der Einigungsstelle geregelt werden.
(5) In den Fällen, in denen der Spruch der Einigungsstelle die Einigung zwischen Arbeitgeber und Betriebsrat ersetzt, wird die Einigungsstelle auf Antrag einer Seite tätig. Benennt eine Seite keine Mitglieder oder bleiben die von einer Seite genannten Mitglieder trotz rechtzeitiger Einladung der Sitzung fern, so entscheiden der Vorsitzende und die erschienenen Mitglieder nach Maßgabe des

Absatzes 3 allein. Die Einigungsstelle fasst ihre Beschlüsse unter angemessener Berücksichtigung der Belange des Betriebs und der betroffenen Arbeitnehmer nach billigem Ermessen. Die Überschreitung der Grenzen des Ermessens kann durch den Arbeitgeber oder den Betriebsrat nur binnen einer Frist von zwei Wochen, vom Tage der Zuleitung des Beschlusses an gerechnet, beim Arbeitsgericht geltend gemacht werden.

(6) Im Übrigen wird die Einigungsstelle nur tätig, wenn beide Seiten es beantragen oder mit ihrem Tätigwerden einverstanden sind. In diesen Fällen ersetzt ihr Spruch die Einigung zwischen Arbeitgeber und Betriebsrat nur, wenn beide Seiten sich dem Spruch im Voraus unterworfen oder ihn nachträglich angenommen haben.

(7) Soweit nach anderen Vorschriften der Rechtsweg gegeben ist, wird er durch den Spruch der Einigungsstelle nicht ausgeschlossen.

(8) Durch Tarifvertrag kann bestimmt werden, dass an die Stelle der in Absatz 1 bezeichneten Einigungsstelle eine tarifliche Schlichtungsstelle tritt.

§ 76a Kosten der Einigungsstelle

(1) Die Kosten der Einigungsstelle trägt der Arbeitgeber.

(2) Die Beisitzer der Einigungsstelle, die dem Betrieb angehören, erhalten für ihre Tätigkeit keine Vergütung; § 37 Abs. 2 und 3 gilt entsprechend. Ist die Einigungsstelle zur Beilegung von Meinungsverschiedenheiten zwischen Arbeitgeber und Gesamtbetriebsrat oder Konzernbetriebsrat zu bilden, so gilt Satz 1 für die einem Betrieb des Unternehmens oder eines Konzernunternehmens angehörenden Beisitzer entsprechend.

(3) Der Vorsitzende und die Beisitzer der Einigungsstelle, die nicht zu den in Absatz 2 genannten Personen zählen, haben gegenüber dem Arbeitgeber Anspruch auf Vergütung ihrer Tätigkeit. Die Höhe der Vergütung richtet sich nach den Grundsätzen des Absatzes 4 Satz 3 bis 5.

(4) Das Bundesministerium für Arbeit und Soziales kann durch Rechtsverordnung die Vergütung nach Absatz 3 regeln. In der Vergütungsordnung sind Höchstsätze festzusetzen. Dabei sind insbesondere der erforderliche Zeitaufwand, die Schwierigkeit der Streitigkeit sowie ein Verdienstausfall zu berücksichtigen. Die Vergütung der Beisitzer ist niedriger zu bemessen als die des Vorsitzenden. Bei der Festsetzung der Höchstsätze ist den berechtigten Interessen der Mitglieder der Einigungsstelle und des Arbeitgebers Rechnung zu tragen.

(5) Von Absatz 3 und einer Vergütungsordnung nach Absatz 4 kann durch Tarifvertrag oder in einer Betriebsvereinbarung, wenn ein Tarifvertrag dies zulässt oder eine tarifliche Regelung nicht besteht, abgewichen werden.

§ 77 Durchführung gemeinsamer Beschlüsse, Betriebsvereinbarungen

(1) Vereinbarungen zwischen Betriebsrat und Arbeitgeber, auch soweit sie auf einem Spruch der Einigungsstelle beruhen, führt der Arbeitgeber durch, es sei denn, dass im Einzelfall etwas anderes vereinbart ist. Der Betriebsrat darf nicht durch einseitige Handlungen in die Leitung des Betriebs eingreifen.
(2) Betriebsvereinbarungen sind von Betriebsrat und Arbeitgeber gemeinsam zu beschließen und schriftlich niederzulegen. Sie sind von beiden Seiten zu unterzeichnen; dies gilt nicht, soweit Betriebsvereinbarungen auf einem Spruch der Einigungsstelle beruhen. Werden Betriebsvereinbarungen in elektronischer Form geschlossen, haben Arbeitgeber und Betriebsrat abweichend von § 126a Absatz 2 des Bürgerlichen Gesetzbuchs dasselbe Dokument elektronisch zu signieren. Der Arbeitgeber hat die Betriebsvereinbarungen an geeigneter Stelle im Betrieb auszulegen.
(3) Arbeitsentgelte und sonstige Arbeitsbedingungen, die durch Tarifvertrag geregelt sind oder üblicherweise geregelt werden, können nicht Gegenstand einer Betriebsvereinbarung sein. Dies gilt nicht, wenn ein Tarifvertrag den Abschluss ergänzender Betriebsvereinbarungen ausdrücklich zulässt.
(4) Betriebsvereinbarungen gelten unmittelbar und zwingend. Werden Arbeitnehmern durch die Betriebsvereinbarung Rechte eingeräumt, so ist ein Verzicht auf sie nur mit Zustimmung des Betriebsrats zulässig. Die Verwirkung dieser Rechte ist ausgeschlossen. Ausschlussfristen für ihre Geltendmachung sind nur insoweit zulässig, als sie in einem Tarifvertrag oder einer Betriebsvereinbarung vereinbart werden; dasselbe gilt für die Abkürzung der Verjährungsfristen.
(5) Betriebsvereinbarungen können, soweit nichts anderes vereinbart ist, mit einer Frist von drei Monaten gekündigt werden.
(6) Nach Ablauf einer Betriebsvereinbarung gelten ihre Regelungen in Angelegenheiten, in denen ein Spruch der Einigungsstelle die Einigung zwischen Arbeitgeber und Betriebsrat ersetzen kann, weiter, bis sie durch eine andere Abmachung ersetzt werden.

Schreiben an den Arbeitgeber wegen Anrufung der Einigungsstelle

Der Betriebsrat der XY-GmbH — Ort, Datum 64

An die
Geschäftsleitung der XY-GmbH
Im Hause

Scheitern der freien Verhandlungen – Bildung einer Einigungsstelle gemäß § 76 BetrVG

Sehr geehrte Damen und Herren,
in mehreren Verhandlungen hat der Betriebsrat versucht, mit Ihnen über den Abschluss einer Betriebsvereinbarung zum Thema »Arbeitszeit und Überstunden« gemäß § 87 Abs. 1 Ziff. 1 und 2 BetrVG (alternative Beispiele: zum Thema »Interessenausgleich und Sozialplan« gemäß §§ 111, 112 BetrVG oder zum Thema »Betriebliche Vergütungsgestaltung« gemäß § 87 Abs. 1 Ziff. 10 und 11 BetrVG oder zum Thema »Urlaubsgrundsätze« gemäß § 87 Abs. 1 Ziff. 5 BetrVG oder zum Thema »Informations- und Kommunikationstechnik« gemäß § 87 Abs. 1 Ziff. 6 und 16 BetrVG) zu einer Einigung zu kommen. Nach der Verhandlung vom .... ist der Betriebsrat zum Ergebnis gekommen, dass die innerbetrieblichen Verhandlungsmöglichkeiten ausgeschöpft sind, da Ihrerseits keine Bereitschaft zu einer Einigung vorhanden ist. Wir müssen davon ausgehen, auf dem Weg freier Verhandlungen kein Einvernehmen herbeiführen zu können.
Aus diesem Grund hat der Betriebsrat in seiner Sitzung vom .... beschlossen:

1. Die Verhandlungen über die Neuregelung des Arbeitszeitbeginns in den Sommermonaten sind gescheitert.
2. Die Angelegenheit soll durch die Einigungsstelle gemäß § 76 BetrVG entschieden werden.
3. Als Vorsitzende/n der Einigungsstelle schlagen wir Frau/Herrn ...., Richter/in am Arbeitsgericht ...., wohnhaft in: .... (Adresse) vor.
4. Für die Zahl der Beisitzer schlagen wir je Partei drei Personen vor, davon einen betrieblichen und zwei außerbetriebliche Beisitzer.
5. Der/die Einigungsstellenvorsitzende wie auch die außerbetrieblichen Beisitzer sollen nach § 76a BetrVG entsprechend der Schwierigkeit der Streitigkeit nach dem Rechtsanwaltsvergütungsgesetz (RVG) honoriert werden.
6. Herr Rechtsanwalt/Frau Rechtsanwältin ...., (genaue Adresse), wird vom Betriebsrat benannt, als vortragende/r Rechtsanwalt/-anwältin die Positionen des Betriebsrats vor der Einigungsstelle vorzutragen. Auch sie/er wird analog Nr. 5 honoriert.
7. Der Betriebsrat erteilt den Beisitzern seiner Partei Verhandlungs- und Abschlussvollmacht.

Sollte der Betriebsrat binnen einer Woche nach Zustellung dieses Schreibens keine Mitteilung zu seinen Vorschlägen zur Person des/der Vorsitzenden und zur Zahl der Beisitzer von Ihnen erhalten, wird der Betriebsrat durch entsprechenden Antrag an das

Arbeitsgericht über Herrn Rechtsanwalt/Frau Rechtsanwältin als Rechtsbeistand die Person des/der Vorsitzenden bestellen und die Anzahl der Beisitzer festlegen lassen.

Mit freundlichen Grüßen

....

(Unterschrift
Betriebsratsvorsitzende/r)

Schreiben an das Arbeitsgericht zur Bestellung eines Einigungsstellenvorsitzenden

Der Betriebsrat der XY-GmbH Ort, Datum 65

An das
Arbeitsgericht
...

Antrag auf Bestellung eines/r Vorsitzenden der Einigungsstelle

Der Betriebsrat der Firma ..., Antragsteller, vertreten durch seinen Vorsitzenden ...., ... (Adresse) beantragt,
eine/n Vorsitzende/n der Einigungsstelle gemäß § 76 BetrVG zu bestellen. Die Einigungsstelle soll über die Frage der Übernahme von Buchungs- und Kontoführungsgebühren durch den Arbeitgeber entscheiden, die den Arbeitnehmern bei der bargeldlosen Zahlung entstehen.
Begründung:
Bei der Wahrnehmung seines Mitbestimmungsrechts gemäß § 87 Abs. 1 Nr. 4 BetrVG konnte der Betriebsrat mit dem Arbeitgeber keine Übereinstimmung erzielen. In insgesamt fünf Verhandlungen hat sich der Betriebsrat bemüht, mit der Geschäftsleitung in der oben bezeichneten Angelegenheit zu einer Einigung zu kommen.
Die Bemühungen des Betriebsrats müssen nun eingestellt werden, da der Arbeitgeber keine Bereitschaft erkennen lässt, die Angelegenheit im Sinne einer vertrauensvollen Zusammenarbeit zu regeln.
Der Betriebsrat hatte der Geschäftsleitung mit Schreiben vom .... Herrn/Frau .... als Vorsitzende/n der Einigungsstelle vorgeschlagen. Die Geschäftsleitung lehnte Herrn/Frau .... jedoch mit Schreiben vom .... ab, da nach ihrer Meinung die Voraussetzung der Unparteilichkeit nicht gegeben sei.
Da keine Einigung über die Person des Vorsitzenden erzielt werden konnte, bitten wir das Gericht, unserem Antrag stattzugeben.

Mit freundlichen Grüßen

....
(Unterschrift
Betriebsratsvorsitzende/r)

66

Kündigung der Betriebsvereinbarung

Der Betriebsrat der XY-GmbH | Ort, Datum

An die
Geschäftsleitung der XY-GmbH
Im Hause

Kündigung der Betriebsvereinbarung »Betriebsordnung«

Sehr geehrte Damen und Herren,
der Betriebsrat hat in seiner Sitzung am .... beschlossen, die obige Betriebsvereinbarung zur Betriebsordnung zu kündigen.
Wir kündigen diese seit dem .... gültige Betriebsvereinbarung, da wir der Überzeugung sind, dass derartige Regelungen, auf die wir uns seinerzeit verständigt haben, heute nicht mehr zeitgemäß sind.
Da wir eine Kündigungsfrist in der Betriebsvereinbarung nicht ausdrücklich festgelegt haben, kündigen wir die Vereinbarung gemäß § 77 Abs. 5 BetrVG mit einer Frist von 3 Monaten, d.h. zum ....
Zu Verhandlungen über eine Neufassung der Betriebsvereinbarung sind wir gerne bereit. Einen Terminvorschlag erwartet der Betriebsrat innerhalb der nächsten zwei Wochen.
Wir sind überzeugt davon, dass in dieser mitbestimmungspflichtigen Angelegenheit nach § 87 Abs. 1 Nr. 1 BetrVG die Betriebsparteien eine Einigung ohne Anrufung der Einigungsstelle erzielen werden.

Mit freundlichen Grüßen

....
(Unterschrift
Betriebsratsvorsitzende/r)

IX. Allgemeine Aufgaben des Betriebsrats

Zu den allgemeinen Aufgaben des Betriebsrats nach § 80 BetrVG zählen vielfältige betriebliche Tätigkeitsbereiche, von sozialen über personelle bis hin zu wirtschaftlichen Problemfeldern.
Gemäß § 80 Abs. 1 Ziff. 1 BetrVG wird dem Betriebsrat eine generelle Überwachungspflicht zur Einhaltung der zugunsten der Arbeitnehmer geltenden Gesetze, Verordnungen, Unfallverhütungsvorschriften, Tarifverträge und Betriebsvereinbarungen zugewiesen. Weitere Zuständigkeiten liegen in der Überwachung der Einhaltung von Regelungen über die Einhaltung einheitlicher Arbeitsbedingungen.
Die weiteren in den Ziff. 2–9 des § 80 Abs. 1 BetrVG aufgeführten allgemeinen Aufgaben des Betriebsrats stellen keinen abschließenden Aufgabenkatalog dar. Dieser umfasst darüber hinausgehend vielmehr den gesamten Tätigkeitsbereich des Betriebsrats im Rahmen der ihm gesetzlich übertragenen Mandatsaufgaben. Die Reihenfolge der genannten Aufgaben stellt keine wertende Rangfolge dar, alle Themenkomplexe sind gleichwertig. Durch Präzisierungen und Detaillierungen (z. B. durch Einfügungen der Ziff. 2a und 2b in § 80 Abs. 1 BetrVG hat der Gesetzgeber den gesellschaftlichen Entwicklungen in den letzten Jahrzehnten Rechnung getragen.
In § 80 Abs. 2 BetrVG wird dem Betriebsrat ein generelles Informationsrecht verbrieft. Seine Erfüllung bzw. Nichterfüllung steht in engem Zusammenhang mit den in den §§ 23 Abs. 3 und 119 bis 121 BetrVG vorgesehenen Straf- und Bußgeldvorschriften.
Auch die Hinzuziehung eines außerbetrieblichen Sachverständigen kann für den Betriebsrat relevant werden, insbesondere im Hinblick auf Regelungstatbestände aus Mitbestimmungsrechten des Betriebsrats. § 80 Abs. 3 BetrVG eröffnet dem Betriebsrat ausdrücklich diese Möglichkeit, nachdem er – so das Bundesarbeitsgericht – den innerbetrieblichen Sachverstand ausgeschöpft hat. Durch das Betriebsrätemodernisierungsgesetz aus dem Jahr 2021 wurde § 80 Abs. 3 BetrVG vor dem Hintergrund einer steigenden Digitalisierung der Arbeitswelt und einer fortschreitenden Gestaltung der Arbeitsprozesse durch Nutzung von künstlicher

Intelligenz dahingehend ergänzt, dass der Betriebsrat einen erleichterten Zugang zu entsprechenden Sachverständigen erhält.
Mit dem BetrV-ReformG im Jahr 2001 wurde der Katalog der allgemeinen Aufgaben des Betriebsrats in Abs. 1 erweitert. Die Nr. 2b verpflichtet den Betriebsrat, die Vereinbarkeit von Familie und Erwerbstätigkeit zu fördern. Mit der Nr. 7 soll der Betriebsrat die Integration ausländischer Arbeitnehmer im Betrieb fördern. Er erhält außerdem ein Antragsrecht bezogen auf Maßnahmen zur Bekämpfung von Rassismus und Fremdenfeindlichkeit im Betrieb. Die Nr. 8 verpflichtet den Betriebsrat auf die Beschäftigungssicherung. Mit der Nr. 9 wird dem Betriebsrat die Aufgabe übertragen, Maßnahmen des Arbeitsschutzes und des betrieblichen Umweltschutzes zu fördern.
Mit einer präzisierenden Beschreibung in Abs. 2 wird die Unterrichtungspflicht des Arbeitgebers konkretisiert. Er muss den Betriebsrat auch über die Beschäftigung von Personen unterrichten, die nicht in einem Arbeitsverhältnis zum Arbeitgeber (Betriebsinhaber) stehen. Durch Satz 3 des Abs. 2 erhält der Betriebsrat das Recht, internen Sachverstand der Arbeitnehmer zu nutzen. Der Arbeitgeber hat ihm zur ordnungsgemäßen Erfüllung seiner Aufgaben Auskunftspersonen zur Verfügung zu stellen.
Bereits vor Inkrafttreten des BetrV-ReformG wurde dem Gesetz zur Gleichberechtigung von Frauen durch die Einfügung des § 80 Abs. 2a BetrVG Genüge getan. Das 1994 in Kraft getretene Gesetz ist Ausdruck diverser Einflüsse der Rechtsprechung und der EU. Es soll gewährleisten, dass Frauen im Betrieb die propagierte Chancengleichheit auch faktisch mit Unterstützung des Betriebsrats erringen können. Gleichzeitig wird dem Betriebsrat die Aufgabe zugeteilt, auf eine echte Gleichheit im Betrieb zwischen Frauen und Männern hinzuwirken.
Der Gesetzgeber hat mit Hinweis auf die erhebliche beschäftigungspolitische Bedeutung von Teilzeitarbeit und befristeten Arbeitsverhältnissen und zur Gewährleistung der Gleichstellung von Frauen und Männern zum 1. 1. 2001 das Gesetz über Teilzeitarbeit und befristete Arbeitsverhältnisse (TzBfG) in Kraft gesetzt. Dieses Gesetz dient der Umsetzung der Richtlinie 97/81/EG des Rates vom 15. Dezember 1997 zu der von UNICE, CEEP und EGB geschlossenen Rahmenvereinbarung über Teilzeitarbeit (ABl. EG 1998 Nr. L 14 S. 9) und der Richtlinie 1999/70/EG des Rates vom 28. Juni 1999 zu der EGB-UNICE-CEEP-Rahmenvereinbarung über befristete Arbeitsverträge (ABl. EG 1999 Nr. L 175 S. 43).
Die genannten Vorschriften zielen darauf ab, die Akzeptanz von Teilzeitarbeit zu erhöhen, die Diskriminierung von Teilzeitbeschäftigten oder befristet beschäftigten Arbeitnehmern zu verhindern und den Wechsel von Vollzeit- und Teilzeitarbeitsverhältnissen und umgekehrt zu erleichtern. Weiteres wesentliches Ziel ist die Einschränkung des Abschlusses mehrerer befristeter Arbeitsverträge und die Hinführung zu einer Dauerbeschäftigung.

Gemäß §§ 6 und 8 TzBfG haben Arbeitnehmer mit einer Betriebszugehörigkeit von mehr als sechs Monaten – auch in leitenden Positionen – einen Anspruch auf Verringerung der Arbeitszeit. Der Anspruch kann nur Arbeitgebern gegenüber geltend gemacht werden, die in der Regel mehr als 15 Arbeitnehmer beschäftigen (Anzahl der Personen in Berufsbildung nicht mitgerechnet). Der Anspruch muss gegenüber dem Arbeitgeber drei Monate vor Beginn der geplanten Teilzeitarbeit in Textform geltend gemacht werden. Der Arbeitgeber kann den Antrag nur ablehnen, wenn gravierende betriebliche Belange entgegenstehen. Das Gesetz beinhaltet eine nicht abschließende Auflistung solcher Ablehnungsgründe. Sie können insbesondere darin begründet sein, dass die Teilzeitarbeit die Organisation, den Arbeitsablauf oder die Sicherheit im Betrieb wesentlich beeinträchtigt oder unverhältnismäßige Kosten verursacht. Der Arbeitgeber muss zum Antrag des Arbeitnehmers spätestens vier Wochen vor Beginn der geplanten Teilzeitarbeit in Textform Stellung beziehen. Das Verstreichen dieser Rückäußerungsfrist führt zur Annahme des Antrags. Durch die Schaffung von § 9a TzBfG im Jahr 2019 haben Arbeitnehmer bei Erfüllung der entsprechenden Voraussetzungen nunmehr die Möglichkeit, auch eine zeitlich befristete Verringerung ihrer Arbeitszeit in Anspruch zu nehmen. Damit trägt der Gesetzgeber der Situation Rechnung, dass Arbeitnehmer nach zuvor abgestimmten Regeln verlässlich wieder zur erhöhten Arbeitszeit zurückkehren können. Die Mitbestimmungsrechte des Betriebsrats nach § 87 BetrVG bei der Festlegung der Lage der Arbeitszeit bleiben bestehen.

Die Vorschriften über befristete Arbeitsverträge (§§ 14ff. TzBfG) beinhalten ein striktes Diskriminierungsverbot befristet beschäftigter Arbeitnehmer. Darüber hinaus bedarf die Befristung eines Arbeitsvertrags zu ihrer Wirksamkeit der Schriftform und grundsätzlich eines sachlich rechtfertigenden Grundes (§ 14 Abs. 1), es sei denn, es handelt sich um eine Neueinstellung. Neu eingestellte Arbeitnehmer dürfen innerhalb eines Maximalzeitraums von zwei Jahren höchstens drei Vertragsverlängerungen erhalten. Es besteht eine Öffnungsklausel für abweichende tarifvertragliche Lösungen. Gemäß §§ 18 und 19 TzBfG ist der Arbeitgeber verpflichtet, die befristet Beschäftigten über freie Dauerarbeitsplätze zu informieren und ihnen einen angemessenen Zugang zu Aus- und Weiterbildungsmaßnahmen zu verschaffen.

Im Rahmen der Sondierungsgespräche zur Fortsetzung der Großen Koalition bzw. der Koalitionsverhandlungen zu Jahresbeginn 2018 forderte die SPD den vollständigen Wegfall der sachgrundlosen Befristung gem. § 14 Abs. 2 TzBfG. Nach dieser Vorschrift sind Befristungen ohne Sachgrund maximal bis zu zwei Jahren mit höchstens dreimaliger Verlängerung innerhalb der Zwei-Jahres-Frist möglich. Darüber hinaus sind in den ersten vier Jahren nach der Gründung eines Unternehmens bis zur Dauer von vier Jahren mehrfache Verlängerungen zulässig (Abs. 2a) und bis zu einer Dauer von fünf Jahren, wenn der Arbeitnehmer bei

Beginn des befristeten Arbeitsverhältnisses das 52. Lebensjahr vollendet hat und unmittelbar vor Beginn des befristeten Arbeitsverhältnisses mindestens vier Monate beschäftigungslos i. S. d. § 138 Abs. 1 Nr. 1 des Dritten Buches Sozialgesetzbuch gewesen ist (Abs. 3).
Die von Arbeitgebern gerne angewendete sachgrundlose Befristung trifft keineswegs nur Beschäftigte in der Privatwirtschaft, sondern vor allem die des öffentlichen Dienstes. So werden an Hochschulen jüngere Wissenschaftler oft zunächst nicht fest angestellt. Eine verlässliche Lebensplanung ist unter diesen Rahmenbedingungen schwer möglich. Bei Manuskripterstellung dieser Auflage war dieser strittige Punkt noch nicht ausverhandelt.
Die Rechtsprechung hat sich in den letzten Jahren verstärkt mit dem Diskriminierungsverbot von Teilzeitbeschäftigten auf diversen Themenfeldern auseinandersetzen müssen (z. B. bzgl. Altersdifferenzierung in Sozialplänen – BAG vom 26. 5. 2009 – 1 AZR 198/08, in der Altersversorgung – Beschluss des BVerfG vom 19. 5. 1999 – 1 BvR 263/98, bei der Behandlung bei Sonderzahlungen – BAG vom 1. 4. 2009 – 10 AZR 354/08 – u. a.).
Die Rehabilitation und Teilhabe von Menschen mit Behinderungen im Arbeits-, Berufs- und sonstigen gesellschaftlichen Leben ist im Neunten Buch Sozialgesetzbuch (SGB IX) geregelt. Wesentliches Ziel der Überarbeitung der ursprünglich im Schwerbehindertengesetz geregelten Vorschriften war, den Abbau der Arbeitslosigkeit von Schwerbehinderten aktiv voranzutreiben und die Integration von Menschen mit Behinderungen in die Berufstätigkeit zu erleichtern. Entsprechend liegen die Schwerpunkte des überarbeiteten Schwerbehindertenrechts in

- der Verbesserung der beschäftigungsfördernden Instrumente des Schwerbehindertenrechts,
- der Neugestaltung des Systems von Beschäftigungspflicht und Ausgleichsabgabe,
- der Stärkung der Rechte der Schwerbehinderten und der Schwerbehindertenvertretung,
- dem Ausbau betrieblicher Prävention und
- dem Auf- und Ausbau eines flächendeckenden Netzes von Integrationsfachdiensten und Integrationsunternehmen, -betrieben und -abteilungen.

Beispielhaft seien hier nur die wesentlichen Verbesserungen aus Sicht der Schwerbehinderten genannt:

- Gemäß § 164 Abs. 1 SGB IX haben die Arbeitgeber eine erweiterte Prüfpflicht bei der Besetzung freier Arbeitsplätze, indem sie frühzeitig mit der Agentur für Arbeit Verbindung aufnehmen, damit jene geeignete schwerbehinderte Menschen vorschlagen kann. Sowohl die Schwerbehindertenvertretung als auch der Betriebs- und Personalrat sind vom Arbeitgeber umgehend über die

Vermittlungsvorschläge und vorliegenden Bewerbungen von schwerbehinderten Menschen zu unterrichten.

- Nach § 164 Abs. 4 SGB IX hat der Arbeitgeber die Schwerbehinderten so zu beschäftigen, dass diese ihre Fähigkeiten und Kenntnisse voll verwerten und weiterentwickeln können. Dazu sind sie bevorzugt bei innerbetrieblichen Maßnahmen der Aus- und Fortbildung zu berücksichtigen. Bei außerbetrieblichen Maßnahmen sind ihnen Zugangserleichterungen in zumutbarem Umfang zu verschaffen. Die Arbeitsplätze sind behindertengerecht auszustatten. Die Einrichtung von Teilzeitarbeitsplätzen ist zu fördern. Die Beschäftigungspflichten des Arbeitgebers werden in entsprechende Rechtsansprüche des Schwerbehinderten umgewandelt, von deren Erfüllung sich der Arbeitgeber nur unter erschwerten Bedingungen befreien kann.
- Die Inklusionsvereinbarung zwischen Arbeitgeber und Schwerbehindertenvertretung nach § 166 SGB IX beinhaltet Regelungen im Zusammenhang mit der Eingliederung Schwerbehinderter, insbesondere zu Personalplanung, Arbeitsplatzgestaltung, Gestaltung des Arbeitsumfelds, Arbeitsorganisation, Arbeitszeit sowie Regelungen über die Durchführung der Inklusionsvereinbarung in privaten Betrieben und öffentlichen Dienststellen. Bei der Personalplanung sind besondere Regelungen zur Beschäftigung eines angemessenen Anteils von schwerbehinderten Frauen vorzusehen. Der zuständigen Agentur für Arbeit ist die Vereinbarung zu übermitteln.
- Der Präventionsschutz nach § 167 SGB IX regelt, dass der Arbeitgeber bei Eintreten von personen-, verhaltens- oder betriebsbedingten Schwierigkeiten im Arbeitsverhältnis, die zur Gefährdung des Arbeitsverhältnisses führen können, möglichst frühzeitig die Schwerbehindertenvertretung sowie den Betriebs- bzw. Personalrat einzuschalten hat. Bereits in diesem Stadium sollen alle Möglichkeiten und alle zur Verfügung stehenden Hilfen zur Beratung und auch mögliche finanzielle Leistungen erörtert werden, um die Schwierigkeiten zu beseitigen und das Arbeitsverhältnis möglichst dauerhaft fortzusetzen. Dabei können die Integrationsämter eingeschaltet werden.

Bereits zum 1.5.2000 wurde im Rahmen des Arbeitsgerichtsbeschleunigungsgesetzes der § 623 in das Bürgerliche Gesetzbuch eingeführt, der für die wirksame Beendigung von Arbeitsverhältnissen durch Kündigung oder Auflösungsvertrag die Schriftform zwingend vorschreibt. Von diesem gesetzlichen Schriftformerfordernis kann weder durch einzel- oder tarifvertragliche Regelungen noch durch Betriebsvereinbarung abgewichen werden. Schriftform i. S. d. § 623 BGB bedeutet, dass die entsprechenden Willenserklärungen eigenhändig unterzeichnet bzw. – im Fall von Analphabetismus – die entsprechenden Handzeichen notariell beglaubigt werden müssen. Ein gerichtlicher Vergleich zur Auflösung eines Arbeitsverhältnisses erfüllt ebenfalls die Schriftform. Für die Festlegung von elektronischen Signaturen ist die dem Gesetzgeber eingeräumte Frist bis zur

Jahresmitte 2001 eingehalten worden. Das Gesetz über die Rahmenbedingungen für elektronische Signaturen (SigG) ist am 22. 5. 2001 in Kraft getreten.
Das fehlende Schriftformerfordernis bei Kündigungen und Auflösungsverträgen führt wie bei Befristungen nach § 14 TzBfG zu deren Unwirksamkeit. Im Fall einer (außerordentlichen oder ordentlichen) Kündigung erstreckt sich der Formzwang jedoch nur auf die reine Kündigungserklärung, nicht auf die Darlegung der Kündigungsgründe.
Betriebsräte haben also darauf zu achten, dass alle mit Datum vom 1. 5. 2000 oder später zugegangenen Kündigungen, Auflösungsverträge oder Befristungen die erforderliche Schriftform aufweisen.
Die aktuellen tarifpolitischen Auseinandersetzungen in der Metall- und Elektroindustrie über den Jahreswechsel 2017/2018 konzentrieren sich im Wesentlichen auf eine Flexibilisierung der Arbeitszeit. Insbesondere für Beschäftigte in Schichtsystemen könnten kürzere Arbeitszeiten, z. B. in Form von mehr frei wählbaren arbeitsfreien Tagen, helfen, Belastungen zu reduzieren. Darüber hinaus sind familiäre Verpflichtungen (z. B. für die Betreuung von Kindern oder die Pflege von Angehörigen) der häufigste Grund für eine befristete Reduzierung von Arbeitszeit. Bei der bisherigen Regelung können Beschäftigte nach einer Arbeitszeitreduzierung häufig nicht auf die ursprünglich vereinbarte vertragliche Arbeitszeit zurückkehren. Die tarifliche Forderung beinhaltet eine Wahloption auf Reduzierung der Arbeitszeit auf bis zu 28 Stunden für bis zu zwei Jahre mit Rückkehrrecht. Für Betriebsräte wird sich hier zukünftig ein weites Betätigungsfeld bei der Gestaltung der betrieblichen Arbeitszeit ergeben. Dabei sind die individuellen Interessen der Arbeitnehmer gegen die betrieblichen Notwendigkeiten abzuwägen und sozialverträgliche und faire Regelungen zu erarbeiten.

Gesetzestexte

Betriebsverfassungsgesetz

§ 80 Allgemeine Aufgaben

(1) Der Betriebsrat hat folgende allgemeine Aufgaben:
1. darüber zu wachen, dass die zugunsten der Arbeitnehmer geltenden Gesetze, Verordnungen, Unfallverhütungsvorschriften, Tarifverträge und Betriebsvereinbarungen durchgeführt werden;
2. Maßnahmen, die dem Betrieb und der Belegschaft dienen, beim Arbeitgeber zu beantragen;

2a. die Durchsetzung der tatsächlichen Gleichstellung von Frauen und Männern, insbesondere bei der Einstellung, Beschäftigung, Aus-, Fort- und Weiterbildung und dem beruflichen Aufstieg, zu fördern;
2b. die Vereinbarkeit von Familie und Erwerbstätigkeit zu fördern;
3. Anregungen von Arbeitnehmern und der Jugend- und Auszubildendenvertretung entgegenzunehmen und, falls sie berechtigt erscheinen, durch Verhandlungen mit dem Arbeitgeber auf eine Erledigung hinzuwirken; er hat die betreffenden Arbeitnehmer über den Stand und das Ergebnis der Verhandlungen zu unterrichten;
4. die Eingliederung schwerbehinderter Menschen einschließlich der Förderung des Abschlusses von Inklusionsvereinbarungen nach § 166 des Neunten Buches Sozialgesetzbuch und sonstiger besonders schutzbedürftiger Personen zu fördern;
5. die Wahl einer Jugend- und Auszubildendenvertretung vorzubereiten und durchzuführen und mit dieser zur Förderung der Belange der in § 60 Abs. 1 genannten Arbeitnehmer eng zusammenzuarbeiten; er kann von der Jugend- und Auszubildendenvertretung Vorschläge und Stellungnahmen anfordern;
6. die Beschäftigung älterer Arbeitnehmer im Betrieb zu fördern;
7. die Integration ausländischer Arbeitnehmer im Betrieb und das Verständnis zwischen ihnen und den deutschen Arbeitnehmern zu fördern sowie Maßnahmen zur Bekämpfung von Rassismus und Fremdenfeindlichkeit im Betrieb zu beantragen;
8. die Beschäftigung im Betrieb zu fördern und zu sichern;
9. Maßnahmen des Arbeitsschutzes und des betrieblichen Umweltschutzes zu fördern.

(2) Zur Durchführung seiner Aufgaben nach diesem Gesetz ist der Betriebsrat rechtzeitig und umfassend vom Arbeitgeber zu unterrichten; die Unterrichtung erstreckt sich auch auf die Beschäftigung von Personen, die nicht in einem Arbeitsverhältnis zum Arbeitgeber stehen, und umfasst insbesondere den zeitlichen Umfang des Einsatzes, den Einsatzort und die Arbeitsaufgaben dieser Personen. Dem Betriebsrat sind auf Verlangen jederzeit die zur Durchführung seiner Aufgaben erforderlichen Unterlagen zur Verfügung zu stellen; in diesem Rahmen ist der Betriebsausschuss oder ein nach § 28 gebildeter Ausschuss berechtigt, in die Listen über die Bruttolöhne und -gehälter Einblick zu nehmen. Zu den erforderlichen Unterlagen gehören auch die Verträge, die der Beschäftigung der in Satz 1 genannten Personen zugrunde liegen. Soweit es zur ordnungsgemäßen Erfüllung der Aufgaben des Betriebsrats erforderlich ist, hat der Arbeitgeber ihm sachkundige Arbeitnehmer als Auskunftspersonen zur Verfügung zu stellen; er hat hierbei die Vorschläge des Betriebsrats zu berücksichtigen, soweit betriebliche Notwendigkeiten nicht entgegenstehen.

(3) Der Betriebsrat kann bei der Durchführung seiner Aufgaben nach näherer Vereinbarung mit dem Arbeitgeber Sachverständige hinzuziehen, soweit dies zur ordnungsgemäßen Erfüllung seiner Aufgaben erforderlich ist. Muss der Betriebsrat zur Durchführung seiner Aufgaben die Einführung oder Anwendung von Künstlicher Intelligenz beurteilen, gilt insoweit die Hinzuziehung eines Sachverständigen als erforderlich. Gleiches gilt, wenn sich Arbeitgeber und Betriebsrat auf einen Sachverständigen in Angelegenheiten nach Satz 2 einigen.
(4) Für die Geheimhaltungspflicht der Auskunftspersonen und der Sachverständigen gilt § 79 entsprechend.

Teilzeit- und Befristungsgesetz[1]

§ 8 Zeitlich nicht begrenzte Verringerung der Arbeitszeit

(1) Ein Arbeitnehmer, dessen Arbeitsverhältnis länger als sechs Monate bestanden hat, kann verlangen, dass seine vertraglich vereinbarte Arbeitszeit verringert wird.
(2) Der Arbeitnehmer muss die Verringerung seiner Arbeitszeit und den Umfang der Verringerung spätestens drei Monate vor deren Beginn in Textform geltend machen. Er soll dabei die gewünschte Verteilung der Arbeitszeit angeben.
(3) Der Arbeitgeber hat mit dem Arbeitnehmer die gewünschte Verringerung der Arbeitszeit mit dem Ziel zu erörtern, zu einer Vereinbarung zu gelangen. Er hat mit dem Arbeitnehmer Einvernehmen über die von ihm festzulegende Verteilung der Arbeitszeit zu erzielen.
(4) Der Arbeitgeber hat der Verringerung der Arbeitszeit zuzustimmen und ihre Verteilung entsprechend den Wünschen des Arbeitnehmers festzulegen, soweit betriebliche Gründe nicht entgegenstehen. Ein betrieblicher Grund liegt insbesondere vor, wenn die Verringerung der Arbeitszeit die Organisation, den Arbeitsablauf oder die Sicherheit im Betrieb wesentlich beeinträchtigt oder unverhältnismäßige Kosten verursacht. Die Ablehnungsgründe können durch Tarifvertrag festgelegt werden. Im Geltungsbereich eines solchen Tarifvertrags können nicht tarifgebundene Arbeitgeber und Arbeitnehmer die Anwendung der tariflichen Regelungen über die Ablehnungsgründe vereinbaren.
(5) Die Entscheidung über die Verringerung der Arbeitszeit und ihre Verteilung hat der Arbeitgeber dem Arbeitnehmer spätestens einen Monat vor dem gewünschten Beginn der Verringerung in Textform mitzuteilen. Haben sich Arbeitgeber und Arbeitnehmer nicht nach Absatz 3 Satz 1 über die Verringerung der Arbeitszeit geeinigt und hat der Arbeitgeber die Arbeitszeitverringerung

1 Teilzeit- und Befristungsgesetz vom 21. Dezember 2000 (BGBl. I S. 1966), das zuletzt durch Artikel 10 Drittes BürokratieentlastungsG vom 22.11.2019 (BGBl I S. 1746) geändert worden ist.

nicht spätestens einen Monat vor deren gewünschtem Beginn in Textform abgelehnt, verringert sich die Arbeitszeit in dem vom Arbeitnehmer gewünschten Umfang. Haben Arbeitgeber und Arbeitnehmer über die Verteilung der Arbeitszeit kein Einvernehmen nach Absatz 3 Satz 2 erzielt und hat der Arbeitgeber nicht spätestens einen Monat vor dem gewünschten Beginn der Arbeitszeitverringerung die gewünschte Verteilung der Arbeitszeit in Textform abgelehnt, gilt die Verteilung der Arbeitszeit entsprechend den Wünschen des Arbeitnehmers als festgelegt. Der Arbeitgeber kann die nach Satz 3 oder Absatz 3 Satz 2 festgelegte Verteilung der Arbeitszeit wieder ändern, wenn das betriebliche Interesse daran das Interesse des Arbeitnehmers an der Beibehaltung erheblich überwiegt und der Arbeitgeber die Änderung spätestens einen Monat vorher angekündigt hat.
(6) Der Arbeitnehmer kann eine erneute Verringerung der Arbeitszeit frühestens nach Ablauf von zwei Jahren verlangen, nachdem der Arbeitgeber einer Verringerung zugestimmt oder sie berechtigt abgelehnt hat.
(7) Für den Anspruch auf Verringerung der Arbeitszeit gilt die Voraussetzung, dass der Arbeitgeber, unabhängig von der Anzahl der Personen in Berufsbildung, in der Regel mehr als 15 Arbeitnehmer beschäftigt.

§ 9a Zeitlich begrenzte Verringerung der Arbeitszeit

(1) Ein Arbeitnehmer, dessen Arbeitsverhältnis länger als sechs Monate bestanden hat, kann verlangen, dass seine vertraglich vereinbarte Arbeitszeit für einen im Voraus zu bestimmenden Zeitraum verringert wird. Der begehrte Zeitraum muss mindestens ein Jahr und darf höchstens fünf Jahre betragen. Der Arbeitnehmer hat nur dann einen Anspruch auf zeitlich begrenzte Verringerung der Arbeitszeit, wenn der Arbeitgeber in der Regel mehr als 45 Arbeitnehmer beschäftigt.
(2) Der Arbeitgeber kann das Verlangen des Arbeitnehmers nach Verringerung der Arbeitszeit ablehnen soweit betriebliche Gründe entgegenstehen; § 8 Absatz 4 gilt entsprechend. Ein Arbeitgeber, der in der Regel mehr als 45, aber nicht mehr als 200 Arbeitnehmer beschäftigt, kann das Verlangen eines Arbeitnehmers auch ablehnen, wenn zum Zeitpunkt des begehrten Beginns der verringerten Arbeitszeit bei einer Arbeitnehmerzahl von in der Regel

1. mehr als 45 bis 60 bereits mindestens vier,
2. mehr als 60 bis 75 bereits mindestens fünf,
3. mehr als 75 bis 90 bereits mindestens sechs,
4. mehr als 90 bis 105 bereits mindestens sieben,
5. mehr als 105 bis 120 bereits mindestens acht,
6. mehr als 120 bis 135 bereits mindestens neun,
7. mehr als 135 bis 150 bereits mindestens zehn,

8. mehr als 150 bis 165 bereits mindestens elf,
9. mehr als 165 bis 180 bereits mindestens zwölf,
10. mehr als 180 bis 195 bereits mindestens 13,
11. mehr als 195 bis 200 bereits mindestens 14

andere Arbeitnehmer ihrer Arbeitszeit nach Absatz 1 verringert haben.

(3) Im Übrigen gilt für den Umfang der Verringerung der Arbeitszeit und für die gewünschte Verteilung der Arbeitszeit § 8 Absatz 2 bis 5. Für den begehrten Zeitraum der Verringerung der Arbeitszeit sind § 8 Absatz 2 Satz 1, Absatz 3 Satz 1, Absatz 4 sowie Absatz 5 Satz 1 und 2 entsprechend anzuwenden.

(4) Während der Dauer der zeitlich begrenzten Verringerung der Arbeitszeit kann der Arbeitnehmer keine weitere Verringerung und keine Verlängerung seiner Arbeitszeit nach diesem Gesetz verlangen; § 9 findet keine Anwendung.

(5) Ein Arbeitnehmer, der nach seiner zeitlich begrenzten Verringerung der Arbeitszeit nach Absatz 1 zu seiner ursprünglich vertraglich vereinbarten Arbeitszeit zurückgekehrt ist, kann eine erneute Verringerung der Arbeitszeit nach diesem Gesetz frühestens ein Jahr nach der Rückkehr zur ursprünglichen Arbeitszeit verlangen. Für einen erneuten Antrag auf Verringerung der Arbeitszeit nach berechtigter Ablehnung auf Grund entgegenstehender betrieblicher Gründe nach Absatz 2 Satz 1 gilt § 8 Absatz 6 entsprechend. Nach berechtigter Ablehnung auf Grund der Zumutbarkeitsregelung nach Absatz 2 Satz 2 kann der Arbeitnehmer frühestens nach Ablauf von einem Jahr nach der Ablehnung erneut eine Verringerung der Arbeitszeit verlangen.

(6) Durch Tarifvertrag kann der Rahmen für den Zeitraum der Arbeitszeitverringerung abweichend von Absatz 1 Satz 2 auch zuungunsten des Arbeitnehmers festgelegt werden.

(7) Bei der Anzahl der Arbeitnehmer nach Absatz 1 Satz 3 und Absatz 2 sind Personen in Berufsbildung nicht zu berücksichtigen.

§ 13 Arbeitsplatzteilung

(1) Arbeitgeber und Arbeitnehmer können vereinbaren, dass mehrere Arbeitnehmer sich die Arbeitszeit an einem Arbeitsplatz teilen (Arbeitsplatzteilung). Ist einer dieser Arbeitnehmer an der Arbeitsleistung verhindert, sind die anderen Arbeitnehmer zur Vertretung verpflichtet, wenn sie der Vertretung im Einzelfall zugestimmt haben. Eine Pflicht zur Vertretung besteht auch, wenn der Arbeitsvertrag bei Vorliegen dringender betrieblicher Gründe eine Vertretung vorsieht und diese im Einzelfall zumutbar ist.

(2) Scheidet ein Arbeitnehmer aus der Arbeitsplatzteilung aus, so ist die darauf gestützte Kündigung des Arbeitsverhältnisses eines anderen in die Arbeitsplatzteilung einbezogenen Arbeitnehmers durch den Arbeitgeber unwirksam. Das

Recht zur Änderungskündigung aus diesem Anlass und zur Kündigung des Arbeitsverhältnisses aus anderen Gründen bleibt unberührt.

(3) Die Absätze 1 und 2 sind entsprechend anzuwenden, wenn sich Gruppen von Arbeitnehmern auf bestimmten Arbeitsplätzen in festgelegten Zeitabschnitten abwechseln, ohne dass eine Arbeitsplatzteilung im Sinne des Absatzes 1 vorliegt.

(4) Durch Tarifvertrag kann von den Absätzen 1 und 3 auch zuungunsten des Arbeitnehmers abgewichen werden, wenn der Tarifvertrag Regelungen über die Vertretung der Arbeitnehmer enthält. Im Geltungsbereich eines solchen Tarifvertrags können nicht tarifgebundene Arbeitgeber und Arbeitnehmer die Anwendung der tariflichen Regelungen über die Arbeitsplatzteilung vereinbaren.

§ 14 Zulässigkeit der Befristung

(1) Die Befristung eines Arbeitsvertrags ist zulässig, wenn sie durch einen sachlichen Grund gerechtfertigt ist. Ein sachlicher Grund liegt insbesondere vor, wenn

1. der betriebliche Bedarf an der Arbeitsleistung nur vorübergehend besteht,
2. die Befristung im Anschluss an eine Ausbildung oder ein Studium erfolgt, um den Übergang des Arbeitnehmers in eine Anschlussbeschäftigung zu erleichtern,
3. der Arbeitnehmer zur Vertretung eines anderen Arbeitnehmers beschäftigt wird,
4. die Eigenart der Arbeitsleistung die Befristung rechtfertigt,
5. die Befristung zur Erprobung erfolgt,
6. in der Person des Arbeitnehmers liegende Gründe die Befristung rechtfertigen,
7. der Arbeitnehmer aus Haushaltsmitteln vergütet wird, die haushaltsrechtlich für eine befristete Beschäftigung bestimmt sind, und er entsprechend beschäftigt wird oder
8. die Befristung auf einem gerichtlichen Vergleich beruht.

(2) Die kalendermäßige Befristung eines Arbeitsvertrags ohne Vorliegen eines sachlichen Grundes ist bis zur Dauer von zwei Jahren zulässig; bis zu dieser Gesamtdauer von zwei Jahren ist auch die höchstens dreimalige Verlängerung eines kalendermäßig befristeten Arbeitsvertrags zulässig. Eine Befristung nach Satz 1 ist nicht zulässig, wenn mit demselben Arbeitgeber bereits zuvor ein befristetes oder unbefristetes Arbeitsverhältnis bestanden hat. Durch Tarifvertrag kann die Anzahl der Verlängerungen oder die Höchstdauer der Befristung abweichend von Satz 1 festgelegt werden. Im Geltungsbereich eines solchen Tarifvertrags können nicht tarifgebundene Arbeitgeber und Arbeitnehmer die Anwendung der tariflichen Regelungen vereinbaren.

(2a) In den ersten vier Jahren nach der Gründung eines Unternehmens ist die kalendermäßige Befristung eines Arbeitsvertrags ohne Vorliegen eines sachlichen Grundes bis zur Dauer von vier Jahren zulässig; bis zu dieser Gesamtdauer von vier Jahren ist auch die mehrfache Verlängerung eines kalendermäßig befristeten Arbeitsvertrags zulässig. Dies gilt nicht für Neugründungen im Zusammenhang mit der rechtlichen Umstrukturierung von Unternehmen und Konzernen. Maßgebend für den Zeitpunkt der Gründung des Unternehmens ist die Aufnahme einer Erwerbstätigkeit, die nach § 138 der Abgabenordnung der Gemeinde oder dem Finanzamt mitzuteilen ist. Auf die Befristung eines Arbeitsvertrags nach Satz 1 findet Absatz 2 Satz 2 bis 4 entsprechende Anwendung.
(3) Die kalendermäßige Befristung eines Arbeitsvertrags ohne Vorliegen eines sachlichen Grundes ist bis zu einer Dauer von fünf Jahren zulässig, wenn der Arbeitnehmer bei Beginn des befristeten Arbeitsverhältnisses das 52. Lebensjahr vollendet hat und unmittelbar vor Beginn des befristeten Arbeitsverhältnisses mindestens vier Monate beschäftigungslos im Sinne des § 138 Absatz 1 Nummer 1 des Dritten Buches Sozialgesetzbuch gewesen ist, Transferkurzarbeitergeld bezogen oder an einer öffentlich geförderten Beschäftigungsmaßnahme nach dem Zweiten oder Dritten Buch Sozialgesetzbuch teilgenommen hat. Bis zu der Gesamtdauer von fünf Jahren ist auch die mehrfache Verlängerung des Arbeitsvertrags zulässig.
(4) Die Befristung eines Arbeitsvertrags bedarf zu ihrer Wirksamkeit der Schriftform.

§ 18 Information über unbefristete Arbeitsplätze

Der Arbeitgeber hat die befristet beschäftigten Arbeitnehmer über entsprechende unbefristete Arbeitsplätze zu informieren, die besetzt werden sollen. Die Information kann durch allgemeine Bekanntgabe an geeigneter, den Arbeitnehmern zugänglicher Stelle im Betrieb und Unternehmen erfolgen.

§ 19 Aus- und Weiterbildung

Der Arbeitgeber hat Sorge zu tragen, dass auch befristet beschäftigte Arbeitnehmer an angemessenen Aus- und Weiterbildungsmaßnahmen zur Förderung der beruflichen Entwicklung und Mobilität teilnehmen können, es sei denn, dass dringende betriebliche Gründe oder Aus- und Weiterbildungswünsche anderer Arbeitnehmer entgegenstehen.

Neuntes Buch Sozialgesetzbuch (SGB IX)[2]

§ 166 Inklusionsvereinbarung

(1) Die Arbeitgeber treffen mit der Schwerbehindertenvertretung und den in § 176 genannten Vertretungen in Zusammenarbeit mit dem Inklusionsbeauftragten des Arbeitgebers (§ 181) eine verbindliche Inklusionsvereinbarung. Auf Antrag der Schwerbehindertenvertretung wird unter Beteiligung der in § 176 genannten Vertretungen hierüber verhandelt. Ist eine Schwerbehindertenvertretung nicht vorhanden, steht das Antragsrecht den in § 176 genannten Vertretungen zu. Der Arbeitgeber oder die Schwerbehindertenvertretung kann das Integrationsamt einladen, sich an den Verhandlungen über die Inklusionsvereinbarung zu beteiligen. Das Integrationsamt soll dabei insbesondere darauf hinwirken, dass unterschiedliche Auffassungen überwunden werden. Der Agentur für Arbeit und dem Integrationsamt, die für den Sitz des Arbeitgebers zuständig sind, wird die Vereinbarung übermittelt.

(2) Die Vereinbarung enthält Regelungen im Zusammenhang mit der Eingliederung schwerbehinderter Menschen, insbesondere zur Personalplanung, Arbeitsplatzgestaltung, Gestaltung des Arbeitsumfelds, Arbeitsorganisation, Arbeitszeit sowie Regelungen über die Durchführung in den Betrieben und Dienststellen. Dabei ist die gleichberechtigte Teilhabe schwerbehinderter Menschen am Arbeitsleben bei der Gestaltung von Arbeitsprozessen und Rahmenbedingungen von Anfang an zu berücksichtigen. Bei der Personalplanung werden besondere Regelungen zur Beschäftigung eines angemessenen Anteils von schwerbehinderten Frauen vorgesehen.

(3) In der Vereinbarung können insbesondere auch Regelungen getroffen werden

1. zur angemessenen Berücksichtigung schwerbehinderter Menschen bei der Besetzung freier, frei werdender oder neuer Stellen,
2. zu einer anzustrebenden Beschäftigungsquote, einschließlich eines angemessenen Anteils schwerbehinderter Frauen,
3. zu Teilzeitarbeit,
4. zur Ausbildung behinderter Jugendlicher,
5. zur Durchführung der betrieblichen Prävention (betriebliches Eingliederungsmanagement) und zur Gesundheitsförderung,
6. über die Hinzuziehung des Werks- oder Betriebsarztes auch für Beratungen über Leistungen zur Teilhabe sowie über besondere Hilfen im Arbeitsleben.

---

2 Das Neunte Buch Sozialgesetzbuch – Rehabilitation und Teilhabe von Menschen mit Behinderungen – (SGB IX) (Artikel 1 des Gesetzes vom 19. Juni 2001, BGBl. I S. 1046, 1047); zuletzt geändert durch Artikel 7c G v. 27. September 2021 (BGBl. I S. 4530).

(4) In den Versammlungen schwerbehinderter Menschen berichtet der Arbeitgeber über alle Angelegenheiten im Zusammenhang mit der Eingliederung schwerbehinderter Menschen.

Bürgerliches Gesetzbuch[3]

§ 623 Schriftform der Kündigung

Die Beendigung von Arbeitsverhältnissen durch Kündigung oder Auflösungsvertrag bedürfen zu ihrer Wirksamkeit der Schriftform, die elektronische Form ist ausgeschlossen.

3 Bürgerliches Gesetzbuch (BGB) in der Fassung der Bekanntmachung vom 2. Januar 2002 (BGBl. I S. 42, 2909; 2003 I S. 738); zuletzt geändert durch Gesetzes vom 21. Dezember 2021 (BGBl. I S. 5252).

Schreiben an den Arbeitgeber wegen Nichtbeachtung der Unfallverhütungsvorschriften

Der Betriebsrat der XY-GmbH Ort, Datum 67

An die
Geschäftsleitung der XY-GmbH
Im Hause

Nichtbeachtung der Unfallverhütungsvorschriften

Sehr geehrte Damen und Herren,
leider muss von den Arbeitnehmern der Baustelle in .... immer wieder Klage geführt werden, dass der Bauleiter und die Poliere die gesetzlich und tarifvertraglich festgelegten Sicherheitsvorschriften missachten. Sie halten die Kollegen dazu an, unter Missachtung der Sicherheitsvorschriften zu arbeiten, mit der Begründung, dass die genaue Befolgung dieser Vorschriften zu viel Zeit koste.
Gemäß § 80 Abs. 1 Nr. 1 i.V.m. § 89 BetrVG obliegt dem Betriebsrat u.a. die Aufgabe, die Einhaltung und Durchführung der Sicherheitsvorschriften zu überwachen.
Wir bitten deshalb nachdrücklich darum, die Führungskräfte in .... unmissverständlich darauf hinzuweisen, dass die Vorschriften, die der Sicherheit der Arbeitnehmer dienen, auch eingehalten werden müssen.
Wir sind nicht länger bereit hinzunehmen, dass die Gesundheit der Mitarbeiter vorsätzlich aufs Spiel gesetzt wird, nur um Termine einzuhalten, zumal sich dieses ja auch durch die Beschäftigung zusätzlicher Arbeitnehmer gewährleisten ließe.
Wir sind sicher, dass Sie Verständnis für unser Anliegen haben, und verbleiben

mit freundlichen Grüßen

....
(Unterschrift
Betriebsratsvorsitzende/r)

Schreiben an den Arbeitgeber, um Maßnahmen gemäß § 80 Abs. 1 Nr. 2 BetrVG zu beantragen

68 Der Betriebsrat der XY-GmbH

Ort, Datum

An die
Geschäftsleitung der XY-GmbH
Im Hause

Einrichtung eines Parkplatzes für die Beschäftigten

Sehr geehrte Damen und Herren,
der Betriebsrat hat in seiner Sitzung am .... beschlossen, Ihnen gemäß § 80 Abs. 1 Nr. 2 BetrVG vorzuschlagen, Parkplätze für die Mitarbeiter einzurichten.
Sie kennen die ungünstige Verkehrssituation im Umkreis des Verwaltungsgebäudes und wissen, wie schwer es allmorgendlich ist, einen in der Nähe gelegenen Parkplatz zu finden.
Wir schlagen Ihnen deshalb vor, den hinter dem Verwaltungsgebäude liegenden, nicht mehr benutzten früheren Lagerplatz zum Parkplatz umzugestalten.
Wir sind davon überzeugt, dass Sie im Interesse aller Arbeitnehmer des Betriebs diesen Vorschlag unterstützen werden, und bitten um einen Terminvorschlag, um ein Gespräch über diesen wichtigen Punkt, der ein zunehmendes Ärgernis für die Belegschaft darstellt, führen zu können. Ihrer positiven Antwort entgegensehend verbleiben wir

mit freundlichen Grüßen

....
(Unterschrift
Betriebsratsvorsitzende/r)

Schreiben der Schwerbehindertenvertretung an den Arbeitgeber zum Abschluss einer Inklusionsvereinbarung

69

Schwerbehindertenvertretung der XY-GmbH Ort, Datum

An die
Geschäftsführung der XY-GmbH
Im Hause

Abschluss einer Inklusionsvereinbarung

Sehr geehrte Damen und Herren,
Ihnen ist sicher bekannt, dass nach § 166 des Neunten Buches Sozialgesetzbuch (SGB IX) eine Inklusionsvereinbarung mit der Schwerbehindertenvertretung abzuschließen ist. In dieser Vereinbarung sind Regelungen im Zusammenhang mit der Eingliederung schwerbehinderter Menschen, insbesondere zur Personalplanung, Arbeitsplatzgestaltung, Gestaltung des Arbeitsumfeldes, Arbeitsorganisation, Arbeitszeit sowie Regelungen über die Durchführung der Inklusionsvereinbarung, zu treffen. Wir gehen davon aus, dass auch Ihnen daran gelegen ist, zunächst durch eine systematische, transparente Aufbereitung der innerbetrieblichen Gegebenheiten und daran anschließend durch eine entsprechende Gestaltung der Arbeitsbedingungen die Voraussetzungen dafür zu schaffen, die Eingliederung von schwerbehinderten Menschen in unser Unternehmen zu erleichtern. Darüber hinaus können wir der Agentur für Arbeit mittels unserer Inklusionsvereinbarung bei der zielgerichteten Vermittlung von schwerbehinderten Menschen wertvolle Unterstützung leisten.
Bitte teilen Sie uns bis zum .... mit, wann Sie zu ersten Verhandlungen zum Abschluss einer Inklusionsvereinbarung zur Verfügung stehen. Für eventuelle Rückfragen steht Ihnen vorab unsere Schwerbehindertenvertrauensperson, der Kollege/die Kollegin ...., zur Verfügung.

Mit freundlichen Grüßen

....

(Unterschrift
Vertrauensperson der
Schwerbehindertenvertretung)

70

Schreiben an den Arbeitgeber zur Einhaltung des Diskriminierungsverbots älterer Beschäftigter

Der Betriebsrat der XY-GmbH Ort, Datum

An die
Geschäftsleitung der XY-GmbH
Im Hause

Beschäftigung älterer Arbeitnehmer im Betrieb

Sehr geehrte Damen und Herren,
in letzter Zeit sind mehrere ältere Arbeitnehmer unseres Betriebs an den Betriebsrat mit der Bitte um Auskunft und Beratung herangetreten. Im Verlauf der Gespräche stellte sich heraus, dass alle Arbeitnehmer im kommenden Jahr das siebenundfünfzigste Lebensjahr vollenden und durch die Personalleitung aufgefordert wurden, den gesetzlichen Vorruhestand in Anspruch zu nehmen. Fast alle Arbeitnehmer lehnen dieses Ansinnen ab und fühlen sich sowohl ihrer Arbeitsaufgabe als auch der Leistungsanforderung voll gewachsen.
Wir haben Anlass, Sie daher zur Gewährleistung des Betriebsfriedens auf das ausdrückliche Benachteiligungsverbot älterer Arbeitnehmer nach § 75 Abs. 1 BetrVG hinzuweisen. Es gibt bisher keine Klagen über Qualifikationsmängel oder einen eventuellen Leistungsabfall bei den betreffenden Beschäftigten.
Es ist unsere Aufgabe als Betriebsrat, gemäß § 80 Abs. 1 Nr. 6 BetrVG darauf zu achten, dass gerade der Kreis älterer Arbeitnehmer seine Daseinsberechtigung in unserem Betrieb behält. Nicht zuletzt, weil Ihnen bekannt sein dürfte, dass es sich durchweg um Arbeitnehmer im faktisch unkündbaren Vertragsverhältnis handelt, stößt diese Methode beim Betriebsrat auf Widerstand; auch gerade deshalb, weil allen Beschäftigten verschwiegen wurde, dass bei einem solchen Vorruhestand ihr Einkommen aus dem Altersruhegeld durch den versicherungsmathematischen Abschlag in der gesetzlichen Rentenversicherung erheblich geschmälert wird.
Wir bitten Sie daher, künftig von solchen Einzelmaßnahmen, ohne vorherige Rücksprache mit dem Betriebsrat im begründeten Einzelfall, abzusehen.

Mit freundlichen Grüßen

....
(Unterschrift
Betriebsratsvorsitzende/r)

Schreiben an den Arbeitgeber, um Maßnahmen gemäß § 80 Abs. 1 Nr. 7 BetrVG zu beantragen

Der Betriebsrat der XY-GmbH Ort, Datum 71

An die
Geschäftsleitung der XY-GmbH
Im Hause

Anfeindungen ausländischer Beschäftigter

Sehr geehrte Damen und Herren,
der Betriebsrat hatte sich in seiner letzten Sitzung mit den zunehmenden Anfeindungen zu befassen, die unsere ausländischen Beschäftigten erfahren.
Unsere ausländischen Arbeitnehmer im Betrieb sind vorwiegend langjährig Beschäftigte, die sich im Laufe der Jahre sozial wie beruflich in unsere Gesellschaft und den Betrieb gut integriert haben.
Unser Auftrag als Betriebsrat ist es, darauf zu achten, dass alle Betriebsangehörigen, gleich welcher Nationalität, nach den Grundsätzen von Recht und Billigkeit behandelt werden. Gerade die Eingliederung ausländischer Arbeitnehmer in den Betrieb und das Verständnis zwischen ihnen und den deutschen Arbeitnehmern wurde dem Betriebsrat in § 80 Abs. 1 Nr. 7 BetrVG vom Gesetzgeber aufgetragen.
Wir bitten Sie, insbesondere beim Führungspersonal des Betriebs darauf hinzuwirken, dass ausländerfeindliche Bemerkungen unterbleiben. Sie sind nicht nur rassistisch geprägt, sondern in der Regel auch für den einzelnen Kollegen diskriminierend und persönlich verletzend.
Im Sinne einer guten Zusammenarbeit und in der Hoffnung, gemeinsam einem ausländerfeindlichen Klima bereits im Ansatz zu begegnen, bitten wir um einen kurzfristigen Terminvorschlag für ein gemeinsames Gespräch.

Mit freundlichen Grüßen

....
(Unterschrift
Betriebsratsvorsitzende/r)

72

Schreiben an den Arbeitgeber, in dem um die Überlassung von Unterlagen gebeten wird

Der Betriebsrat der XY-GmbH Ort, Datum

An die
Geschäftsleitung der XY-GmbH
Im Hause

Auflistung aller schwerbehinderten Menschen

Sehr geehrte Damen und Herren,
der Betriebsrat hat in seiner Sitzung am .... den Beschluss gefasst, eine Aufstellung (Liste) aller im Betrieb tätigen schwerbehinderten Menschen von Ihnen anzufordern.
Dieser Beschluss ist auf der Grundlage des § 80 Abs. 2 BetrVG gefasst worden, nachdem der Betriebsrat Anspruch darauf hat, dass ihm solche Unterlagen, die für die Durchführung seiner Aufgaben erforderlich sind, zur Verfügung gestellt werden.
Gemäß § 80 Abs. 1 Nr. 4 BetrVG gehört die Förderung besonders schutzbedürftiger Personen, wie es die schwerbehinderten Menschen sind, zu den allgemeinen Aufgaben des Betriebsrats. Da wir uns zurzeit besonders intensiv mit diesem Personenkreis beschäftigen, bitten wir um Übersendung der entsprechenden Unterlagen.

Mit freundlichen Grüßen

....
(Unterschrift
Betriebsratsvorsitzende/r)

Durchschrift an die Schwerbehindertenvertretung, Herrn/Frau ...

Schreiben an den Arbeitgeber, in dem um Einsichtnahme in die Listen der Bruttolöhne und -gehälter gebeten wird

Der Betriebsrat der XY-GmbH Ort, Datum 73

An die
Geschäftsleitung der XY-GmbH
Im Hause

Einblick in die Lohn- und Gehaltslisten

Sehr geehrte Damen und Herren,
der Betriebsrat hat in seiner Sitzung am .... beschlossen, dass der Betriebsratsvorsitzende .... Einblick in die Bruttolohn- und -gehaltslisten (inklusive sämtlicher Zulagen) aller Arbeitnehmer des Betriebs nehmen wird.
Das Einblicksrecht möchten wir am .... wahrnehmen.
Der Betriebsrat wird dieses Recht zum einen zur Überprüfung der Einhaltung der Grundsätze des § 75 Abs. 1 BetrVG – insbesondere des Gleichbehandlungsgrundsatzes – wahrnehmen, zum anderen, weil in den vergangenen Tarifrunden wiederholt mit einer Anrechnung der tarifvertraglich vereinbarten Lohn- und Gehaltserhöhung gedroht wurde. Dies kann den Betriebsfrieden nachhaltig stören und die Motivation und uneingeschränkte Leistungsbereitschaft der Belegschaft einschränken.
Da auch Sie an einem reibungslosen Betriebsablauf und einer hohen Zufriedenheit der Belegschaft interessiert sind, sind wir davon überzeugt, dass Sie unserem Antrag auf Einsicht in die Listen entsprechen.

Mit freundlichen Grüßen

....
(Unterschrift
Betriebsratsvorsitzende/r)

Schreiben an den Arbeitgeber, in dem um Auskunft über die Erhebung, Speicherung und Verarbeitung von Arbeitnehmerdaten gebeten wird

74 Der Betriebsrat der XY-GmbH Ort, Datum

An die
Geschäftsleitung der XY-GmbH
Im Hause

Informationen über die Erhebung, Speicherung, Verarbeitung und Löschung von Arbeitnehmerdaten

Sehr geehrte/r Frau/Herr,
mit der Einführung einer flächendeckenden Vernetzung aller PC-gestützten Arbeitsplätze im Betrieb ist eine neue Dimension von Datenintegration erfolgt. Des Weiteren wurde ein Outsourcing der Lohn- und Gehaltsabrechnung an die Firma .... vorgenommen.
Bei diesen Reorganisationsmaßnahmen wurden weder der Betriebsrat noch der betriebliche Datenschutzbeauftragte einbezogen.
Der Betriebsrat fragt hiermit im Rahmen seines Informationsrechts nach § 80 Abs. 2 BetrVG an,

1. in welcher Form und in welchem Umfang damit ermöglicht wird, über die aktuellen Tätigkeiten der MitarbeiterInnen eine Zeit- und Verhaltenskontrolle vorzunehmen,
2. welche Arbeitnehmerdaten zu welchem Zweck erhoben, gespeichert und verarbeitet werden,
3. welche Daten an Dritte auf der Grundlage welchen Rechts weitergegeben werden,
4. ob personenbezogene Daten von Arbeitnehmern auch an andere Unternehmen zu welchen Verarbeitungszwecken übermittelt wurden,
5. welche Maßnahmen getroffen wurden bzw. werden, um sicherzustellen, dass die an andere Unternehmen übermittelten personenbezogenen Daten nur zu den genannten Zwecken verarbeitet werden,
6. welche Möglichkeiten bestehen, personenbezogene Daten von Arbeitnehmern im Betrieb vor unberechtigtem Zugriff zu sichern,
7. ob bei der Verarbeitung von Arbeitnehmerdaten im Betrieb eine eingeschränkte Nutzermöglichkeit und eine entsprechende Zugriffshierarchie bestehen,
8. mit welchen Programmen (Name und Kurzbeschreibung) im Betrieb bzw. im Dienstleistungsunternehmen personenbezogene Daten der Arbeitnehmer verarbeitet werden.

Wir bitten um vollständige Auskunft innerhalb der nächsten zehn Tage.

Mit freundlichen Grüßen

....
(Unterschrift
Betriebsratsvorsitzende/r)

Schreiben an den Arbeitgeber: Anfrage zur Auslagerung von Rechenleistungen, Datenspeicher in »Internet-Clouds« 75

Der Betriebsrat der XY-GmbH   Ort, Datum

An die
Geschäftsleitung der XY-GmbH
Im Hause

Auslagerung von Betriebs- und Personaldaten in »Internet-Clouds«

Sehr geehrte Damen und Herren,
im Rahmen seines Informationsrechts nach § 80 Abs. 2 BetrVG i.V. mit § 87 Abs. 1 Ziff. 6 BetrVG möchte der Betriebsrat Auskunft über das aktuelle wie auch das zukünftige Verfahren des Outsourcings von Arbeits-, Produktions- oder Geschäftsprozessen zu externen Dienstleistern. Nach Rückfrage bei der IT-Abteilung wurde dem IT-Ausschuss mitgeteilt, dass sich das Unternehmen nun als »Cloud-Kunde« Rechenleistungen, Datenspeicher und Netze als Dienst mit hohen maßstandardisierten Services kauft.
Wir bitten um Beantwortung folgender Fragen:

- Besteht eine »Infrastructure as a Service« (IaaS)?
  - *Wenn dies der Fall ist, welche Rechenleistung, Arbeitsspeicher und Datenspeicher werden angemietet?*
  - *Auf welchem Betriebssystem mit welchen Anwendungen laufen diese?*
- Welches Bereitstellungsmodell (Deployment Model) kommt zur Anwendung?
- Welche Platform as a Service (PaaS) stellt der Provider zur Verfügung?
- Welche Software as a Service (SaaS) und Anwendungen werden genutzt?
- Wurde eine Risikoabschätzung vorgenommen – mit welchem Ergebnis? (bitte um Vorlage)
- Wo werden die Beschäftigtendaten verarbeitet? Regional, national, international? Ständig wechselnd?
- Wer kontrolliert die Beschäftigten auf welchen Systemen? In Deutschland, Europa, weltweit?
- Welche Sicherheit/Verschlüsselung besteht?
- Wurde das Datenschutzkonzept fortgeschrieben (Offenlegung)?
- Welche Auswirkungen ergeben sich für die Arbeitsplätze im Betrieb?
- Wer ist verantwortlich für diese Maßnahmen und für die Strategie?

Der Betriebsrat erwartet Ihre Stellungnahme wie auch einen Terminvorschlag zur Aufnahme von Verhandlungen über diesen Themenkomplex bis in zwei Wochen.

Mit freundlichen Grüßen

....
(Unterschrift
Betriebsratsvorsitzende/r)

Schreiben an den Arbeitgeber wegen mittelbarer Diskriminierung von Teilzeitbeschäftigten bei der betrieblichen Altersversorgung

76 Der Betriebsrat der XY-GmbH | Ort, Datum

An die
Geschäftsleitung der XY-GmbH
Im Hause

Mittelbare Diskriminierung von teilzeitbeschäftigten Arbeitnehmern bei der betrieblichen Altersversorgung

Sehr geehrte Damen und Herren,
die seit vielen Jahren in unserem Hause bestehende betriebliche Altersversorgung schließt Teilzeitbeschäftigte gänzlich von den Leistungen aus. Seit Inkrafttreten des Teilzeit- und Befristungsgesetzes und erst recht aufgrund der Rechtskraft einer Vielzahl von Entscheidungen des Europäischen Gerichtshofs zur mittelbaren Diskriminierung sind wir aufgerufen, mit Ihnen in Verhandlungen über eine Neugestaltung unserer betrieblichen Altersversorgung einzutreten.
Das Teilzeit- und Befristungsgesetz verbietet in § 4 Abs. 1 die unterschiedliche Behandlung von Teilzeitbeschäftigten gegenüber vollzeitbeschäftigten Arbeitnehmern, wenn keine hinreichenden sachlichen Differenzierungen geboten sind. Es liegt auf der Hand, dass der Ausschluss der Teilzeitbeschäftigten von betrieblichen Altersversorgungsleistungen sachlich nicht gerechtfertigt ist. Da in unserem Unternehmen mehr als 80% der Teilzeitarbeitsplätze von Frauen besetzt sind, liegt in der ungleichen Behandlung auch eine mittelbare Diskriminierung wegen des Geschlechts. Es dürfte Ihnen sicher auch bekannt sein, dass sich das Bundesverfassungsgericht schon vor zehn Jahren mit dem Thema »Gleichstellung von Teilzeitarbeitnehmern hinsichtlich der betrieblichen Altersversorgung« beschäftigt hat (Beschluss des BVerfG vom 19.5.1999 – 1 BvR 263/98).
Da auch Ihnen nicht an der Fortführung dieses unhaltbaren Zustands gelegen sein dürfte, fordern wir Sie hiermit auf, mit uns unverzüglich in Verhandlungen über eine gesetzlich gebotene Anpassung unserer Betriebsvereinbarung über die betriebliche Altersversorgung einzutreten.
Wir erwarten einen Terminvorschlag von Ihnen innerhalb der nächsten beiden Wochen. Angesichts der Dringlichkeit des Themas sollten wir noch innerhalb dieses Monats die Verhandlungen aufnehmen.

Mit freundlichen Grüßen

....
(Unterschrift
Betriebsratsvorsitzende/r)

Schreiben an den Arbeitgeber zur Verwirklichung des Gleichberechtigungsanspruchs von Frauen im Betrieb

Der Betriebsrat der XY-GmbH Ort, Datum 77

An die
Geschäftsleitung der XY-GmbH
Im Hause

Durchsetzung der tatsächlichen Gleichberechtigung von Frauen im Betrieb gemäß § 80 Abs. 2a BetrVG – Einrichtung einer Gender-Beauftragten

Sehr geehrte Damen und Herren,
nachdem der Gesetzgeber zunächst durch das Zweite Gleichberechtigungsgesetz vom 24.6.1994 und später durch die Zusammenführung der bislang in diversen Einzelgesetzen geregelten Vorschriften zur Gleichberechtigung im Allgemeinen Gleichbehandlungsgesetz vom 14. August 2006 (AGG) die verfassungsmäßig verankerte Gleichberechtigung von Frauen und Männern gesetzlich vollzogen hat und diese konkret auch im Betrieb eingefordert wird, hat sich der Betriebsrat mit der Frage der praktischen Umsetzung in seiner Sitzung am .... auseinandergesetzt und ist zu folgendem Ergebnis gekommen:
Um dem Gleichberechtigungsanspruch von Frauen im Betrieb zu genügen und der Forderung in § 80 Abs. 2a BetrVG Nachdruck zu verleihen, beschließt der Betriebsrat, künftig bei Neueinstellungen, Versetzungen und Höhergruppierungen und somit bei dem beruflichen Aufstieg wie auch bei der Aus-, Fort- und Weiterbildung im Betrieb auf den Arbeitgeber einzuwirken, um so echte Chancengleichheit herbeizuführen.
Um den Frauenanteil an höher und höchstqualifizierten Mitarbeitern innerhalb kurzer Zeit anzupassen, schlägt der Betriebsrat vor, künftig bei Bewerbungen um eine entsprechende Stelle Frauen bei gleicher Qualifikation vorrangig einzustellen.
Des Weiteren beschließt der Betriebsrat, dass in Absprache mit dem Arbeitgeber die Position einer Gender-Beauftragten im Betrieb eingerichtet wird, ohne jedoch eine neue Stelle zu schaffen.
Außerdem soll im Rahmen der Personalentwicklungsplanung im Betrieb ein Verfahren zur vollständigen Gleichstellung der Geschlechter erarbeitet werden, das nach Fertigstellung und Beschluss im Betriebsrat dem Arbeitgeber im Rahmen der Beratungen über die Personalplanung vorgelegt wird. Es soll die innerbetriebliche berufliche Weiterbildung und Karriereplanung objektiv gestalten.
Wir gehen davon aus, dass auch Sie gegenüber dem Begehren des Gesetzgebers positiv eingestellt sind.

Mit freundlichen Grüßen

....
(Unterschrift
Betriebsratsvorsitzende/r)

78

Schreiben an den Arbeitgeber wegen mittelbarer Diskriminierung von Teilzeitbeschäftigten

Der Betriebsrat der XY-GmbH Ort, Datum

An die
Geschäftsleitung der XY-GmbH
Im Hause

Mittelbare Diskriminierung von teilzeitbeschäftigten Arbeitnehmern

Sehr geehrte Damen und Herren,
nach § 80 Abs. 1 Nr. 2b sind die Betriebspartien gehalten, die Vereinbarkeit von Familie und Erwerbstätigkeit zu fördern.
Wiederholt wurden von Ihnen Anträge von Mitarbeiterinnen abgelehnt, einer Umwandlung ihrer bisherigen Vollzeittätigkeit in eine Teilzeittätigkeit nach Ablauf der Mutterschutzfrist zuzustimmen. Die von Ihnen angebotene Alternative der einvernehmlichen Beendigung des Arbeitsverhältnisses kann vom Betriebsrat nicht akzeptiert werden.
Das Teilzeit- und Befristungsgesetz verbietet in § 4 Abs. 1 die unterschiedliche Behandlung von Teilzeitbeschäftigten gegenüber vollzeitbeschäftigten Arbeitnehmern, wenn keine hinreichenden sachlichen Differenzierungen geboten sind. Auch besteht ein Rechtsanspruch der Antragsteller auf eine solche Teilzeitregelung. Bisher liegen dem Betriebsrat keine zwingenden Gründe vor, welche einer Reduzierung der infrage kommenden Tätigkeiten entgegenstehen.
Da auch Ihnen nicht an der Fortführung dieses unhaltbaren Zustands gelegen sein dürfte, fordern wir Sie hiermit auf, mit uns unverzüglich in Verhandlungen über eine gebotene Betriebsvereinbarung über die mögliche Gestaltung der betrieblichen Rahmenbedingungen auf der Basis des Teilzeit- und Befristungsgesetzes einzutreten.
Wir erwarten einen Terminvorschlag von Ihnen innerhalb der nächsten beiden Wochen. Angesichts der Dringlichkeit des Themas sollten wir noch innerhalb dieses Monats die Verhandlungen aufnehmen.

Mit freundlichen Grüßen

....
(Unterschrift
Betriebsratsvorsitzende/r)

Schreiben an den Arbeitgeber wegen Überwachung des Einsatzes von Fremdpersonal

Der Betriebsrat der XY-GmbH Ort, Datum 79

An die
Geschäftsleitung der XY-GmbH
Im Hause

Überwachung des Einsatzes von Fremdpersonal im Betrieb

Sehr geehrte Damen und Herren,
seit Abschluss des für uns gültigen Tarifvertrags mit der Zeitarbeitsbranche besteht künftig bei Einsatz von Mitarbeitern/innen aus Zeitarbeitsfirmen keine Diskriminierung durch eklatantes Lohndumping mehr.
Obwohl der Betriebsrat dem Einsatz solcher Mitarbeiter/innen zur Abdeckung von Produktionsspitzen positiv gegenübersteht, bitten wir gemäß § 80 Abs. 2 Satz 1 BetrVG um folgende Informationen bzw. Vorgehensweisen:

1. Künftig unaufgefordertes Einblicksrecht in die Verträge mit den Fremdfirmen (Zeitarbeitsfirmen), um nachvollziehen zu können, ob dadurch nicht ggf. Belange des Betriebs und seiner Arbeitnehmer negativ tangiert werden (BAG vom 31.1.1989 – 1 ABR 72/87); darüber hinaus muss der Betriebsrat in der Lage sein, die Wahrung des Gleichbehandlungsanspruchs bei den Arbeitsbedingungen von Zeitarbeitnehmern gegenüber den Stammbeschäftigten des Betriebs vom Verleiher zu überprüfen;
2. die Überlassung der erforderlichen Unterlagen auch künftig auf Dienst- und Werkverträge auszudehnen.

Wir gehen davon aus, dass ein solches Verfahren der Rechtssicherheit und Wahrung des Betriebsfriedens dient und Sie diesen Zielen positiv gegenüberstehen.

Mit freundlichen Grüßen

....
(Unterschrift
Betriebsratsvorsitzende/r)

80 **Schreiben an den Arbeitgeber zur Hinzuziehung einer sachkundigen Person**

Der Betriebsrat der XY-GmbH — Ort, Datum

An die
Geschäftsleitung der XY-GmbH
Im Hause

Hinzuziehung einer sachkundigen Person gemäß § 80 Abs. 3 BetrVG zur Unterstützung des Betriebsrats

Sehr geehrte/r Frau/Herr . . .,
in seiner Sitzung am . . . . hat der Betriebsrat sich mit der geplanten Betriebsänderung auseinandergesetzt. Dabei ist er zur Erkenntnis gelangt, dass es zwecks gründlicher Information für ihn erforderlich geworden ist, zur Beratung des Gremiums eine sachkundige Person hinzuzuziehen. Der Betriebsrat hat dazu folgenden Beschluss gefasst:
»Um auch weiterhin die sachgerechte Wahrnehmung seiner Aufgaben gewährleisten zu können, wird der Betriebsrat gemäß § 80 Abs. 3 BetrVG eine sachkundige Person hinzuziehen. Dazu wird Kontakt mit Rechtsanwalt . . . . aufgenommen. Verneint die Geschäftsleitung die Notwendigkeit der Beratung, so ist durch ein Beschlussverfahren beim Arbeitsgericht zu klären, ob ein Sachverständiger erforderlich ist. Auch damit beauftragt der Betriebsrat die Kanzlei . . . . (genaue Anschrift).«
Wir gehen davon aus, dass auch Sie die Hinzuziehung der sachkundigen Person begrüßen, um die fundierte Entscheidungsfindung des Betriebsrats zu fördern. Beiliegende Vereinbarung wollen wir mit Ihnen abschließen und bitten um Rückgabe mit Unterschrift oder Rückäußerung, sofern noch Fragen offen sind, bis zum . . . . zu Arbeitsbeginn.

Mit freundlichen Grüßen

. . . .
(Unterschrift
Betriebsratsvorsitzende/r)

Schreiben an den Arbeitgeber zur Hinzuziehung einer sachkundigen Person zur Einführung und Anwendung Künstlicher Intelligenz

81

Der Betriebsrat der XY-GmbH | Ort, Datum

An die
Geschäftsleitung der XY-GmbH
Im Hause

Hinzuziehung einer sachkundigen Person gemäß § 80 Abs. 3 Satz 2 BetrVG zur Unterstützung des Betriebsrats

Sehr geehrte/r Frau/Herr . . .,
in seiner Sitzung am . . . . hat der Betriebsrat sich mit der geplanten Einführung und Anwendung neuer Softwaresysteme und -module auseinandergesetzt. Bereits der erste Eindruck zeigt, dass unsere zukünftigen Arbeitsprozesse und Arbeitsbedingungen verstärkt über Digitalisierungsprozesse, automatisierte Datenstrukturen und Nutzung von Algorithmen bestimmt und beeinflusst werden. Der Betriebsrat ist daher zur Erkenntnis gelangt, dass es zwecks gründlicher Information, Beurteilung und Begutachtung für ihn erforderlich geworden ist, zur Beratung des Gremiums eine sachkundige Person hinzuzuziehen. Der Betriebsrat hat dazu folgenden Beschluss gefasst: »Um auch weiterhin die sachgerechte Wahrnehmung seiner Aufgaben gewährleisten zu können, wird der Betriebsrat gemäß § 80 Abs. 3 Satz 2 BetrVG eine sachkundige Person hinzuziehen. Dazu wird Kontakt mit dem Informatiker/Spezialisten für Informationstechnologie/der Technischen Beratungsstelle . . . . aufgenommen. Wir weisen darauf hin, dass die Erforderlichkeit für die Hinzuziehung eines Sachverständigen aufgrund des besonderen Regelungsgegenstandes der Künstlichen Intelligenz vom Gesetzgeber als gegeben unterstellt wird.
Dessen ungeachtet, gehen wir davon aus, dass auch Sie die Hinzuziehung der sachkundigen Person begrüßen, um die fundierte Entscheidungsfindung des Betriebsrats zu fördern. Beiliegende Vereinbarung wollen wir mit Ihnen abschließen und bitten um Rückgabe mit Unterschrift oder Rückäußerung, sofern noch Fragen offen sind, bis zum . . . . zu Arbeitsbeginn.

Mit freundlichen Grüßen

. . . .
(Unterschrift
Betriebsratsvorsitzende/r)

82

Schreiben an den Arbeitgeber zur Hinzuziehung eines Sachverständigen

Der Betriebsrat der XY-GmbH — Ort, Datum

An die
Geschäftsleitung der XY-GmbH
Im Hause

Hinzuziehung eines Sachverständigen

Sehr geehrte Damen und Herren,
Sie haben uns gemäß § 90 BetrVG über bevorstehende Veränderungen im Arbeitsablauf und im Arbeitsverfahren einzelner Bereiche informiert. Der Betriebsrat stellt fest, dass er seine innerbetriebliche Informationspflicht ausgeschöpft hat und ihm die von Ihnen benannten Fachleute keine erschöpfende Auskunft und Klarheit bei den Details der bevorstehenden Veränderung, gerade hinsichtlich zu erwartender negativer Auswirkungen auf die Belegschaft des Betriebs, geben konnten. Damit der Betriebsrat von seinen Mitbestimmungsrechten gemäß § 91 BetrVG in diesen Fragen Gebrauch machen kann, halten wir die Beratung des Betriebsrats durch einen Sachverständigen für notwendig.
Deshalb hat der Betriebsrat in seiner Sitzung am .... gemäß § 80 Abs. 3 BetrVG beschlossen, einen Sachverständigen zur nächsten Betriebsratssitzung am .... einzuladen.
Wir sind davon überzeugt, dass auch Sie die Hinzuziehung dieses Sachverständigen begrüßen, damit sich mögliche Meinungsverschiedenheiten über menschengerechte Arbeit weitestgehend ausräumen und die Anrufung der Einigungsstelle vermeiden lassen.
Über die weiteren Modalitäten sollte es alsbald zu einer näheren Vereinbarung zwischen den Betriebsparteien kommen. Der Betriebsrat bittet Sie um Ihre Terminvorschläge.

Mit freundlichen Grüßen

....
(Unterschrift
Betriebsratsvorsitzende/r)

Schreiben an den Arbeitgeber zur Hinzuziehung eines Beraters (für Unternehmen mit mehr als 300 Arbeitnehmern)

83

Der Betriebsrat der XY-GmbH Ort, Datum

An die
Geschäftsleitung der XY-GmbH
Im Hause

Hinzuziehung eines Beraters nach § 111 BetrVG

Sehr geehrte Damen und Herren,
die uns vorgelegten Informationen über die von Ihnen geplanten Veränderungen werden seitens des Betriebsrats als Betriebsänderungen gewertet, betreffen sie doch sowohl die Betriebsorganisation als auch den weiteren Bestand von Beschäftigungsverhältnissen in substanzieller Form.
Um über die weiteren Folgen und Konsequenzen Sicherheit und Transparenz zu erlangen, hat der Betriebsrat beschlossen, sein Recht zur Hinzuziehung eines Beraters seines Vertrauens gemäß § 111 Satz 2 BetrVG wahrzunehmen.
Deshalb hat der Betriebsrat in seiner Sitzung am .... gemäß § 111 BetrVG i.V.m. § 80 Abs. 3 BetrVG beschlossen, einen Berater zur nächsten Betriebsratssitzung am .... einzuladen.
Wir sind davon überzeugt, dass auch Sie die Hinzuziehung dieses Beraters begrüßen, damit sich mögliche Meinungsverschiedenheiten über die Art und Auswirkungen der geplanten Betriebsänderungen weitestgehend ausräumen lassen.
Über die weiteren Modalitäten sollten wir uns alsbald verständigen. So ist z.B. noch die Honorarfrage für den Berater zu klären. Der Betriebsrat bittet Sie um Ihre Terminvorschläge.

Mit freundlichen Grüßen

....
(Unterschrift
Betriebsratsvorsitzende/r)

X. Mitwirkungs- und Beschwerderecht des Arbeitnehmers

Die Mitwirkungs- und Beschwerderechte des Arbeitnehmers sind in den §§ 81–86a BetrVG verankert. Die dort getroffenen Regelungen machen deutlich, dass das Betriebsverfassungsgesetz mehr ist als die Rechtsgrundlage für eine demokratisch legitimierte Betriebsvertretung. Darüber hinaus werden dort nämlich auch Rechte des einzelnen Arbeitnehmers beschrieben, die er jederzeit gegenüber dem Arbeitgeber wahrnehmen kann.

Dazu gehören Unterrichtungs-, Erörterungs- und Einweisungspflichten des Arbeitgebers im Hinblick auf die vom Arbeitnehmer zu erledigende Arbeitsaufgabe (§ 81 BetrVG), Anhörungs- und Erörterungsrechte des Arbeitnehmers über betriebliche Angelegenheiten, z. B. über die Zusammensetzung seines Entgelts, über die Beurteilung seiner Leistungen und seine berufliche Entwicklung (§ 82 BetrVG).

Nach § 83 BetrVG hat der Arbeitnehmer das Recht, jederzeit und ohne konkreten Anlass Einsicht in seine Personalakte zu nehmen. Er kann dazu ein Mitglied des Betriebsrats hinzuziehen. Die Hinzuziehung externer Personen ist ausgeschlossen, sofern der Arbeitgeber es dem Arbeitnehmer gestattet, Kopien der Personalakte zu fertigen, und der Arbeitnehmer dadurch in der Lage ist, die Inhalte mit einem Rechtsbeistand zu beraten. § 84 BetrVG reglementiert das Beschwerderecht des Arbeitnehmers bei den zuständigen betrieblichen Stellen mit der Maßgabe, dass der Arbeitgeber verpflichtet ist, dem Beschwerdeführer Auskunft über die Behandlung seiner Beschwerde zu erteilen und die dargelegten Missstände ggf. abzustellen. Eine solche Beschwerde kann nach § 85 BetrVG auch beim Betriebsrat platziert werden.

§ 86a BetrVG berücksichtigt, dass Arbeitnehmer immer stärker selbst Einfluss auf die Betriebspolitik und die Betriebsratsarbeit nehmen möchten. Diese Vorschrift billigt jedem Arbeitnehmer das Recht zu, dem Betriebsrat Themen zur Beratung vorzuschlagen. Wird ein solcher Vorschlag von mindestens 5 % der Arbeitnehmer unterstützt, so ist der Betriebsrat verpflichtet, das Thema in einer seiner Sitzungen zu behandeln.

Gesetzestexte

Betriebsverfassungsgesetz

§ 75 Grundsätze für die Behandlung der Betriebsangehörigen

(1) Arbeitgeber und Betriebsrat haben darüber zu wachen, dass alle im Betrieb tätigen Personen nach den Grundsätzen von Recht und Billigkeit behandelt werden, insbesondere, dass jede Benachteiligung von Personen aus Gründen ihrer Rasse oder wegen ihrer ethnischen Herkunft, ihrer Abstammung oder sonstigen Herkunft, ihrer Nationalität, ihrer Religion oder Weltanschauung, ihrer Behinderung, ihres Alters, ihrer politischen oder gewerkschaftlichen Betätigung oder Einstellung oder wegen ihres Geschlechts oder ihrer sexuellen Identität unterbleibt.
(2) Arbeitgeber und Betriebsrat haben die freie Entfaltung der Persönlichkeit der im Betrieb beschäftigten Arbeitnehmer zu schützen und zu fördern. Sie haben die Selbstständigkeit und Eigeninitiative der Arbeitnehmer und Arbeitsgruppen zu fördern.

§ 81 Unterrichtungs- und Erörterungspflicht des Arbeitgebers

(1) Der Arbeitgeber hat den Arbeitnehmer über dessen Aufgabe und Verantwortung sowie über die Art seiner Tätigkeit und ihre Einordnung in den Arbeitsablauf des Betriebs zu unterrichten. Er hat den Arbeitnehmer vor Beginn der Beschäftigung über die Unfall- und Gesundheitsgefahren, denen dieser bei der Beschäftigung ausgesetzt ist, sowie über die Maßnahmen und Einrichtungen zur Abwendung dieser Gefahren und die nach § 10 Abs. 2 des Arbeitsschutzgesetzes getroffenen Maßnahmen zu belehren.
(2) Über Veränderungen in seinem Arbeitsbereich ist der Arbeitnehmer rechtzeitig zu unterrichten. Absatz 1 gilt entsprechend.
(3) In Betrieben, in denen kein Betriebsrat besteht, hat der Arbeitgeber die Arbeitnehmer zu allen Maßnahmen zu hören, die Auswirkungen auf Sicherheit und Gesundheit der Arbeitnehmer haben können.
(4) Der Arbeitgeber hat den Arbeitnehmer über die aufgrund einer Planung von technischen Anlagen, von Arbeitsverfahren und Arbeitsabläufen oder der Arbeitsplätze vorgesehenen Maßnahmen und ihre Auswirkungen auf seinen Arbeitsplatz, die Arbeitsumgebung sowie auf Inhalt und Art seiner Tätigkeit zu unterrichten. Sobald feststeht, dass sich die Tätigkeit des Arbeitnehmers ändern wird und seine beruflichen Kenntnisse und Fähigkeiten zur Erfüllung seiner Aufgaben nicht ausreichen, hat der Arbeitgeber mit dem Arbeitnehmer zu erörtern, wie dessen berufliche Kenntnisse und Fähigkeiten im Rahmen der betrieblichen Möglichkeiten den künftigen Anforderungen angepasst werden

können. Der Arbeitnehmer kann bei der Erörterung ein Mitglied des Betriebsrats hinzuziehen.

§ 82 Anhörungs- und Erörterungsrecht des Arbeitnehmers

(1) Der Arbeitnehmer hat das Recht, in betrieblichen Angelegenheiten, die seine Person betreffen, von den nach Maßgabe des organisatorischen Aufbaus des Betriebs hierfür zuständigen Personen gehört zu werden. Er ist berechtigt, zu Maßnahmen des Arbeitgebers, die ihn betreffen, Stellung zu nehmen sowie Vorschläge für die Gestaltung des Arbeitsplatzes und des Arbeitsablaufs zu machen.
(2) Der Arbeitnehmer kann verlangen, dass ihm die Berechnung und Zusammensetzung seines Arbeitsentgelts erläutert und dass mit ihm die Beurteilung seiner Leistungen sowie die Möglichkeiten seiner beruflichen Entwicklung im Betrieb erörtert werden. Er kann ein Mitglied des Betriebsrats hinzuziehen. Das Mitglied des Betriebsrats hat über den Inhalt dieser Verhandlungen Stillschweigen zu bewahren, soweit es vom Arbeitnehmer im Einzelfall nicht von dieser Verpflichtung entbunden wird.

§ 83 Einsicht in die Personalakten

(1) Der Arbeitnehmer hat das Recht, in die über ihn geführten Personalakten Einsicht zu nehmen. Er kann hierzu ein Mitglied des Betriebsrats hinzuziehen. Das Mitglied des Betriebsrats hat über den Inhalt der Personalakte Stillschweigen zu bewahren, soweit es vom Arbeitnehmer im Einzelfall nicht von dieser Verpflichtung entbunden wird.
(2) Erklärungen des Arbeitnehmers zum Inhalt der Personalakte sind dieser auf sein Verlangen beizufügen.

§ 84 Beschwerderecht

(1) Jeder Arbeitnehmer hat das Recht, sich bei den zuständigen Stellen des Betriebs zu beschweren, wenn er sich vom Arbeitgeber oder von Arbeitnehmern des Betriebs benachteiligt oder ungerecht behandelt oder in sonstiger Weise beeinträchtigt fühlt. Er kann ein Mitglied des Betriebsrats zur Unterstützung oder Vermittlung hinzuziehen.
(2) Der Arbeitgeber hat den Arbeitnehmer über die Behandlung der Beschwerde zu bescheiden und, soweit er die Beschwerde für berechtigt erachtet, ihr abzuhelfen.
(3) Wegen der Erhebung einer Beschwerde dürfen dem Arbeitnehmer keine Nachteile entstehen.

§ 85 Behandlung von Beschwerden durch den Betriebsrat

(1) Der Betriebsrat hat Beschwerden von Arbeitnehmern entgegenzunehmen und, falls er sie für berechtigt erachtet, beim Arbeitgeber auf Abhilfe hinzuwirken.
(2) Bestehen zwischen Betriebsrat und Arbeitgeber Meinungsverschiedenheiten über die Berechtigung der Beschwerde, so kann der Betriebsrat die Einigungsstelle anrufen. Der Spruch der Einigungsstelle ersetzt die Einigung zwischen Arbeitgeber und Betriebsrat. Dies gilt nicht, soweit Gegenstand der Beschwerde ein Rechtsanspruch ist.
(3) Der Arbeitgeber hat den Betriebsrat über die Behandlung der Beschwerde zu unterrichten. § 84 Abs. 2 bleibt unberührt.

§ 86 Ergänzende Vereinbarungen

Durch Tarifvertrag oder Betriebsvereinbarung können die Einzelheiten des Beschwerdeverfahrens geregelt werden. Hierbei kann bestimmt werden, dass in den Fällen des § 85 Abs. 2 an die Stelle der Einigungsstelle eine betriebliche Beschwerdestelle tritt.

§ 86a Vorschlagsrecht der Arbeitnehmer

Jeder Arbeitnehmer hat das Recht, dem Betriebsrat Themen zur Beratung vorzuschlagen. Wird ein Vorschlag von mindestens 5 vom Hundert der Arbeitnehmer des Betriebs unterstützt, hat der Betriebsrat diesen innerhalb von zwei Monaten auf die Tagesordnung einer Betriebsratssitzung zu setzen.

84

Schreiben an den Arbeitgeber zur Behandlung einer Beschwerde

Der Betriebsrat der XY-GmbH   Ort, Datum

An die
Geschäftsleitung der XY-GmbH
Im Hause

Abhilfe einer Beschwerde

Sehr geehrte Damen und Herren,
der Betriebsrat hat sich in seiner Sitzung am .... mit einer Beschwerde der Kollegin .... befasst und ist der Meinung, dass die Beschwerde berechtigt ist.
Frau .... ist seit dem .... bei uns als kaufmännische Sachbearbeiterin beschäftigt und wird seit über 12 Monaten ständig als »Springerin« eingesetzt, obwohl darüber bei ihrer Einstellung arbeitsvertraglich nichts vereinbart worden ist.
Wir bitten darum, Frau .... jetzt endlich einen ständigen Arbeitsplatz zuzuweisen, da die bisherige Art der Tätigkeit für sie nicht mehr zumutbar ist.
Wir sind auch gerne bereit, ein klärendes Gespräch mit Ihnen hierüber zu führen. Sollten wir uns über die Berechtigung der Beschwerde nicht verständigen können, sehen wir uns leider gezwungen, gemäß § 85 Abs. 2 BetrVG die Einigungsstelle zwecks Klärung unserer Meinungsverschiedenheit anzurufen. Wir setzen jedoch Ihre Gesprächsbereitschaft voraus und verbleiben

mit freundlichen Grüßen

....
(Unterschrift
Betriebsratsvorsitzende/r)

Schreiben an den Arbeitgeber zur Behandlung einer Beschwerde einer Arbeitnehmerin wegen sexueller Belästigung am Arbeitsplatz

Der Betriebsrat der XY-GmbH Ort, Datum 85

An die
Geschäftsleitung der XY-GmbH
...

Beschwerde über sexuelle Belästigung am Arbeitsplatz

Sehr geehrte Damen und Herren,
die Kollegin .... hat sich gestern in einer heiklen Angelegenheit mit dem Betriebsrat besprochen. Gegenstand des Gesprächs war, dass sich Frau .... in der Abteilung ...., in der sie seit kurzem arbeitet, sexuell belästigt fühlt. Als einzige Frau in der ansonsten nur aus Männern bestehenden Schichtbelegschaft ist sie nicht nur ständigen versteckten Anzüglichkeiten der Arbeitnehmer (Name, Vorname unter Konkretisierung der Anzüglichkeiten und Datum) ausgesetzt. Sie empfindet auch die durch die Arbeitnehmer .... (Name, Vorname) offen zur Schau gestellten Pin-up-Fotos als Verletzung ihrer sexuellen Integrität.
Da die Kollegin trotz ihres selbstbewussten Auftretens gegenüber den Männern in ihrem Arbeitsbereich keine Änderung der Zustände herbeiführen konnte, hat sie sich vertrauensvoll an den Betriebsrat gewandt.
Der Betriebsrat verurteilt selbstverständlich das Verhalten der männlichen Belegschaft und ist bereit, mit Ihnen zusammen für Abhilfe zu sorgen. Wir sehen es als hilfreich an, vor Ergreifen arbeitsrechtlicher Maßnahmen ein ernstes Gespräch mit den betreffenden Belegschaftsmitgliedern unter Beteiligung der Vorgesetzten und des Betriebsrats zu führen. Sollte dies nicht zum Erfolg führen, werden entsprechende arbeitsrechtliche Maßnahmen unumgänglich sein.
Wir hoffen jedoch, dass es dazu nicht kommen wird, und bitten um Absprache eines gemeinsamen Termins.

Mit freundlichen Grüßen
....
(Unterschrift
Betriebsratsvorsitzende/r)

86

Schreiben zur Einsichtnahme eines Arbeitnehmers in seine Personalakte

Fritz Meier, im Hause der XY-GmbH Ort, Datum

An die
Geschäftsleitung der XY-GmbH
...

Antrag zur Einsichtnahme in die Personalakte

Sehr geehrte Damen und Herren,
ich hatte in den vergangenen Wochen mehrfach hitzige Diskussionen mit meinem Vorgesetzten Herrn Müller wegen meiner vermeintlich schlechten Arbeitsleistungen. Die Gespräche mit meinem Vorgesetzten sind leider ergebnislos geblieben, meine Argumente gegen seine unberechtigten Vorwürfe wurden von ihm nicht akzeptiert. Er hat mir zuletzt damit gedroht, in der Personalabteilung vorstellig zu werden, um meine angeblich schlechten Arbeitsleistungen »aktenkundig« zu machen. Diese Dokumentation diene letztlich der Absicherung einer Abmahnung, die er bei anhaltenden Schlechtleistungen demnächst aussprechen werde.
Aus diesem Grund hätte ich gerne Einsicht in meine Personalakte genommen, um festzustellen, ob zwischenzeitlich diesbezügliche Vermerke angefertigt wurden. Zu dieser Einsichtnahme werde ich den Betriebsratskollegen Heinz Schmidt hinzuziehen.
Ich bitte Sie, mir innerhalb der nächsten beiden Arbeitswochen, spätestens bis zum ...., während der üblichen Geschäftszeit Einblick in meine Personalakte zu gewähren.
Ich bitte um eine kurzfristige Rückmeldung.

Mit freundlichen Grüßen

....
(Unterschrift
Fritz Meier ...)

XI. Qualifizierte Mitbestimmungsrechte des Betriebsrats

Die Beteiligung des Betriebsrats in sozialen Angelegenheiten ist in den §§ 87–89 BetrVG geregelt. Im Mittelpunkt steht der § 87 BetrVG mit einer konkreten Beschreibung von 14 Themenbereichen (Abs. 1), bei denen der Betriebsrat größtenteils ein erzwingbares Mitbestimmungsrecht hat. Es handelt es sich insofern um unabdingbare Antrags- oder Initiativrechte, d. h. der Betriebsrat kann von sich aus beim Arbeitgeber die Regelung der genannten Sachverhalte beantragen, und der Arbeitgeber muss mit ihm darüber verhandeln. Daher bezeichnet man diesen Themenbereich auch als qualifizierte Mitbestimmung des Betriebsrats. Wie das Mitbestimmungsrecht ausgeübt wird, ist in § 87 Abs. 2 BetrVG geregelt. Der Betriebsrat hat in den in § 87 Abs. 1 BetrVG genannten Angelegenheiten allerdings nur mitzubestimmen, soweit eine gesetzliche oder tarifliche Regelung nicht besteht. Kommt eine Einigung zwischen Arbeitgeber und Betriebsrat nicht zustande, entscheidet die Einigungsstelle. Der Spruch der Einigungsstelle ersetzt die Einigung zwischen Arbeitgeber und Betriebsrat.

Der Gesetzgeber hat im Rahmen der Novellierung des Betriebsverfassungsgesetzes die Mitbestimmungsrechte des Betriebsrats in sozialen Angelegenheiten im Jahr 2001 durch die Einfügung der Nr. 13 und im Jahr 2021 durch die Einfügung der Nr. 14 in § 87 Abs. 1 BetrVG erweitert. Danach hat der Betriebsrat bei der Aufstellung von Grundsätzen über die Durchführung von teilautonomer Gruppenarbeit sowie bei der Ausgestaltung von mobiler Arbeit, die mittels Informations- und Kommunikationstechnik erbracht wird, mitzubestimmen.

Mit diesem vervollständigten Themenkatalog mitbestimmungspflichtiger Angelegenheiten sind im Prinzip alle wesentlichen für den Betriebsablauf und die betriebliche Ordnung relevanten Punkte erfasst. Für den Betriebsrat gilt es, seine Rechte aktiv wahrzunehmen. Das bedeutet nicht nur, seine Rechte zu reklamieren, sondern auch eigene Gestaltungsvorschläge zu erarbeiten und sie zugunsten der Belegschaft umzusetzen. In Kernfragen der Mitbestimmung, wie bei der Gestaltung der betrieblichen Arbeitszeit, Genehmigung von Mehrarbeit oder Einführung von Kurzarbeit, der betrieblichen Urlaubsplanung, der Art und Weise der Auszahlung des Arbeitsentgelts, der Kontrolle und Überwachung von Leistung und Verhalten durch technische Einrichtungen (insbesondere durch EDV-

gestützte Systeme) oder allgemein der betrieblichen Ordnung und des Verhaltens der Arbeitnehmer, hat der Betriebsrat umfangreiche Gestaltungsrechte.
§ 88 BetrVG eröffnet Arbeitgeber und Betriebsrat die Möglichkeit, andere Angelegenheiten, die nicht der erzwingbaren Mitbestimmung unterliegen, durch freiwillige Betriebsvereinbarungen zu regeln, § 89 BetrVG enthält besondere Bestimmungen über die Beteiligung des Betriebsrats beim Arbeitsschutz.

Themenkatalog mitbestimmungspflichtiger Angelegenheiten des § 87 BetrVG

In § 87 Abs. 1 Nr. 1 BetrVG geht es um das Verhalten der Arbeitnehmer im Betrieb und um Fragen der Ordnung des Betriebs. Der Betriebsrat ist also zu beteiligen, wenn Regeln über das Verhalten der Arbeitnehmer aufgestellt und die Einhaltung dieser Regeln durch Verhaltensüberwachung kontrolliert und bei Verstoß geahndet werden sollen. Dies sind Fragen der so genannten Ordnung des Betriebs. Weit verbreitet sind Regelungen über die Ahndung von Verstößen gegen die betriebliche Ordnung durch Betriebsbußen.
Nach § 87 Abs. 1 Nr. 2 BetrVG hat der Betriebsrat mitzubestimmen über die Lage der Arbeitszeit, aber nicht über die Dauer der wöchentlichen Arbeitszeit. Die Dauer der wöchentlichen Arbeitszeit, also wie lange ein Arbeitnehmer in der Woche zu arbeiten hat, wird bei diesem Mitbestimmungsrecht als vorgegebene Größe vorausgesetzt. Der zeitliche Umfang der Arbeitspflicht ergibt sich meist aus dem Tarifvertrag, sonst aus Vereinbarungen zwischen Arbeitgeber und Arbeitnehmer. Die Tarifvertragsparteien können Arbeitgeber und Betriebsrat im Rahmen weiterer Vorgaben die Bestimmung über den zeitlichen Umfang der Arbeitsverpflichtung überlassen. Betriebsvereinbarungen, die aufgrund dieser tariflichen Vorgaben zustande kommen, sind solche des Betriebsverfassungsrechts. Sie gelten unmittelbar und zwingend für alle in den Geltungsbereich der Betriebsvereinbarung fallenden Arbeitnehmer des Betriebs.
Das Mitbestimmungsrecht des Betriebsrats nach § 87 Abs. 1 Nr. 2 BetrVG führt also zur Festlegung einer betriebsüblichen Arbeitszeit. Abs. 1 Nr. 3 behandelt demgegenüber die Fälle, in denen die betriebsübliche Arbeitszeit vorübergehend verlängert oder verkürzt werden soll (Überstunden/Mehrarbeit bzw. Kurzarbeit).
Das Mitbestimmungsrecht des Betriebsrats nach § 87 Abs. 1 Nr. 4 BetrVG betrifft Zeit, Ort und Art der Auszahlung der Arbeitsentgelte, z. B. bei der Festlegung der Zeiträume, für die Entgelt zu zahlen ist (Monats- oder Wochenbasis), oder ob bar oder bargeldlos gezahlt werden soll.
§ 87 Abs. 1 Nr. 5 BetrVG regelt die Aufstellung allgemeiner Urlaubsgrundsätze und des Urlaubsplans sowie die Festsetzung der zeitlichen Lage des Urlaubs. Das Mitbestimmungsrecht des Betriebsrats in Urlaubsfragen bezieht sich in erster

Linie auf den Erholungsurlaub. Neben dem Erholungsurlaub kommen aber auch Sonderurlaub (bezahlt oder unbezahlt) und Bildungsurlaub in Betracht. Dazu zählt auch die Einführung von Betriebsurlaub. Für alle diese Formen des Urlaubs müssen Grundsätze für die Erfüllung der Ansprüche aufgestellt werden.
Eine wesentliche Vorschrift im § 87 Abs. 2 BetrVG ist die Regelung der Nr. 6 zu technischen Einrichtungen zur Verhaltens- und Leistungsüberwachung. Das Betriebsverfassungsgesetz bietet verschiedene Beteiligungsmöglichkeiten von den Unterrichtungsrechten über Beratungsrechte bis hin zu Mitbestimmungsrechten im Rahmen des § 87 BetrVG. Der Betriebsrat hat mitzubestimmen über die Einführung und Anwendung von technischen Einrichtungen, die dazu bestimmt sind, das Verhalten oder die Leistung der Arbeitnehmer zu überwachen. Neben dem Betriebsverfassungsgesetz sind noch weitere Gesetze, Verordnungen, Regeln und Grundkenntnisse für die Arbeit des Betriebsrats hinzuzuziehen (z. B. Bundesdatenschutzgesetz, Datenschutzgrundverordnung, Unfallverhütungsvorschriften der Berufsgenossenschaften, DIN-Normen und Sicherheitsregeln). Auch bestehende Tarifverträge, z. B. zum Rationalisierungsschutz, kommen in Betracht.
§ 87 Abs. 1 Nr. 7 BetrVG regelt die Beteiligung des Betriebsrats bei Fragen zu Arbeitsunfällen, Berufskrankheiten und Gesundheitsschutz. Dieser Regelungsbereich wird weitestgehend durch öffentlich-rechtliche Vorschriften gestaltet, sodass weniger Raum für die Mitbestimmung verbleibt. Mitbestimmung ist vom Gesetzgeber aber ausdrücklich und uneingeschränkt dort zugelassen worden, wo bei der Ausgestaltung arbeitsschutzrechtlicher Bestimmungen noch Ermessensspielräume und Ausgestaltungsmöglichkeiten bestehen.
Das Mitbestimmungsrecht des Betriebsrats nach § 87 Abs. 1 Nr. 8 BetrVG beinhaltet Einflussmöglichkeiten bei Fragen zur Form, Ausgestaltung und Verwaltung von Sozialeinrichtungen. Die Wahrnehmung der Rechte setzen eine »Sozialeinrichtung« voraus, also einen Vermögensgegenstand des Arbeitgebers, der gesondert verwaltet werden kann und auf eine gewisse Dauer angelegt ist. Beispiele für Sozialeinrichtungen sind: Pensions- und Unterstützungskassen, Kantinen, Sportanlagen und Erholungsheime.
Bedeutung erhalten hat der § 87 Abs. 1 Nr. 8 BetrVG durch den individuellen Anspruch der Arbeitnehmer aus § 1a des Gesetzes zur Verbesserung der betrieblichen Altersversorgung, auf bestimmte Teile des Entgelts zu verzichten (z. B. auf einen Teil des Weihnachts- oder Urlaubsgelds oder auf Entgelte aus geleisteten Überstunden), um diese Beträge in eine betriebliche Altersversorgung einzubringen. Diese Entgeltbestandteile können im Wege der sogenannten Entgeltumwandlung für eine betriebliche Altersversorgung verwendet werden. Staatlicherseits wird diese neue Säule der Alterssicherung steuerlich und sozialversicherungsrechtlich gefördert. Soweit Entgeltansprüche auf einem Tarifvertrag beruhen, können sie für eine Entgeltumwandlung nur genutzt werden, wenn

ein Tarifvertrag dies vorsieht oder dies durch Tarifvertrag (im Wege der Betriebsvereinbarung oder durch individuelle Vereinbarung) zugelassen ist. Für tarifgebundene Arbeitnehmer und Arbeitgeber besteht ein Tarifvorrang für eine arbeitnehmerfinanzierte betriebliche Altersvorsorge durch Entgeltumwandlung.
Mit dem Gesetz zur Stärkung der betrieblichen Altersversorgung (Betriebsrentenstärkungsgesetz), das am 1. 1. 2018 in Kraft getreten ist, soll der Verbreitungsgrad der betrieblichen Altersversorgung erhöht werden. Vor allem Geringverdiener sollen künftig in den Genuss einer attraktiven Betriebsrente kommen. Das neue Betriebsrentenstärkungsgesetz wendet sich vor allem an die Tarifpartner. Im sogenannten Sozial- oder Tarifpartnermodell soll es künftig auf tariflicher Grundlage möglich sein, reine Beitragszusagen einzuführen. Der Arbeitgeber ist verpflichtet, den (tariflich) vereinbarten Beitrag an die Versorgungseinrichtung zu bezahlen. Mindest- oder Garantieleistungen für Arbeitnehmer sind nicht gestattet, der Arbeitgeber wird zugleich von der Haftung befreit. Damit kann eine betriebliche Altersversorgung angeboten werden, die das Risiko des Arbeitgebers reduziert: Er tritt nicht für ein dauerhaftes Leistungsniveau, sondern nur für die sogenannte Zielrente (= vorab definierte Betriebsrente) entsprechend der eingezahlten Beiträge ein. Der Arbeitgeber haftet also nicht für die Rendite (Garantieverzinsung).
Das Mitbestimmungsrecht des Betriebsrats nach § 87 Abs. 1 Nr. 9 BetrVG bezieht sich auf die Vergabe und Kündigung von Wohnräumen, die den Arbeitnehmern mit Rücksicht auf das Bestehen eines Arbeitsverhältnisses vermietet werden. Darunter sind Werkmietwohnungen i. S. d. §§ 576 und 576a BGB zu verstehen.
Der Betriebsrat hat nach § 87 Abs. 1 Nr. 10 BetrVG bei der betrieblichen Lohngestaltung mitzubestimmen. Arbeitgeber und Betriebsrat müssen also vereinbaren, nach welchen Entlohnungsgrundsätzen im Betrieb, in einzelnen Abteilungen oder Arbeitsbereichen, z. B. im Zeitlohn, Prämienlohn oder Akkord, gearbeitet wird. Beim Entlohnungsgrundsatz geht es um die abstrakte, kollektive Festlegung der Grundsätze zur Lohnfindung und der Berechnung, wie die Zusammensetzung des Lohns erfolgt. Mitbestimmungspflichtig ist die Aufstellung allgemeiner Grundsätze für die Bemessung der geldwerten Leistungen.
In § 87 Abs. 1 Nr. 11 BetrVG wird das allgemeine Mitbestimmungsrecht der Nr. 10 auf die Festsetzung der Akkord- und Prämiensätze und vergleichbarer leistungsbezogener Entgelte hinaus erweitert. Bei der Lohnform »Akkord« kann der Betriebsrat durch sein Mitbestimmungsrecht somit die Akkordsätze einschließlich des Geldfaktors beeinflussen.
Nach § 87 Abs. 1 Nr. 12 BetrVG hat der Betriebsrat ein erzwingbares Mitbestimmungsrecht bei der Festlegung von Grundsätzen über das betriebliche Vorschlagswesen. Über § 87 BetrVG hinaus können nach § 88 BetrVG auch freiwillige Betriebsvereinbarungen geschlossen werden. Das Mitbestimmungsrecht gilt für Verbesserungsvorschläge. Ein Verbesserungsvorschlag ist jede Anregung ei-

nes oder mehrerer Arbeitnehmer, die im Falle ihrer Verwirklichung zu einer Verbesserung des betrieblichen Ist-Zustands führen. Das betriebliche Vorschlagswesen betrifft alle organisatorischen und verfahrensmäßigen Bestimmungen für die Behandlung von Verbesserungsvorschlägen.
Die Nr. 13 in § 87 Abs. 1 BetrVG trägt der zunehmenden Bedeutung der Beschäftigungssicherung und Qualifizierung für die Betriebsratsarbeit Rechnung. Der Betriebsrat hat bei den Grundsätzen über die Durchführung von Gruppenarbeit mitzubestimmen. Gruppenarbeit hat sich als moderne Arbeitsform erwiesen, die in vielen Fällen effiziente Arbeitsleistungen und gute Arbeitsbedingungen gleichermaßen mit sich bringt. Gleichwohl birgt die Übertragung von Verantwortlichkeiten auf die Gruppe und die Selbstorganisation der Gruppe eine Reihe von potenziellen Konflikten, die nur im Zusammenwirken mit dem Betriebsrat sachgemäß gelöst werden können. Die Regelung räumt dem Betriebsrat ein Mitbestimmungsrecht bei der Aufstellung von Grundsätzen über die Durchführung von teilautonomer Gruppenarbeit ein. Mit dieser modernen Form der Arbeitsgestaltung ist die Gefahr verbunden, dass der Gruppendruck zu einer »Selbstausbeutung« der Gruppenmitglieder und zu einer Ausgrenzung leistungsschwächerer Arbeitnehmer führen kann. Dieser Gefahr soll der Betriebsrat mit Hilfe des neuen Mitbestimmungsrechts in Nr. 13 vorbeugen können.
Hat der Arbeitgeber sich für die Einführung von Gruppenarbeit entschieden, greift das neue Mitbestimmungsrecht. So kann er z. B. Regelungen zu Fragen wie Wahl eines Gruppensprechers, dessen Stellung und Aufgaben, Abhalten von Gruppengesprächen zwecks Meinungsaustauschs und -bildung in der Gruppe, Zusammenarbeit in der Gruppe und mit anderen Gruppen, Berücksichtigung von leistungsschwächeren Arbeitnehmern, Konfliktlösung in der Gruppe vorschlagen und in entsprechenden Regelungen vereinbaren.
Nr. 14 des § 87 Abs. 1 BetrVG räumt dem Betriebsrat ein zwingendes Mitbestimmungsrecht bei der Ausgestaltung von mobiler Arbeit ein, die mittels Informations- und Kommunikationstechnik erbracht wird. Die mobile Arbeit umfasst dabei Tätigkeiten von zu Hause aus (Home Office) und von einem vom Arbeitnehmer frei gewählten Ort aus. Beides berührt unter Umständen weitere zu regelnde Anwendungsbereiche des § 87 Abs. 1 BetrVG. Hinsichtlich der Nr. 14 könnten u. a. zu regelnde Bereiche sein: Entscheidung zwischen Home Office oder frei wählbarem Ort, Erreichbarkeit, Umfang der mobilen Arbeit, technische Ausstattung und Zutrittsrechte zur Wohnung.

Freiwillige Betriebsvereinbarungen

In vielen Betrieben existieren Leistungen und Einrichtungen, die auf freiwilliger Basis zwischen Arbeitgeber und Betriebsrat zustande gekommen sind. In § 88 BetrVG wird darauf Bezug genommen. Damit sind sämtliche soziale Maßnah-

men umrissen. Es werden ausdrücklich drei Bereiche hervorgehoben: die bereits genannten sozialen Einrichtungen, der zusätzliche präventive Arbeitsschutz und die Vermögensbildung in Arbeitnehmerhand. Dem Betriebsrat bleibt es überlassen, Verhandlungsgeschick zu entwickeln und entsprechende Vereinbarungen zu treffen.
Auch der betriebliche Umweltschutz ist in der Betriebsverfassung verankert. Die Zuständigkeit des Betriebsrats für den betrieblichen Umweltschutz wird anerkannt. Dabei wird die Zuständigkeit ausdrücklich auf den betrieblichen Bereich beschränkt. Der betriebliche Umweltschutz betrifft die durch den Betriebsrat vertretenen Arbeitnehmer unmittelbar. In Bezug auf die Arbeitsbedingungen wird betrieblicher Umweltschutz in aller Regel auch Arbeitsschutz beinhalten (z. B. Schutz vor Lärm- und Schadstoffemissionen). Aber auch in anderen Bereichen (z. B. Abfallvermeidung) können Arbeitnehmer über ihren Betriebsrat praxisnahe Vorschläge machen, um Umweltbelastungen zu vermeiden.

Der betriebliche Arbeitsschutz nach § 89 BetrVG

§ 89 BetrVG umfasst Regelungen zum Arbeits- und Umweltschutz. Der Gesetzgeber hat damit der Tatsache Rechnung getragen, dass der Umweltschutz in den Betrieben und Unternehmen eine immer wichtigere Rolle spielt. Betrieblicher Umweltschutz ist immer zunächst auch Arbeitsschutz. Insofern ist es folgerichtig, die Arbeitnehmer in die Entscheidungsprozesse einzubinden und ihr Wissen für den Umweltschutz im Betrieb zu nutzen.
In § 89 BetrVG wird dem Betriebsrat ein weites Arbeitsfeld eröffnet, den gesetzlichen Arbeitsschutz mitzugestalten. Dabei gibt der gesetzliche Arbeitsschutz durch Rahmenvorschriften konkrete Handlungsfelder vor. Hauptsächliche Ansatzpunkte für die Erfüllung der Verpflichtungen sind vielfältige Sachgebiete, die im Betriebsgeschehen eher ineinandergreifen und nicht künstlich getrennt sind. Dabei handelt es sich um Arbeitsstätten, Arbeitsmittel, Arbeitsstoffe, personenbezogene Maßnahmen und die Organisation der Arbeitsabläufe. Eine Vielzahl gesetzlicher Bestimmungen greift ineinander. Der Betriebsrat sollte in diesem Bereich eng mit den zuständigen Behörden zusammenarbeiten und dort, wo er bisher übergangen wurde, seine Einbeziehung nachdrücklich reklamieren.
Zentrale Vorschrift für den Arbeitsschutz ist das Arbeitsschutzgesetz vom 7. August 1996 (zuletzt geändert durch Art. 1 ArbeitsschutzkontrollG vom 22. 12. 2020, BGBl I S. 3334). Das Arbeitsschutzgesetz beinhaltet grundlegende Arbeitsschutzvorschriften mit der Festschreibung allgemeiner Grundpflichten für Arbeitnehmer und Arbeitgeber auf der Basis europaweit geltender Mindeststandards. Das Gesetz betont das Prinzip der Eigenverantwortung, Prävention hat Vorrang vor reagierenden Maßnahmen. Arbeitgeber, Arbeitnehmer und deren Vertretung sind gleichermaßen gefragt. Der Arbeitgeber trägt eine umfassende Verant-

wortung für Sicherheit und Gesundheit seiner Beschäftigten. Er kann sich dabei fachkundiger Personen bedienen, die er schriftlich mit der Wahrnehmung der ihm obliegenden Pflichten beauftragen kann. Der Betriebsrat hat im Rahmen seiner allgemeinen Aufgaben über die Einhaltung der Pflichten zu wachen.
Dazu gehört im Besonderen auch die Prüfung, ob der Arbeitgeber seiner Verpflichtung zur Vornahme einer Gefährdungsanalyse gemäß § 5 ArbSchG (»Beurteilung der Arbeitsbedingungen«) nachkommt. Diese dient dazu, Arbeitsunfälle zu vermeiden, arbeitsbedingte Gesundheitsgefahren so weit wie möglich einzuschränken und darüber hinaus eine menschengerechte Gestaltung der Arbeitsbedingungen zu gewährleisten. Der Arbeitgeber ist nach § 5 ArbSchG aufgefordert, die für die Beschäftigten bestehenden Gefährdungen gezielt und systematisch zu ermitteln und diese hinsichtlich ihrer möglichen Auswirkungen auf die Gesundheit der Arbeitnehmer zu beurteilen. Die Verpflichtung zur Durchführung und Dokumentation von Gefährdungsbeurteilungen legt dem Arbeitgeber gesetzliche Pflichten zur Unterrichtung und Unterweisung der Beschäftigten über Gefährdungssituationen im Betrieb auf. Es sollen nicht nur die technischen Unfallgefährdungen, sondern auch die psychischen Belastungen in die Betrachtungen einbezogen werden, damit eine ganzheitliche Betrachtung von Arbeitssicherheit und Gesundheitsschutz ermöglicht wird.
Gefährdungen im Sinne des Arbeitsschutzgesetzes können dadurch hervorgerufen werden, dass schädigende Energien oder Stoffe auf den Menschen einwirken und dadurch Gesundheitsschäden auslösen. Sie können in kurzfristigen oder länger andauernden Belastungen mit negativen Beanspruchungsfolgen bestehen. Eine nicht erschöpfende Auflistung möglicher Gefährdungsursachen findet sich in § 5 Abs. 3 ArbSchG. Als Erstbeurteilung sind die Gefährdungsbeurteilungen an allen bestehenden Arbeitsplätzen durchzuführen und regelmäßig zu wiederholen, insbesondere bei Änderungen der Arbeitsbedingungen, die durch Investitionen, Modifizierung der Arbeitsorganisation, Einsatz anderer Werkstoffe oder durch andere Arbeitsverfahren ausgelöst werden können. Darüber hinaus können auch verstärktes Auftreten von Unfällen oder Berufskrankheiten und betriebliche Störfälle auslösende Faktoren für aktualisierte Gefährdungsbeurteilungen sein. In den letzten Jahren sind die Auswirkungen psychischer Belastungen zunehmend in den Fokus von Arbeitsmedizinern, Personalverantwortlichen und Betriebsräten geraten. Das steigende Tempo des technischen Fortschritts in Produktion und Verwaltung hat die belastenden Faktoren, die auf die arbeitenden Menschen einwirken, sowohl in quantitativer als auch in qualitativer Hinsicht signifikant erhöht. Die Problematik wurde in den zurückliegenden Jahren häufig übersehen, weil sich die Auswirkungen nicht allein in der erhöhten Anzahl von depressiven Erkrankungen oder Erschöpfungszuständen dokumentieren, sondern in ganz anderen Krankheitsbildern.

Die Gefährdungsbeurteilung ist Aufgabe des Arbeitgebers. Es ist allerdings zu empfehlen, dass Fachkräfte für Arbeitssicherheit, Sicherheitsbeauftragte, in- oder externe Betriebsärzte, Betriebsräte, Führungskräfte und nicht zuletzt die betroffenen Mitarbeiterinnen und Mitarbeiter vertrauensvoll zusammenarbeiten. Nach § 6 ArbSchG sind das Ergebnis der Gefährdungsbeurteilung, die vom Arbeitgeber festgelegten Maßnahmen des Arbeitsschutzes und das Ergebnis der Überprüfung der ergriffenen Schutzmaßnahmen schriftlich festzuhalten.

Neben dem sinnvollen Mitwirkungsgebot hat der Betriebsrat im Rahmen seiner allgemeinen Aufgaben darüber zu wachen, dass der Arbeitgeber den Verpflichtungen zur Gefährdungsbeurteilung und zur Dokumentation der Gefährdungsbeurteilung auch tatsächlich nachkommt.

Aufgrund der zunehmenden Einrichtung von Bildschirmarbeitsplätzen in der letzten Dekade vor der Jahrtausendwende wurden die Anforderungen an die Gestaltung dieser Arbeitsplätze in der Bildschirmarbeitsverordnung vom 4. Dezember 1996 geregelt. Damit wurde eine EG-Richtlinie über die Mindestvorschriften bezüglich der Sicherheit und des Gesundheitsschutzes bei der Arbeit an Bildschirmen in nationales Recht umgesetzt. Analog zum Arbeitsschutzgesetz sieht die Verordnung vor, die Sicherheits- und Gesundheitsbedingungen zu ermitteln und zu beurteilen. Durch geeignete Maßnahmen hat der Arbeitgeber Vorsorge zu treffen, dass die im Anhang der Verordnung genannten ergonomischen Mindeststandards eingehalten werden. Wichtig sind auch die Schaffung einer Arbeitsorganisation, die eine Unterbrechung der Bildschirmtätigkeit zulässt, sowie die Durchführung einer ärztlichen Untersuchung der Augen und des Sehvermögens. Mittlerweile ist die Bildschirmarbeitsverordnung außer Kraft gesetzt, denn deren Inhalte wurden 2016 in die neue Arbeitsstättenverordnung integriert.

Ende 2016 wurde die Arbeitsstättenverordnung (ArbStättV) novelliert. Ziel der Arbeitsstättenverordnung 2004 (zuletzt geändert durch Art. 1 ArbeitsschutzkontrollG vom 22.12.2020, BGBl I S. 3334) war die Modernisierung des Arbeitsstättenrechts entsprechend der Konzeption des Arbeitsschutzgesetzes (ArbSchG) aus dem Jahr 1996. Diese Konzeption folgt der Regelungssystematik der europäischen Arbeitsschutzrichtlinien, nach der Schutzziele und allgemein gehaltene Anforderungen, aber keine detaillierten Verhaltensvorgaben festgesetzt werden. Durch flexible Grundvorschriften soll den Betrieben Spielraum für an ihre Situation angepasste Arbeitsschutzmaßnahmen gegeben werden. Die Verordnung enthält einen Vorschriftentext mit allgemeinen und einen Anhang mit speziellen Bestimmungen. Die allgemeinen Bestimmungen enthalten Rahmenvorschriften mit teilweise neu formulierten Anforderungen an das Einrichten und Betreiben von Arbeitsstätten. Der Antrag stellt grundlegende Konkretisierungen der allgemeinen Anforderungen zusammen und übernimmt im Wesentlichen die bisherigen Regelungen der alten Arbeitsstättenverordnung. Die Schutzziele sollen betriebsnahe Gestaltungsmöglichkeiten ermöglichen. Sie sind nur dann konkret zu regeln, wenn nach wissenschaftlich begründeten Erkenntnissen im Belastungsfall Gesundheitsschäden möglich sind und wenn Anforderungen keinen nachträglichen Gestaltungsspielraum zulassen.

Um die Anwendung der Arbeitsstättenverordnung in der Praxis zu erleichtern, sollen den Arbeitgebern und den vollziehenden Behörden Regeln an die Hand gegeben werden können, denen zu entnehmen sein wird, wie den in der Verordnung niedergelegten Anforderungen konkret entsprochen werden kann. Diese präzisierenden branchen- und tätigkeitsbezogenen technischen Regeln werden – soweit erforderlich – außerhalb der Verordnung erstellt. Diese Aufgabe wird einem »Ausschuss für Arbeitsstätten« übertragen, dem Vertreter aller betroffenen Fachkreise und die Sozialpartner angehören.

Mit der am 3. Dezember 2016 in Kraft getretenen Novelle zur Änderung der ArbStättV (BGBl. I S. 2681) werden zentrale Begriffsbestimmungen (z. B. Arbeitsplatz«) in der ArbStättV verordnungsübergreifend klargestellt. Mit der Berücksichtigung der psychischen Belastungen im Rahmen der Gefährdungsbeurteilung wird künftig diesem wichtigen Belastungsschwerpunkt bei der Arbeit der Beschäftigten gezielt entgegengewirkt. Dies betrifft z. B. die Regelungen über eine angemessene Beleuchtung am Arbeitsplatz und die Sichtverbindung aus Arbeitsräumen nach außen. Die neu aufgenommenen Vorschriften zur Unterweisung der Beschäftigten durch den Arbeitgeber sind ein wesentliches Element hinsichtlich des sicherheitsgerechten Verhaltens in der Arbeitsstätte. Erleichterung bringt den Arbeitgebern die Möglichkeit, Anträge an die Aufsichtsbehörden ab sofort auch elektronisch (E-Mail) übermitteln zu können. Bildschirmarbeitsplätze sind zum Kennzeichen der modernen »digitalen« Arbeitswelt geworden. Computer, Tablet und Smartphone sind in der vernetzten Arbeitswelt nicht mehr wegzudenken. Im Zuge der Rechtsbereinigung sind die Regelungen der Bildschirmarbeitsverordnung zeitgemäß modernisiert und in die ArbStättV integriert worden.

Die neuen Vorschriften zu Telearbeitsplätzen geben den Beschäftigten mehr Spielraum und Flexibilität in Bezug auf die Vereinbarkeit von Familie und Beruf. Für Arbeitgeber und Beschäftigten beschreiben sie den Handlungsrahmen und sind der Maßstab für die erforderliche Rechtssicherheit.

In der Gesamtschau bringen die dargestellten Änderungen in der neuen ArbStättV für die Beschäftigten einen erheblichen Fortschritt für eine menschengerechte Gestaltung von Arbeitsstätten und Arbeitsplätzen

(Entnommen aus: Bundesministerium für Arbeit und Soziales, Arbeitsstättenverordnung, Bürgerservice, Bibliothek, Dezember 2016).

Bereits im Oktober 2002 hatte sich der Gesetzgeber auf dem Gebiet des Arbeitsschutzes mit dem Thema »Nichtraucherschutz« beschäftigt. Eine sehr weit gefasste Schutzvorschrift für Nichtraucher ließ sich bereits aus § 618 Abs. 1 BGB herleiten, der dem Arbeitgeber aufgibt, die Räume, Vorrichtungen und Gerätschaften, die er zur Verrichtung der Dienste zu beschaffen hat, so einzurichten und zu unterhalten und Dienstleistungen, die unter seiner Anordnung oder seiner Leitung vorzunehmen sind, so zu regeln, dass die Arbeitnehmer in größtmöglichem Umfang gegen Gefahr für Leben und Gesundheit geschützt sind. Der Arbeitgeber ist nunmehr nach § 5 ArbStättV verpflichtet, die erforderlichen Maßnahmen zu treffen, damit die nicht rauchenden Beschäftigten in Arbeitsstätten wirksam vor den Gesundheitsgefahren durch Tabakrauch geschützt sind. Damit wird die – auch durch die Rechtsprechung konkretisierte – bis dato bestehende Rechtslage festgeschrieben. Die Implementierung des Nichtraucherschutzes in der ArbStättV dürfte daher im Hinblick auf konkrete Arbeitsschutzmaßnahmen kaum Auswirkungen auf die betriebliche Praxis haben. Der Arbeitgeber war bereits aufgrund der arbeitsrechtlichen Fürsorgepflicht aus § 618 BGB in Verbindung mit den öffentlich-rechtlichen Verpflichtungen aus dem Arbeitsschutzgesetz verpflichtet, Gesundheitsgefahren von den Arbeitnehmern abzuwehren. Die Rechtsprechung hat in den zurückliegenden Jahren herausgearbeitet, dass der Arbeitgeber in Erfüllung seiner Fürsorgepflicht gemäß § 618 BGB die Arbeit so zu organisieren hat, dass Tabakrauch die Atemluft des Arbeitsplatzes nicht durchsetzt und Arbeitnehmer durch Passivrauchen in ihrer Gesundheit nicht gefährdet werden. Der Nichtraucherschutz wurde in den letzten Jahren durch gesetzgeberische Aktivitäten auf Länderebene erhöht. Ausgehend vom Ersten Gesetz zur Änderung des Vorläufigen Tabakgesetzes am 9. November 2006 wurde zunächst eine weitere Einschränkung der Tabakwerbung erlassen, in den Folgejahren wurden in verschiedenen Landesgesetzen Rauchverbote in allen Behörden, Dienststellen und sonstigen Einrichtungen des Landes und der Kommunen, in Schulen, Krankenhäusern und Pflegeeinrichtungen sowie in der Gastronomie geregelt, allerdings mit regional sehr differenzierten Regelungen. Mittlerweile ist das Gesetz über Tabakerzeugnisse und verwandte Erzeugnisse – TabakerzG (Tabakerzeugnisgesetz) vom 4. April 2016, BGBl. I Nr. 15 S. 569 vom 8. April 2016, in Kraft. Es dient der Umsetzung der Richtlinie 2014/40/EU und ersetzt das Vorläufige Tabakgesetz. Ziel der europäischen Tabakproduktrichtlinie ist es, insbesondere Jugendliche vom Einstieg in den Konsum von Tabakerzeugnissen und elektronischen Zigaretten abzuhalten. Dazu soll die Attraktivität dieser Erzeugnisse vor allem für diese Altersgruppe reduziert werden. Erstmals werden neben Tabakerzeugnissen auch nikotinhaltige elektronische Zigaretten reguliert.

Hinsichtlich des Mitbestimmungsrechts haben die Verbesserungen in der Arbeitsstättenverordnung keine weiteren Auswirkungen, da Maßnahmen zum Nichtraucherschutz gemäß § 87 Abs. 1 Nr. 1 BetrVG in Betrieben mit Betriebsrat mitbestimmungspflichtig sind, soweit es um Ordnungsverhalten im Betrieb geht. Nach § 87 Abs. 1 Nr. 7 BetrVG besteht zudem die Mitbestimmungspflicht bei Regelungen des Gesundheitsschutzes im Rahmen der gesetzlichen Vorschriften.

Gesetzestexte

Betriebsverfassungsgesetz

§ 87 Mitbestimmungsrechte

(1) Der Betriebsrat hat, soweit eine gesetzliche oder tarifliche Regelung nicht besteht, in folgenden Angelegenheiten mitzubestimmen:

1. Fragen der Ordnung des Betriebs und des Verhaltens der Arbeitnehmer im Betrieb;
2. Beginn und Ende der täglichen Arbeitszeit einschließlich der Pausen sowie Verteilung der Arbeitszeit auf die einzelnen Wochentage;
3. vorübergehende Verkürzung oder Verlängerung der betriebsüblichen Arbeitszeit;
4. Zeit, Ort und Art der Auszahlung der Arbeitsentgelte;
5. Aufstellung allgemeiner Urlaubsgrundsätze und des Urlaubsplans sowie die Festsetzung der zeitlichen Lage des Urlaubs für einzelne Arbeitnehmer, wenn zwischen dem Arbeitgeber und den beteiligten Arbeitnehmern kein Einverständnis erzielt wird;
6. Einführung und Anwendung von technischen Einrichtungen, die dazu bestimmt sind, das Verhalten oder die Leistung der Arbeitnehmer zu überwachen;
7. Regelungen über die Verhütung von Arbeitsunfällen und Berufskrankheiten sowie über den Gesundheitsschutz im Rahmen der gesetzlichen Vorschriften oder der Unfallverhütungsvorschriften;
8. Form, Ausgestaltung und Verwaltung von Sozialeinrichtungen, deren Wirkungsbereich auf den Betrieb, das Unternehmen oder den Konzern beschränkt ist;
9. Zuweisung und Kündigung von Wohnräumen, die den Arbeitnehmern mit Rücksicht auf das Bestehen eines Arbeitsverhältnisses vermietet werden, sowie die allgemeine Festlegung der Nutzungsbedingungen;
10. Fragen der betrieblichen Lohngestaltung, insbesondere die Aufstellung von Entlohnungsgrundsätzen und die Einführung und Anwendung von neuen Entlohnungsmethoden sowie deren Änderung;
11. Festsetzung der Akkord- und Prämiensätze und vergleichbarer leistungsbezogener Entgelte, einschließlich der Geldfaktoren;
12. Grundsätze über das betriebliche Vorschlagswesen;
13. Grundsätze über die Durchführung von Gruppenarbeit; Gruppenarbeit im Sinne dieser Vorschrift liegt vor, wenn im Rahmen des betrieblichen Arbeitsablaufs eine Gruppe von Arbeitnehmern eine ihr übertragene Gesamtaufgabe im Wesentlichen eigenverantwortlich erledigt.

14. Ausgestaltung von mobiler Arbeit, die mittels Informations- und Kommunikationstechnik erbracht wird.

(2) Kommt eine Einigung über eine Angelegenheit nach Absatz 1 nicht zustande, so entscheidet die Einigungsstelle. Der Spruch der Einigungsstelle ersetzt die Einigung zwischen Arbeitgeber und Betriebsrat.

§ 88 Freiwillige Betriebsvereinbarungen

Durch Betriebsvereinbarung können insbesondere geregelt werden

1. zusätzliche Maßnahmen zur Verhütung von Arbeitsunfällen und Gesundheitsschädigungen;

1a. Maßnahmen des betrieblichen Umweltschutzes;

2. die Errichtung von Sozialeinrichtungen, deren Wirkungsbereich auf den Betrieb, das Unternehmen oder den Konzern beschränkt ist;
3. Maßnahmen zur Förderung der Vermögensbildung;
4. Maßnahmen zur Integration ausländischer Arbeitnehmer sowie zur Bekämpfung von Rassismus und Fremdenfeindlichkeit im Betrieb;
5. Maßnahmen zur Eingliederung schwerbehinderter Menschen.

§ 89 Arbeits- und betrieblicher Umweltschutz

(1) Der Betriebsrat hat sich dafür einzusetzen, dass die Vorschriften über den Arbeitsschutz und die Unfallverhütung im Betrieb sowie über den betrieblichen Umweltschutz durchgeführt werden. Er hat bei der Bekämpfung von Unfall- und Gesundheitsgefahren die für den Arbeitsschutz zuständigen Behörden, die Träger der gesetzlichen Unfallversicherung und die sonstigen in Betracht kommenden Stellen durch Anregung, Beratung und Auskunft zu unterstützen.

(2) Der Arbeitgeber und die in Absatz 1 Satz 2 genannten Stellen sind verpflichtet, den Betriebsrat oder die von ihm bestimmten Mitglieder des Betriebsrats bei allen im Zusammenhang mit dem Arbeitsschutz oder der Unfallverhütung stehenden Besichtigungen und Fragen und bei Unfalluntersuchungen hinzuzuziehen. Der Arbeitgeber hat den Betriebsrat auch bei allen im Zusammenhang mit dem betrieblichen Umweltschutz stehenden Besichtigungen und Fragen hinzuzuziehen und ihm unverzüglich die den Arbeitsschutz, die Unfallverhütung und den betrieblichen Umweltschutz betreffenden Auflagen und Anordnungen der zuständigen Stellen mitzuteilen.

(3) Als betrieblicher Umweltschutz im Sinne dieses Gesetzes sind alle personellen und organisatorischen Maßnahmen sowie alle die betrieblichen Bauten, Räume, technische Anlagen, Arbeitsverfahren, Arbeitsabläufe und Arbeitsplätze betreffenden Maßnahmen zu verstehen, die dem Umweltschutz dienen.

(4) An Besprechungen des Arbeitgebers mit den Sicherheitsbeauftragten im Rahmen des § 22 Abs. 2 des Siebten Buches Sozialgesetzbuch nehmen vom Betriebsrat beauftragte Betriebsratsmitglieder teil.
(5) Der Betriebsrat erhält vom Arbeitgeber die Niederschriften über Untersuchungen, Besichtigungen und Besprechungen, zu denen er nach den Absätzen 2 und 4 hinzuzuziehen ist.
(6) Der Arbeitgeber hat dem Betriebsrat eine Durchschrift der nach § 193 Abs. 5 des Siebten Buches Sozialgesetzbuch vom Betriebsrat zu unterschreibenden Unfallanzeige auszuhändigen.

Arbeitsschutzgesetz[1]

§ 5 Beurteilung der Arbeitsbedingungen

(1) Der Arbeitgeber hat durch eine Beurteilung der für die Beschäftigten mit ihrer Arbeit verbundenen Gefährdung zu ermitteln, welche Maßnahmen des Arbeitsschutzes erforderlich sind.
(2) Der Arbeitgeber hat die Beurteilung je nach Art der Tätigkeiten vorzunehmen. Bei gleichartigen Arbeitsbedingungen ist die Beurteilung eines Arbeitsplatzes oder einer Tätigkeit ausreichend.
(3) Eine Gefährdung kann sich insbesondere ergeben durch
1. die Gestaltung und die Einrichtung der Arbeitsstätte und des Arbeitsplatzes,
2. physikalische, chemische und biologische Einwirkungen,
3. die Gestaltung, die Auswahl und den Einsatz von Arbeitsmitteln, insbesondere von Arbeitsstoffen, Maschinen, Geräten und Anlagen sowie den Umgang damit,
4. die Gestaltung von Arbeits- und Fertigungsverfahren, Arbeitsabläufen und Arbeitszeit und deren Zusammenwirken,
5. unzureichende Qualifikation und Unterweisung der Beschäftigten,
6. psychische Belastungen bei der Arbeit.

§ 6 Dokumentation

(1) Der Arbeitgeber muss über die je nach Art der Tätigkeiten und der Zahl der Beschäftigten erforderlichen Unterlagen verfügen, aus denen das Ergebnis der Gefährdungsbeurteilung, die von ihm festgelegten Maßnahmen des Arbeitsschutzes und das Ergebnis ihrer Überprüfung ersichtlich sind. Bei gleichartiger Gefährdungssituation ist es ausreichend, wenn die Unterlagen zusammengefasste Angaben enthalten.

1 Arbeitsschutzgesetz (ArbSchG) vom 7. August 1996 (BGBl. I S. 1246); zuletzt geändert durch Art. 1 ArbeitsschutzkontrollG vom 22.12.2020 (BGBl I S. 3334).

(2) Unfälle in seinem Betrieb, bei denen ein Beschäftigter getötet oder so verletzt wird, dass er stirbt oder für mehr als drei Tage völlig oder teilweise arbeits- oder dienstunfähig wird, hat der Arbeitgeber zu erfassen.

Teilzeit- und Befristungsgesetz

§ 8 Zeitlich nicht begrenzte Verringerung der Arbeitszeit

(1) Ein Arbeitnehmer, dessen Arbeitsverhältnis länger als sechs Monate bestanden hat, kann verlangen, dass seine vertraglich vereinbarte Arbeitszeit verringert wird.
(2) Der Arbeitnehmer muss die Verringerung seiner Arbeitszeit und den Umfang der Verringerung spätestens drei Monate vor deren Beginn in Textform geltend machen. Er soll dabei die gewünschte Verteilung der Arbeitszeit angeben.
(3) Der Arbeitgeber hat mit dem Arbeitnehmer die gewünschte Verringerung der Arbeitszeit mit dem Ziel zu erörtern, zu einer Vereinbarung zu gelangen. Er hat mit dem Arbeitnehmer Einvernehmen über die von ihm festzulegende Verteilung der Arbeitszeit zu erzielen.
(4) Der Arbeitgeber hat der Verringerung der Arbeitszeit zuzustimmen und ihre Verteilung entsprechend den Wünschen des Arbeitnehmers festzulegen, soweit betriebliche Gründe nicht entgegenstehen. Ein betrieblicher Grund liegt insbesondere vor, wenn die Verringerung der Arbeitszeit die Organisation, den Arbeitsablauf oder die Sicherheit im Betrieb wesentlich beeinträchtigt oder unverhältnismäßige Kosten verursacht. Die Ablehnungsgründe können durch Tarifvertrag festgelegt werden. Im Geltungsbereich eines solchen Tarifvertrags können nicht tarifgebundene Arbeitgeber und Arbeitnehmer die Anwendung der tariflichen Regelungen über die Ablehnungsgründe vereinbaren.
(5) Die Entscheidung über die Verringerung der Arbeitszeit und ihre Verteilung hat der Arbeitgeber dem Arbeitnehmer spätestens einen Monat vor dem gewünschten Beginn der Verringerung in Textform mitzuteilen. Haben sich Arbeitgeber und Arbeitnehmer nicht nach Absatz 3 Satz 1 über die Verringerung der Arbeitszeit geeinigt und hat der Arbeitgeber die Arbeitszeitverringerung nicht spätestens einen Monat vor deren gewünschtem Beginn schriftlich abgelehnt, verringert sich die Arbeitszeit in dem vom Arbeitnehmer gewünschten Umfang. Haben Arbeitgeber und Arbeitnehmer über die Verteilung der Arbeitszeit kein Einvernehmen nach Absatz 3 Satz 2 erzielt und hat der Arbeitgeber nicht spätestens einen Monat vor dem gewünschten Beginn der Arbeitszeitverringerung die gewünschte Verteilung der Arbeitszeit in Textform abgelehnt, gilt die Verteilung der Arbeitszeit entsprechend den Wünschen des Arbeitnehmers als festgelegt. Der Arbeitgeber kann die nach Satz 3 oder Absatz 3 Satz 2 festgelegte Verteilung der Arbeitszeit wieder ändern, wenn das betriebliche Interesse

daran das Interesse des Arbeitnehmers an der Beibehaltung erheblich überwiegt und der Arbeitgeber die Änderung spätestens einen Monat vorher angekündigt hat.
(6) Der Arbeitnehmer kann eine erneute Verringerung der Arbeitszeit frühestens nach Ablauf von zwei Jahren verlangen, nachdem der Arbeitgeber einer Verringerung zugestimmt oder sie berechtigt abgelehnt hat.
(7) Für den Anspruch auf Verringerung der Arbeitszeit gilt die Voraussetzung, dass der Arbeitgeber, unabhängig von der Anzahl der Personen in Berufsbildung, in der Regel mehr als 15 Arbeitnehmer beschäftigt.

§ 9a Zeitlich begrenzte Verringerung der Arbeitszeit

(1) Ein Arbeitnehmer, dessen Arbeitsverhältnis länger als sechs Monate bestanden hat, kann verlangen, dass seine vertraglich vereinbarte Arbeitszeit für einen im Voraus zu bestimmenden Zeitraum verringert wird. Der begehrte Zeitraum muss mindestens ein Jahr und darf höchstens fünf Jahre betragen. Der Arbeitnehmer hat nur dann einen Anspruch auf zeitlich begrenzte Verringerung der Arbeitszeit, wenn der Arbeitgeber in der Regel mehr als 45 Arbeitnehmer beschäftigt.
(2) Der Arbeitgeber kann das Verlangen des Arbeitnehmers nach Verringerung der Arbeitszeit ablehnen soweit betriebliche Gründe entgegenstehen; § 8 Absatz 4 gilt entsprechend. Ein Arbeitgeber, der in der Regel mehr als 45, aber nicht mehr als 200 Arbeitnehmer beschäftigt, kann das Verlangen eines Arbeitnehmers auch ablehnen, wenn zum Zeitpunkt des begehrten Beginns der verringerten Arbeitszeit bei einer Arbeitnehmerzahl von in der Regel

1. mehr als 45 bis 60 bereits mindestens vier,
2. mehr als 60 bis 75 bereits mindestens fünf,
3. mehr als 75 bis 90 bereits mindestens sechs,
4. mehr als 90 bis 105 bereits mindestens sieben,
5. mehr als 105 bis 120 bereits mindestens acht,
6. mehr als 120 bis 135 bereits mindestens neun,
7. mehr als 135 bis 150 bereits mindestens zehn,
8. mehr als 150 bis 165 bereits mindestens elf,
9. mehr als 165 bis 180 bereits mindestens zwölf,
10. mehr als 180 bis 195 bereits mindestens 13,
11. mehr als 195 bis 200 bereits mindestens 14

andere Arbeitnehmer ihrer Arbeitszeit nach Absatz 1 verringert haben.
(3) Im Übrigen gilt für den Umfang der Verringerung der Arbeitszeit und für die gewünschte Verteilung der Arbeitszeit § 8 Absatz 2 bis 5. Für den begehrten Zeitraum der Verringerung der Arbeitszeit sind § 8 Absatz 2 Satz 1, Absatz 3 Satz 1, Absatz 4 sowie Absatz 5 Satz 1 und 2 entsprechend anzuwenden.

(4) Während der Dauer der zeitlich begrenzten Verringerung der Arbeitszeit kann der Arbeitnehmer keine weitere Verringerung und keine Verlängerung seiner Arbeitszeit nach diesem Gesetz verlangen; § 9 findet keine Anwendung.
(5) Ein Arbeitnehmer, der nach seiner zeitlich begrenzten Verringerung der Arbeitszeit nach Absatz 1 zu seiner ursprünglich vertraglich vereinbarten Arbeitszeit zurückgekehrt ist, kann eine erneute Verringerung der Arbeitszeit nach diesem Gesetz frühestens ein Jahr nach der Rückkehr zur ursprünglichen Arbeitszeit verlangen. Für einen erneuten Antrag auf Verringerung der Arbeitszeit nach berechtigter Ablehnung auf Grund entgegenstehender betrieblicher Gründe nach Absatz 2 Satz 1 gilt § 8 Absatz 6 entsprechend. Nach berechtigter Ablehnung auf Grund der Zumutbarkeitsregelung nach Absatz 2 Satz 2 kann der Arbeitnehmer frühestens nach Ablauf von einem Jahr nach der Ablehnung erneut eine Verringerung der Arbeitszeit verlangen.
(6) Durch Tarifvertrag kann der Rahmen für den Zeitraum der Arbeitszeitverringerung abweichend von Absatz 1 Satz 2 auch zuungunsten des Arbeitnehmers festgelegt werden.
(7) Bei der Anzahl der Arbeitnehmer nach Absatz 1 Satz 3 und Absatz 2 sind Personen in Berufsbildung nicht zu berücksichtigen.

§ 13 Arbeitsplatzteilung

(1) Arbeitgeber und Arbeitnehmer können vereinbaren, dass mehrere Arbeitnehmer sich die Arbeitszeit an einem Arbeitsplatz teilen (Arbeitsplatzteilung). Ist einer dieser Arbeitnehmer an der Arbeitsleistung verhindert, sind die anderen Arbeitnehmer zur Vertretung verpflichtet, wenn sie der Vertretung im Einzelfall zugestimmt haben. Eine Pflicht zur Vertretung besteht auch, wenn der Arbeitsvertrag bei Vorliegen dringender betrieblicher Gründe eine Vertretung vorsieht und diese im Einzelfall zumutbar ist.
(2) Scheidet ein Arbeitnehmer aus der Arbeitsplatzteilung aus, so ist die darauf gestützte Kündigung des Arbeitsverhältnisses eines anderen in die Arbeitsplatzteilung einbezogenen Arbeitnehmers durch den Arbeitgeber unwirksam. Das Recht zur Änderungskündigung aus diesem Anlass und zur Kündigung des Arbeitsverhältnisses aus anderen Gründen bleibt unberührt.
(3) Die Absätze 1 und 2 sind entsprechend anzuwenden, wenn sich Gruppen von Arbeitnehmern auf bestimmten Arbeitsplätzen in festgelegten Zeitabschnitten abwechseln, ohne dass eine Arbeitsplatzteilung im Sinne des Absatzes 1 vorliegt.
(4) Durch Tarifvertrag kann von den Absätzen 1 und 3 auch zuungunsten des Arbeitnehmers abgewichen werden, wenn der Tarifvertrag Regelungen über die Vertretung der Arbeitnehmer enthält. Im Geltungsbereich eines solchen Tarif-

vertrags können nicht tarifgebundene Arbeitgeber und Arbeitnehmer die Anwendung der tariflichen Regelungen über die Arbeitsplatzteilung vereinbaren.

Drittes Buch Sozialgesetzbuch (SGB III)[2]

§ 99 Anzeige des Arbeitsausfalls

(1) Der Arbeitsausfall ist bei der Agentur für Arbeit, in deren Bezirk der Betrieb seinen Sitz hat, schriftlich oder elektronisch anzuzeigen. Die Anzeige kann nur vom Arbeitgeber oder der Betriebsvertretung erstattet werden. Der Anzeige des Arbeitgebers ist eine Stellungnahme der Betriebsvertretung beizufügen. Mit der Anzeige ist glaubhaft zu machen, dass ein erheblicher Arbeitsausfall besteht und die betrieblichen Voraussetzungen für das Kurzarbeitergeld erfüllt sind.
(2) Kurzarbeitergeld wird frühestens von dem Kalendermonat an geleistet, in dem die Anzeige über den Arbeitsausfall bei der Agentur für Arbeit eingegangen ist. Beruht der Arbeitsausfall auf einem unabwendbaren Ereignis, gilt die Anzeige für den entsprechenden Kalendermonat als erstattet, wenn sie unverzüglich erstattet worden ist.
(3) Die Agentur für Arbeit hat der oder dem Anzeigenden unverzüglich einen schriftlichen Bescheid darüber zu erteilen, ob auf Grund der vorgetragenen und glaubhaft gemachten Tatsachen ein erheblicher Arbeitsausfall vorliegt und die betrieblichen Voraussetzungen erfüllt sind.

§ 100 Kurzarbeitergeld bei Arbeitskämpfen

(1) § 160 über das Ruhen des Anspruchs auf Arbeitslosengeld bei Arbeitskämpfen gilt entsprechend für den Anspruch auf Kurzarbeitergeld bei Arbeitnehmerinnen und Arbeitnehmern, deren Arbeitsausfall Folge eines inländischen Arbeitskampfes ist, an dem sie nicht beteiligt sind.
(2) Macht der Arbeitgeber geltend, der Arbeitsausfall sei die Folge eines Arbeitskampfes, so hat er dies darzulegen und glaubhaft zu machen. Der Erklärung ist eine Stellungnahme der Betriebsvertretung beizufügen. Der Arbeitgeber hat der Betriebsvertretung die für die Stellungnahme erforderlichen Angaben zu machen. Bei der Feststellung des Sachverhalts kann die Agentur für Arbeit insbesondere auch Feststellungen im Betrieb treffen.
(3) Stellt die Agentur für Arbeit fest, dass ein Arbeitsausfall entgegen der Erklärung des Arbeitgebers nicht Folge eines Arbeitskampfes ist, und liegen die Voraussetzungen für einen Anspruch auf Kurzarbeitergeld allein deshalb nicht

2 Drittes Buch Sozialgesetzbuch (SGB III) vom 24. März 1997; zuletzt geändert durch Artikel 15 G zur Novellierung des BundespersonalvertretungsG vom 9.6.2021 (BGBl I S. 1614).

vor, weil der Arbeitsausfall vermeidbar ist, wird das Kurzarbeitergeld insoweit geleistet, als die Arbeitnehmerin oder der Arbeitnehmer Arbeitsentgelt (Arbeitsentgelt im Sinne des § 115 des Zehnten Buches) tatsächlich nicht erhält. Bei der Feststellung nach Satz 1 hat die Agentur für Arbeit auch die wirtschaftliche Vertretbarkeit einer Fortführung der Arbeit zu berücksichtigen. Hat der Arbeitgeber das Arbeitsentgelt trotz des Rechtsübergangs mit befreiender Wirkung an die Arbeitnehmerin oder den Arbeitnehmer oder an einen Dritten gezahlt, hat die Empfängerin oder der Empfänger des Kurzarbeitergeldes dieses insoweit zu erstatten.

Arbeitsstättenverordnung[3]

§ 5 Nichtraucherschutz

(1) Der Arbeitgeber hat die erforderlichen Maßnahmen zu treffen, damit die nicht rauchenden Beschäftigten in Arbeitsstätten wirksam vor den Gesundheitsgefahren durch Tabakrauch geschützt sind. Soweit erforderlich, hat der Arbeitgeber ein allgemeines oder auf einzelne Bereiche der Arbeitsstätte beschränktes Rauchverbot zu erlassen.

(2) In Arbeitsstätten mit Publikumsverkehr hat der Arbeitgeber beim Einrichten und Betreiben von Arbeitsräumen der Natur des Betriebes entsprechende und der Art der Beschäftigung angepasste technische oder organisatorische Maßnahmen nach Absatz 1 zum Schutz der nicht rauchenden Beschäftigten zu treffen

3 Arbeitsstättenverordnung (ArbStättV) vom 12. August 2004 (BGBl. I S. 2179); zuletzt geändert durch Artikel 4 des Gesetzes vom 22.12.2020 (BGBl I S. 3334).

Schreiben an den Arbeitgeber wegen Verletzung eines gesetzlichen Mitbestimmungsrechts des Betriebsrats

Der Betriebsrat der XY-GmbH Ort, Datum 87

An die
Geschäftsleitung der XY-GmbH
Im Hause

Verletzung der Beteiligungsrechte des Betriebsrats

Sehr geehrte Damen und Herren,
der Betriebsrat musste feststellen, dass durch Sie bzw. durch diverse Abteilungsleiter in den letzten Wochen gezielt zwingende Mitbestimmungsrechte des Betriebsrats unterlaufen wurden.
Verschiedentlich haben sich Mitarbeiter mit der Bitte um Beistand an den Betriebsrat gewandt. Ihre Vorgesetzten forderten sie auf, einer Arbeitszeitverlagerung auf das Wochenende schriftlich zuzustimmen. So wurde auf Sonn- und Feiertagsarbeit verwiesen mit der Argumentation, dies sei nach der Rechtslage möglich. Grundlage und Recht für eine solche zeitweilige Änderung ergäben sich aus dem Arbeitszeitgesetz. Des Weiteren wird argumentiert, dass dies in der derzeitigen Auftragssituation zur optimalen Maschinenauslastung und unter Einsparung von Mehrkosten notwendig sei. Nicht zuletzt wurde das Argument, dadurch den Arbeitsplatz zu sichern, angeführt. Gegenüber der Belegschaft wurde der Anschein erweckt, dass dies gesetzlich zulässig und der Betriebsrat nicht zu beteiligen sei.
Der Betriebsrat stellt fest, dass Sie die Unwissenheit und Existenzängste der Beschäftigten missbrauchen, um auf diese Weise zu einvernehmlichen arbeitsvertraglichen Änderungen bzw. Absprachen unter Umgehung des Betriebsrats und seiner Rechte zu gelangen. Ihr Verhalten verstößt gegen zwingende Beteiligungsrechte des Betriebsrats, aber auch gegen den geltenden Tarifvertrag.
Da unser Unternehmen tarifgebunden ist, gilt der derzeit aktuelle Rahmentarifvertrag, welcher die Arbeitszeit, verteilt auf die Wochentage, zwingend regelt. Die tariflich vereinbarte Wochenarbeitszeit beträgt derzeit ... Stunden, verteilt auf die Tage Montag bis Freitag. Eine Verteilung der Arbeitszeit innerhalb dieser Wochentage ist nach Tarifvertrag durchaus möglich, jedoch nur unter Einbeziehung des Betriebsrats und der Wahrnehmung seines Mitbestimmungsrechts nach § 87 Abs. 1 Nr. 3 BetrVG.
Einen Bezug auf das Arbeitszeitgesetz lässt sich im Unternehmen nicht herstellen, fällt es doch unter keinen der von § 10 Arbeitszeitgesetz aufgeführten Bereiche. Ebenso wenig liegen die Kriterien eines Mehrschichtbetriebs vor. Sollten im Betrieb aufgrund besonderer Ereignisse vorübergehende Mehrarbeit unter Einbeziehung der arbeitsfreien Wochenenden und Feiertage notwendig werden, so ist dies mit dem Betriebsrat unter Berücksichtigung der einschlägigen gesetzlichen Genehmigungsverfahren durch Betriebsvereinbarung zu regeln.
Der Betriebsrat fordert Sie auf, Ihrer Verpflichtung zur Einhaltung des gültigen Tarifvertrags nachzukommen und künftig jeden falschen Anschein zu unterlassen, solche

Änderungen würden sich sowohl mit diesem decken als auch mit dem Einverständnis des Betriebsrats erfolgen.
Ebenso fordert er Sie auf, es künftig zu unterlassen, unter Druck mit einzelnen Arbeitnehmern Regelungen unter Umgehung des kollektiven Regelungsrechts des Betriebsrats vorzunehmen. Diese sind rechtsunwirksam.
Der Betriebsrat akzeptiert ein weiteres Zuwiderhandeln nicht und sieht darin einen groben Verstoß gegen das Gebot der gegenseitigen vertrauensvollen Zusammenarbeit und einen groben Verstoß gegen ein erklärtes Mitbestimmungsrecht. Sollte nicht binnen Wochenfrist Ihrerseits dem Betriebsrat gegenüber die Rücknahme der diversen Änderungsbegehren gegenüber den betroffenen Belegschaftsangehörigen bestätigt werden, wird der Betriebsrat gegen Sie ein Verfahren nach § 23 Abs. 3 BetrVG anstrengen.

Mit freundlichen Grüßen

....

(Unterschrift
Betriebsratsvorsitzende/r)

Schreiben an den Arbeitgeber zur Einführung von Compliance- und Ethikrichtlinien und zur Kommunikation von Mitarbeitern in sozialen Netzwerken

Der Betriebsrat der XY-GmbH Ort, Datum 88

An die
Geschäftsleitung der XY-GmbH
Im Hause

Einführung von Compliance- und Ethikrichtlinien

Sehr geehrte Damen und Herren,
der Betriebsrat begrüßt das Vorhaben der Geschäftsführung, im Unternehmen verbindliche Compliance-Richtlinien, verbunden mit ethischen Grundsätzen, einzuführen.
Dieses Vorhaben erscheint dem Betriebsrat von grundsätzlicher Bedeutung, sowohl inhaltlich als auch auf die möglichen Auswirkungen bezogen. Er anerkennt diese Notwendigkeit, Mitarbeiter auf gesetzeskonformes Verhalten zu verweisen; ebenso, dass das Unternehmen immer mehr verpflichtet ist, die eigene Organisationsstruktur den Anforderungen anzupassen, die sich aus den sich häufig ändernden gesetzlichen Vorgaben ergeben.
Dies wird auch unter dem Aspekt eines möglichen Whistleblowings gesehen. Mitarbeiter kommunizieren zunehmend in sozialen Netzwerken über betriebliche Ereignisse. Hier sind »Spielregeln« und Grenzen hinsichtlich möglicher arbeitsrechtlicher Pflichtverletzungen zu definieren.
In diesem Kontext verweist der Betriebsrat vorsorglich darauf, dass bei der Regelung aller Fragen – von Regelungen über die Ordnung des Betriebs, über die Gestaltung des Zusammenlebens und Zusammenwirkens der Mitarbeiter im Betrieb und über deren Verhalten –, die durch die Compliance-Richtlinie geregelt werden, ein diesbezügliches Mitbestimmungsrecht des Betriebsrats nach § 87 Abs. 1 Nr. 1 BetrVG zu beachten ist.
Ein Mitbestimmungsrecht des Betriebsrats etwa ist gegeben bei Regelungen über die Zulässigkeit der Annahme von Geschenken, ehrverletzenden Äußerungen, Beleidigungen oder Drohungen.
Auch Regelungen, die bestimmte, standardisierte Meldeverfahren bei Compliance-Verstößen vorgeben (Whistleblowing), unterfallen demnach der betrieblichen Mitbestimmung, soweit es den Arbeitnehmern hierdurch nicht mehr freisteht, ob und wie sie Compliance-Verstöße melden.
Zur Prüfung seiner Rechte bittet der Betriebsrat um Vorlage der Konzeption und der ggf. bereits erstellten Fassung der Richtlinie
Wir erwarten Ihre Antwort sowie die Mitteilung eines Gesprächstermins in den nächsten zwei Wochen.

Mit freundlichen Grüßen

....
(Unterschrift
Betriebsratsvorsitzende/r)

Schreiben an den Arbeitgeber zur Herbeiführung einer Regelung über Alkoholkonsum im Betrieb

89 Der Betriebsrat der XY-GmbH | Ort, Datum

An die
Geschäftsleitung der XY-GmbH
...

Regelung über Alkoholkonsum im Betrieb und über den Umgang mit gefährdeten abhängigen Belegschaftsangehörigen

Sehr geehrte Damen und Herren,
dem Betriebsrat ist nicht entgangen, dass es in letzter Zeit wieder zu einem verstärkten Alkoholkonsum in nahezu allen Abteilungen des Werks gekommen ist. Da bereits in der Vergangenheit diverse Probleme mit gefährdeten Arbeitnehmern auftraten, wie Mängel in der Arbeitssicherheit durch Eigen- und Fremdgefährdung, aber auch krankheitsbedingte Ausfälle, schlägt der Betriebsrat vor, im Rahmen einer Betriebsvereinbarung diese Fragen des Verhaltens von Arbeitnehmern zu regeln.
Ziel dieser Vereinbarung soll sein,

- den Beteiligten eine einheitliche Richtlinie an die Hand zu geben,
- die menschliche Zusammenarbeit im Betrieb zu fördern,
- eine Gleichbehandlung aller Betroffenen sicherzustellen,
- Möglichkeiten der Hilfe für alkoholkranke und alkoholgefährdete Belegschaftsangehörige zu schaffen und
- im Interesse der Mitarbeiter/innen die Arbeitssicherheit zu erhöhen bzw. zu fördern.

Ihnen ist bekannt, dass an eine Kündigung, die auf ein Verhalten des Arbeitnehmers gestützt wird, das im Zusammenhang mit einer Alkoholsucht steht, grundsätzlich die gleichen Anforderungen zu stellen sind wie an krankheitsbedingte Kündigungen (BAG vom 9.4.1987 – 2 AZR 210/86 – zu B II der Gründe, AP KSchG 1969 § 1 Krankheit Nr. 18 = EzA KSchG § 1 Krankheit Nr. 18). Alkoholabhängigkeit ist eine Krankheit. Verstößt ein Arbeitnehmer infolge seiner Abhängigkeit gegen arbeitsvertragliche Pflichten, ist ihm zum Zeitpunkt der Pflichtverletzung kein Schuldvorwurf zu machen (BAG vom 9.4.1987 – 2 AZR 210/86 – zu B II 2 der Gründe, a. a. O.).
Aus diesem Grund sollten präventive Maßnahmen im Unternehmen in unserem gemeinsamen Interesse liegen. Wir gehen daher davon aus, dass gemeinsame Anstrengungen und konkrete Maßnahmen unternommen werden, um sowohl den Alkoholkonsum als auch den Grad der Gefährdung im Betrieb zu reduzieren. Unter dieser Prämisse bitten wir Sie alsbald um einen ersten Verhandlungstermin. Bis .... wird Ihnen der Betriebsrat den Entwurf einer Betriebsvereinbarung zustellen.

Mit freundlichen Grüßen

....
(Unterschrift
Betriebsratsvorsitzende/r)

Schreiben an den Arbeitgeber zur Verteilung der Arbeitszeit 90

Der Betriebsrat der XY-GmbH Ort, Datum

An die
Geschäftsleitung der XY-GmbH
Im Hause

Festlegung der wöchentlichen Arbeitszeit

Sehr geehrte Damen und Herren,
die Tarifvertragsparteien haben einen weiteren Schritt in Richtung Arbeitszeitflexibilisierung beschlossen. Das Tarifergebnis lässt die Möglichkeit einer konkreten Ausgestaltung der Festlegung der wöchentlichen Arbeitszeit auf die einzelnen Wochentage nach betrieblichen Erfordernissen zu. Der Betriebsrat beriet in seiner letzten Sitzung über eine auf unseren Betrieb zugeschnittene Regelung, in der sowohl die Belange der Beschäftigten als auch des Betriebs berücksichtigt werden sollen.
Wie Ihnen sicherlich bekannt ist, besteht im Zuge der tarifvertraglichen Öffnungsklausel gleichzeitig ein qualifiziertes Mitbestimmungsrecht des Betriebsrats. Dieses haben wir i. S. d. § 87 Abs. 1 Nr. 2 BetrVG wahrgenommen.
Wir hoffen, dass der beiliegende Entwurf einer Arbeitszeitregelung auch Ihren Interessen entgegenkommt, so dass wir im Rahmen freier Verhandlungen und unter Ausschluss einer Einigungsstelle ein für beide Seiten befriedigendes Ergebnis herbeiführen werden.
Wir erwarten Ihre Stellungnahme sowie die Mitteilung eines Verhandlungstermins in den nächsten zwei Wochen.

Mit freundlichen Grüßen

....
(Unterschrift
Betriebsratsvorsitzende/r)

Anlage: Entwurf einer Betriebsvereinbarung

91

Antrag eines Arbeitnehmers an den Arbeitgeber zur Verringerung der Arbeitszeit gemäß Teilzeit- und Befristungsgesetz

Absender Ort, Datum

An die
Geschäftsleitung der XY-GmbH
Im Hause

Reduzierung der Arbeitszeit

Sehr geehrte Damen und Herren,
gemäß § 8 des Gesetzes über Teilzeitarbeit und befristete Arbeitsverhältnisse beantrage ich unter Wahrung der Dreimonatsfrist die Reduzierung meiner (tarif)vertraglich vereinbarten Wochenarbeitszeit auf .... Wochenstunden ab dem ....
Das verbleibende Arbeitszeitvolumen von .... Wochenstunden würde ich gerne an drei aufeinander folgenden Wochentagen erledigen, optimal wäre für mich der Zeitraum von Montag bis Mittwoch. Hinsichtlich der Aufteilung auf die einzelnen Wochentage bin ich im Rahmen der Vorschriften des Arbeitszeitgesetzes flexibel.
Ich habe meinen Wunsch zur Reduzierung der Arbeitszeit vorab mit meinem Vorgesetzten besprochen. Betriebliche Belange dürften meinem Wunsch nicht entgegenstehen, weil die Eigenart meines Arbeitsplatzes eine Teilung auf mehrere Stelleninhaber grundsätzlich zulässt.
Ich bitte Sie um ein persönliches Gespräch, damit wir schnellstmöglich zu einer Vereinbarung kommen.

Mit freundlichen Grüßen

....
(Unterschrift Arbeitnehmer/in)

Schreiben an den Arbeitgeber zur Regelung von vorübergehender Mehrarbeit

92

Der Betriebsrat der XY-GmbH Ort, Datum

An die
Geschäftsleitung der XY-GmbH
Im Hause

Regelung der Überstunden

Sehr geehrte Damen und Herren,
wie Sie uns am .... mitteilten, werden aufgrund des anhaltenden Termindrucks bei der Fertigstellung der laufenden Aufträge für die nächsten vier Wochen erneut Überstunden in verschiedenen Abteilungen notwendig. Die Ihrem Schreiben beigelegten Unterlagen machen dies unstreitig glaubhaft. Vom Grundsatz her steht der Betriebsrat einer vorübergehenden täglichen Mehrarbeit von zwei Stunden nicht entgegen und ist bereit, eine solche Regelung in Form einer Betriebsvereinbarung mit Ihnen festzulegen.
Zur Konkretisierung dieser Vereinbarung schlägt der Betriebsrat vor, sich umgehend zu Verhandlungen zu treffen. Für den Betriebsrat hat der Betriebsausschuss Verhandlungsvollmacht.
Rechtzeitig vor Verhandlungstermin bitten wir Sie, uns die für die Mehrarbeit beabsichtigten Abteilungen zu benennen sowie die Personallisten dieser Abteilungen vorzulegen.
Des Weiteren bittet der Betriebsrat, ihm folgende Unterlagen zur Verfügung zu stellen:

- Offenlegung des Kapazitätsauslastungsgrades der übrigen Abteilungen für die nächsten zwei Monate,
- Vorlage der Eckdaten der Auftragsentwicklung des gesamten Betriebs für die nächsten vier Monate,
- Offenlegung der laufenden Personalplanung, insbesondere Eckdaten über die Personalbedarfsplanung, und
- Vorlage der Vorhaben und geplanten Maßnahmen zur Deckung des permanenten Personalmangels.

Nur nach einer intensiven Prüfung oben genannter Unterlagen kann sich der Betriebsrat abschließend ein Bild machen und beurteilen, ob es sich um eine vorübergehende Maßnahme handelt.
In der Hoffnung umgehend eine einvernehmliche Regelung unter Ausschluss einer Einigungsstelle zu treffen, verbleiben wir

mit freundlichen Grüßen

....
(Unterschrift
Betriebsratsvorsitzende/r)

93

Schreiben an den Arbeitgeber zur Regelung über die Nutzung von Smartphones

Der Betriebsrat der XY-GmbH Ort, Datum

An die
Geschäftsleitung der XY-GmbH
Im Hause

Nutzung von Smartphones im Betrieb

Sehr geehrte Damen und Herren,
der Betriebsrat verfolgt die eingeführte Nutzung von Smartphones im gesamten Betrieb. Er anerkennt, dass die Nutzung von Geräten wie Blackberry oder iPhone zu einer effektiveren und zeitsparenden Kommunikation geführt hat.
Der Betriebsrat reflektiert jedoch auch, dass es von inzwischen vielen Arbeitnehmern als selbstverständlich erwartet wird, dass ihnen die neuesten technischen Geräte vom Arbeitgeber zur Verfügung gestellt werden.
Dies führt nach unseren Erkenntnissen jedoch in der Praxis dazu, dass die vereinbarte Arbeitszeit von der Freizeit immer weniger klar zu trennen ist und weitreichende persönliche, aber auch arbeitsrechtliche Konsequenzen häufig ignoriert werden.
So ist z. B. die dadurch entstandene uneingeschränkte Erreichbarkeit der Mitarbeiter, z. B. durch das Abrufen von E-Mails nach der Arbeitszeit, zu nennen. Soweit der Mitarbeiter außerhalb der Arbeitszeiten aktiv E-Mails bearbeitet und beantwortet, entsteht Arbeitszeit im Sinne des Arbeitszeitgesetzes. Es besteht faktisch Rufbereitschaft, wenn, wie bereits im Betrieb übliche Praxis, der Vorgesetzte die Anweisung gibt, eingehende E-Mails auch außerhalb der Arbeitszeit unverzüglich zu beantworten. Die jeweilige Arbeitszeit ist übrigens bei Tarifangestellten prinzipiell auch zu vergüten.
Der Betriebsrat verweist auf seine Mitbestimmungsrechte nach § 87 Abs. 1 Nr. 2 und 3 BetrVG, die durch die angeordnete Smartphone-Nutzung nach Feierabend ausgelöst wurden.
Da es sich bei den ausgegebenen Geräten um eine auf den einzelnen Arbeitnehmer individualisierte Überlassung handelt, welche die Bearbeitung von Intranet, E-Mails und die Nutzung des Internets ermöglichen, und es sich somit um technische Überwachungseinrichtungen handelt, besteht auch ein Mitbestimmungsrecht nach § 87 Abs. 1 Nr. 6 BetrVG.
Der Betriebsrat bittet um Beantwortung und Offenlegung folgender Fragen und Punkte:

- Welche Vereinbarungen werden dem Arbeitnehmer bei der Überlassung des Gerätes vorgelegt?
- Werden Ortungsfunktionen der Geräte erfasst und Bewegungsprotokolle erstellt?
- Werden Mails, Skype- und Chat-Protokolle oder auch Surfspuren per MDM (Mobile Device Management) ausgelesen?
- Wird eine Ortung des Mitarbeiters per GPS oder Speicherung vorgenommen?
- Werden Einzelverbindungsnachweise erfasst, ausgewertet (in welcher Form) und wenn, wie lange gespeichert?

- Wenn Auswertungen vorgenommen werden, bitten wir um uneingeschränkte Vorlage sämtlicher Varianten.
- Wer hat Zugriff bzw. wem werden welche Auswertungen überlassen?

Die vom Betriebsrat angestrebte umfassende Rahmenvereinbarung zu diesem Regelungskomplex muss beinhalten:

- Die Einschränkung einer permanenten Erreichbarkeit während der Freizeit
- Regelungen, welche den datenschutzrechtlichen Anforderungen wie auch dem Schutzbedürfnis vor individualisierter Leistungs- und Verhaltenskontrolle der Arbeitnehmer gerecht werden
- Regelungen zur dienstlichen wie auch privaten Nutzung der überlassenen Geräte
- Regelungen der Auswertung, der Art und des Umfangs wie auch der Dauer von Speicherungen

Der Betriebsrat erwartet Ihre Stellungnahme wie auch zur Aufnahme von Verhandlungen darüber einen Terminvorschlag bis in zwei Wochen.

Mit freundlichen Grüßen

....

(Unterschrift
Betriebsratsvorsitzende/r)

94

Schreiben an den Arbeitgeber zur Regelung von Kurzarbeit

Der Betriebsrat der XY-GmbH — Ort, Datum

An die
Geschäftsleitung der XY-GmbH
Im Hause

Regelung von Kurzarbeit

Sehr geehrte Damen und Herren,
in seiner letzten Sitzung am .... hat der Betriebsrat sich eingehend mit Ihrem Begehren auseinandergesetzt, bis auf Weiteres Kurzarbeit in mehreren Abteilungen des Betriebs durchzuführen. Einzig und allein der Antrag zur Genehmigung der Kurzarbeit bei der Agentur für Arbeit liegt dem Betriebsratsvorsitzenden mit der Bitte zur Unterschrift vor.
Wie Sie sicherlich wissen, ist eine solche Maßnahme mitbestimmungspflichtig nach § 87 Abs. 1 Nr. 3 BetrVG. Der Betriebsrat wird sich, sollte nachweislich Kurzarbeit notwendig sein, einer solchen Maßnahme nicht widersetzen und eine Betriebsvereinbarung darüber anstreben.
Ein entsprechender Beschluss wurde in oben genannter Sitzung gefasst.
Kurzarbeit darf jedoch im Sinne des SGB III nicht dazu führen, einzelne Arbeitnehmer zu benachteiligen und sie aus der Produktion auszugliedern, um mit einer verkleinerten und verjüngten Mannschaft die Produktion weiterzuführen. Um diesen Verdacht auszuräumen, sind für eine Genehmigung von Kurzarbeit seitens des Betriebsrats verschiedene Bedingungen zu erfüllen:

1. In allen Abteilungen sind noch vorhandene Überstunden sofort zu stoppen.
2. Dem Betriebsrat sind folgende Eckdaten und Unterlagen vorzulegen:
   - *Mitteilung der voraussichtlichen Kurzarbeit und der betreffenden Abteilungen,*
   - *Vorlage sämtlicher Subunternehmerverträge,*
   - *Vorlage der Daten über den Auftragsbestand und die Auftragsdauer des gesamten Betriebs,*
   - *Mitteilung, in welchen Abteilungen derzeit welche Auftragsauslastung besteht, und die Dauer der Aufträge,*
   - *Liste aller Arbeitnehmer, welche noch Alturlaub zu beanspruchen haben, sowie die jeweilige Höhe des Urlaubsanspruchs,*
   - *Vorlage eines Zeitplans über die Dauer der Kurzarbeit sowie eines Verteilungsplans mit Namen der voraussichtlich betroffenen Arbeitnehmer.*

Der Betriebsrat wird sich umgehend nach Erhalt der geforderten Unterlagen mit der Angelegenheit in einer weiteren Sitzung befassen und ggf. einen Entwurf für eine Betriebsvereinbarung über Kurzarbeit vorlegen.

Den Unterlagen wie auch einem baldigen Gesprächstermin sehen wir mit Interesse entgegen und hoffen, die Angelegenheit zum Wohle der Belegschaft und des Betriebs zügig – unter Ausschluss der Einigungsstelle – erledigen zu können.

Mit freundlichen Grüßen

....

(Unterschrift
Betriebsratsvorsitzende/r)

95 **Stellungnahme gemäß § 99 Abs. 1 Satz 2 SGB III – 1. Alternative**

Der Betriebsrat der XY-GmbH Ort, Datum

An die
Agentur für Arbeit
...

Einführung von Kurzarbeit

Sehr geehrte Damen und Herren,
am 7. November .... hat unsere Geschäftsleitung den Betriebsrat gebeten, der Einführung von Kurzarbeit für die Zeit vom 1. Dezember ...... bis zum 31. März ..... zuzustimmen. Der Betriebsrat hat seine Zustimmung aus folgenden Gründen verweigert:

1. Die Geschäftsleitung war nicht bereit, Angaben darüber zu machen, ab wann, in welcher Form und durch welche Kunden sich der Auftragsrückgang bemerkbar gemacht hat.
2. Der Hinweis des Betriebsrats, dass wegen der geräumten Lager auf Lagerhaltung produziert werden könne, wurde als irreal abgetan.
3. Die Empfehlung des Betriebsrats, die längst überfälligen Wartungs- und Reparaturarbeiten vorzunehmen, wurde als Eingriff in die unternehmerische Dispositionsfreiheit angesehen.

Überhaupt wurde arbeitgeberseitig nicht im Sinne einer vertrauensvollen Zusammenarbeit, dem Grundgebot der Betriebsverfassung, gehandelt.
Diese kurze, aber keineswegs erschöpfende Darstellung kann sicherlich verdeutlichen, warum der Betriebsrat im Interesse der Belegschaft einen ablehnenden Beschluss gefasst hat.
Falls dem Betriebsrat jedoch kurzfristig Auskünfte und Mitteilungen zugehen, die zur besseren Beurteilung der Situation geeignet sind, ist er gern bereit – bei Aufrechterhaltung der Zustimmungsverweigerung –, nochmals über die Einführung von Kurzarbeit zu beraten.

Mit freundlichen Grüßen

....
(Unterschrift
Betriebsratsvorsitzende/r)

Stellungnahme gemäß § 99 Abs. 1 Satz 2 SGB III – 2. Alternative

Der Betriebsrat der XY-GmbH Ort, Datum 96

An die
Agentur für Arbeit
. . .

Antrag auf Einführung von Kurzarbeit der Fa. . . . vom . . .
Stellungnahme des Betriebsrats

Sehr geehrte Damen und Herren,
hiermit bestätigt der Betriebsrat, dass die Geschäftsleitung den Betriebsrat rechtzeitig und umfassend unter Vorlage von Unterlagen über die Notwendigkeit der Einführung von Kurzarbeit unterrichtet hat.
Der Betriebsrat ist nach eingehender Überprüfung der Sach- und Rechtslage zu dem Ergebnis gelangt, der Einführung von Kurzarbeit entsprechend dem Antrag der Geschäftsleitung vom . . . . zustimmen zu müssen. Andernfalls wären Entlassungen unvermeidlich gewesen.

Mit freundlichen Grüßen

. . . .
(Unterschrift
Betriebsratsvorsitzende/r)

97

Schreiben an den Arbeitgeber zur Umstellung der Entgeltabrechnung

Der Betriebsrat der XY-GmbH Ort, Datum

An die
Geschäftsleitung der XY-GmbH
Im Hause

Umstellung der Entgeltabrechnung

Sehr geehrte/r Frau/Herr ...,
im Zusammenhang mit der Umstellung auf ein neues Personalabrechnungssystem sind wir nach den uns vorliegenden Leistungsbeschreibungen des Systemanbieters künftig in der Lage, die Entgeltabrechnung bezüglich der Auszahlungszeitpunkte umzustellen.
Bislang haben unsere Kolleginnen und Kollegen unter Beachtung der tarifvertraglichen Vorschriften am 10. Bankarbeitstag des Folgemonats über das Nettoentgelt des zurückliegenden Abrechnungsmonats auf dem von Ihnen bezeichneten Bankkonto verfügen können. Da dieser Auszahlungszeitpunkt nicht mit den ansonsten üblichen Fälligkeitsterminen fixer Zahlungsverpflichtungen korrespondiert, kam es bei einzelnen Belegschaftsmitgliedern gelegentlich zu vorübergehenden Kontounterdeckungen.
Mit der Einführung des neuen Personalabrechnungssystems dürfte dieses Problem gelöst werden können. Das System ist in der Lage, auf Basis der tatsächlichen entgeltrelevanten Beschäftigungsdaten bis zum 23. Kalendertag eines jeden Monats und einer vom gültigen Schichtplan abgeleiteten Hochrechnung für den weiteren Monatsverlauf zum zweitletzten Bankarbeitstag ein repräsentatives Nettoentgelt zu ermitteln. In einem zweiten Abrechnungsdurchlauf können die eventuellen Abweichungen vom Schichtplan für den Hochrechnungszeitraum berücksichtigt werden. Ein eventuell noch nachzuzahlender Betrag wäre dann bis zum 7. Arbeitstag des Folgemonats zu überweisen.
Über die Modalitäten der neuen Abrechnungszyklen sollten wir uns schnellstmöglich verständigen. Rein vorsorglich verweisen wir dabei auf unser Mitbestimmungsrecht nach § 87 Abs. 1 Ziff. 4 BetrVG und gehen davon aus, dass Sie unseren o. g. Argumenten folgen können. Der Betriebsrat hat inzwischen innerhalb der Belegschaft ein Meinungsbild zu der von uns vorgeschlagenen Vorgehensweise eingeholt und ist dabei auf breite Zustimmung gestoßen. Aufgrund vielfältiger Anregungen haben wir daraufhin den Entwurf einer Betriebsvereinbarung formuliert, den Sie in der Anlage zu diesem Schreiben vorfinden.
Wir gehen von einem baldigen Verhandlungstermin aus, den Sie uns bitte in den nächsten zehn Tagen benennen mögen, und erwarten Ihre Vorstellungen zu unseren Vorschlägen.

In der Hoffnung, die Angelegenheit einvernehmlich klären zu können, verbleiben wir

mit freundlichen Grüßen

....
(Unterschrift
Betriebsratsvorsitzende/r)

Anlage: Muster einer Betriebsvereinbarung

PS: Wir weisen Sie darauf hin, dass bis zum Abschluss einer Betriebsvereinbarung die bisherige Lohnzahlungsart zum üblichen Zeitpunkt zu erfolgen hat.

98

Schreiben an den Arbeitgeber zur Regelung einer verbindlichen Urlaubsplanung

Der Betriebsrat der XY-GmbH Ort, Datum

An die
Geschäftsleitung der XY-GmbH
Im Hause

Urlaubsplanung für das kommende Jahr

Sehr geehrte Damen und Herren,
nachdem es in diesem Jahr erstmals in der Urlaubsfrage zu Kontroversen zwischen einzelnen Arbeitnehmern und der Geschäftsleitung gekommen war, sieht sich der Betriebsrat genötigt, zur Einhaltung des Betriebsfriedens sein Initiativrecht aus § 87 Abs. 1 Nr. 5 BetrVG wahrzunehmen.
Sie wissen sicher, dass es sich dabei um ein qualifiziertes Mitbestimmungsrecht des Betriebsrats handelt. Wir sehen uns genötigt, es in Anspruch zu nehmen, da es sich bei der Urlaubsplanung der Belegschaft für das laufende Urlaubsjahr um eine wichtige Frage des betrieblichen Miteinanders handelt. In der Belegschaft ist zunehmend Verunsicherung entstanden, ob die bisher praktizierte Individualregelung weiter Bestand hat oder nicht.
Um Klarheit zu bekommen, bitten wir Sie, uns innerhalb einer Woche mitzuteilen, ob die Belegschaft in Form eines Urlaubsplans ihre Individualansprüche geltend machen kann oder ob Sie beabsichtigen, Betriebsferien einzuführen.
Im ersten Falle wäre die kurzfristige Erstellung einer Urlaubsliste notwendig, aus der ein Urlaubsplan zu entwickeln ist, wobei Unstimmigkeiten mit uns zu beraten sind. Im zweiten Falle ist mit uns über Zeitpunkt und Dauer der Betriebsferien zu verhandeln.
Im Interesse der Gleichbehandlung aller Arbeitnehmer des Betriebs fordern wir Sie auf, sich entsprechend der gesetzten Frist zu äußern, und erwarten von Ihnen einen kurzfristigen Verhandlungstermin zur einvernehmlichen Regelung der Urlaubsplanung.

Mit freundlichen Grüßen

....

(Unterschrift
Betriebsratsvorsitzende/r)

Schreiben an den Arbeitgeber zur Regelung über die Einführung und Anwendung eines elektronischen Informations- und Kommunikationssystems

Der Betriebsrat der XY-GmbH Ort, Datum 99

An die
Geschäftsleitung der XY-GmbH
Im Hause

Einführung und Anwendung eines elektronischen Informations- und Kommunikationssystems

Sehr geehrte Damen und Herren,
der Betriebsrat stellt fest, dass es sich bei der geplanten Einführung und Anwendung des Informations- und Kommunikationssystems um hochkomplexe Investitionen handelt, welche nicht nur zur Erlangung und Bewahrung von Technologie-, Kosten- und Marktführerschaft des Unternehmens zur Anwendung kommen. Durch neue Formen der in- und externen Kommunikation werden der Informationsbeschaffung und -verteilung nahezu keine Grenzen mehr gesetzt. Die Verwendung in- und externer Archive und Datenbanken und die hohe Entwicklungsgeschwindigkeit der Hard- und Software führen zu extrem dynamischen Prozessen mit hoher Beschleunigung.
Deshalb sind Vorkehrungen zur Datensicherheit, z.B. gegen Missbrauch, Preisgabe, Verlust und Zerstörung, zu treffen. Darüber hinaus ist die Einhaltung der Bestimmungen zum Datenschutz und zur Wahrung der Persönlichkeitsrechte der MitarbeiterInnen sicherzustellen.
Die vom Betriebsrat angestrebte umfassende Rahmenvereinbarung zu diesem Regelungskomplex muss beinhalten:

1. eine Systembeschreibung der genutzten Informations- und Kommunikationssysteme,
2. die verwendeten personenbezogenen oder -beziehbaren Daten,
3. Transparenz über die entsprechende Zugriffshierarchie und entsprechenden -rechte,
4. Offenlegen der konkreten Systembeschreibungen, Strukturen von Dateien, Listen und Auswertungen mit personenbezogenen oder personenbeziehbaren Daten.

Der Betriebsrat erwartet Ihre Stellungnahme wie auch zur Aufnahme von Verhandlungen darüber einen Terminvorschlag bis in zwei Wochen.

Mit freundlichen Grüßen

....
(Unterschrift Betriebsratsvorsitzende/r)

100

Schreiben an den Arbeitgeber zur Mitbestimmung bei der Anrechnung übertariflicher Zulagen bei Tariflohnerhöhungen

Der Betriebsrat der XY-GmbH Ort, Datum

An die
Geschäftsleitung der XY-GmbH
Im Hause

Anrechnung übertariflicher Zulagen auf Tariferhöhungen

Sehr geehrte Damen und Herren,
der Betriebsrat hat durch persönliche Einsichtnahme in die Bruttolohn- und -gehaltslisten festgestellt, dass anlässlich der Tarifanhebungen zum .... die von den Tarifvertragsparteien ausgehandelten Erhöhungen bei einem Teil der Belegschaft von Ihnen ungekürzt weitergegeben wurden, bei einem anderen Teil jedoch eine teilweise Anrechnung auf gewährte übertarifliche Zulagen erfolgte.
Der Betriebsrat verweist in diesem Zusammenhang auf den Beschluss des Großen Senats des Bundesarbeitsgerichts vom 2.12.1991 (GS 1/90 und GS 2/90) und auf die Fülle der im Nachgang zu diesen Beschlüssen ergangenen höchstrichterlichen Entscheidungen, in denen ein uneingeschränktes Mitbestimmungsrecht des Betriebsrats für die Fallgestaltungen attestiert wurde, sofern sich der Verteilungsschlüssel der übertariflichen Zulagen durch eine Anrechnung ändert. Da Sie offensichtlich einen Teil der Belegschaft von der Anrechnung ausgenommen haben, muss sich auch der Verteilungsschlüssel geändert haben.
Der Betriebsrat bittet um unverzügliche Auskunft über die von Ihnen vorgenommenen Differenzierungen unter Angabe der Gründe, warum im konkreten Einzelfall die übertariflichen Zulagen vollständig, teilweise oder gar nicht angerechnet wurden.
Nach Zugang und Prüfung Ihrer Unterlagen werden wir umgehend einen Verhandlungstermin zur weiteren Behandlung dieses Themas mit Ihnen vereinbaren.

Mit freundlichen Grüßen

....
(Unterschrift
Betriebsratsvorsitzende/r)

Schreiben an den Arbeitgeber zur Durchführung von Gruppenarbeit 101

Der Betriebsrat der XY-GmbH Ort, Datum

An die
Geschäftsleitung der XY-GmbH
Im Hause

Durchführung von Gruppenarbeit nach § 87 Abs. 1 Nr. 13 BetrVG

Sehr geehrte Damen und Herren,
mit der Erweiterung des Mitbestimmungsrechts des Betriebsrats bei den Grundsätzen zur Durchführung von Gruppenarbeit wird dem Betriebsrat eine Schlüsselfunktion bei der sinnvollen Gestaltung der Arbeitsprozesse zugeschrieben.
Gruppenarbeit wird hier im Betrieb bereits seit langem sporadisch betrieben, sollte jedoch nach unserer Auffassung fester Bestandteil des Arbeitsalltags werden. Sie ist Instrument sowohl zur Steigerung der Wettbewerbsfähigkeit als auch zur Förderung der individuellen Entwicklungsmöglichkeiten der Arbeitnehmer im Rahmen ihrer betrieblichen Tätigkeiten. Der Betriebsrat sieht in der Einführung von Gruppenarbeit die Chance, Arbeitsprozesse ganzheitlicher zu strukturieren und den Handlungsspielraum der Mitarbeiter neu zu definieren. Ebenso erwartet er eine höhere Effizienz durch Prozessorientierung, eine größere Flexibilität, Qualitätssteigerung und eine verbesserte Anlagenausnutzung.
Weitere Vorteile liegen in einer Aufgabenerweiterung und dem Abbau einseitiger Belastung beim einzelnen Arbeitnehmer.
Aus diesen Gründen strebt der Betriebsrat den Abschluss einer Rahmenvereinbarung zur Durchführung von Gruppenarbeit an. Zur weiteren Realisierung schlagen wir folgendes Vorgehen vor:

1. Einrichtung einer gemeinsamen paritätisch besetzten Arbeitsgruppe in den nächsten drei Wochen, die die Grundsätze von Gruppenarbeit erarbeitet und die diversen Einsatzfelder und den Nutzen offenlegen soll;
2. Erstellung eines Entwurfs einer Rahmenbetriebsvereinbarung auf dieser Basis;
3. Abschluss einer Rahmenvereinbarung innerhalb eines Zeitraums von sechs Monaten.

Wir hoffen, dass Sie den Nutzen eines solchen Verfahrens ähnlich sehen wie wir, und erwarten binnen der nächsten zehn Tagen Ihre Rückantwort.

Mit freundlichen Grüßen

....
(Unterschrift Betriebsratsvorsitzende/r)

Schreiben an den Arbeitgeber zum Abschluss einer freiwilligen Betriebsvereinbarung

102 Der Betriebsrat der XY-GmbH Ort, Datum

An die
Geschäftsleitung der XY-GmbH
Im Hause

Abschluss einer freiwilligen Betriebsvereinbarung

Sehr geehrte Damen und Herren,
der Betriebsrat hat in seiner Sitzung am .... beschlossen, Ihnen vorzuschlagen, eine freiwillige Betriebsvereinbarung gemäß § 88 BetrVG über »Zusätzliche Maßnahmen zur Verhütung von Arbeitsunfällen und Gesundheitsschädigungen« abzuschließen.
In einem fortschrittlichen Unternehmen wie dem unseren darf die Abwendung von Gesundheitsgefahren nicht länger dem Zufall oder der Initiative Einzelner überlassen bleiben. Wir sind davon überzeugt, dass Sie ein ebenso großes Interesse an einer Regelung über die gesetzlichen Mindestnormen hinaus haben wie der Betriebsrat. Denn diese Maßnahmen dienen allen Arbeitnehmern und damit auch dem Betrieb.
Durch eine vernünftige Regelung könnte erreicht werden, dass die Unfallgefahren eingeschränkt und damit auch der Krankenstand abgebaut wird.
Wir hoffen auf eine positive Antwort von Ihnen und erwarten einen Terminvorschlag, um ein Gespräch über diese Frage führen zu können.

Mit freundlichen Grüßen

....
(Unterschrift
Betriebsratsvorsitzende/r)

Schreiben an das Gewerbeaufsichtsamt wegen mangelnder Zusammenarbeit im Rahmen des § 89 Abs. 2 BetrVG

Der Betriebsrat der XY-GmbH Ort, Datum 103

An das
Gewerbeaufsichtsamt
...

Verstoß gegen § 89 Abs. 2 BetrVG

Sehr geehrte Damen und Herren,
wir möchten Sie davon in Kenntnis setzen, dass die Mitarbeiter des Amts für Arbeitsschutz bei Betriebsbegehungen in unserem Hause bislang den Weg zum Betriebsrat noch nicht gefunden haben. Sicherlich geschah dies nicht in böser Absicht, sondern aus Unkenntnis über unser Bestehen. Deshalb möchten wir uns auf diesem Wege bemerkbar machen, um damit eine zukünftige gute, im Interesse unserer Belegschaft liegende Zusammenarbeit einzuleiten.
Wir sehen Ihrem Besuch mit Interesse entgegen.

Mit freundlichen Grüßen

....
(Unterschrift
Betriebsratsvorsitzende/r)

Schreiben an die zuständige Berufsgenossenschaft wegen mangelnder Zusammenarbeit im Rahmen des § 89 Abs. 2 BetrVG

104 Der Betriebsrat der XY-GmbH Ort, Datum

An den
Vorstand der Berufsgenossenschaft
...

Verstoß gegen § 89 Abs. 2 BetrVG

Sehr geehrte Damen und Herren,
Sie können versichert sein, dass sich alle Betriebsratsmitglieder verpflichtet fühlen, sich für die Durchführung aller den Arbeitsschutz und die Unfallverhütung im Betrieb betreffenden Vorschriften aktiv einzusetzen.
Umso mehr befremdet es uns, dass Ihre technischen Aufsichtsbeamten bei Betriebsbesichtigungen und Unfalluntersuchungen bislang keinerlei Kontakt zu uns gesucht haben. Der Betriebsrat sieht darin nicht nur einen Gesetzesverstoß, sondern ein dem Arbeitsschutz und der Unfallverhütung abträgliches Verhalten, das im Interesse unserer Kolleginnen und Kollegen im Betrieb eine Änderung erfahren muss.
Wir sind überzeugt davon, dass Sie in unserem Sinne auf Ihre Mitarbeiter einwirken werden, und danken Ihnen für Ihre diesbezüglichen Bemühungen.

Mit freundlichen Grüßen

....
(Unterschrift
Betriebsratsvorsitzende/r)

Schreiben an den Arbeitgeber zur Übersendung der Durchschrift von Unfallanzeigen

Der Betriebsrat der XY-GmbH Ort, Datum 105

An die
Geschäftsleitung der XY-GmbH
Im Hause

Durchschrift der Unfallanzeigen

Sehr geehrte Damen und Herren,
der Betriebsrat stellte zum wiederholten Male fest, dass er entgegen den Vorschriften des § 89 Abs. 5 BetrVG von Ihnen keinen Durchschlag der Unfallanzeigen erhalten hat, die er gemäß § 193 Abs. 5 des Siebten Buches Sozialgesetzbuch zu unterschreiben hat. Sie haben uns bislang lediglich um die erforderliche Unterschrift gebeten, eine Aushändigung der Durchschriften ist jedoch ausnahmslos unterblieben.
Wir gehen davon aus, dass der zuständige Sachbearbeiter im Personalbüro aus Unkenntnis der gesetzlichen Vorschrift gehandelt hat. Zwar könnten wir uns nach erfolgter Unterschrift selbst eine Kopie anfertigen, wir halten es aber für besser, dass Sie den betreffenden Mitarbeiter darüber informieren, dass wir von den unterschriebenen Unfallanzeigen regelmäßig und ohne besondere Anforderung eine Kopie erhalten.
Der Betriebsrat sieht sich nur durch vollständige Einbeziehung in den vorgeschriebenen Informationsablauf in der Lage, seinem gesetzlichen Auftrag auf dem Gebiet des Arbeitsschutzes nachzukommen.
Wir hoffen auf Ihr Verständnis für unsere Bitte und gehen davon aus, dass wir künftig entsprechend den gesetzlichen Vorschriften informiert werden.

Mit freundlichen Grüßen

....
(Unterschrift
Betriebsratsvorsitzende/r)

Schreiben an den Arbeitgeber zur Einsichtnahme in die erforderlichen Unterlagen im Rahmen der Gefährdungsanalyse

106 Der Betriebsrat der XY-GmbH Ort, Datum

An die
Geschäftsleitung der XY-GmbH
Im Hause

Gefährdungsbeurteilung der betrieblichen Arbeitsplätze

Sehr geehrte Damen und Herren,
gemäß § 5 Arbeitsschutzgesetz (ArbSchG) sind Sie verpflichtet, für alle Beschäftigten unseres Unternehmens die mit ihrer Arbeit verbundene Gefährdung zu ermitteln und daraus entsprechende Maßnahmen des Arbeitsschutzes abzuleiten.
Wir bitten Sie, uns das Ergebnis der Gefährdungsbeurteilungen bis zum ...... mitzuteilen und uns Einsicht in die erforderlichen Unterlagen nach § 6 ArbSchG zu gewähren.
Ansprechpartner im Betriebsrat ist der/die Vorsitzende des Arbeitsschutzausschusses, Herr/Frau ....
Sollten Sie die Gefährdungsbeurteilung noch nicht vorgenommen haben, fordern wir Sie auf, diese unverzüglich nachzuholen. In diesem Zusammenhang weisen wir darauf hin, dass gemäß § 5 Abs. 3 Ziff. 6 ArbSchG nunmehr auch die psychischen Belastungen am Arbeitsplatz explizit in die Beurteilungen der Arbeitsbedingungen aufzunehmen sind. Dazu bieten wir Ihnen ausdrücklich die Unterstützung des Betriebsrats an. Ihnen dürfte wie uns daran gelegen sein, durch eine systematische Erfassung des betrieblichen Gefährdungspotenzials zielgerichtete Maßnahmen zur Reduzierung des Unfallgeschehens zu ergreifen und einen vorbeugenden Arbeits- und Gesundheitsschutz zu gewährleisten.

Mit freundlichen Grüßen

....
(Unterschrift
Betriebsratsvorsitzende/r)

Schreiben an den Arbeitgeber zur Durchführung arbeitsmedizinischer Vorsorgeuntersuchungen

107

Der Betriebsrat der XY-GmbH Ort, Datum

An die
Geschäftsleitung der XY-GmbH
Im Hause

Arbeitsmedizinische Vorsorgeuntersuchungen

Sehr geehrte Damen und Herren,
nach § 11 Arbeitsschutzgesetz hat der Arbeitgeber den Beschäftigten auf deren Wunsch eine regelmäßige arbeitsmedizinische Vorsorgeuntersuchung zu ermöglichen. Eine solche Untersuchung ist zwingend, wenn aufgrund der Arbeitsbedingungen trotz ergriffener Schutzmaßnahmen Gesundheitsschäden nicht auszuschließen sind.
Wir bitten Sie, uns unter Vorlage entsprechender Unterlagen mitzuteilen, für welche Bereiche Sie aufgrund der durchgeführten Untersuchung der Arbeitsbedingungen eine Gesundheitsgefährdung ausschließen können und welche Präventivmaßnahmen Sie ggf. in Gefährdungsbereichen ergriffen haben.
Im Interesse der von uns allen getragenen aktiven Gesundheitsförderung bitten wir Sie, den prinzipiell gefährdeten Arbeitnehmern eine arbeitsmedizinische Vorsorgeuntersuchung zu ermöglichen. Die Untersuchung sollte unabhängig davon erfolgen, ob die betreffenden Belegschaftsmitglieder den Wunsch zu einer solchen Untersuchung selbst geäußert haben.
Der Betriebsrat wird dieses Thema auf der nächsten Betriebsversammlung ansprechen und über die gesetzlichen Regelungen informieren. Wir gehen davon aus, dass Sie unsere Aktivitäten tatkräftig unterstützen.

Mit freundlichen Grüßen

....

(Unterschrift
Betriebsratsvorsitzende/r)

Schreiben an den Arbeitgeber zur Durchführung von Untersuchungen der Augen und des Sehvermögens im Rahmen der Einrichtung von Bildschirmarbeitsplätzen

108 Der Betriebsrat der XY-GmbH | Ort, Datum

An die
Geschäftsleitung der XY-GmbH
Im Hause

Untersuchungen der Augen und des Sehvermögens

Sehr geehrte Damen und Herren,
anlässlich unseres letzten Monatsgesprächs haben wir von Ihnen erfahren, dass Sie im Verwaltungsbereich flächendeckend neue strahlungsarme Bildschirmarbeitsplätze einrichten wollen.
Wir weisen Sie vorsorglich darauf hin, dass auch bei einer Verringerung der Strahlung die Beschäftigten an Bildschirmgeräten in regelmäßigen Zeitabständen sowie bei Auftreten von Sehbeschwerden, die auf die Arbeit am Bildschirmgerät zurückgeführt werden können, durch eine fachkundige Person augenärztlich zu untersuchen sind.
Zu einer solchen Untersuchung ist nach unseren Erkenntnissen auch der für uns zuständige Werksarzt ermächtigt. Wir bitten Sie, den betroffenen Personenkreis und die Terminierung entsprechender Untersuchungen mit uns abzustimmen.
Vorsorglich weisen wir schon heute auf Ihre Verpflichtung hin, den Beschäftigten in erforderlichem Umfang Sehhilfen für die Tätigkeit an Bildschirmen zur Verfügung zu stellen, falls die Untersuchung ergibt, dass spezielle Sehhilfen notwendig sind.

Mit freundlichen Grüßen

....
(Unterschrift
Betriebsratsvorsitzende/r)

Schreiben an den Arbeitgeber zur Aufnahme von Verhandlungen über eine Betriebsvereinbarung zum Regelungsthema »Mobiles Arbeiten und Home Office« 109

Der Betriebsrat der XY-GmbH Ort, Datum

An die
Geschäftsleitung der XY-GmbH
Im Hause

Mobiles Arbeiten und Home Office

Sehr geehrte Damen und Herren,
anlässlich unseres letzten Monatsgesprächs haben wir von Ihnen erfahren, dass Sie nunmehr in den Abteilungen ...xyz ... die Arbeitsform des mobilen Arbeitens unter Nutzung bestehender und neuer technischer Informations- und Kommunikationsmittel einführen bzw. erweitern möchten. Der Betriebsrat begrüßt diese Pläne des Unternehmens sehr. In Zeiten der Pandemie durch Covid-19 können wir so die Infektionsrisiken unserer Mitarbeiter reduzieren. Darüber hinaus wird durch die Schaffung mobiler Arbeitsplätze ein wertvoller ökologischer und zeitökonomischer Beitrag zum Wohle der Mitarbeiter und der Gesellschaft geleistet.

Sicherlich wissen Sie, dass die Ausgestaltung der mobilen Arbeit der zwingenden Mitbestimmung nach § 87 Abs. 1 Nr. 14 BetrVG unterliegt. Der Betriebsrat wird seine diesbezüglichen Rechte auch wahrnehmen und fordert Sie hiermit auf, Beratungen und Verhandlungen über eine entsprechende Betriebsvereinbarung aufzunehmen. Zu regeln sind unter anderem Fragen über die Wahl zwischen Home Office und frei wählbarem Arbeitsplatz, Fragen der Ausstattung, der Erreichbarkeit, der IT-Sicherheit, des Umfangs der mobilen Arbeit sowie Fragen etwaiger Kostenausgleiche.

Der Betriebsrat wird zur Vorbereitung der Verhandlungen einen Entwurf für eine Betriebsvereinbarung erarbeiten und Ihnen rechtzeitig zur Vorbereitung zukommen lassen. Wir schlagen für einen ersten gemeinsamen Termin den .... in der Zeit von 10.00 bis 14.00 Uhr vor. Bitte bestätigen Sie den vorgeschlagenen Termin zeitnah. Abschließend möchten wir Sie bitten, das mobile Arbeiten nicht umzusetzen, solange die Betriebsvereinbarung nicht abgeschlossen ist.

Mit freundlichen Grüßen

....
(Unterschrift
Betriebsratsvorsitzende/r)

XII. Gestaltung von Arbeitsplatz, Arbeitsablauf und Arbeitsumgebung

Die Beteiligungsrechte des Betriebsrats bei der Planung und der technischen sowie organisatorischen Gestaltung von Arbeitsplätzen, Arbeitsabläufen und der Arbeitsumgebung im Betrieb sind für die betroffenen Arbeitnehmer von wesentlicher Bedeutung. Die Rechte sind schwerpunktmäßig in den §§ 90 und 91 BetrVG geregelt.

Zum einen handelt es sich um Informationsrechte des Betriebsrats, die bereits im Planungsstadium solcher Maßnahmen bestehen, zum anderen um weitreichende Beratungsrechte. Um die möglichen Auswirkungen technisch-organisatorischer Änderungen bei Arbeitsprozessen wie auch baulicher und technischer Einrichtungen auf Arbeitnehmer im Betrieb in ihrer gesamten Reichweite erkennen zu können, muss der Betriebsrat sein Beteiligungsrecht – die rechtzeitige Unterrichtung über die Planung – durchsetzen. Die Form, in der dies in den meisten Fällen erfolgen kann, wird anhand typischer Musterschreiben aufgezeigt.

Die Information des Arbeitgebers muss vollständig sein und der Wahrheit entsprechen. Nur vollständige Informationen des Arbeitgebers geben dem Betriebsrat Aufschluss über die Reichweite der geplanten Vorhaben, sodass die Arbeitnehmervertretung frühzeitig erkennen kann, ob es sich um eine Betriebsänderung i. S. d. § 111 BetrVG handelt.

Die Information muss rechtzeitig erfolgen, also so frühzeitig, dass die erhaltenen Informationen und die dazu gehörenden Erläuterungen vom Betriebsrat ausgewertet und beurteilt werden können, damit er ggf. seine Vorschläge zur Änderung der Vorhaben in die weitere Arbeitgeberplanung einbringen kann. Dabei muss die Information auch umfassend sein d. h., wenn sie sich auf diejenigen Informationen erstreckt, die auch der Arbeitgeber hat und seinen Entscheidungen zugrunde legt.

Damit ist der Bereich der Beteiligungsrechte des Betriebsrats angesprochen. Der Arbeitgeber muss dem Betriebsrat ein Beratungsrecht zugestehen. Das heißt, der Arbeitgeber muss mit dem Betriebsrat alle Gesichtspunkte erörtern, die für die Arbeitnehmer im Hinblick auf die geplanten Maßnahmen von Bedeutung sein können. Ein solches Beratungsrecht hinsichtlich der Auswirkungen technischer Maßnahmen erschöpft sich nicht in einmaliger Unterrichtung. Vielmehr muss

sie der Arbeitgeber in den fortschreitenden Stufen der Planung wiederholen. Die Beratung muss praxisbezogen erfolgen und darf sich nicht in einer rein theoretischen Erörterung erschöpfen.
Spätestens hier wird die Verbindung zu § 81 Abs. 3 BetrVG deutlich und die zwingende Notwendigkeit, dass das Verfahren nach § 90 BetrVG in jedem Fall unter Beteiligung des Betriebsrats erfolgt sein muss, bevor der Arbeitgeber Einzelgespräche mit Arbeitnehmern über konkrete Veränderungen und Auswirkungen der Maßnahmen auf ihren Arbeitsplatz führen kann.
Nach § 91 BetrVG hat der Betriebsrat über das Informations- und Beratungsrecht aus § 90 BetrVG hinaus ein Mitbestimmungsrecht. Dieses Recht gibt die Möglichkeit der Einflussnahme auf eine menschengerechte Arbeitsgestaltung im Betrieb. Nach dem Stand gesicherter arbeitswissenschaftlicher Erkenntnisse soll die zu verrichtende Arbeit auf Dauer schädigungslos und erträglich, ausführ- und zumutbar sein, das heißt, frei von Beeinträchtigungen, außerdem soll sie Handlungs- und Tätigkeitsspielräume im Hinblick auf eine hohe Arbeitszufriedenheit und umfassende Persönlichkeitsentwicklung erschließen. Der Betriebsrat hat das Recht, geeignete Maßnahmen gegen schädigende Belastungen vorzuschlagen und, bei Nichteinigung mit dem Arbeitgeber, sie ggf. über eine Einigungsstelle durchzusetzen. Im Übrigen handelt der Arbeitgeber ordnungswidrig i. S. d. § 121 BetrVG, wenn er die ihm obliegenden Pflichten nicht, nicht rechtzeitig, unvollständig oder wahrheitswidrig erfüllt. Schließlich gilt, dass bei Streitigkeiten über die Voraussetzungen der Beteiligungsrechte das Arbeitsgericht im Beschlussverfahren entscheidet.

Gesetzestexte

Betriebsverfassungsgesetz

§ 81 Unterrichtungs- und Erörterungspflicht des Arbeitgebers

(1) Der Arbeitgeber hat den Arbeitnehmer über dessen Aufgabe und Verantwortung sowie über die Art seiner Tätigkeit und ihre Einordnung in den Arbeitsablauf des Betriebs zu unterrichten. Er hat den Arbeitnehmer vor Beginn der Beschäftigung über die Unfall- und Gesundheitsgefahren, denen dieser bei der Beschäftigung ausgesetzt ist, sowie über die Maßnahmen und Einrichtungen zur Abwendung dieser Gefahren und die nach § 10 Abs. 2 des Arbeitsschutzgesetzes getroffenen Maßnahmen zu belehren.
(2) Über Veränderungen in seinem Arbeitsbereich ist der Arbeitnehmer rechtzeitig zu unterrichten. Absatz 1 gilt entsprechend.

(3) In Betrieben, in denen kein Betriebsrat besteht, hat der Arbeitgeber die Arbeitnehmer zu allen Maßnahmen zu hören, die Auswirkungen auf Sicherheit und Gesundheit der Arbeitnehmer haben können.
(4) Der Arbeitgeber hat den Arbeitnehmer über die aufgrund einer Planung von technischen Anlagen, von Arbeitsverfahren und Arbeitsabläufen oder der Arbeitsplätze vorgesehenen Maßnahmen und ihre Auswirkungen auf seinen Arbeitsplatz, die Arbeitsumgebung sowie auf Inhalt und Art seiner Tätigkeit zu unterrichten. Sobald feststeht, dass sich die Tätigkeit des Arbeitnehmers ändern wird und seine beruflichen Kenntnisse und Fähigkeiten zur Erfüllung seiner Aufgaben nicht ausreichen, hat der Arbeitgeber mit dem Arbeitnehmer zu erörtern, wie dessen berufliche Kenntnisse und Fähigkeiten im Rahmen der betrieblichen Möglichkeiten den künftigen Anforderungen angepasst werden können. Der Arbeitnehmer kann bei der Erörterung ein Mitglied des Betriebsrats hinzuziehen.

§ 87 Mitbestimmungsrechte

(1) Der Betriebsrat hat, soweit eine gesetzliche oder tarifliche Regelung nicht besteht, in folgenden Angelegenheiten mitzubestimmen:
1. Fragen der Ordnung des Betriebs und des Verhaltens der Arbeitnehmer im Betrieb;
2. Beginn und Ende der täglichen Arbeitszeit einschließlich der Pausen sowie Verteilung der Arbeitszeit auf die einzelnen Wochentage;
3. vorübergehende Verkürzung oder Verlängerung der betriebsüblichen Arbeitszeit;
4. Zeit, Ort und Art der Auszahlung der Arbeitsentgelte;
5. Aufstellung allgemeiner Urlaubsgrundsätze und des Urlaubsplans sowie die Festsetzung der zeitlichen Lage des Urlaubs für einzelne Arbeitnehmer, wenn zwischen dem Arbeitgeber und den beteiligten Arbeitnehmern kein Einverständnis erzielt wird;
6. Einführung und Anwendung von technischen Einrichtungen, die dazu bestimmt sind, das Verhalten oder die Leistung der Arbeitnehmer zu überwachen;
7. Regelungen über die Verhütung von Arbeitsunfällen und Berufskrankheiten sowie über den Gesundheitsschutz im Rahmen der gesetzlichen Vorschriften oder der Unfallverhütungsvorschriften;
8. Form, Ausgestaltung und Verwaltung von Sozialeinrichtungen, deren Wirkungsbereich auf den Betrieb, das Unternehmen oder den Konzern beschränkt ist;

9. Zuweisung und Kündigung von Wohnräumen, die den Arbeitnehmern mit Rücksicht auf das Bestehen eines Arbeitsverhältnisses vermietet werden, sowie die allgemeine Festlegung der Nutzungsbedingungen;
10. Fragen der betrieblichen Lohngestaltung, insbesondere die Aufstellung von Entlohnungsgrundsätzen und die Einführung und Anwendung von neuen Entlohnungsmethoden sowie deren Änderung;
11. Festsetzung der Akkord- und Prämiensätze und vergleichbarer leistungsbezogener Entgelte, einschließlich der Geldfaktoren;
12. Grundsätze über das betriebliche Vorschlagswesen;
13. Grundsätze über die Durchführung von Gruppenarbeit; Gruppenarbeit im Sinne dieser Vorschrift liegt vor, wenn im Rahmen des betrieblichen Arbeitsablaufs eine Gruppe von Arbeitnehmern eine ihr übertragene Gesamtaufgabe im Wesentlichen eigenverantwortlich erledigt.
14. Ausgestaltung von mobiler Arbeit, die mittels Informations- und Kommunikationstechnik erbracht wird.

(2) Kommt eine Einigung über eine Angelegenheit nach Absatz 1 nicht zustande, so entscheidet die Einigungsstelle. Der Spruch der Einigungsstelle ersetzt die Einigung zwischen Arbeitgeber und Betriebsrat.

§ 90 Unterrichtungs- und Beratungsrechte

(1) Der Arbeitgeber hat den Betriebsrat über die Planung

1. von Neu-, Um- und Erweiterungsbauten von Fabrikations-, Verwaltungs- und sonstigen betrieblichen Räumen,
2. von technischen Anlagen,
3. von Arbeitsverfahren und Arbeitsabläufen einschließlich des Einsatzes von Künstlicher Intelligenz oder
4. der Arbeitsplätze

rechtzeitig unter Vorlage der erforderlichen Unterlagen zu unterrichten.

(2) Der Arbeitgeber hat mit dem Betriebsrat die vorgesehenen Maßnahmen und ihre Auswirkungen auf die Arbeitnehmer, insbesondere auf die Art ihrer Arbeit sowie die sich daraus ergebenden Anforderungen an die Arbeitnehmer so rechtzeitig zu beraten, dass Vorschläge und Bedenken des Betriebsrats bei der Planung berücksichtigt werden können. Arbeitgeber und Betriebsrat sollen dabei auch die gesicherten arbeitswissenschaftlichen Erkenntnisse über die menschengerechte Gestaltung der Arbeit berücksichtigen.

§ 91 Mitbestimmungsrecht

Werden die Arbeitnehmer durch Änderungen der Arbeitsplätze, des Arbeitsablaufs oder der Arbeitsumgebung, die den gesicherten arbeitswissenschaftlichen

Erkenntnissen über die menschengerechte Gestaltung der Arbeit offensichtlich widersprechen, in besonderer Weise belastet, so kann der Betriebsrat angemessene Maßnahmen zur Abwendung, Milderung oder zum Ausgleich der Belastung verlangen. Kommt eine Einigung nicht zustande, so entscheidet die Einigungsstelle. Der Spruch er Einigungsstelle ersetzt die Einigung zwischen Arbeitgeber und Betriebsrat.

Schreiben an den Arbeitgeber im Rahmen des Auskunfts- und Beratungsrechts des § 90 BetrVG bei der Einrichtung von DV-Arbeitsplätzen

110

Der Betriebsrat der XY-GmbH Ort, Datum

An die
Geschäftsleitung der XY-GmbH
Im Hause

Auskunfts- und Beratungsrecht nach § 90 BetrVG bei der Einrichtung von DV-Arbeitsplätzen

Sehr geehrte Damen und Herren,
wie Sie dem Betriebsrat mitteilten, planen Sie in den kommenden Monaten im Bereich der Verwaltung sowohl technische als auch organisatorische Veränderungen. In der Investitionsplanung ist die Umrüstung aller Büroarbeitsplätze auf bildschirmgestützte Tätigkeiten vorgesehen.
Der Betriebsrat verweist in diesem Zusammenhang auf sein umfassendes Informationsrecht im Rahmen der §§ 80 Abs. 2 und 90 BetrVG. Danach ist der Betriebsrat bei der Planung künftiger Änderungen im arbeitstechnischen Bereich, der Änderung von Arbeitsverfahren und -abläufen sowie der Umgestaltung der Arbeitsplätze einzubeziehen.
Wir erwarten von Ihnen bis zum .... aussagekräftige Planungsunterlagen, insbesondere zu folgenden Punkten:

- Zielsetzung des im Unternehmen umzusetzenden DV-Konzepts,
- Art und Umfang des geplanten DV-Einsatzes in der Verwaltung,
- Ausgestaltung der einzusetzenden Hardware,
- Beschreibung der einzusetzenden DV-Systeme unter Beifügung von Datenflussplänen,
- geplante Gestaltung der gesamten Arbeits- und DV-Organisation.

Der Betriebsrat hat beschlossen, aufgrund der Komplexität der Materie einen besonderen DV-Ausschuss einzurichten. Vorsitzende/r dieses Ausschusses ist der Kollege/die Kollegin ...., der/die Ihnen ab sofort als primäre/r Ansprechpartner/in zur Verfügung steht. Die gewünschten Unterlagen sind an den/die Kollegen/Kollegin auszuhändigen.
Rein vorsorglich weisen wir schon heute darauf hin, dass bei der Neueinrichtung von Bildschirmarbeitsplätzen die Vorgaben aus der Arbeitsstättenverordnung in der aktuellen Fassung zu beachten sind. Neben einer entsprechenden ergonomischen Ausgestaltung des Bildschirmarbeitsplatzes, den Sie aus dem Anhang der Verordnung entnehmen können, erinnern wir insbesondere an die Gestaltung des täglichen Arbeitsablaufs sowie an die Pflicht zur Untersuchung der Augen und des Sehvermögens.

Mit freundlichen Grüßen

....
(Unterschrift
Betriebsratsvorsitzende/r)

111

Schreiben an den Arbeitgeber zur Wahrnehmung seines Informations- und Beratungsrechts im Rahmen des § 90 i.V.m. § 81 Abs. 3 BetrVG

Der Betriebsrat der XY-GmbH — Ort, Datum

An die
Geschäftsleitung der XY-GmbH
Im Hause

Einführung vernetzter Personalcomputer

Sehr geehrte Damen und Herren,
wie Sie uns in der letzten Betriebsratssitzung am .... persönlich mitteilten, beabsichtigen Sie, in den nächsten drei Monaten Rationalisierungsmaßnahmen durchzuführen. Die bestehenden Personalcomputer als Stand-Alone-Geräte sollen nun flächendeckend miteinander vernetzt werden. Diese Veränderung, die sämtliche Betriebsabteilungen erfasst, stellt ein komplexes Informations- und Kommunikationssystem dar. Auch werden neue Formen der internen und externen Kommunikation, Informationsbeschaffung und -verteilung nahezu uneingeschränkt möglich.
Die Verwendung interner und externer Archive und Datenbanken und die hohe Entwicklungsgeschwindigkeit der Hard- und Software führen zu extrem dynamischen Prozessen mit hoher Beschleunigung. Der Betriebsrat hat Ihnen gegenüber bereits erste Forderungen hinsichtlich seines Informationsbedarfs schriftlich mitgeteilt.
Wir fordern Sie heute auf, uns Ihr detailliertes Planungskonzept mitzuteilen. Ebenso erwarten wir, umgehend über die einzuführende Hard- und Software, die Anwendungsziele, -gebiete und über die Auswirkungen für die betroffenen Beschäftigten informiert zu werden. Nur aufgrund einer vollständigen und rechtzeitigen Information kann der Betriebsrat sein Beratungsrecht i.S.d. § 90 Abs. 2 BetrVG bezüglich der vorgesehenen Maßnahmen und ihrer Auswirkungen auf die betroffenen Arbeitnehmer wahrnehmen.
Im Übrigen erwartet der Betriebsrat, dass dieser Informations- und Beratungsprozess insgesamt abzuschließen ist, bevor mit einzelnen Beschäftigten Gespräche über Maßnahmen und Auswirkungen auf deren Arbeitsplätze i.S.d. § 81 Abs. 3 BetrVG durch Sie geführt werden.
Wir sind überzeugt, dass sich in einem modern geführten Unternehmen darüber Einverständnis erzielen lässt. Wir erwarten die entsprechenden Unterlagen wie auch den Vorschlag eines Gesprächstermins innerhalb der nächsten zwei Wochen.

Mit freundlichen Grüßen

....
(Unterschrift Betriebsratsvorsitzende/r)

Einladungsschreiben an einen Sachverständigen 112

Der Betriebsrat der XY-GmbH Ort, Datum
Herrn
...

Benennung als Sachverständige/r

Sehr geehrte/r Frau/Herr ...,
zwischen unserer Geschäftsleitung und dem Betriebsrat bestehen offensichtliche Meinungsverschiedenheiten in der Frage der menschengerechten Gestaltung der Arbeit. Im Rahmen der Unterrichtungspflicht des § 90 BetrVG hat uns der Arbeitgeber über bevorstehende Veränderungen von Arbeitsverfahren und Arbeitsabläufen in einzelnen Bereichen des Unternehmens informiert. Um uns noch eingehender und intensiver mit den sich daraus ergebenden Fragen und Konsequenzen für die Arbeitnehmer beschäftigen zu können, möchte der Betriebsrat in seiner nächsten Sitzung am .... gerne die Einschätzung eines Sachverständigen zu diesem Thema kennenlernen.
Von unserer zuständigen Branchengewerkschaft wurden Sie uns als kompetente/r Ansprechpartner/in empfohlen. Deshalb bitten wir Sie gemäß § 80 Abs. 3 BetrVG, dem Betriebsrat in seiner Sitzung am .... als Sachverständiger zur Verfügung zu stehen.
Über Ihre Zusage, an dieser Sitzung teilzunehmen, würden wir uns freuen.

Mit freundlichen Grüßen

....
(Unterschrift
Betriebsratsvorsitzende/r)

PS: Eine »nähere Vereinbarung« gemäß § 80 Abs. 3 BetrVG konnte mit dem Arbeitgeber bereits herbeigeführt werden.

113 **Schreiben an den Arbeitgeber zum Auskunfts- und Beratungsrecht nach § 90 BetrVG bei der Einführung von neuen Arbeitsverfahren und neuen Arbeitsabläufen**

Der Betriebsrat der XY-GmbH   Ort, Datum

An die
Geschäftsleitung der XY-GmbH
Im Hause

Auskunfts- und Beratungsrecht nach § 90 BetrVG bei der Einführung von neuen Arbeitsverfahren und neuen Arbeitsabläufen

Sehr geehrte Damen und Herren,
wie Sie dem Betriebsrat mitteilten, planen Sie die Einführung von Telearbeit auch im Zusammenhang mit agilem Arbeiten. Die Umsetzung ist hierfür im dritten Quartal des kommenden Jahres vorgesehen. Entsprechende Investitionen sind in der Investitionsplanung ebenfalls niedergeschrieben.
Der Betriebsrat möchte in diesem Zusammenhang auf seine Mitwirkungsrechte, insbesondere auf sein umfassendes Informationsrecht nach §§ 80 Abs. 2, 90 Abs. 1 Ziff. 3 BetrVG hinweisen. Danach ist der Betriebsrat bereits über die Planung von neuen Arbeitsverfahren und Arbeitsabläufen rechtzeitig unter Vorlage der erforderlichen Unterlagen zu unterrichten und einzubeziehen.
Wir erwarten von Ihnen bis zum .... aussagekräftige Planungsunterlagen, insbesondere erwarten wir auch Ihre Darlegungen zur gesundheitlichen Belastung der beabsichtigten Arbeitsabläufe.
Der Betriebsrat hat beschlossen aufgrund der Komplexität der Materie einen besonderen Arbeitsausschuss »Mobiles Arbeiten« einzurichten. Vorsitzende/r dieses Ausschusses ist Frau/Herr ...., der/die Ihnen ab sofort als primäre/r Ansprechpartner/in zur Verfügung steht. Wir dürfen Sie bitten, die gewünschten und erforderlichen Unterlagen an Frau/Herrn .... auszuhändigen.
In diesem Zusammenhang möchten wir Ihnen schon heute mitteilen, dass wir beabsichtigen, mit Ihnen zu den oben genannten Themen Regelungen ggf. auch Verfahrensregelungen zu vereinbaren.
Wir erwarten Ihre abschließende Stellungnahme hierzu bis zum ..... und freuen uns auch auf eine weiterhin gute konstruktive Zusammenarbeit

Mit freundlichen Grüßen

....
(Unterschrift
Betriebsratsvorsitzende/r)

Schreiben an den Arbeitgeber zur Abwendung von Belastungen der Arbeitnehmer gemäß § 91 i.V.m. § 90 BetrVG

114

Der Betriebsrat der XY-GmbH Ort, Datum

An die
Geschäftsleitung der XY-GmbH
Im Hause

Abwendungen von Belastungen der Arbeitnehmer

Sehr geehrte Damen und Herren,
der Betriebsrat hat in seiner Sitzung am .... beschlossen, folgende Ereignisse im Betrieb, welche in den Regelungsbereich des Betriebsrats fallen, mit Ihnen auf dem Verhandlungswege zu klären.
Im Zuge der Einführung der ....-maschinen haben Sie einige Arbeitsverfahren und Arbeitsabläufe in der Abteilung .... vollständig verändert.
Nach § 90 Nr. 3 BetrVG hätten Sie uns bereits zu Beginn Ihrer Planung über diese neuen Arbeitsmethoden und -verfahren rechtzeitig unterrichten und mit uns in Beratungen eintreten müssen. Das ist jedoch nicht geschehen. Obwohl Ihr Verhalten einen groben Verstoß gegen die verbrieften Rechte des Betriebsrats darstellt, sind wir noch dennoch bereit, von einem Verfahren gemäß § 121 BetrVG abzusehen. Da bereits abzusehen ist, dass die durchgeführten Rationalisierungsmaßnahmen teilweise den gesicherten arbeitswissenschaftlichen Erkenntnissen des Arbeitsablaufs und einer menschengerechten Gestaltung der Arbeit widersprechen, möchten wir kurzfristig mit Ihnen Verhandlungen zur Beseitigung dieser Zustände führen.
Wir bitten deshalb um einen Termin, in welchem wir Ihnen detailliert erläutern können, in welchen Fällen arbeitswissenschaftliche Erkenntnisse von Ihnen nicht oder nur sehr unzureichend beachtet wurden.
Sollten wir uns jedoch nicht verständigen können, so werden wir wegen der Wichtigkeit dieser Angelegenheit die Einigungsstelle gemäß § 91 BetrVG zur Klärung anrufen.
Wir gehen jedoch davon aus, dass wir miteinander im Interesse der Mitarbeiter eine für beide Teile akzeptable Lösung des Problems finden werden.

Mit freundlichen Grüßen

....

(Unterschrift
Betriebsratsvorsitzende/r)

XIII. Personelle Angelegenheiten

Die sogenannten personellen Angelegenheiten werden im 5. Abschnitt des BetrVG behandelt. Dieser Bereich ist in drei Unterabschnitte gegliedert, deren erster die allgemeinen personellen Angelegenheiten der Personalplanung (§ 92), der Beschäftigungssicherung (§ 92a), der Ausschreibung von Arbeitsplätzen (§ 93), der Personalfragebögen und der Beurteilungsgrundsätze (§ 94) und der Auswahlrichtlinien (§ 95) beinhaltet.

Der Gesetzgeber hat eine Reihe von Maßnahmen vorgesehen, um die Chancengleichheit von Frauen und Männern im Betrieb und im Betriebsrat zu fördern. Der Betriebsrat hat das Recht, Maßnahmen zur Förderung der Gleichstellung von Frauen und Männern vorzuschlagen und diese zum Gegenstand der Personalplanung zu machen. Dadurch wird der Arbeitgeber verpflichtet, mit dem Betriebsrat über die Einführung und den Inhalt solcher Maßnahmen zu beraten. Der Betriebsrat erhält so ein wichtiges Instrument, die Initiative dort zu ergreifen, wo der Arbeitgeber in Sachen Gleichstellung nicht von selbst aktiv wird. Die Regelungen zur Förderung von Frauen werden in Abs. 3 des § 92 BetrVG zusammengefasst und verstärkt. Frauenförderung soll ausdrücklich zum Gegenstand der Personalplanung gemacht werden.

Die Mitwirkung des Betriebsrats bei der Personalplanung greift maßgeblich in die Unternehmensplanung ein. Personalplanung ist sowohl in ihrer Form als Personalbedarfsplanung als auch als Personaldeckungsplanung ein wesentlicher Bestandteil der gesamten Betriebs- und Unternehmensplanung. Konkret jedoch bezeichnet der Begriff der Personalplanung lediglich denjenigen Planungsbestandteil, der als Informationsbasis für die Ausübung der Mitbestimmungsrechte des Betriebsrats in personellen Einzelangelegenheiten notwendig und erforderlich wird. Der Begriff enthält also all jene Planungsdaten, die eine Veränderung des »status quo« im Personalbestand und in der Personalstruktur des Betriebs zum Inhalt haben.

Voraussetzung für die Mitwirkung des Betriebsrats ist das Bestehen einer Personalplanung. Unverbindliche Überlegungen oder eine grobe Fixierung der Personalentwicklung stellen noch keine Personalplanung im Sinne des Gesetzesbegriffs dar. Vielmehr setzt dies eine systematische Erfassung und Auswertung von

Personaldaten voraus, die sowohl den momentanen Ist-Stand des Personaleinsatzes als auch Daten des Bedarfs, der Beschaffung und der Entwicklung sowie des zukünftigen Einsatzes beinhalten.
Besteht eine solche kurz- bzw. mittelfristige Planung, so ist der Betriebsrat rechtzeitig und umfassend zu unterrichten. Ihm steht, insbesondere zur Vermeidung von Härten im Zuge personeller Einzelmaßnahmen, bereits in diesem Stadium ein Beratungsrecht zu.
Besteht die Absicht, neu geschaffene oder frei gewordene Arbeitsplätze (wieder) zu besetzen, so hat der Betriebsrat die Möglichkeit, durch § 93 BetrVG ein eigenes Mitwirkungsrecht im Rahmen der Personalplanung gezielt innerhalb der Personaldeckungsplanung wahrzunehmen. Diese Rechtsvorschrift hilft dem Betriebsrat, durch eine erzwingbare innerbetriebliche Ausschreibung von Arbeitsplätzen den kollektivrechtlichen Interessenschutz der Belegschaft wahrzunehmen.
Die innerbetriebliche Ausschreibung von Arbeitsplätzen ist ein wichtiges Motivationsinstrument für die beschäftigten Arbeitnehmer. Es liegt ausschließlich am Betriebsrat, ob er die Möglichkeit nutzt, Arbeitsplätze innerbetrieblich ausschreiben zu lassen. Verlangt der Betriebsrat die Ausschreibung, so muss der Arbeitgeber diesem Wunsch nachkommen. Die geforderte Ausschreibung sollte neben der zu besetzenden Stelle die Beschreibung der Tätigkeiten enthalten. Auch die Tarifgruppe und Qualifikationsanforderungen müssen ebenso aus der Ausschreibung hervorgehen wie der Zeitpunkt der Arbeitsaufnahme, Arbeitszeitfragen und die Tatsache, ob es sich um eine befristete oder unbefristete Stelle handelt.
Vorteile einer internen Besetzung sind z. B. die Erhöhung der innerbetrieblichen Mobilität, die gesteigerte Motivation der Arbeitnehmer durch Aufstiegsmöglichkeiten, die Verwertung von Erfahrungen im eigenen Unternehmen, die Chance einer schnelleren Einarbeitung und vor allem die Einsparung von Anwerbekosten.
Personalfragebögen und Beurteilungsgrundsätze gemäß § 94 BetrVG sind wichtige Hilfsmittel zur Organisation einer qualifizierten Personalplanung im Betrieb. Die im Personalfragebogen enthaltenen Angaben geben Aufschluss über die Vor- und Ausbildung und den beruflichen Werdegang des Bewerbers. Aus dem Personalfragebogen geht u. U. hervor, ob der Mitarbeiter noch über Fähigkeiten und Fertigkeiten verfügt, die er am jetzigen Arbeitsplatz nicht benötigt und die daher auch nicht zur Beurteilung herangezogen werden können.
Die Aufstellung von Personalfragebögen und Beurteilungsgrundsätzen schließt auch eine Mitwirkung bei der Erstellung von Formulararbeitsverträgen mit ein. Das in § 94 BetrVG festgeschriebene Mitwirkungsrecht des Betriebsrats bei der Konzeptionierung von Personalfragebögen und Beurteilungsgrundsätzen gibt ihm die Chance, die gewünschte Transparenz in die fachliche und persönliche

Eignung von Arbeitnehmern des Betriebs oder Bewerbern um einen Arbeitsplatz zu bringen.
Die gesetzliche Regelung, eine Ausschreibung von Arbeitsplätzen verlangen zu können, steht in systematischem Gesamtzusammenhang mit möglichen Auswahlrichtlinien, die in Betrieben ab 500 Beschäftigten zur Anwendung kommen können. Solche Richtlinien sollen die Chancengleichheit auf dem innerbetrieblichen Arbeitsmarkt für alle Arbeitnehmer gewährleisten.
Bei den Auswahlrichtlinien i. S. d. § 95 BetrVG hat der Betriebsrat ein Mitwirkungsrecht bei der Festlegung der Auswahlmaximen für Einstellung, Versetzung, Umgruppierung und Kündigung. Der enge Zusammenhang zwischen §§ 94 und 95 BetrVG wird deutlich, da allgemeine Beurteilungsgrundsätze gemäß § 94 Abs. 2 BetrVG als sachlich notwendige Voraussetzung für die Anwendung von Auswahlrichtlinien anzusehen sind.
Ein Mitbestimmungsrecht bei den Auswahlrichtlinien i. S. d. § 95 BetrVG kommt dem Betriebsrat dann zu, wenn im Betrieb mehr als 500 Arbeitnehmer beschäftigt sind. Im neuen § 95 Abs. 2a BetrVG ist nunmehr klargestellt, dass die Mitwirkung bzw. Mitbestimmung auch beim Einsatz von Algorithmen besteht.
Das dem kollektivrechtlichen Schutzgedanken zugrunde gelegte korrigierende Mitbestimmungsrecht des Betriebsrats bedeutet, dass dieses Recht dann zur Wirkung gelangt, wenn sich der Arbeitgeber zur Aufstellung von Personalfragebögen, Formulararbeitsverträgen und allgemeinen Beurteilungsgrundsätzen entschieden hat. Bei der inhaltlichen Ausgestaltung dieser Fragen ist der Arbeitgeber gehalten, eine Einigung mit dem Betriebsrat anzustreben. Bei Nichteinigung kann die Einigungsstelle gemäß § 76 BetrVG angerufen werden. Darüber hinaus ist stets die Wirkung des § 1 Abs. 4 KSchG bei Auswahlrichtlinien betreffend der Kündigung zu beachten.
Übergeht der Arbeitgeber den Betriebsrat dabei und bringt Formulararbeitsverträge oder Personalfragebögen und Personalgrundsätze direkt zur Anwendung, so setzt er sich der Sanktion nach § 23 Abs. 3 BetrVG aus.
Der zweite Unterabschnitt im Bereich der personellen Angelegenheiten regelt Fragen der Berufsbildung. Dazu gehören die Förderung der Berufsbildung (§ 96), die Einrichtungen und Maßnahmen der Berufsbildung (§ 97) und nicht zuletzt die Durchführung betrieblicher Bildungsmaßnahmen (§ 98). Die vorgenannten Regelungen stehen eindeutig und unmittelbar in inhaltlichem Bezug zu den Vorschriften der §§ 93–95 BetrVG, die die Durchführung, Konkretisierung und Realisierung der in der Personalplanung des Unternehmens angelegten Zielentscheidungen behandeln. Gerade in diesem Zusammenhang ist die Mitwirkung des Betriebsrats auf dem Gebiet der Berufsbildung Ausdruck des kollektivrechtlichen Schutzgedankens.
Für die Arbeitnehmer ist die Qualifikation wesentliche Voraussetzung für den Erhalt des Arbeitsplatzes und den beruflichen Aufstieg. Deshalb ist es von zen-

traler Bedeutung festzustellen, welche Arbeitnehmer in welchen Bereichen Qualifizierungsbedarf haben. Der Arbeitgeber ist verpflichtet, auf Verlangen des Betriebsrats den Berufsbildungsbedarf zu ermitteln. Dies ist nicht nur eine konkret-praktische Voraussetzung für eine wirksame betriebliche Berufsbildung, sondern auch erforderlich, damit der Betriebsrat die für die Qualifizierung der Arbeitnehmer bedeutsamen Beteiligungsrechte bei der betrieblichen Berufsbildung nach §§ 96ff. BetrVG wirksam ausüben kann.

Dem Betriebsrat steht ein Initiativrecht zu, das sich auf die Realisierung der gemeinsamen Aufgabe der Förderung der Berufsbildung zugunsten der Arbeitnehmer des Betriebs richtet. Dabei ist es gleichgültig, ob der Arbeitgeber selbst bereits Berufsbildungsmaßnahmen plant oder bislang passiv blieb. In jedem Fall kann der Betriebsrat initiativ werden und seine Vorstellungen vorbringen. Zum anderen kann er gemäß § 96 Abs. 1a BetrVG nunmehr auch die Einigungsstelle anrufen, die allerdings über die Fragen der Berufsbildung nichts entscheiden kann, sondern nur eine Einigung der Parteien zu versuchen hat.

Sollen betriebliche Bildungsmaßnahmen durchgeführt werden, z. B. betriebliche Schulungen oder Fortbildungen, so wirkt auch hier die Mitbestimmung des Betriebsrats. Idealerweise können diese Maßnahmen durch eine Betriebsvereinbarung gemäß § 77 BetrVG geregelt werden.

Im § 97 BetrVG werden die Beteiligungsrechte des Betriebsrats im Zusammenhang mit Einrichtungen und Maßnahmen der betrieblichen Berufsbildung verankert. Der Abs. 2 des § 97 BetrVG weist dem Betriebsrat unter bestimmten Voraussetzungen ein Mitbestimmungsrecht auch bei der Einführung von betrieblichen Berufsbildungsmaßnahmen zu. Nach Abs. 2 Satz 1 des § 97 BetrVG kann der Betriebsrat unter den dort genannten Voraussetzungen die Einführung von Maßnahmen der betrieblichen Berufsbildung verlangen, notfalls durch die Einigungsstelle ersetzen.

Ebenso wirkt der Betriebsrat bei der Bestellung der mit der Umsetzung der betrieblichen Berufsbildung beauftragten Person mit. Er kann einerseits der Bestellung der mit der Umsetzung beauftragten Person widersprechen, andererseits eine Abberufung bereits bestellter Personen verlangen, wenn sie als Ausbilder persönlich oder fachlich ungenügend geeignet sind oder über die berufs- und arbeitspädagogische Eignung im Sinne des Berufsbildungsgesetzes nicht verfügen.

Der dritte Unterabschnitt der personellen Angelegenheiten beschäftigt sich mit personellen Einzelmaßnahmen. Während sich die Vorschriften der §§ 99–101 BetrVG mit der Mitbestimmung des Betriebsrats bei Einstellung, Eingruppierung, Umgruppierung befassen, regeln die Rechtsvorschriften der §§ 102–105 BetrVG die Rechte des Betriebsrats bei beabsichtigten Entlassungen von Arbeitnehmern.

Nach § 99 BetrVG kann der Betriebsrat bei unbefristeten Einstellungen seine Zustimmung verweigern, wenn der Arbeitgeber dabei gleichgeeignete Bewerber, die im Betrieb befristet beschäftigt sind, nicht berücksichtigt. Damit erhält der Betriebsrat eine Handhabe, befristet beschäftigten Belegschaftsmitgliedern den Übergang in ein sozial gesichertes Dauerarbeitsverhältnis zu erleichtern (§ 99 Abs. 2 Nr. 3 BetrVG). Darüber hinaus hat der Betriebsrat ein Zustimmungsverweigerungsrecht bei personellen Einzelmaßnahmen sowie ein ausdrückliches Antragsrecht auf Entfernung von betriebsstörenden Arbeitnehmern, die sich im Betrieb ausländerfeindlich, rassistisch oder geschlechterfeindlich verhalten haben (§ 99 Abs. 2 Nr. 6 BetrVG).

Nach § 99 Abs. 1 BetrVG hat der Arbeitgeber in Unternehmen mit in der Regel mehr als 20 wahlberechtigten Arbeitnehmern den Betriebsrat vor jeder Einstellung, Eingruppierung, Umgruppierung und Versetzung zu unterrichten, ihm die erforderlichen Bewerbungsunterlagen vorzulegen und Auskunft über die Person der Beteiligten zu geben; er hat dem Betriebsrat unter Vorlage der erforderlichen Unterlagen Auskunft über die Auswirkungen der geplanten Maßnahme zu geben und die Zustimmung des Betriebsrats zu der geplanten Maßnahme einzuholen. Der in § 99 BetrVG genannte Katalog mitbestimmungspflichtiger personeller Einzelmaßnahmen ist erschöpfend und nicht erweiterbar. Die für das Beteiligungsrecht des Betriebsrats bei personellen Einzelmaßnahmen nach § 99 BetrVG maßgebliche Arbeitnehmergrenzzahl wird auf das Unternehmen bezogen.

Unter einer mitbestimmungspflichtigen Einstellung ist sowohl der Abschluss eines auf Beschäftigung im Betrieb gerichteten Arbeitsvertrags durch zwei identische Willenserklärungen als auch die faktische Eingliederung in den Betrieb durch tatsächliche Arbeitsaufnahme zu verstehen.

Unter Eingruppierung versteht man die regelmäßig mit der Einstellung verbundene erste Einstufung des Arbeitnehmers in eine für seine Entlohnung maßgebende Lohn- bzw. Gehaltsgruppe. In tarifgebundenen Wirtschaftszweigen sind diese Entgeltstufen üblicherweise dem jeweiligen Tarifvertrag, ggf. in Verbindung mit einem Lohn- und Gehaltsrahmenabkommen, zu entnehmen. Die Vergütungsgruppe kann sich jedoch mangels tariflicher Bindung auch aus einer Betriebsvereinbarung (§ 87 Abs. 1 Nr. 10 BetrVG) oder aus einem einseitig vom Arbeitgeber geschaffenen Entgeltschema ergeben.

Eine Umgruppierung ist jede Änderung einer bereits vorgenommenen Eingruppierung eines Arbeitnehmers in ein Entgeltschema, unabhängig davon, ob dies für den Arbeitnehmer zu einer wirtschaftlichen Besser- oder Schlechterstellung führt (Herauf- oder Herabstufung), sowie eine Neueingruppierung in ein geändertes Vergütungsschema.

Der betriebsverfassungsrechtliche Begriff der Versetzung ist im Gesetz selbst eindeutig definiert. Gemäß § 95 Abs. 3 BetrVG ist eine Versetzung im Sinne des Betriebsverfassungsgesetzes die Zuweisung eines anderen Arbeitsbereichs, die voraussichtlich die Dauer von einem Monat überschreitet oder die mit einer erheblichen Änderung der Umstände verbunden ist, unter denen die Arbeit zu leisten ist.

Der Bedeutung des Mitbestimmungsrechts des Betriebsrats entsprechend hat der Arbeitgeber über jede beabsichtigte personelle Einzelmaßnahme so umfassend zu unterrichten, dass der Betriebsrat den gleichen Informationsstand hat wie der Arbeitgeber. Neben den Personalien des einzustellenden Bewerbers, dem zu besetzenden Arbeitsplatz, der geplanten Dauer des noch zu begründenden befristeten oder unbefristeten Arbeitsverhältnisses sowie den möglichen Auswirkungen auf die bereits beschäftigten Arbeitnehmer muss dem Betriebsrat auch die Funktion und die in Aussicht gestellte Bezahlung bzw. Eingruppierung mitgeteilt werden. Darüber hinaus muss der Arbeitgeber über die geplante Maßnahme rechtzeitig unterrichten.

Wird der Betriebsrat verspätet, wahrheitswidrig oder unvollständig informiert oder wird ihm sein umfassendes Informationsrecht insgesamt verweigert, so greifen die Rechtsvorschriften des § 121 BetrVG, denn der Arbeitgeber begeht in diesem Fall – unabhängig von seinem Pflichtenverstoß gemäß § 23 Abs. 3 BetrVG – eine Ordnungswidrigkeit.

Eine endgültige Einstellung kann in jedem Fall erst dann erfolgen, wenn der Betriebsrat seine Zustimmung gegeben hat. Dies hat innerhalb einer Woche zu erfolgen. Äußert sich der Betriebsrat bereits im Laufe der Woche, so kann die Einstellung frühzeitiger erfolgen. Äußert sich der Betriebsrat innerhalb der Wochenfrist nicht, gilt seine Zustimmung als erteilt.

Beabsichtigt der Betriebsrat, von seinem Zustimmungsverweigerungsrecht nach § 99 Abs. 2 Nr. 1–6 BetrVG Gebrauch zu machen, so muss er dies innerhalb einer Woche nach Unterrichtung tun. Eine Ablehnung ist unter Angabe der Gründe schriftlich mitzuteilen, wobei die Wiedergabe des Gesetzestextes nicht ausreichend ist. In den nachfolgenden Musterschreiben werden typische Zustimmungsverweigerungen dargestellt.

Eine ohne Zustimmung des Betriebsrats durchgeführte personelle Einzelmaßnahme ist rechtsunwirksam. Gemäß § 100 BetrVG kann der Arbeitgeber allerdings, wenn dies aus sachlichen Gründen dringend erforderlich ist, die personelle Maßnahme i. S d. § 99 Abs. 1 BetrVG vorläufig vornehmen, bevor der Betriebsrat sich geäußert hat oder wenn er die Zustimmung verweigert hat. Der Arbeitgeber hat den Arbeitnehmer über die Sach- und Rechtslage aufzuklären. Die personelle Maßnahme kann also vorläufig durchgeführt werden. Sie ist aber nur dann zulässig, wenn sie aus sachlichen Gründen dringend erforderlich ist und keinen zeitlichen Aufschub verträgt. Andere zumutbare Lösungen dürfen nicht mehr zur Verfügung stehen. Bei der Frage der Dringlichkeit sind alle konkreten Umstände des Einzelfalls einzubeziehen und zu berücksichtigen.

Hat der Arbeitgeber den Betriebsrat ohne schuldhafte Verzögerung von der vorläufigen personellen Maßnahme unterrichtet, so kann der Betriebsrat bestreiten, dass die Maßnahme aus sachlichen Gründen dringend erforderlich ist. Dem Arbeitgeber ist dies unverzüglich mitzuteilen. Damit wird der Arbeitgeber gezwungen, die Maßnahme rückgängig zu machen oder die Zustimmung des Betriebsrats beim Arbeitsgericht innerhalb von drei Tagen ersetzen zu lassen.
Kommt der Arbeitgeber einer Ablehnung der personellen Einzelmaßnahme durch den Betriebsrat nicht nach, so kann er dem Arbeitgeber über das Arbeitsgericht aufgeben, die vorläufige Maßnahme unter Androhung eines Zwangsgeldes rückgängig zu machen.
Eine Kündigung ist eine einseitige empfangsbedürftige, bedingungsfeindliche Willenserklärung, mit der der Kündigende rechtswirksam die Absicht zur Beendigung des Arbeitsverhältnisses zu einem bestimmten Zeitpunkt zu erkennen gibt. Gemäß § 623 BGB bedarf die Beendigung von Arbeitsverhältnissen durch Kündigung oder Auflösungsvertrag zu ihrer Wirksamkeit der Schriftform. Dies gilt auch für die Begründung von befristeten Arbeitsverhältnissen. Bei beabsichtigten Kündigungen steht dem Betriebsrat zunächst nur ein eingeschränktes Recht in Form einer obligatorischen Anhörung zu (§ 102 Abs. 1 BetrVG). Ohne sie ist jede Kündigung unwirksam.
Je nach Kündigungsart hat der Betriebsrat unterschiedliche Fristen und Möglichkeiten, innerhalb deren er auf das Kündigungsbegehren des Arbeitgebers einzugehen hat. Nach§ 102 Abs. 2 bzw. 3 BetrVG kann er bei einer fristgemäßen Kündigung innerhalb einer Woche Bedenken erheben bzw. widersprechen, bei fristlosen Kündigungen verkürzt sich diese Frist auf drei Tage, innerhalb deren der Betriebsrat Bedenken äußern kann. Will sich der Betriebsrat zur beabsichtigten Kündigung nicht äußern, so kann er die Anhörungsfrist verstreichen lassen. In diesem Fall gilt sein Schweigen als Zustimmung.
In jedem Fall hat der Betriebsrat das Recht, sich mit der beabsichtigten Kündigung im Rahmen einer ausführlichen Beratung auseinanderzusetzen. Dazu sind ihm vom Arbeitgeber im Zuge des Kündigungsbegehrens alle Gründe, die zu einer Beendigung oder Änderung des Arbeitsverhältnisses führen sollen, mitzuteilen. Nur durch Offenlegung aller – ggf. auch der den betreffenden Arbeitnehmer entlastenden – Tatsachen kann sich der Betriebsrat ein umfassendes und abschließendes Bild machen. Dabei kann er von seinem Recht Gebrauch machen und den betreffenden Arbeitnehmer zur Sitzung einladen, um ihn anzuhören.
Beschließt der Betriebsrat, dem Kündigungsbegehren des Arbeitgebers zu widersprechen oder Bedenken anzumelden, so bedarf dies eines formellen Beschlusses.
Ein Widerspruch bei einer ordentlichen Kündigung kann mit einem der fünf Gründe des § 102 Abs. 3 BetrVG erfolgen. In diversen Musterschreiben sind verschiedene Widersprüche dargestellt. Der Widerspruch muss in jedem Fall

inhaltlich begründet sein und darf nicht formal auf eine Wiederholung des Gesetzestextes beschränkt bleiben. Widerspruchsrecht und -gründe gelten auch für Änderungskündigungen.

§ 102 Abs. 7 BetrVG garantiert, dass die Vorschriften über die Beteiligung nach dem Kündigungsschutzgesetz unberührt bleiben.

Beabsichtigt der Arbeitgeber die Kündigung eines Schwerbehinderten, so muss er nach den §§ 168, 171 des Neunten Buches Sozialgesetzbuch (SGB IX) die vorherige Zustimmung des Integrationsamtes einholen. Das Integrationsamt muss vor seiner Entscheidung eine Stellungnahme des Betriebsrats und des Vertrauensmannes der Schwerbehindertenvertretung einholen (§ 170 SGB IX).

Das Verfahren über eine mögliche Kündigung von Mitgliedern des Betriebsrats ist in § 103 BetrVG niedergelegt. Danach kann ihnen nur außerordentlich gekündigt werden und nur bei ausdrücklicher Zustimmung des Betriebsrats. Verweigert der Betriebsrat seine Zustimmung oder äußert er sich nicht zum außerordentlichen Kündigungsbegehren des Arbeitgebers, so muss der Arbeitgeber sowohl die Amtsenthebung als auch die Zustimmung zur fristlosen Entlassung beim Arbeitsgericht einholen. Im Übrigen gilt für die ordentliche betriebsbedingte Kündigung nach § 15 Abs. 4, 5 KSchG das oben Gesagte zu § 102 BetrVG.

Gemäß § 104 BetrVG hat der Betriebsrat das Recht, die Entlassung oder Versetzung eines Arbeitnehmers zu verlangen, der nachhaltig den Betriebsfrieden i. S. d. § 75 BetrVG stört. Solche Betriebsstörungen können Diebstahl, Körperverletzung oder wiederholte Nötigung anderer Arbeitnehmer sein. Der Gesetzgeber hat sowohl im § 99 Abs. 2 Nr. 6 als auch im § 104 deutlich gemacht, dass es in Betrieben keinen Raum für Rassismus und Fremdenfeindlichkeit geben darf. Daher wird auch in § 104 BetrVG ausdrücklich hervorgehoben, dass der Betriebsrat ein Antragsrecht auf Entfernung eines Arbeitnehmers aus dem Betrieb hat, wenn dieser durch rassistische oder fremdenfeindliche Betätigungen den Betriebsfrieden ernstlich stört.

Beabsichtigt der Arbeitgeber leitende Angestellte einzustellen bzw. personelle Veränderungen in diesem Personenkreis vorzunehmen, so hat er dies dem Betriebsrat lediglich mitzuteilen. Das Informationsrecht des Betriebsrats bezieht sich sowohl auf Einstellungen als auch auf Versetzungen, Umgruppierungen und Kündigungen sowie jede Änderung der Führungsfunktion.

Gesetzestexte

Betriebsverfassungsgesetz

§ 92 Personalplanung

(1) Der Arbeitgeber hat den Betriebsrat über die Personalplanung, insbesondere über den gegenwärtigen und künftigen Personalbedarf sowie über die sich daraus ergebenden personellen Maßnahmen einschließlich der geplanten Beschäftigung von Personen, die nicht in einem Arbeitsverhältnis zum Arbeitgeber stehen, und Maßnahmen der Berufsbildung anhand von Unterlagen rechtzeitig und umfassend zu unterrichten. Er hat mit dem Betriebsrat über Art und Umfang der erforderlichen Maßnahmen und über die Vermeidung von Härten zu beraten.
(2) Der Betriebsrat kann dem Arbeitgeber Vorschläge für die Einführung einer Personalplanung und ihre Durchführung machen.
(3) Die Absätze 1 und 2 gelten entsprechend für Maßnahmen im Sinne des § 80 Abs. 1 Nr. 2a und 2b, insbesondere für die Aufstellung und Durchführung von Maßnahmen zur Förderung der Gleichstellung von Frauen und Männern. Gleiches gilt für die Eingliederung schwerbehinderter Menschen nach § 80 Absatz 1 Nummer 4.

§ 92a Beschäftigungssicherung

(1) Der Betriebsrat kann dem Arbeitgeber Vorschläge zur Sicherung und Förderung der Beschäftigung machen. Diese können insbesondere eine flexible Gestaltung der Arbeitszeit, die Förderung von Teilzeitarbeit und Altersteilzeit, neue Formen der Arbeitsorganisation, Änderungen der Arbeitsverfahren und Arbeitsabläufe, die Qualifizierung der Arbeitnehmer, Alternativen zur Ausgliederung von Arbeit oder ihrer Vergabe an andere Unternehmen sowie zum Produktions- und Investitionsprogramm zum Gegenstand haben.
(2) Der Arbeitgeber hat die Vorschläge mit dem Betriebsrat zu beraten. Hält der Arbeitgeber die Vorschläge des Betriebsrats für ungeeignet, hat er dies zu begründen; in Betrieben mit mehr als 100 Arbeitnehmern erfolgt die Begründung schriftlich. Zu den Beratungen kann der Arbeitgeber oder der Betriebsrat einen Vertreter der Bundesagentur für Arbeit hinzuziehen.

§ 93 Ausschreibung von Arbeitsplätzen

Der Betriebsrat kann verlangen, dass Arbeitsplätze, die besetzt werden sollen, allgemein oder für bestimmte Arten von Tätigkeiten vor ihrer Besetzung innerhalb des Betriebs ausgeschrieben werden.

§ 94 Personalfragebogen, Beurteilungsgrundsätze

(1) Personalfragebogen bedürfen der Zustimmung des Betriebsrats. Kommt eine Einigung über ihren Inhalt nicht zustande, so entscheidet die Einigungsstelle. Der Spruch der Einigungsstelle ersetzt die Einigung zwischen Arbeitgeber und Betriebsrat.
(2) Absatz 1 gilt entsprechend für persönliche Angaben in schriftlichen Arbeitsverträgen, die allgemein für den Betrieb verwendet werden sollen, sowie für die Aufstellung allgemeiner Beurteilungsgrundsätze.

§ 95 Auswahlrichtlinien

(1) Richtlinien über die personelle Auswahl bei Einstellungen, Versetzungen, Umgruppierungen und Kündigungen bedürfen der Zustimmung des Betriebsrats. Kommt eine Einigung über die Richtlinien oder ihren Inhalt nicht zustande, so entscheidet auf Antrag des Arbeitgebers die Einigungsstelle. Der Spruch der Einigungsstelle ersetzt die Einigung zwischen Arbeitgeber und Betriebsrat.
(2) In Betrieben mit mehr als 500 Arbeitnehmern kann der Betriebsrat die Aufstellung von Richtlinien über die bei Maßnahmen des Absatzes 1 Satz 1 zu beachtenden fachlichen und persönlichen Voraussetzungen und sozialen Gesichtspunkte verlangen. Kommt eine Einigung über die Richtlinien oder ihren Inhalt nicht zustande, so entscheidet die Einigungsstelle. Der Spruch der Einigungsstelle ersetzt die Einigung zwischen Arbeitgeber und Betriebsrat.
(2a) Die Absätze 1 und 2 finden auch dann Anwendung, wenn bei der Aufstellung der Richtlinien nach diesen Absätzen Künstliche Intelligenz zum Einsatz kommt.
(3) Versetzung im Sinne dieses Gesetzes ist die Zuweisung eines anderen Arbeitsbereichs, die voraussichtlich die Dauer von einem Monat überschreitet, oder die mit einer erheblichen Änderung der Umstände verbunden ist, unter denen die Arbeit zu leisten ist. Werden Arbeitnehmer nach der Eigenart ihres Arbeitsverhältnisses üblicherweise nicht ständig an einem bestimmten Arbeitsplatz beschäftigt, so gilt die Bestimmung des jeweiligen Arbeitsplatzes nicht als Versetzung.

§ 96 Förderung der Berufsbildung

(1) Arbeitgeber und Betriebsrat haben im Rahmen der betrieblichen Personalplanung und in Zusammenarbeit mit den für die Berufsbildung und den für die Förderung der Berufsbildung zuständigen Stellen die Berufsbildung der Arbeitnehmer zu fördern. Der Arbeitgeber hat auf Verlangen des Betriebsrats den Berufsbildungsbedarf zu ermitteln und mit ihm Fragen der Berufsbildung der

Arbeitnehmer des Betriebs zu beraten. Hierzu kann der Betriebsrat Vorschläge machen.

(1a) Kommt im Rahmen der Beratung nach Absatz 1 eine Einigung über die Maßnahmen der Berufsbildung nicht zustände, können der Arbeitgeber oder der Betriebsrat die Einigungsstelle um Vermittlung anrufen. Die Einigungsstelle hat eine Einigung der Parteien zu versuchen.

(2) Arbeitgeber und Betriebsrat haben darauf zu achten, dass unter Berücksichtigung der betrieblichen Notwendigkeiten den Arbeitnehmern die Teilnahme an betrieblichen oder außerbetrieblichen Maßnahmen der Berufsbildung ermöglicht wird. Sie haben dabei auch die Belange älterer Arbeitnehmer, Teilzeitbeschäftigter und von Arbeitnehmern mit Familienpflichten zu berücksichtigen.

§ 97 Einrichtungen und Maßnahmen der Berufsbildung

(1) Der Arbeitgeber hat mit dem Betriebsrat über die Errichtung und Ausstattung betrieblicher Einrichtungen zur Berufsbildung, die Einführung betrieblicher Berufsbildungsmaßnahmen und die Teilnahme an außerbetrieblichen Berufsbildungsmaßnahmen zu beraten.

(2) Hat der Arbeitgeber Maßnahmen geplant oder durchgeführt, die dazu führen, dass sich die Tätigkeit der betroffenen Arbeitnehmer ändert und ihre beruflichen Kenntnisse und Fähigkeiten zur Erfüllung ihrer Aufgaben nicht mehr ausreichen, so hat der Betriebsrat bei der Einführung von Maßnahmen der betrieblichen Berufsbildung mitzubestimmen. Kommt eine Einigung nicht zustande, so entscheidet die Einigungsstelle. Der Spruch der Einigungsstelle ersetzt die Einigung zwischen Arbeitgeber und Betriebsrat.

§ 98 Durchführung betrieblicher Bildungsmaßnahmen

(1) Der Betriebsrat hat bei der Durchführung von Maßnahmen der betrieblichen Berufsbildung mitzubestimmen.

(2) Der Betriebsrat kann der Bestellung einer mit der Durchführung der betrieblichen Berufsbildung beauftragten Person widersprechen oder ihre Abberufung verlangen, wenn diese die persönliche oder fachliche, insbesondere die berufs- und arbeitspädagogische Eignung im Sinne des Berufsbildungsgesetzes nicht besitzt oder ihre Aufgaben vernachlässigt.

(3) Führt der Arbeitgeber betriebliche Maßnahmen der Berufsbildung durch oder stellt er für außerbetriebliche Maßnahmen der Berufsbildung Arbeitnehmer frei oder trägt er die durch die Teilnahme von Arbeitnehmern an solchen Maßnahmen entstehenden Kosten ganz oder teilweise, so kann der Betriebsrat Vorschläge für die Teilnahme von Arbeitnehmern oder Gruppen von Arbeitnehmern des Betriebs an diesen Maßnahmen der beruflichen Bildung machen.

(4) Kommt im Fall des Absatzes 1 oder über die nach Absatz 3 vom Betriebsrat vorgeschlagenen Teilnehmer eine Einigung nicht zustande, so entscheidet die Einigungsstelle. Der Spruch der Einigungsstelle ersetzt die Einigung zwischen Arbeitgeber und Betriebsrat.

(5) Kommt im Fall des Absatzes 2 eine Einigung nicht zustande, so kann der Betriebsrat beim Arbeitsgericht beantragen, dem Arbeitgeber aufzugeben, die Bestellung zu unterlassen oder die Abberufung durchzuführen. Führt der Arbeitgeber die Bestellung einer rechtskräftigen gerichtlichen Entscheidung zuwider durch, so ist er auf Antrag des Betriebsrats vom Arbeitsgericht wegen der Bestellung nach vorheriger Androhung zu einem Ordnungsgeld zu verurteilen; das Höchstmaß des Ordnungsgeldes beträgt 10 000 Euro. Führt der Arbeitgeber die Abberufung einer rechtskräftigen gerichtlichen Entscheidung zuwider nicht durch, so ist auf Antrag des Betriebsrats vom Arbeitsgericht zu erkennen, dass der Arbeitgeber zur Abberufung durch Zwangsgeld anzuhalten sei; das Höchstmaß des Zwangsgeldes beträgt für jeden Tag der Zuwiderhandlung 250 Euro. Die Vorschriften des Berufsbildungsgesetzes über die Ordnung der Berufsbildung bleiben unberührt.

(6) Die Absätze 1 bis 5 gelten entsprechend, wenn der Arbeitgeber sonstige Bildungsmaßnahmen im Betrieb durchführt.

§ 99 Mitbestimmung bei personellen Einzelmaßnahmen

(1) In Unternehmen mit in der Regel mehr als zwanzig wahlberechtigten Arbeitnehmern hat der Arbeitgeber den Betriebsrat vor jeder Einstellung, Eingruppierung, Umgruppierung und Versetzung zu unterrichten, ihm die erforderlichen Bewerbungsunterlagen vorzulegen und Auskunft über die Person der Beteiligten zu geben; er hat dem Betriebsrat unter Vorlage der erforderlichen Unterlagen Auskunft über die Auswirkungen der geplanten Maßnahme zu geben und die Zustimmung des Betriebsrats zu der geplanten Maßnahme einzuholen. Bei Einstellungen und Versetzungen hat der Arbeitgeber insbesondere den in Aussicht genommenen Arbeitsplatz und die vorgesehene Eingruppierung mitzuteilen. Die Mitglieder des Betriebsrats sind verpflichtet, über die ihnen im Rahmen der personellen Maßnahmen nach den Sätzen 1 und 2 bekannt gewordenen persönlichen Verhältnisse und Angelegenheiten der Arbeitnehmer, die ihrer Bedeutung oder ihrem Inhalt nach einer vertraulichen Behandlung bedürfen, Stillschweigen zu bewahren; § 79 Abs. 1 Satz 2 bis 4 gilt entsprechend.

(2) Der Betriebsrat kann die Zustimmung verweigern, wenn

1. die personelle Maßnahme gegen ein Gesetz, eine Verordnung, eine Unfallverhütungsvorschrift oder gegen eine Bestimmung in einem Tarifvertrag oder in einer Betriebsvereinbarung oder gegen eine gerichtliche Entscheidung oder eine behördliche Anordnung verstoßen würde,

2. die personelle Maßnahme gegen eine Richtlinie nach § 95 verstoßen würde,
3. die durch Tatsachen begründete Besorgnis besteht, dass infolge der personellen Maßnahme im Betrieb beschäftigte Arbeitnehmer gekündigt werden oder sonstige Nachteile erleiden, ohne dass dies aus betrieblichen oder persönlichen Gründen gerechtfertigt ist; als Nachteil gilt bei unbefristeter Einstellung auch die Nichtberücksichtigung eines gleich geeigneten befristet Beschäftigten,
4. der betroffene Arbeitnehmer durch die personelle Maßnahme benachteiligt wird, ohne dass dies aus betrieblichen oder in der Person des Arbeitnehmers liegenden Gründen gerechtfertigt ist,
5. eine nach § 93 erforderliche Ausschreibung im Betrieb unterblieben ist oder
6. die durch Tatsachen begründete Besorgnis besteht, dass der für die personelle Maßnahme in Aussicht genommene Bewerber oder Arbeitnehmer den Betriebsfrieden durch gesetzwidriges Verhalten oder durch grobe Verletzung der in § 75 Abs. 1 enthaltenen Grundsätze, insbesondere durch rassistische oder fremdenfeindliche Betätigung, stören werde.

(3) Verweigert der Betriebsrat seine Zustimmung, so hat er dies unter Angabe von Gründen innerhalb einer Woche nach Unterrichtung durch den Arbeitgeber diesem schriftlich mitzuteilen. Teilt der Betriebsrat dem Arbeitgeber die Verweigerung seiner Zustimmung nicht innerhalb der Frist schriftlich mit, so gilt die Zustimmung als erteilt.
(4) Verweigert der Betriebsrat seine Zustimmung, so kann der Arbeitgeber beim Arbeitsgericht beantragen, die Zustimmung zu ersetzen.

§ 100 Vorläufige personelle Maßnahmen

(1) Der Arbeitgeber kann, wenn dies aus sachlichen Gründen dringend erforderlich ist, die personelle Maßnahme im Sinne des § 99 Abs. 1 Satz 1 vorläufig durchführen, bevor der Betriebsrat sich geäußert oder wenn er die Zustimmung verweigert hat. Der Arbeitgeber hat den Arbeitnehmer über die Sach- und Rechtslage aufzuklären.
(2) Der Arbeitgeber hat den Betriebsrat unverzüglich von der vorläufigen personellen Maßnahme zu unterrichten. Bestreitet der Betriebsrat, dass die Maßnahme aus sachlichen Gründen dringend erforderlich ist, so hat er dies dem Arbeitgeber unverzüglich mitzuteilen. In diesem Fall darf der Arbeitgeber die vorläufige personelle Maßnahme nur aufrechterhalten, wenn er innerhalb von drei Tagen beim Arbeitsgericht die Ersetzung der Zustimmung des Betriebsrats und die Feststellung beantragt, dass die Maßnahme aus sachlichen Gründen dringend erforderlich war.
(3) Lehnt das Gericht durch rechtskräftige Entscheidung die Ersetzung der Zustimmung des Betriebsrats ab oder stellt es rechtskräftig fest, dass offensicht-

lich die Maßnahme aus sachlichen Gründen nicht dringend erforderlich war, so endet die vorläufige personelle Maßnahme mit Ablauf von zwei Wochen nach Rechtskraft der Entscheidung. Von diesem Zeitpunkt an darf die personelle Maßnahme nicht aufrechterhalten werden.

§ 101 Zwangsgeld

Führt der Arbeitgeber eine personelle Maßnahme im Sinne des § 99 Abs. 1 Satz 1 ohne Zustimmung des Betriebsrats durch oder hält er eine vorläufige personelle Maßnahme entgegen § 100 Abs. 2 Satz 3 oder Abs. 3 aufrecht, so kann der Betriebsrat beim Arbeitsgericht beantragen, dem Arbeitgeber aufzugeben, die personelle Maßnahme aufzuheben. Hebt der Arbeitgeber entgegen einer rechtskräftigen gerichtlichen Entscheidung die personelle Maßnahme nicht auf, so ist auf Antrag des Betriebsrats vom Arbeitsgericht zu erkennen, dass der Arbeitgeber zur Aufhebung der Maßnahme durch Zwangsgeld anzuhalten sei. Das Höchstmaß des Zwangsgeldes beträgt für jeden Tag der Zuwiderhandlung 250 Euro.

§ 102 Mitbestimmung bei Kündigungen

(1) Der Betriebsrat ist vor jeder Kündigung zu hören. Der Arbeitgeber hat ihm die Gründe für die Kündigung mitzuteilen. Eine ohne Anhörung des Betriebsrats ausgesprochene Kündigung ist unwirksam.

(2) Hat der Betriebsrat gegen eine ordentliche Kündigung Bedenken, so hat er diese unter Angabe der Gründe dem Arbeitgeber spätestens innerhalb einer Woche schriftlich mitzuteilen. Äußert er sich innerhalb dieser Frist nicht, gilt seine Zustimmung zur Kündigung als erteilt. Hat der Betriebsrat gegen eine außerordentliche Kündigung Bedenken, so hat er diese unter Angabe der Gründe dem Arbeitgeber unverzüglich, spätestens jedoch innerhalb von drei Tagen, schriftlich mitzuteilen. Der Betriebsrat soll, soweit dies erforderlich erscheint, vor seiner Stellungnahme den betroffenen Arbeitnehmer hören. § 99 Abs. 1 Satz 3 gilt entsprechend.

(3) Der Betriebsrat kann innerhalb der Frist des Absatzes 2 Satz 1 der ordentlichen Kündigung widersprechen, wenn

1. der Arbeitgeber bei der Auswahl des zu kündigenden Arbeitnehmers soziale Gesichtspunkte nicht oder nicht ausreichend berücksichtigt hat,
2. die Kündigung gegen eine Richtlinie nach § 95 verstößt,
3. der zu kündigende Arbeitnehmer an einem anderen Arbeitsplatz im selben Betrieb oder in einem anderen Betrieb des Unternehmens weiterbeschäftigt werden kann,
4. die Weiterbeschäftigung des Arbeitnehmers nach zumutbaren Umschulungs- oder Fortbildungsmaßnahmen möglich ist oder

5. eine Weiterbeschäftigung des Arbeitnehmers unter geänderten Vertragsbedingungen möglich ist und der Arbeitnehmer sein Einverständnis hiermit erklärt hat.

(4) Kündigt der Arbeitgeber, obwohl der Betriebsrat nach Absatz 3 der Kündigung widersprochen hat, so hat er dem Arbeitnehmer mit der Kündigung eine Abschrift der Stellungnahme des Betriebsrats zuzuleiten.

(5) Hat der Betriebsrat einer ordentlichen Kündigung frist- und ordnungsgemäß widersprochen und hat der Arbeitnehmer nach dem Kündigungsschutzgesetz Klage auf Feststellung erhoben, dass das Arbeitsverhältnis durch die Kündigung nicht aufgelöst ist, so muss der Arbeitgeber auf Verlangen des Arbeitnehmers diesen nach Ablauf der Kündigungsfrist bis zum rechtskräftigen Abschluss des Rechtsstreits bei unveränderten Arbeitsbedingungen weiterbeschäftigen. Auf Antrag des Arbeitgebers kann das Gericht ihn durch einstweilige Verfügung von der Verpflichtung zur Weiterbeschäftigung nach Satz 1 entbinden, wenn

1. die Klage des Arbeitnehmers keine hinreichende Aussicht auf Erfolg bietet oder mutwillig erscheint oder
2. die Weiterbeschäftigung des Arbeitnehmers zu einer unzumutbaren wirtschaftlichen Belastung des Arbeitgebers führen würde oder
3. der Widerspruch des Betriebsrats offensichtlich unbegründet war.

(6) Arbeitgeber und Betriebsrat können vereinbaren, dass Kündigungen der Zustimmung des Betriebsrats bedürfen und dass bei Meinungsverschiedenheiten über die Berechtigung der Nichterteilung der Zustimmung die Einigungsstelle entscheidet.

(7) Die Vorschriften über die Beteiligung des Betriebsrats nach dem Kündigungsschutzgesetz bleiben unberührt.

§ 103 Außerordentliche Kündigung und Versetzung in besonderen Fällen

(1) Die außerordentliche Kündigung von Mitgliedern des Betriebsrats, der Jugend- und Auszubildendenvertretung, der Bordvertretung und des Seebetriebsrats, des Wahlvorstands sowie von Wahlbewerbern bedarf der Zustimmung des Betriebsrats.

(2) Verweigert der Betriebsrat seine Zustimmung, so kann das Arbeitsgericht sie auf Antrag des Arbeitgebers ersetzen, wenn die außerordentliche Kündigung unter Berücksichtigung aller Umstände gerechtfertigt ist. In dem Verfahren vor dem Arbeitsgericht ist der betroffene Arbeitnehmer Beteiligter.

(2a) Absatz 2 gilt entsprechend, wenn im Betrieb kein Betriebsrat besteht.

(3) Die Versetzung der in Absatz 1 genannten Personen, die zu einem Verlust des Amtes oder der Wählbarkeit führen würde, bedarf der Zustimmung des Betriebsrats; dies gilt nicht, wenn der betroffene Arbeitnehmer mit der Versetzung einverstanden ist. Absatz 2 gilt entsprechend mit der Maßgabe, dass das Arbeits-

gericht die Zustimmung zu der Versetzung ersetzen kann, wenn diese auch unter Berücksichtigung der betriebsverfassungsrechtlichen Stellung des betroffenen Arbeitnehmers aus dringenden betrieblichen Gründen notwendig ist.

§ 104 Entfernung betriebsstörender Arbeitnehmer

Hat ein Arbeitnehmer durch gesetzwidriges Verhalten oder durch grobe Verletzung der in § 75 Abs. 1 enthaltenen Grundsätze, insbesondere durch rassistische oder fremdenfeindliche Betätigungen, den Betriebsfrieden wiederholt ernstlich gestört, so kann der Betriebsrat vom Arbeitgeber die Entlassung oder Versetzung verlangen. Gibt das Arbeitsgericht einem Antrag des Betriebsrats statt, dem Arbeitgeber aufzugeben, die Entlassung oder Versetzung durchzuführen, und führt der Arbeitgeber die Entlassung oder Versetzung einer rechtskräftigen gerichtlichen Entscheidung zuwider nicht durch, so ist auf Antrag des Betriebsrats vom Arbeitsgericht zu erkennen, dass er zur Vornahme der Entlassung oder Versetzung durch Zwangsgeld anzuhalten sei. Das Höchstmaß des Zwangsgeldes beträgt für jeden Tag der Zuwiderhandlung 250 Euro.

§ 105 Leitende Angestellte

Eine beabsichtigte Einstellung oder personelle Veränderung eines in § 5 Abs. 3 genannten leitenden Angestellten ist dem Betriebsrat rechtzeitig mitzuteilen.

Bürgerliches Gesetzbuch

§ 623 Schriftform der Kündigung

Die Beendigung von Arbeitsverhältnissen durch Kündigung oder Auflösungsvertrag bedürfen zu ihrer Wirksamkeit der Schriftform; die elektronische Form ist ausgeschlossen.

§ 626 Fristlose Kündigung aus wichtigem Grund

(1) Das Dienstverhältnis kann von jedem Vertragsteil aus wichtigem Grund ohne Einhaltung einer Kündigungsfrist gekündigt werden, wenn Tatsachen vorliegen, aufgrund derer dem Kündigenden unter Berücksichtigung aller Umstände des Einzelfalles und unter Abwägung der Interessen beider Vertragsteile die Fortsetzung des Dienstverhältnisses bis zum Ablauf der Kündigungsfrist oder bis zu der vereinbarten Beendigung des Dienstverhältnisses nicht zugemutet werden kann.

(2) Die Kündigung kann nur innerhalb von zwei Wochen erfolgen. Die Frist beginnt mit dem Zeitpunkt, in dem der Kündigungsberechtigte von den für die Kündigung maßgebenden Tatsachen Kenntnis erlangt. Der Kündigende muss dem anderen Teil auf Verlangen den Kündigungsgrund unverzüglich schriftlich mitteilen.

Kündigungsschutzgesetz[1]

§ 2 Änderungskündigung

Kündigt der Arbeitgeber das Arbeitsverhältnis und bietet er dem Arbeitnehmer im Zusammenhang mit der Kündigung die Fortsetzung des Arbeitsverhältnisses zu geänderten Arbeitsbedingungen an, so kann der Arbeitnehmer dieses Angebot unter dem Vorbehalt annehmen, dass die Änderung der Arbeitsbedingungen nicht sozial ungerechtfertigt ist (§ 1 Abs. 2 Satz 1 bis 3, Abs. 3 Satz 1 und 2). Diesen Vorbehalt muss der Arbeitnehmer dem Arbeitgeber innerhalb der Kündigungsfrist, spätestens jedoch innerhalb von drei Wochen nach Zugang der Kündigung erklären.

§ 3 Kündigungseinspruch

Hält der Arbeitnehmer eine Kündigung für sozial ungerechtfertigt, so kann er binnen einer Woche nach der Kündigung Einspruch beim Betriebsrat einlegen. Erachtet der Betriebsrat den Einspruch für begründet, so hat er zu versuchen, eine Verständigung mit dem Arbeitgeber herbeizuführen. Er hat seine Stellungnahme zu dem Einspruch dem Arbeitnehmer und dem Arbeitgeber auf Verlangen schriftlich mitzuteilen.

§ 4 Anrufung des Arbeitsgerichts

Will ein Arbeitnehmer geltend machen, dass eine Kündigung sozial ungerechtfertigt oder aus anderen Gründen rechtsunwirksam ist, so muss er innerhalb von drei Wochen nach Zugang der schriftlichen Kündigung Klage beim Arbeitsgericht auf Feststellung erheben, dass das Arbeitsverhältnis durch die Kündigung nicht aufgelöst ist. Im Falle des § 2 ist die Klage auf Feststellung zu erheben, dass die Änderung der Arbeitsbedingungen sozial ungerechtfertigt oder aus anderen Gründen rechtsunwirksam ist. Hat der Arbeitnehmer Einspruch beim Betriebsrat eingelegt (§ 3), so soll er der Klage die Stellungnahme des Betriebsrats beifügen. Soweit die Kündigung der Zustimmung einer Behörde bedarf, läuft die Frist

---

1 Kündigungsschutzgesetz (KSchG) vom 10. August 1951, in der Fassung vom 25. August 1969; zuletzt geändert durch Artikel 2 des Gesetzes vom 14. Juni 2021 (BGBl. I S. 1762).

zur Anrufung des Arbeitsgerichts erst von der Bekanntgabe der Entscheidung der Behörde an den Arbeitnehmer ab.

§ 17 Anzeigepflicht

(1) Der Arbeitgeber ist verpflichtet, der Agentur für Arbeit Anzeige zu erstatten, bevor er

1. in Betrieben mit in der Regel mehr als 20 und weniger als 60 Arbeitnehmern mehr als 5 Arbeitnehmer,
2. in Betrieben mit in der Regel mindestens 60 und weniger als 500 Arbeitnehmern 10 vom Hundert der im Betrieb regelmäßig beschäftigten Arbeitnehmer oder aber mehr als 25 Arbeitnehmer,
3. in Betrieben mit in der Regel mindestens 500 Arbeitnehmern mindestens 30 Arbeitnehmer

innerhalb von 30 Kalendertagen entlässt. Den Entlassungen stehen andere Beendigungen des Arbeitsverhältnisses gleich, die vom Arbeitgeber veranlasst werden.

(2) Beabsichtigt der Arbeitgeber, nach Absatz 1 anzeigepflichtige Entlassungen vorzunehmen, hat er dem Betriebsrat rechtzeitig die zweckdienlichen Auskünfte zu erteilen und ihn schriftlich insbesondere zu unterrichten über

1. die Gründe für die geplanten Entlassungen,
2. die Zahl und die Berufsgruppen der zu entlassenden Arbeitnehmer,
3. die Zahl und die Berufsgruppen der in der Regel beschäftigten Arbeitnehmer,
4. den Zeitraum, in dem die Entlassungen vorgenommen werden sollen,
5. die vorgesehenen Kriterien für die Auswahl der zu entlassenden Arbeitnehmer,
6. die für die Berechnung etwaiger Abfindungen vorgesehenen Kriterien.

Arbeitgeber und Betriebsrat haben insbesondere die Möglichkeiten zu beraten, Entlassungen zu vermeiden oder einzuschränken und ihre Folgen zu mildern.

(3) Der Arbeitgeber hat gleichzeitig der Agentur für Arbeit eine Abschrift der Mitteilung an den Betriebsrat zuzuleiten; sie muss zumindest die in Absatz 2 Satz 1 Nr. 1 bis 5 vorgeschriebenen Angaben enthalten. Die Anzeige nach Absatz 1 ist schriftlich unter Beifügung der Stellungnahme des Betriebsrats zu den Entlassungen zu erstatten. Liegt eine Stellungnahme des Betriebsrats nicht vor, so ist die Anzeige wirksam, wenn der Arbeitgeber glaubhaft macht, dass er den Betriebsrat mindestens zwei Wochen vor Erstattung der Anzeige nach Absatz 2 Satz 1 unterrichtet hat, und er den Stand der Beratungen darlegt. Die Anzeige muss Angaben über den Namen des Arbeitgebers, den Sitz und die Art des Betriebs enthalten, ferner die Gründe für die geplanten Entlassungen, die Zahl und die Berufsgruppen der zu entlassenden und der in der Regel beschäftigten Arbeitnehmer, den Zeitraum, in dem die Entlassungen vorgenommen werden

sollen und die vorgesehenen Kriterien für die Auswahl der zu entlassenden Arbeitnehmer. In der Anzeige sollen ferner im Einvernehmen mit dem Betriebsrat für die Arbeitsvermittlung Angaben über Geschlecht, Alter, Beruf und Staatsangehörigkeit der zu entlassenden Arbeitnehmer gemacht werden. Der Arbeitgeber hat dem Betriebsrat eine Abschrift der Anzeige zuzuleiten. Der Betriebsrat kann gegenüber der Agentur für Arbeit weitere Stellungnahmen abgeben. Er hat dem Arbeitgeber eine Abschrift der Stellungnahme zuzuleiten.
(3a) Die Auskunfts-, Beratungs- und Anzeigepflichten nach den Absätzen 1 bis 3 gelten auch dann, wenn die Entscheidung über die Entlassungen von einem den Arbeitgeber beherrschenden Unternehmen getroffen wurde. Der Arbeitgeber kann sich nicht darauf berufen, dass das für die Entlassungen verantwortliche Unternehmen die notwendigen Auskünfte nicht übermittelt hat.
(4) Das Recht zur fristlosen Entlassung bleibt unberührt. Fristlose Entlassungen werden bei Berechnung der Mindestzahl der Entlassungen nach Absatz 1 nicht mitgerechnet.
(5) Als Arbeitnehmer im Sinne dieser Vorschrift gelten nicht
1. in Betrieben einer juristischen Person die Mitglieder des Organs, das zur gesetzlichen Vertretung der juristischen Person berufen ist,
2. in Betrieben einer Personengesamtheit die durch Gesetz, Satzung oder Gesellschaftsvertrag zur Vertretung der Personengesamtheit berufenen Personen,
3. Geschäftsführer, Betriebsleiter und ähnliche leitende Personen, soweit diese zur selbständigen Einstellung oder Entlassung von Arbeitnehmern berechtigt sind.

Teilzeit- und Befristungsgesetz

§ 14 Zulässigkeit der Befristung

(1) Die Befristung eines Arbeitsvertrags ist zulässig, wenn sie durch einen sachlichen Grund gerechtfertigt ist. Ein sachlicher Grund liegt insbesondere vor, wenn
1. der betriebliche Bedarf an der Arbeitsleistung nur vorübergehend besteht,
2. die Befristung im Anschluss an eine Ausbildung oder ein Studium erfolgt, um den Übergang des Arbeitnehmers in eine Anschlussbeschäftigung zu erleichtern,
3. der Arbeitnehmer zur Vertretung eines anderen Arbeitnehmers beschäftigt wird,
4. die Eigenart der Arbeitsleistung die Befristung rechtfertigt,
5. die Befristung zur Erprobung erfolgt,

6. in der Person des Arbeitnehmers liegende Gründe die Befristung rechtfertigen,
7. der Arbeitnehmer aus Haushaltsmitteln vergütet wird, die haushaltsrechtlich für eine befristete Beschäftigung bestimmt sind, und er entsprechend beschäftigt wird oder
8. die Befristung auf einem gerichtlichen Vergleich beruht.

(2) Die kalendermäßige Befristung eines Arbeitsvertrags ohne Vorliegen eines sachlichen Grundes ist bis zur Dauer von zwei Jahren zulässig; bis zu dieser Gesamtdauer von zwei Jahren ist auch die höchstens dreimalige Verlängerung eines kalendermäßig befristeten Arbeitsvertrags zulässig. Eine Befristung nach Satz 1 ist nicht zulässig, wenn mit demselben Arbeitgeber bereits zuvor ein befristetes oder unbefristetes Arbeitsverhältnis bestanden hat. Durch Tarifvertrag kann die Anzahl der Verlängerungen oder die Höchstdauer der Befristung abweichend von Satz 1 festgelegt werden. Im Geltungsbereich eines solchen Tarifvertrags können nicht tarifgebundene Arbeitgeber und Arbeitnehmer die Anwendung der tariflichen Regelungen vereinbaren.

(2a) In den ersten vier Jahren nach der Gründung eines Unternehmens ist die kalendermäßige Befristung eines Arbeitsvertrags ohne Vorliegen eines sachlichen Grundes bis zur Dauer von vier Jahren zulässig; bis zu dieser Gesamtdauer von vier Jahren ist auch die mehrfache Verlängerung eines kalendermäßig befristeten Arbeitsvertrags zulässig. Dies gilt nicht für Neugründungen im Zusammenhang mit der rechtlichen Umstrukturierung von Unternehmen und Konzernen. Maßgebend für den Zeitpunkt der Gründung des Unternehmens ist die Aufnahme einer Erwerbstätigkeit, die nach § 138 der Abgabeordnung der Gemeinde oder dem Finanzamt mitzuteilen ist. Auf die Befristung eines Arbeitsvertrags nach Satz 1 findet Absatz 2 Satz 2 bis 4 entsprechende Anwendung.

(3) Die kalendermäßige Befristung eines Arbeitsvertrages ohne Vorliegen eines sachlichen Grundes ist bis zu einer Dauer von fünf Jahren zulässig, wenn der Arbeitnehmer bei Beginn des befristeten Arbeitsverhältnisses das 52. Lebensjahr vollendet hat und unmittelbar vor Beginn des befristeten Arbeitsverhältnisses mindestens vier Monate beschäftigungslos im Sinne des § 138 Absatz 1 Nummer 1 des Dritten Buches Sozialgesetzbuch gewesen ist, Transferkurzarbeitergeld bezogen oder an einer öffentlich geförderten Beschäftigungsmaßnahme nach dem Zweiten oder Dritten Buch Sozialgesetzbuch teilgenommen hat. Bis zu der Gesamtdauer von fünf Jahren ist auch die mehrfache Verlängerung des Arbeitsvertrages zulässig.

(4) Die Befristung eines Arbeitsvertrags bedarf zu ihrer Wirksamkeit der Schriftform.

§ 18 Information über unbefristete Arbeitsplätze

Der Arbeitgeber hat die befristet beschäftigten Arbeitnehmer über entsprechende unbefristete Arbeitsplätze zu informieren, die besetzt werden sollen. Die Information kann durch allgemeine Bekanntgabe an geeigneter, den Arbeitnehmern zugänglicher Stelle im Betrieb und Unternehmen erfolgen.

§ 19 Aus- und Weiterbildung

Der Arbeitgeber hat Sorge zu tragen, dass auch befristet beschäftigte Arbeitnehmer an angemessenen Aus- und Weiterbildungsmaßnahmen zur Förderung der beruflichen Entwicklung und Mobilität teilnehmen können, es sei denn, dass dringende betriebliche Gründe oder Aus- und Weiterbildungswünsche anderer Arbeitnehmer entgegenstehen.

Drittes Buch Sozialgesetzbuch (SGB III)

§ 1 Ziele der Arbeitsförderung

(1) Die Arbeitsförderung soll dem Entstehen von Arbeitslosigkeit entgegenwirken, die Dauer der Arbeitslosigkeit verkürzen und den Ausgleich von Angebot und Nachfrage auf dem Ausbildungs- und Arbeitsmarkt unterstützen. Dabei ist insbesondere durch die Verbesserung der individuellen Beschäftigungsfähigkeit Langzeitarbeitslosigkeit zu vermeiden. Die Gleichstellung von Frauen und Männern ist als durchgängiges Prinzip der Arbeitsförderung zu verfolgen. Die Arbeitsförderung soll dazu beitragen, dass ein hoher Beschäftigungsstand erreicht und die Beschäftigungsstruktur ständig verbessert wird. Sie ist so auszurichten, dass sie der beschäftigungspolitischen Zielsetzung der Sozial-, Wirtschafts- und Finanzpolitik der Bundesregierung entspricht.
(2) Die Leistungen der Arbeitsförderung sollen insbesondere
1. die Transparenz auf dem Ausbildungs- und Arbeitsmarkt erhöhen, die berufliche und regionale Mobilität unterstützen und die zügige Besetzung offener Stellen ermöglichen,
2. die individuelle Beschäftigungsfähigkeit durch Erhalt und Ausbau von Fertigkeiten, Kenntnissen und Fähigkeiten fördern,
3. unterwertiger Beschäftigung entgegenwirken und
4. die berufliche Situation von Frauen verbessern, indem sie auf die Beseitigung bestehender Nachteile sowie auf die Überwindung eines geschlechtsspezifischen geprägten Ausbildungs- und Arbeitsmarktes hinwirken und Frauen mindestens entsprechend ihrem Anteil an den Arbeitslosen und ihrer relativen Betroffenheit von Arbeitslosigkeit gefördert werden.

(3) Die Bundesregierung soll mit der Bundesagentur zur Durchführung der Arbeitsförderung Rahmenziele vereinbaren. Diese dienen der Umsetzung der Grundsätze dieses Buches. Die Rahmenziele werden spätestens zu Beginn einer Legislaturperiode überprüft.

§ 2 Zusammenwirken mit den Agenturen für Arbeit

(1) Die Agenturen für Arbeit erbringen insbesondere Dienstleistungen für Arbeitgeber, Arbeitnehmerinnen und Arbeitnehmer, indem sie
1. Arbeitgeber regelmäßig über Ausbildungs- und Arbeitsmarktentwicklungen, Ausbildungssuchende, Fachkräfteangebot und berufliche Bildungsmaßnahmen informieren sowie auf den Betrieb zugeschnittene Arbeitsmarktberatung und Vermittlung anbieten und
2. Arbeitnehmerinnen und Arbeitnehmer zur Vorbereitung der Berufswahl und zur Erschließung ihrer beruflichen Entwicklungsmöglichkeiten beraten, Vermittlungsangebote zur Ausbildungs- oder Arbeitsaufnahme entsprechend ihren Fähigkeiten unterbreiten sowie sonstige Leistungen der Arbeitsförderung erbringen.

(2) Die Arbeitgeber haben bei ihren Entscheidungen verantwortungsvoll deren Auswirkungen auf die Beschäftigung der Arbeitnehmerinnen und Arbeitnehmer und von Arbeitslosen und damit die Inanspruchnahme von Leistungen der Arbeitsförderung einzubeziehen. Sie sollen dabei insbesondere
1. im Rahmen ihrer Mitverantwortung für die Entwicklung der beruflichen Leistungsfähigkeit der Arbeitnehmerinnen und Arbeitnehmer zur Anpassung an sich ändernde Anforderungen sorgen,
2. vorrangig durch betriebliche Maßnahmen die Inanspruchnahme von Leistungen der Arbeitsförderung sowie Entlassungen von Arbeitnehmerinnen und Arbeitnehmern vermeiden,
3. Arbeitnehmer vor der Beendigung des Arbeitsverhältnisses frühzeitig über die Notwendigkeit eigener Aktivitäten bei der Suche nach einer anderen Beschäftigung sowie über die Verpflichtung zur Meldung nach § 38 Abs. 1 bei der Agentur für Arbeit informieren, sie hierzu freistellen und die Teilnahme an erforderlichen Maßnahmen der beruflichen Weiterbildung ermöglichen.

(3) Die Arbeitgeber sollen die Agenturen für Arbeit frühzeitig über betriebliche Veränderungen, die Auswirkungen auf die Beschäftigung haben können, unterrichten. Dazu gehören insbesondere Mitteilungen über
1. zu besetzende Ausbildungs- und Arbeitsstellen,
2. geplante Betriebserweiterungen und den damit verbundenen Arbeitskräftebedarf,
3. die Qualifikationsanforderungen an die einzustellenden Arbeitnehmerinnen und Arbeitnehmer,

4. geplante Betriebseinschränkungen oder Betriebsverlagerungen sowie die damit verbundenen Auswirkungen und
5. Planungen, wie Entlassungen von Arbeitnehmerinnen und Arbeitnehmern vermieden oder Übergänge in andere Beschäftigungsverhältnisse organisiert werden können.

(4) Die Arbeitnehmerinnen und Arbeitnehmer haben bei ihren Entscheidungen verantwortungsvoll deren Auswirkungen auf ihre beruflichen Möglichkeiten einzubeziehen. Sie sollen insbesondere ihre berufliche Leistungsfähigkeit den sich ändernden Anforderungen anpassen.

(5) Die Arbeitnehmerinnen und Arbeitnehmer haben zur Vermeidung oder zur Beendigung von Arbeitslosigkeit insbesondere

1. ein zumutbares Beschäftigungsverhältnis fortzusetzen,
2. eigenverantwortlich nach Beschäftigung zu suchen, bei bestehendem Beschäftigungsverhältnis frühzeitig vor dessen Beendigung,
3. eine zumutbare Beschäftigung aufzunehmen und
4. an einer beruflichen Eingliederungsmaßnahme teilzunehmen.

§ 99 Anzeige des Arbeitsausfalls

(1) Der Arbeitsausfall ist bei der Agentur für Arbeit, in deren Bezirk der Betrieb seinen Sitz hat, schriftlich oder elektronisch anzuzeigen. Die Anzeige kann nur vom Arbeitgeber oder der Betriebsvertretung erstattet werden. Der Anzeige des Arbeitgebers ist eine Stellungnahme der Betriebsvertretung beizufügen. Mit der Anzeige ist glaubhaft zu machen, dass ein erheblicher Arbeitsausfall besteht und die betrieblichen Voraussetzungen für das Kurzarbeitergeld erfüllt sind.

(2) Kurzarbeitergeld wird frühestens von dem Kalendermonat an geleistet, in dem die Anzeige über den Arbeitsausfall bei der Agentur für Arbeit eingegangen ist. Beruht der Arbeitsausfall auf einem unabwendbaren Ereignis, gilt die Anzeige für den entsprechenden Kalendermonat als erstattet, wenn sie unverzüglich erstattet worden ist.

(3) Die Agentur für Arbeit hat der oder dem Anzeigenden unverzüglich einen schriftlichen Bescheid darüber zu erteilen, ob auf Grund der vorgetragenen und glaubhaft gemachten Tatsachen ein erheblicher Arbeitsausfall vorliegt und die betrieblichen Voraussetzungen erfüllt sind.

§ 100 Kurzarbeitergeld bei Arbeitskämpfen

(1) § 160 über das Ruhen des Anspruchs auf Arbeitslosengeld bei Arbeitskämpfen gilt entsprechend für den Anspruch auf Kurzarbeitergeld bei Arbeitnehmerinnen und Arbeitnehmern, deren Arbeitsausfall Folge eines inländischen Arbeitskampfes ist, an dem sie nicht beteiligt sind.

(2) Macht der Arbeitgeber geltend, der Arbeitsausfall sei die Folge eines Arbeitskampfes, so hat er dies darzulegen und glaubhaft zu machen. Der Erklärung ist eine Stellungnahme der Betriebsvertretung beizufügen. Der Arbeitgeber hat der Betriebsvertretung die für die Stellungnahme erforderlichen Angaben zu machen. Bei der Feststellung des Sachverhalts kann die Agentur für Arbeit insbesondere auch Feststellungen im Betrieb treffen.
(3) Stellt die Agentur für Arbeit fest, dass ein Arbeitsausfall entgegen der Erklärung des Arbeitgebers nicht Folge eines Arbeitskampfes ist, und liegen die Voraussetzungen für einen Anspruch auf Kurzarbeitergeld allein deshalb nicht vor, weil der Arbeitsausfall vermeidbar ist, wird das Kurzarbeitergeld insoweit geleistet, als die Arbeitnehmerin oder der Arbeitnehmer Arbeitsentgelt (Arbeitsentgelt im Sinne des § 115 des Zehnten Buches) tatsächlich nicht erhält. Bei der Feststellung nach Satz 1 hat die Agentur für Arbeit auch die wirtschaftliche Vertretbarkeit einer Fortführung der Arbeit zu berücksichtigen. Hat der Arbeitgeber das Arbeitsentgelt trotz des Rechtsübergangs mit befreiender Wirkung an die Arbeitnehmerin oder den Arbeitnehmer oder an einen Dritten gezahlt, hat die Empfängerin oder der Empfänger des Kurzarbeitergeldes dieses insoweit zu erstatten.

Neuntes Buch Sozialgesetzbuch (SGB IX)

§ 81 Leistungen zum Erwerb und Erhalt praktischer Kenntnisse und Fähigkeiten

Leistungen zum Erwerb und Erhalt praktischer Kenntnisse und Fähigkeiten werden erbracht, um Leistungsberechtigten die für sie erreichbare Teilhabe am Leben in der Gemeinschaft zu ermöglichen. Die Leistungen sind insbesondere darauf gerichtet, die Leistungsberechtigten in Fördergruppen und Schulungen oder ähnlichen Maßnahmen zur Vornahme lebenspraktischer Handlungen einschließlich hauswirtschaftlicher Tätigkeiten zu befähigen, sie auf die Teilhabe am Arbeitsleben vorzubereiten, ihre Sprache und Kommunikation zu verbessern und sie zu befähigen, sich ohne fremde Hilfe sicher im Verkehr zu bewegen. Die Leistungen umfassen auch die blindentechnische Grundausbildung.

§ 164 Pflichten des Arbeitgebers und Rechte schwerbehinderter Menschen

(1) Die Arbeitgeber sind verpflichtet zu prüfen, ob freie Arbeitsplätze mit schwerbehinderten Menschen, insbesondere mit bei der Agentur für Arbeit arbeitslos oder arbeitsuchend gemeldeten schwerbehinderten Menschen, besetzt werden können. Sie nehmen frühzeitig Verbindung mit der Agentur für Arbeit

auf. Die Bundesagentur für Arbeit oder ein Integrationsfachdienst schlägt den Arbeitgebern geeignete schwerbehinderte Menschen vor. Über die Vermittlungsvorschläge und vorliegende Bewerbungen von schwerbehinderten Menschen haben die Arbeitgeber die Schwerbehindertenvertretung und die in § 176 genannten Vertretungen unmittelbar nach Eingang zu unterrichten. Bei Bewerbungen schwerbehinderter Richterinnen und Richter wird der Präsidialrat unterrichtet und gehört, soweit dieser an der Ernennung zu beteiligen ist. Bei der Prüfung nach Satz 1 beteiligen die Arbeitgeber die Schwerbehindertenvertretung nach § 178 Absatz 2 und hören die in § 176 genannten Vertretungen an. Erfüllt der Arbeitgeber seine Beschäftigungspflicht nicht und ist die Schwerbehindertenvertretung oder eine in § 176 genannte Vertretung mit der beabsichtigten Entscheidung des Arbeitgebers nicht einverstanden, ist diese unter Darlegung der Gründe mit ihnen zu erörtern. Dabei wird der betroffene schwerbehinderte Mensch angehört. Alle Beteiligten sind vom Arbeitgeber über die getroffene Entscheidung unter Darlegung der Gründe unverzüglich zu unterrichten. Bei Bewerbungen schwerbehinderter Menschen ist die Schwerbehindertenvertretung nicht zu beteiligen, wenn der schwerbehinderte Mensch die Beteiligung der Schwerbehindertenvertretung ausdrücklich ablehnt.

(2) Arbeitgeber dürfen schwerbehinderte Beschäftigte nicht wegen ihrer Behinderung benachteiligen. Im Einzelnen gelten hierzu die Regelungen des Allgemeinen Gleichbehandlungsgesetzes.

(3) Die Arbeitgeber stellen durch geeignete Maßnahmen sicher, dass in ihren Betrieben und Dienststellen wenigstens die vorgeschriebene Zahl schwerbehinderter Menschen eine möglichst dauerhafte behinderungsgerechte Beschäftigung finden kann. Absatz 4 Satz 2 und 3 gilt entsprechend.

(4) Die schwerbehinderten Menschen haben gegenüber ihren Arbeitgebern Anspruch auf

1. Beschäftigung, bei der sie ihre Fähigkeiten und Kenntnisse möglichst voll verwerten und weiterentwickeln können,
2. bevorzugte Berücksichtigung bei innerbetrieblichen Maßnahmen der beruflichen Bildung zur Förderung ihres beruflichen Fortkommens,
3. Erleichterungen im zumutbaren Umfang zur Teilnahme an außerbetrieblichen Maßnahmen der beruflichen Bildung,
4. behinderungsgerechte Einrichtung und Unterhaltung der Arbeitsstätten einschließlich der Betriebsanlagen, Maschinen und Geräte sowie der Gestaltung der Arbeitsplätze, des Arbeitsumfelds, der Arbeitsorganisation und der Arbeitszeit, unter besonderer Berücksichtigung der Unfallgefahr,
5. Ausstattung ihres Arbeitsplatzes mit den erforderlichen technischen Arbeitshilfen

unter Berücksichtigung der Behinderung und ihrer Auswirkungen auf die Beschäftigung. Bei der Durchführung der Maßnahmen nach Satz 1 Nummer 1,

4 und 5 unterstützen die Bundesagentur für Arbeit und die Integrationsämter die Arbeitgeber unter Berücksichtigung der für die Beschäftigung wesentlichen Eigenschaften der schwerbehinderten Menschen. Ein Anspruch nach Satz 1 besteht nicht, soweit seine Erfüllung für den Arbeitgeber nicht zumutbar oder mit unverhältnismäßigen Aufwendungen verbunden wäre oder soweit die staatlichen oder berufsgenossenschaftlichen Arbeitsschutzvorschriften oder beamtenrechtliche Vorschriften entgegenstehen.

(5) Die Arbeitgeber fördern die Einrichtung von Teilzeitarbeitsplätzen. Sie werden dabei von den Integrationsämtern unterstützt. Schwerbehinderte Menschen haben einen Anspruch auf Teilzeitbeschäftigung, wenn die kürzere Arbeitszeit wegen Art oder Schwere der Behinderung notwendig ist; Absatz 4 Satz 3 gilt entsprechend.

Schreiben an den Arbeitgeber zur Einführung einer Personalplanung

115 Der Betriebsrat der XY-GmbH Ort, Datum

An die
Geschäftsleitung der XY-GmbH
Im Hause

Betriebsvereinbarung über die Einführung einer Personalplanung gemäß § 92 Abs. 2 BetrVG

Sehr geehrte Damen und Herren,
der Betriebsrat hat sich in seiner Sitzung am .... eingehend mit der Frage der Einführung einer Personalplanung im Unternehmen beschäftigt und ist zu dem Schluss gekommen, dass die Personalplanung als integrierter Bestandteil der Unternehmensplanung mindestens ebenso wichtig ist wie die anderen Planungsarten.
Da ein zukunftsorientiertes Unternehmen in unserer Größenordnung ohne eine systematisch betriebene Personalplanung nicht mehr auskommen kann, schlagen wir gemäß § 92 Abs. 2 BetrVG vor, die Einführung einer qualitativen und quantitativen Personalplanung durch eine Betriebsvereinbarung zu regeln. Dadurch wird es Ihnen und uns möglich, bereits im Vorfeld der personellen Einzelmaßnahmen eventuelle Unklarheiten und Meinungsverschiedenheiten auszuräumen und ggf. auftretende soziale Spannungen zu vermeiden.
Ziele dieser Vereinbarung sollten sein,

1. die Mitwirkung des Betriebsrats bei der Personalplanung nach den gesetzlichen Bestimmungen sicherzustellen,
2. die Zusammenarbeit zwischen der Personalverwaltung und dem Betriebsrat zu intensivieren.

Der Betriebsrat ist davon überzeugt, dass Sie seinen Vorschlag begrüßen und die Einführung einer Personalplanung unterstützen werden.
Als Anlage übersenden wir Ihnen einen entsprechenden Entwurf einer Vereinbarung und bitten Sie, zu einem noch zu vereinbarenden Termin mit uns gemeinsam in einer Betriebsratssitzung über den Umfang und die Art der Personalplanung zu beraten.

Mit freundlichen Grüßen

....
(Unterschrift Betriebsratsvorsitzende/r)

Anlage: Entwurf einer Betriebsvereinbarung

Schreiben an den Arbeitgeber zu den benötigten Unterlagen einer Personalplanung

Der Betriebsrat der XY-GmbH Ort, Datum 116

An die
Geschäftsleitung der XY-GmbH
Im Hause

Unterlagen betreffend der Personalplanung gemäß § 92 BetrVG

Sehr geehrte Damen und Herren,
der Betriebsrat hat sich in seiner Sitzung am … eingehend mit dem Thema Personalplanung im Unternehmen auseinandergesetzt. Er bittet Sie deshalb um Überlassung der nachfolgenden Unterlagen:
- sämtliche vorhandene und verwendete Unterlagen zur Personalbedarfsplanung, Personaldeckungsplanung, Personalentwicklungsplanung und Personaleinsatzplanung sowie
- weitere Informationen und verwendete Daten, die Sie im Zusammenhang mit der oben genannten Personalplanung verwenden.

Der Betriebsrat ist der Überzeugung, dass zu unserer Wettbewerbsfähigkeit auch eine erfolgreiche Personalplanung gehört, zu der wir auch einen Beitrag leisten möchten. Der Betriebsrat geht davon aus, dass Sie unsere Vorgehensweise begrüßen. Wir erwarten Ihre abschließende Stellungnahme bis zum ……

Mit freundlichen Grüßen

………………………………

(Unterschrift
Betriebsratsvorsitzende/r)

Schreiben an den Arbeitgeber zur Verwendung von Algorithmen im Rahmen der Personalplanung

117 Der Betriebsrat der XY-GmbH — Ort, Datum

An die
Geschäftsleitung der XY-GmbH
Im Hause

Anwendung von Algorithmen im Rahmen der Personalplanung

Sehr geehrte Damen und Herren,
der Betriebsrat hat sich in seiner Sitzung am ...... eingehend mit der Frage der Einführung der Personalplanung im Unternehmen beschäftigt und möchte daher wissen, ob Sie in diesem Zusammenhang Algorithmen verwenden.
Zur Personalplanung zählen für uns die Personalbedarfsplanung, die Personaldeckungsplanung, die Personalentwicklungsplanung und die Personaleinsatzplanung.
Wir bitten uns zeitnah, spätestens bis zum ...... zu informieren.

Mit freundlichen Grüßen

....
(Unterschrift
Betriebsratsvorsitzende/r)

Schreiben an den Arbeitgeber wegen einer Betriebsvereinbarung zur Beschäftigungssicherung

118

Der Betriebsrat der XY-GmbH   Ort, Datum

An die
Geschäftsleitung der XY-GmbH
Im Hause

Betriebsvereinbarung zur Beschäftigungssicherung gemäß § 92a BetrVG

Sehr geehrte Damen und Herren,
die Beschäftigungssicherung gehört bekanntlich zu den wesentlichen Aufgaben des Betriebsrats.
Gerade in unserer Branche besteht zwischenzeitlich eine hohe Unsicherheit für die Arbeitnehmer, so dass wir hiermit die Initiative ergreifen wollen. Im Rahmen von Verhandlungen zu einer entsprechenden Betriebsvereinbarung wollen wir Ihnen zunächst Vorschläge unterbreiten, die zu einer höheren Beschäftigungssicherheit im Unternehmen führen.
Folgende Themenblöcke werden von uns als Regelungsbereiche vorgeschlagen:
1. Durchführung betrieblicher Berufsbildungsmaßnamen, die der technischen Entwicklung angepasst sind;
2. Einführung flexibler Arbeitssysteme, wie Gruppenarbeit und eine höhere Selbstorganisation der Arbeit;
3. Flexibilisierung der Arbeitszeiten und des Personaleinsatzes;
4. Umstellen der Produktion auf umweltbewusstes Produzieren zur Erhöhung der Nachfrage u. a.m.

Da ein zukunftsorientiertes Unternehmen in unserer Größenordnung mittelfristig ohne eine systematisch betriebene strategische Planung nicht mehr auskommt, sind wir davon überzeugt, dass Sie unseren Vorschlag begrüßen und unsere Überlegungen unterstützen werden.
Als Anlage übersenden wir Ihnen einen ersten Entwurf einer Betriebsvereinbarung und bitten Sie, zu einem noch zu vereinbarenden Termin mit uns gemeinsam in einer Betriebsratssitzung über die darin gemachten Vorschläge zu beraten.

Mit freundlichen Grüßen

....
(Unterschrift
Betriebsratsvorsitzende/r)

Anlage: Entwurf einer Betriebsvereinbarung

Schreiben an den Arbeitgeber zur Bildung einer Qualifizierungsabteilung zur Beschäftigungssicherung

119 Der Betriebsrat der XY-GmbH Ort, Datum

An die
Geschäftsleitung der XY-GmbH
Im Hause

Bildung einer Qualifizierungsabteilung im Hause im Rahmen der Beschäftigungssicherung gemäß § 92a BetrVG

Sehr geehrte Damen und Herren,
wie Sie sicherlich wissen, zählt die Beschäftigungssicherung in unserem Hause zu den wesentlichen Aufgaben des Betriebsrats. Da wir ein innovatives wissensbasiertes Unternehmen sind, ist es erforderlich, dass unsere Mitarbeiter auch jeweils auf dem aktuellen Wissensniveau liegen und stets weiterqualifiziert werden. Wir befinden uns gerade in einer Krise, sodass wir zur Überzeugung gelangt sind, unsere Mitarbeiter besser aufzustellen. Hierzu schlagen wir eine Abteilung vor, die sich für die Dauer von bis zu 24 Monaten um konkrete Weiterbildungsmaßnahmen von Mitarbeitern beschäftigt. Über Art und Umfang der einzelnen Qualifizierungsmaßnahmen könnte ein paritätischer Ausschuss entscheiden bzw. bei Nichteinigung eine Einigungsstelle.
Wir glauben damit unsere Wettbewerbsfähigkeit zu stärken und das Arbeitsplatzrisiko unserer Mitarbeiter zu verringern.
Als Anlage übersenden wir Ihnen einen ersten Entwurf einer freiwilligen Betriebsvereinbarung und bitten Sie, zu einem noch zu vereinbarenden Termin mit uns gemeinsam in einer Betriebsratssitzung über die darin gemachten Vorschläge zu beraten.

Mit freundlichen Grüßen

....
(Unterschrift
Betriebsratsvorsitzende/r)

Anlage: Entwurf einer Betriebsvereinbarung

Schreiben an den Arbeitgeber zur internen Ausschreibung von Arbeitsplätzen – auch für Leiharbeitnehmer 120

Der Betriebsrat der XY-GmbH Ort, Datum

An die
Geschäftsleitung der XY-GmbH
Im Hause

Abschluss einer Betriebsvereinbarung über die Ausschreibung von Arbeitsplätzen – auch für Leiharbeitnehmer gemäß § 93 BetrVG

Sehr geehrte Damen und Herren,
der Betriebsrat hat sich in seiner Sitzung am . . . mit der Frage der Ausschreibung von Arbeitsplätzen ausführlich beschäftigt. Wir sind zu dem Ergebnis gekommen, dass die Stellenausschreibung ein wichtiger Beitrag zur Ausschöpfung des innerbetrieblichen Stellenmarktes ist.
Wir bitten deshalb, zu einem noch zu vereinbarenden Termin mit dem Betriebsrat ein Gespräch über den Abschluss einer Betriebsvereinbarung über interne Stellenausschreibungen zu führen. In dieser Vereinbarung soll festgelegt werden, für welche Arten von Tätigkeiten eine Stellenausschreibung notwendig und sinnvoll ist. Als Anlage fügen wir Ihnen unseren Entwurf einer Betriebsvereinbarung bei.
Darüber hinaus hat der Betriebsrat in der oben genannten Sitzung beschlossen, dass zukünftig alle Arbeitsplätze innerbetrieblich ausgeschrieben werden sollen.
In der Hoffnung auf konstruktive Gespräche verbleiben wir

mit freundlichen Grüßen

....
(Unterschrift
Betriebsratsvorsitzende/r)

Anlage: Entwurf einer Betriebsvereinbarung

121

Schreiben an den Arbeitgeber zur Einführung eines Beurteilungsverfahrens

Der Betriebsrat der XY-GmbH Ort, Datum

An die
Geschäftsleitung der XY-GmbH
Im Hause

Abschluss einer Betriebsvereinbarung über die Aufstellung allgemeiner Beurteilungsgrundsätze gemäß § 94 Abs. 2 BetrVG

Sehr geehrte Damen und Herren,
der Betriebsrat hat sich in seiner Sitzung am .... ausführlich mit dem Problem der Beurteilung der Mitarbeiter beschäftigt. Gerade in einer zukunftsorientiert arbeitenden Unternehmung darf die Beurteilung von Arbeitnehmern nicht dem Zufall überlassen bleiben.
Wir schlagen Ihnen deshalb vor, eine Betriebsvereinbarung über die Aufstellung allgemeiner Beurteilungsgrundsätze gemäß § 94 Abs. 2 BetrVG mit uns abzuschließen. Bestandteil dieser Beurteilungsgrundsätze sollte zugleich ein analytisches Beurteilungsverfahren sein. In diesem Zusammenhang erlauben wir uns Sie darauf hinzuweisen, dass von Ihnen anzufertigende Aufgabenbeschreibungen zu erfolgen haben, die als Grundlage eines solchen Beurteilungsverfahrens dienen. Als Anlage fügen wir unseren Entwurf einer Betriebsvereinbarung bei und bitten Sie, mit dem Betriebsrat ein Gespräch darüber zu führen. Vielleicht ist das schon anlässlich unserer nächsten Zusammenkunft gemäß § 74 Abs. 1 BetrVG möglich.
Wir sind sicher, dass Sie wie wir davon überzeugt sind, dass ein objektives und optimales Verfahren der Mitarbeiterbeurteilung zur Verbesserung des Betriebsklimas und damit zu einer größeren Zufriedenheit der Beschäftigten führen wird.

Mit freundlichen Grüßen

....
(Unterschrift
Betriebsratsvorsitzende/r)

Anlage: Entwurf einer Betriebsvereinbarung

Schreiben an den Arbeitgeber zur Festlegung von Auswahlrichtlinien

122

Der Betriebsrat der XY-GmbH Ort, Datum

An die
Geschäftsleitung der XY-GmbH
Im Hause

Abschluss einer freiwilligen Betriebsvereinbarung über Auswahlrichtlinien gemäß § 95 BetrVG

Sehr geehrte Damen und Herren,
der Betriebsrat hat sich in seiner Sitzung am . . . eingehend mit der Frage einer Einführung von Auswahlrichtlinien gemäß § 95 BetrVG beschäftigt.
Um ein einheitliches und objektives Verfahren für die personelle Auswahl bei Einstellungen, Versetzungen, Umgruppierungen und Kündigungen zu erhalten, bedarf es der Einführung von Auswahlrichtlinien, nicht zuletzt auch wegen der fortlaufenden Rechtsprechung im Kündigungsschutzrecht. Diese Richtlinien sollen nach fachlichen, persönlichen und sozialen Gesichtspunkten aufgestellt werden. Als Anlage fügen wir einen Entwurf einer Betriebsvereinbarung über den Abschluss von Auswahlrichtlinien bei, wobei wir zunächst diese für Einstellungen, Versetzungen und Umgruppierungen vereinbaren möchten.
Da gerade für ein Unternehmen unserer Größenordnung solch eine Betriebsvereinbarung notwendig ist, sind wir sicher, dass auch Sie eine solche für erforderlich ansehen. Wir bitten Sie um einen Terminvorschlag, damit wir miteinander abklären können, wie sich die Betriebsvereinbarung am besten realisieren lässt.

Mit freundlichen Grüßen

....
(Unterschrift
Betriebsratsvorsitzende/r)

Anlage: Entwurf einer Betriebsvereinbarung

Schreiben an den Arbeitgeber zur Festlegung von Auswahlrichtlinien

123 Der Betriebsrat der XY-GmbH   Ort, Datum

An die
Geschäftsleitung der XY-GmbH
Im Hause

Abschluss einer Betriebsvereinbarung über Auswahlrichtlinien gemäß § 95 Abs. 2 BetrVG

Sehr geehrte Damen und Herren,

der Betriebsrat hat sich in seiner Sitzung am ...... eingehend mit der Frage einer Einführung von Auswahlrichtlinien gemäß § 95 Abs. 2 BetrVG beschäftigt, da in unserem Betrieb mehr als 500 Mitarbeiter beschäftigt sind.
Der Betriebsrat hat sich dabei davon leiten lassen, dass es für Einstellungen und Versetzungen der Einführung von Auswahlrichtlinien bedarf, da diese mehr Objektivität bei fachlichen, persönlichen und sozialen Gesichtspunkten ermöglichen. Als Anlage fügen wir einen Entwurf einer Betriebsvereinbarung über den Abschluss von Auswahlrichtlinien für die Gegenstände Einstellung und Versetzung bei.
Da gerade für ein Unternehmen unserer Größenordnung solch eine Betriebsvereinbarung notwendig ist, sind wir sicher, dass auch Sie eine solche für erforderlich ansehen.
Wir bitten Sie um einen Terminvorschlag, damit wir miteinander abklären können, wie sich die Betriebsvereinbarung am besten realisieren lässt.
Dabei schlagen wir vor, dass wir im nächsten Monatsgespräch schon einige Eckpunkte miteinander besprechen.

Mit freundlichen Grüßen

....
(Unterschrift
Betriebsratsvorsitzende/r)

Anlage: Entwurf einer Betriebsvereinbarung

Schreiben an den Arbeitgeber zur Förderung der Berufsbildung

Der Betriebsrat der XY-GmbH Ort, Datum 124

An die
Geschäftsleitung der XY-GmbH
Im Hause

Möglichkeit der Ablegung der Abschlussprüfung als …

Sehr geehrte Damen und Herren,
in Wahrnehmung unserer gesetzlichen Aufgaben im Bereich der Förderung der Berufsbildung möchten wir mit Ihnen in Beratungen über die Förderung der Berufsbildung – speziell der in unserem Betrieb beschäftigten … – eintreten.
Der Beruf »…« ist seit … staatlich anerkannt. Diese Tatsache erscheint uns hinsichtlich der betrieblichen Personalplanung von besonderer Bedeutung. Verschiedene Träger führen Berufsbildungsmaßnahmen für die … durch, um sie zu befähigen, die Abschlussprüfung als … abzulegen.
Wir möchten daher mit Ihnen beraten, wie sich die Teilnahme der in Betracht kommenden Arbeitnehmer in derartigen außerbetrieblichen Maßnahmen durchführen lässt. Wir schlagen vor, dass allen gewillten Arbeitnehmern, die die Voraussetzungen zur Ablegung der Abschlussprüfung als … erfüllen, innerhalb der nächsten … Jahre die Freistellung zur vorgenannten Maßnahme gewährt wird.
Wir möchten das Verfahren so gestalten, dass zuerst die Belange der älteren Arbeitnehmer Berücksichtigung finden. Nähere Einzelheiten über Art, Umfang, Dauer, Finanzierung und Termingestaltung der angesprochenen außerbetrieblichen Bildungsmaßnahme entnehmen Sie bitte dem beigefügten Merkblatt.
Wir sind sicher, dass derartige Maßnahmen der Förderung der Berufsbildung das vertrauensvolle Zusammenwirken zum Wohle der Arbeitnehmer und des Betriebes verbessern. Wir bitten Sie daher, uns bald einen Beratungstermin vorzuschlagen, und verbleiben

mit freundlichen Grüßen

....
(Unterschrift
Betriebsratsvorsitzende/r)

Anlage: 1 Merkblatt

Schreiben an den Arbeitgeber zu Maßnahmen zur Förderung der Berufsbildung von Mitarbeitern

125 Der Betriebsrat der XY-GmbH Ort, Datum

An die
Geschäftsleitung der XY-GmbH
Im Hause

Maßnahmen zur Förderung der Berufsbildung gemäß §§ 96 BetrVG

Sehr geehrte Damen und Herren,
die anlässlich des Mitarbeiterbeurteilungsgesprächs ermittelten Defizite bei einer Reihe von Arbeitnehmern des Betriebs sollten Anlass geben, die fehlenden Kompetenzen durch systematische betriebliche und außerbetriebliche Qualifizierungsmaßnahmen auszugleichen.
Nur eine Qualifizierung der betroffenen Arbeitnehmer gewährleistet sowohl eine hohe Identifikation mit den betrieblichen Anforderungen als auch eine Öffnung von Mitarbeiterpotenzialen im kreativen Umgang mit den geforderten Leistungs- und Qualitätskriterien. Voraussetzung dafür sind die Konzipierung und Umsetzung geeigneter Fortbildungsmaßnahmen.
Art, Umfang, Dauer und Qualität der anzustrebenden Maßnahmen hängen von den derzeitigen und zukünftigen Tätigkeits- und Leistungserwartungen und von dem jeweils zu erfüllenden Anforderungsgrad des einzelnen Arbeitnehmers ab. Deshalb sollten über rein technische Maßnahmen hinaus auch für den in Frage kommenden Personenkreis Schulungen über . . . vorgesehen werden. Der Betriebsrat hat sich eingehend in seiner Betriebsratssitzung vom .... mit konkreten Maßnahmen beschäftigt und hat diese in einer Anlage konkretisiert und aufgeführt. Der Betriebsrat geht selbstverständlich davon aus, dass diese Maßnahmen während der Arbeitszeit durchgeführt werden.
Wir erwarten zeitnah Gesprächstermine spätestens in den nächsten zwei Wochen und hoffen eine einvernehmliche Lösung zu finden, damit eine Vermittlung nach § 96 Abs. 1a BetrVG unterbleiben kann.
Der Betriebsrat geht selbstverständlich davon aus, dass diese Maßnahmen während der Arbeitszeit durchgeführt werden.
Wir erwarten einen Verhandlungstermin in den nächsten zwei Wochen.

Mit freundlichen Grüßen

....
(Unterschrift
Betriebsratsvorsitzende/r)

Anlage: Maßnahmenkatalog

Schreiben an den Arbeitgeber zur Abberufung eines Ausbilders

126

Der Betriebsrat der XY-GmbH — Ort, Datum

An die
Geschäftsleitung der XY-GmbH
Im Hause

Abberufung eines Ausbilders

Sehr geehrte Damen und Herren,
der Betriebsrat hat sich im Verlauf der letzten Jahre aufgrund von Beschwerden wiederholt mit Vorfällen beschäftigen müssen, die den Ausbilder ... betreffen. Allen Beschwerden war, unabhängig vom jeweils konkreten Einzelfall, gemeinsam, dass ... vorgeworfen wurde, den Auszubildenden gegenüber schnell die Geduld zu verlieren und sie sehr autoritär und in menschenunwürdiger Art und Weise zum Arbeiten anzuhalten.
Der Betriebsrat ist diesen Anschuldigungen systematisch nachgegangen und musste feststellen, dass die Beschwerdeführer im Recht waren. Aus diesen Gründen hat er in seiner Sitzung vom .... beschlossen, gemäß § 98 Abs. 2 BetrVG die Abberufung des .... als Ausbilder zu verlangen, da dieser offensichtlich nicht über die notwendige arbeitspädagogische Eignung im Sinne des Berufsbildungsgesetzes verfügt. Zu diesem Entschluss fühlten wir uns verpflichtet, da das weitere Einwirken von...... auf die Auszubildenden nicht mehr zu verantworten wäre.
Wir sind davon überzeugt, dass Sie volles Verständnis für unseren Schritt haben und .... unverzüglich von seinem Posten entfernen werden, da das zum Wohle der Auszubildenden und damit aller Arbeitnehmer des Betriebs ist. Über die Zuweisung einer anderen Arbeitsaufgabe werden wir uns sicher mit Ihnen verständigen können. Dazu erwarten wir Ihre Vorschläge.

Mit freundlichen Grüßen

....
(Unterschrift
Betriebsratsvorsitzende/r)

Schreiben an den Arbeitgeber wegen Teilnahme von Arbeitnehmern an betrieblichen Maßnahmen der Berufsbildung

127 Der Betriebsrat der XY-GmbH Ort, Datum

An die
Geschäftsleitung der XY-GmbH
Im Hause

Maßnahmen der Berufsbildung

Sehr geehrte Damen und Herren,
der Betriebsrat begrüßt die Berufsbildungsmaßnahmen in unserem Unternehmen sehr und unterstützt es, dass angelernten Arbeitnehmern die Gelegenheit gegeben wird, sich in betrieblichen Seminaren auf einen qualifizierten Berufsabschluss vorzubereiten. Leider müssen wir darauf hinweisen, dass für den neu durchzuführenden Lehrgang, der am .... beginnt, von den elf Bewerbern nur zehn Arbeitnehmer zugelassen wurden. Ein Bewerber wurde leider nicht berücksichtigt.
Hierbei handelt es sich um das Betriebsratsmitglied ...., so dass sich der Verdacht aufdrängt, dass hier ein Mitarbeiter, dessen fachliche Eignung außer Frage steht, nur aus Gründen seines Engagements als Betriebsratsmitglied vom Lehrgang ausgeschlossen wird. Ihr Argument, dass er als teilweise freigestelltes Betriebsratsmitglied doch nicht uneingeschränkt an der Qualifizierungsmaßnahme teilnehmen könne, ist nicht stichhaltig.
Wir weisen darauf hin, dass ein Betriebsratsmitglied gemäß § 38 Abs. 4 i.V.m. § 78 BetrVG nicht schlechter gestellt werden darf als vergleichbare Arbeitnehmer und deshalb auch nicht von beruflichen Maßnahmen der Weiterbildung ausgeschlossen werden kann.
Wir machen deshalb von unserem Vorschlagsrecht gemäß § 98 Abs. 3 BetrVG Gebrauch und schlagen vor, Herrn/Frau .... in der vorgesehenen Weise ausbilden zu lassen. Sollten wir uns nicht auf seine Teilnahme an dem Lehrgang verständigen können, so werden wir gemäß § 98 Abs. 4 BetrVG die Einigungsstelle zwecks Entscheidung anrufen. Wir sind allerdings der Meinung, dass wir uns noch vernünftig über dieses Problem verständigen können.

Mit freundlichen Grüßen

....
(Unterschrift
Betriebsratsvorsitzende/r)

Anmerkungen zur Abfassung von Zustimmungsverweigerungen und Widersprüchen

Verweigert der Betriebsrat seine Zustimmung nach § 99 Abs. 2 BetrVG bzw. wider- 128
spricht er Kündigungen nach § 102 Abs. 3 BetrVG – gilt auch bei der Äußerung von Bedenken – bedürfen diese immer der Schriftform. Auch die Inhalte müssen bestimmte Voraussetzungen erfüllen, hierbei kann der Betriebsrat sich auf die konkrete gesetzliche Bestimmung, mit denen er seine Zustimmung verweigert bzw. seinen Widerspruch begründet, anführen. Gleichwohl genügt das Anführen der gesetzlichen Bestimmung allein nicht, sondern es bedarf hier stets einer individuellen, auf den Einzelfall bezogene Begründung mit entsprechender Sachverhaltsdarstellung.
Werden diese Inhalte nicht beachtet besteht die Gefahr, dass die Arbeitsgerichtsbarkeit solche Zustimmungsverweigerungen bzw. Widersprüche zurückweist bzw. die fehlende Zustimmung nach § 99 Abs. 1 BetrVG ersetzt oder aber die Zustimmung des Betriebsrats fingiert.
Gelegentlich wird in der Praxis nicht immer bei der Abfassung von Zustimmungsverweigerungen nach § 99 Abs. 2 BetrVG zwischen den personellen Einzelmaßnahmen unterschieden. § 99 Abs. 1 BetrVG führt vier unterschiedliche personelle Einzelmaßnahmen auf, sodass jeweils der Betriebsrat für die jeweilige Einzelmaßnahme beschließen muss, wie z. B. Einstellung und Eingruppierung bzw. Versetzung und Umgruppierung. Es ist daher auch möglich unterschiedlich abzustimmen, so kann z. B. der beabsichtigten Einstellung zugestimmt werden und der beabsichtigten Eingruppierung wird die Zustimmung wegen z. B. Tarifverstoßes verweigert. Würde sich bei einer solchen Fallkonstellation der Betriebsrat lediglich zu einer personellen Einzelmaßnahme äußern, so gilt die Zustimmung im Hinblick auf die Fiktionswirkung nach § 99 Abs. 3 BetrVG für die andere personelle Einzelmaßnahme als erteilt.
Widersprüche bedürfen immer der Schriftform. Auch die Inhalte müssen bestimmte Voraussetzungen erfüllen. Hierbei kommt es im Wesentlichen darauf an, dass die gesetzlichen Bestimmungen, mit denen der Widerspruch begründet wird, genauestens angeführt werden.
Das Anführen der gesetzlichen Bestimmungen allein genügt jedoch nicht, sondern sie müssen um eine individuelle, auf den Einzelfall bezogene Begründung ergänzt werden.
Werden diese Inhalte nicht beachtet, dann besteht die Gefahr, dass Arbeitsgerichte solche Widersprüche zurückweisen.

129

Widerspruch und Zustimmungsverweigerung

An die
Geschäftsleitung

Ort, Datum

[Stichwort über den Inhalt des Schreibens]

Sehr geehrte . . .,
Beschlussfeststellung [Der Betriebsrat teilt den Beschluss mit; der Betriebsrat hat in seiner Sitzung vom . . . beschlossen . . .]
Begründung [Der Betriebsrat sollte die exakte gesetzliche Bestimmung anführen und eine individuelle, auf den Einzelfall bezogene Begründung für Zustimmungsverweigerung geben.]
Schlusssatz [Wir sind sicher . . .]

Mit freundlichen Grüßen

. . . .
(Unterschrift
Betriebsratsvorsitzende/r)

Anlagen: [einzeln aufführen]

Schreiben an den Arbeitgeber bezüglich einer beabsichtigten Einstellung und Eingruppierung

130

Der Betriebsrat der XY-GmbH   Ort, Datum

An die
Geschäftsleitung der XY-GmbH
Im Hause

Beabsichtigte Einstellung und Eingruppierung einer Buchhalterin in ein Arbeitsverhältnis

Sehr geehrte Damen und Herren,
der von Ihnen beabsichtigten unbefristeten Einstellung und Eingruppierung von Frau .... als Buchhalterin stimmt der Betriebsrat zu.
Die uns von der Geschäftsleitung zugegangenen Unterlagen reichen wir, wie nachstehend aufgeführt, zurück:

1. Personalfragebogen
2. Lebenslauf
3. Bewerbungsschreiben
4. Zeugnisse
5. Mitteilung über Auswirkung der geplanten Einstellung
6. Mitteilung über vorgesehene Eingruppierung

Mit freundlichen Grüßen

....
(Unterschrift
Betriebsratsvorsitzende/r)

8 Anlagen

Anmerkung: *Dies gilt auch für die Verlängerung einer befristeten Einstellung über das Fristende hinaus.*

Schreiben an den Arbeitgeber wegen mangelnder Unterrichtung bei personellen Einzelmaßnahmen

131 Der Betriebsrat der XY-GmbH | Ort, Datum

An die
Geschäftsleitung der XY-GmbH
Im Hause

Beabsichtigte Einstellungen

Sehr geehrte Damen und Herren,
der/die Betriebsratsvorsitzende Herr/Frau ... wurde am ... durch die/den Personalleiter/in Frau/Herrn ... mündlich über die vier beabsichtigten Einstellungen unterrichtet, und zwar von zwei Anlageelektronikern und zwei Verfahrensmechanikern. Weitere Informationen erfolgten nicht.
Am ... erklärte die/der Betriebsratsvorsitzende gegenüber dem/der Personalleiter/in ausdrücklich, dass der Betriebsrat sich erst nach Eingang der noch nachzureichenden Bewerbungsunterlagen sachgerecht entscheiden könne. Die erforderlichen Unterlagen für eine sachgerechte Beratung und Beurteilung der Bewerber ging uns bis heute nicht zu.
Der Betriebsrat hat daher in seiner Sitzung am ... beschlossen,

a) dem Arbeitgeber mitzuteilen, dass die Unterrichtung hinsichtlich der beabsichtigten Einstellungen von ... nicht ordnungsgemäß i. S. d. § 99 Abs. 1 BetrVG ist, da nicht alle Unterlagen, wie oben dargelegt, vorgelegt wurden sowie
b) vorsorglich die Zustimmung nach § 99 Abs. 2 Nr. ... BetrVG zu verweigern.

Die nach § 99 Abs. 1 BetrVG zwingend vorgeschriebene Auskunfts- und Mitteilungspflichten über Bewerbungsunterlagen, Auskünfte zu Personen und über die Auswirkungen der beabsichtigten Einstellungen sowie Mitteilungen über die voraussichtlichen Arbeitsplätze und Eingruppierungen sind von der Geschäftsleitung nicht beachtet worden. Der Betriebsrat war deshalb nicht in der Lage, die gewünschte Zustimmung zu erteilen.
Falls dem Betriebsrat jedoch kurzfristig die notwendigen Auskünfte und Mitteilungen zugehen, ist er bereit, nochmals über die Einstellungen kurzfristig zu beraten. Vorsorglich macht der Betriebsrat darauf aufmerksam, dass die Geschäftsführung nach § 121 BetrVG ordnungswidrig handelte, wenn sie dem Betriebsrat die nach § 99 Abs. 1 BetrVG vorgeschriebene Auskunfts- und Mitteilungspflicht verweigert bzw. wahrheitswidrig, unvollständig oder verspätet erfüllt.
Nach Ansicht des Betriebsrats ist daher der Lauf der Wochenfrist gemäß § 99 Abs. 3 BetrVG nicht in Gang gesetzt worden.
Vorsorglich verweigert der Betriebsrat seine Zustimmung nach § 99 Abs. 2 Nr. ... BetrVG, weil ....
Um Ihre alsbaldige Stellungnahme wird gebeten.

Abschließend möchte der Betriebsrat noch mitteilen, dass er davon ausgeht, dass eine einvernehmliche Lösung möglich ist.

Mit freundlichen Grüßen

....

(Unterschrift
Betriebsratsvorsitzende/r)

Schriftliche Zustimmungsverweigerung an den Arbeitgeber gegen eine beabsichtigte Eingruppierung

132 Der Betriebsrat der XY-GmbH Ort, Datum

An die
Geschäftsleitung der XY-GmbH
Im Hause

Eingruppierung der Frau/des Herrn ... – Zustimmungsverweigerung

Sehr geehrte Damen und Herren,
der Betriebsrat wurde in seiner Sitzung am ... durch die/den Niederlassungsleiter/in Frau/Herrn ... darüber informiert, dass Frau/Herr ... für die ersten sechs Monate des Arbeitsverhältnisses eine untertarifliche Bezahlung nach ... erhalten soll. Der Betriebsrat verweigert seine Zustimmung zu der beabsichtigten Eingruppierung aus folgenden Gründen:
Das Unternehmen ist tarifgebunden, es gilt der Tarifvertrag ... Darüber hinaus hat der betroffene Mitarbeiter bereits mehrere Berufsjahre in derselben Tätigkeit ausgeübt. Die von Ihnen beabsichtigte Eingruppierung verstößt gegen die tarifvertragliche Bestimmung nach ..., da der Arbeitsplatz in die Vergütungsgruppe ... gehört. Aus diesem Grund verweigert der Betriebsrat die Zustimmung gern. § 99 Abs. 2 Nr. 1 BetrVG und fordert eine tarifgerechte Eingruppierung nach der Vergütungsgruppe ...

Mit freundlichen Grüßen

....
(Unterschrift
Betriebsratsvorsitzende/r)

Anmerkung: Bei Bestehen einer Betriebsvereinbarung nach § 87 Abs. 1 Nr. 10 BetrVG bezieht sich der Zustimmungsverweigerungsgrund nach § 99 Abs. 2 Nr. 1 BetrVG auf einen Verstoß gegen diese bestehende Betriebsvereinbarung. Bei einer Umgruppierung (Änderung der Eingruppierung) kann ebenso wie bei der Eingruppierung verfahren werden.

Schreiben an den Arbeitgeber zur Information über unbefristete Arbeitsplätze und zur Gewährleistung des Zugangs von befristet Beschäftigten zu Aus- und Weiterbildungsmaßnahmen

133

Betriebsrat
der Firma . . .

Ort, Datum

An die
Geschäftsleitung
. . .

Befristete Arbeitsverhältnisse

Sehr geehrte Damen und Herren,
der Betriebsrat hat in seiner Sitzung vom . . . eingehend über die Situation befristet beschäftigter Arbeitnehmer in unserem Hause beraten. Wir sind zu der Erkenntnis gekommen, dass sich Geschäftsführer und Betriebsrat gemeinsam deutlich stärker für die Interessen dieser Beschäftigungsgruppe einsetzen müssen, damit wir ihre Chancen auf eine Dauerbeschäftigung erhöhen.
Dazu ist zunächst erforderlich, dass die befristet beschäftigten Arbeitnehmer in geeigneter Form über vakante unbefristete Arbeitsplätze informiert werden. Die bisherige Verfahrensweise, darüber in den vierteljährlichen Betriebsversammlungen zu berichten, ist aus Sicht des Betriebsrates nicht ausreichend, weil die Zeitabstände zu lang sind und die Teilnahme aller befristet Beschäftigten an Betriebsversammlungen nicht immer gewährleistet ist. Wir schlagen deshalb vor, die entsprechenden Stellenausschreibungen an den schwarzen Brettern durch einen zusätzlichen Hinweis mit der Aufschrift: »Besonders wichtig für unsere befristet beschäftigten Mitarbeiter!« kenntlich zu machen. Wünschenswert wäre auch eine besondere farbliche Kennzeichnung.
Darüber hinaus ist uns aufgefallen, dass bei den in- und externen Aus- und Weiterbildungsmaßnahmen die befristet Beschäftigten auffallend selten berücksichtigt werden. Wir werden künftig in der Sitzung des Aus- und Weiterbildungsausschusses verstärkt auf die Teilnahme der befristet Beschäftigten achten und fordern Sie hiermit auf, bei der Bildungsplanung die Interessen dieser Personengruppe angemessen zu berücksichtigen. Wir gehen davon aus, dass auch Ihnen an einer umfassenden Qualifikation aller Mitarbeiter gelegen ist und dass Sie keine willkürliche Differenzierung zwischen den Arbeitnehmergruppen vornehmen.

Mit freundlichen Grüßen

. . . .
(Unterschrift
Betriebsratsvorsitzende/r)

Schreiben an den Arbeitgeber wegen Nichtbeachtung des Schriftformerfordernisses von befristeten Arbeitsverträgen

134 Der Betriebsrat der XY-GmbH — Ort, Datum

An die
Geschäftsleitung der XY-GmbH
Im Hause

Schriftformerfordernis nach § 14 Abs. 4 TzBfG

Sehr geehrte Damen und Herren,
obwohl Ihnen bekannt sein dürfte, dass Sie bereits gemäß § 2 Nachweisgesetz verpflichtet sind, die vorhersehbare Dauer des befristeten Arbeitsverhältnisses mit Herrn/Frau .... neben einer Vielzahl anderer Vertragsbedingungen schriftlich festzuhalten, haben Sie im vorliegenden Fall dem/r neu eingestellten Arbeitnehmer/in Befristungsdauer und Befristungsgrund nur mündlich mitgeteilt.
Wir weisen Sie nochmals darauf hin, dass Sie nunmehr auch gemäß § 14 Abs. 4 Teilzeit- und Befristungsgesetz verpflichtet sind, Herrn/Frau .... das Anfangs- und Enddatum der Befristung schriftlich mitzuteilen. Sollte es sich um eine Zweckbefristung handeln, müssen Sie Herrn/Frau .... den zu erreichenden Befristungszweck mitteilen (z. B. die vollständige Erledigung einer genau beschriebenen Arbeitsaufgabe).
Rein vorsorglich weisen wir darauf hin, dass das Schriftformerfordernis zwingende Wirksamkeitsvoraussetzung für die Befristung ist. Der Betriebsrat wurde ordnungsgemäß angehört und hat der von Ihnen beantragten Einstellung nicht widersprochen.
Wir gehen davon aus, dass Sie Herrn/Frau .... die Befristung unverzüglich schriftlich bestätigen und uns eine Kopie dieses Schreibens zukommen lassen, damit wir den Vorgang schnellstens abschließen können.

Mit freundlichen Grüßen

....
(Unterschrift
Betriebsratsvorsitzende/r)

Schriftliche Zustimmungsverweigerung an den Arbeitgeber zu einer beabsichtigten Versetzung eines Arbeitnehmers

135

Der Betriebsrat der XY-GmbH Ort, Datum

An die
Geschäftsleitung
Im Hause

Beabsichtigte betriebsbedingte Versetzung des Herrn/Frau ...

Sehr geehrte Damen und Herren,
der Betriebsrat hat sich in seiner Sitzung am ... mit der beabsichtigten betriebsbedingten Versetzung des Herrn/der Frau ... von ... nach ... beschäftigt und den Beschluss gefasst, für die beabsichtigte betriebsbedingte Versetzung die Zustimmung gem. § 99 Abs. 2 Nr. 2 BetrVG zu verweigern.
Begründung:
In der zwischen Geschäftsführung und Betriebsrat abgeschlossenen Betriebsvereinbarung über Auswahlrichtlinien gemäß § 95 BetrVG vom .... ist unter Abschnitt B Nr. II festgelegt worden:
»1. Arbeitnehmer, die das 50. Lebensjahr vollendet haben, können nur mit ihrem Einverständnis versetzt werden, sofern die Versetzung aus betriebsbedingten Gründen erfolgen soll.«
Herr/Frau .... ist jedoch, wie Sie wissen, nicht bereit, Ihrem Versetzungsverlangen nachzukommen. Da Sie entgegen unserer Betriebsvereinbarung Herrn/Frau .... versetzen wollen, konnten wir unsere Zustimmung zu der geplanten Maßnahme nicht geben.

Mit freundlichen Grüßen

....
(Unterschrift
Betriebsratsvorsitzende/r)

Schriftliche Zustimmungsverweigerung an den Arbeitgeber zu einer beabsichtigten Einstellung eines Arbeitnehmers

136

Der Betriebsrat der XY-GmbH Ort, Datum

An die
Geschäftsleitung der XY-GmbH
...

Beabsichtigte Einstellung des Herrn/Frau ....

Sehr geehrte Damen und Herren,
der Betriebsrat hat sich in seiner Sitzung vom .... mit der beabsichtigten Einstellung von Herrn/Frau .... als Sachbearbeiter ... beschäftigt und beschlossen, der beabsichtigten Einstellung seine Zustimmung zu verweigern.
Begründung:
Der Betriebsrat begründet seine Zustimmungsverweigerung gemäß § 99 Abs. 2 Nr. 3 BetrVG mit der Besorgnis, dass infolge der beabsichtigten Einstellung von Herrn/Frau ... einem anderen im Betrieb beschäftigten Arbeitnehmer gekündigt werden könnte oder andere Nachteile erleiden würde.
Es ist völlig unbestritten, dass wir im Betrieb nur einen Sachbearbeiter ... benötigen und dieser Posten bereits seit 25 Jahren von dem jetzt 57-jährigen Mitarbeiter, Herrn ...., zur vollen Zufriedenheit ausgeübt wird. Darüber hinaus wurde dem Betriebsrat in seiner Sitzung vom ... mitgeteilt, dass in der Abteilung ... mit dem 57-jährigen Herrn ... vergleichbare Mitarbeiter beschäftigt werden und dort betriebsbedingte Einschnitte geplant sind. Es besteht die begründete Besorgnis, dass gegen Herrn .... wegen der beabsichtigten Einstellung von Herrn/Frau .... arbeitsrechtliche Maßnahmen ausgesprochen werden könnten. Aus diesen Gründen konnte eine andere Entscheidung vom Betriebsrat nicht getroffen werden.

Mit freundlichen Grüßen

....
(Unterschrift
Betriebsratsvorsitzende/r)

Schriftliche Zustimmungsverweigerung an den Arbeitgeber zu einer beabsichtigten Versetzung eines Arbeitnehmers

Der Betriebsrat der XY-GmbH Ort, Datum 137

An die
Geschäftsleitung der XY-GmbH
Im Hause

Beabsichtigte Versetzung des Herrn ....

Sehr geehrte Damen und Herren,
Sie beabsichtigen, Herrn/Frau .... von seiner bisherigen Tätigkeit als ... abzulösen und ihn/sie künftig als ... einzusetzen.
Der Betriebsrat hat in seiner Sitzung am .... beschlossen, der Versetzung die Zustimmung zu verweigern. Der Betriebsrat stützt seine Ablehnung auf § 99 Abs. 2 Nr. 4 BetrVG und begründet sie wie folgt:
Herr/Frau .... müsste durch die Versetzung erhebliche Nachteile hinnehmen, die weder aus betrieblichen noch persönlichen Gründen gerechtfertigt sind. Die Nachteile liegen darin, dass in unserem Betrieb für ... grundsätzlich das Arbeitszeitmodell als .... gilt, die neue Tätigkeit als .... aber dazu führt, dass auch an allen Wochentagen – also auch samstags – gearbeitet werden muss. Hinzu kommt noch, dass trotz der längeren Arbeitszeit der Durchschnittsverdienst sinkt, da ... entfallen.
Wegen der genannten Gründe widerspricht der Betriebsrat einer Versetzung.

Mit freundlichen Grüßen

....
(Unterschrift
Betriebsratsvorsitzende/r)

138

Schriftliches Bestreiten gegenüber dem Arbeitgeber, dass die vorläufige personelle Maßnahme aus sachlichen Gründen dringend erforderlich ist

Der Betriebsrat der XY-GmbH Ort, Datum

An die
Geschäftsleitung der XY-GmbH
Im Hause

Vorläufige Einstellung des Herrn/Frau ....

Sehr geehrte Damen und Herren,
der Betriebsrat hat sich in seiner Sitzung am ... mit der von Ihnen beabsichtigten vorläufigen Einstellung des Herrn/Frau ... beschäftigt und den Beschluss gefasst, der vorläufigen Einstellung von Herrn/Frau ... gern. § 100 Abs. 2 BetrVG zu widersprechen bzw. zu bestreiten, dass die vorläufige Einstellung von Herrn/Frau ... aus sachlichen Gründen dringend erforderlich ist.
Begründung:
Sie haben uns am .... mitgeteilt, dass Sie Herrn/Frau .... für den am .... verstorbenen Buchhalter .... eingestellt haben. Dieser Schritt sei aus sachlichen Gründen dringend erforderlich, da am ... die Lohnzahlung erfolgen müsse und die erforderlichen Arbeiten von keinem anderen Mitarbeiter erbracht werden könne.
Obwohl wir die pünktliche Lohnzahlung im Interesse der Arbeitnehmer natürlich auch prüfen, halten wir dennoch die vorläufige Einstellung des Herrn/Frau ... für sachlich nicht dringend erforderlich. Der überraschend verstorbene Buchhalter ... wurde im Verhinderungsfall, wie Krankheit und Urlaub, regelmäßig von seiner langjährigen Mitarbeiterin ... vertreten, ohne dass sich dadurch die Lohnzahlung an die Mitarbeiter jemals verschoben hat. Da Frau ... auch jetzt vertretungsweise die Geschäfte weiterführen könnte, erscheint eine vorläufige Einstellung eines anderen Buchhalters nicht dringend erforderlich.
Aus den genannten Gründen hat der Betriebsrat den oben genannten Beschluss gefasst.

Mit freundlichen Grüßen

....
(Unterschrift
Betriebsratsvorsitzende/r)

Schriftliches Bestreiten gegenüber dem Arbeitgeber gegenüber einer vorläufigen Ein- bzw. Umgruppierung

Der Betriebsrat der XY-GmbH Ort, Datum 139

An die Geschäftsleitung XY-GmbH
Im Hause

Vorläufige Eingruppierung der/s Herrn/Frau .....

Sehr geehrte Damen und Herren,
der Betriebsrat hat sich in seiner Sitzung am ... mit der von Ihnen beabsichtigten vorläufigen Eingruppierung des/der Frau/Herrn ... beschäftigt und den Beschluss gefasst, der vorläufigen Eingruppierung von Frau/Herrn ... gemäß § 100 Abs. 2 BetrVG zu widersprechen bzw. zu bestreiten, dass die vorläufige Eingruppierung von Herrn/Frau ... aus sachlichen Gründen dringend erforderlich ist.
Begründung:
Sie haben uns am ... mitgeteilt, dass Sie Herrn/Frau ... eingestellt haben und dass Sie nunmehr beabsichtigen, Herrn/Frau ... vorläufig in die Gehaltsgruppe ... des einschlägigen Tarifvertrages einzugruppieren.
Nach der Rechtsprechung des Bundesarbeitsgerichts vom 11.10.2016, Az: 1 ABR 49/14, ist es nicht ausgeschlossen, dass eine vorläufige Durchführung einer personellen Maßnahme auch bei Ein- und Umgruppierungen möglich ist. Selbst wenn dem so wäre gilt, dass die beabsichtigte Eingruppierung von Herrn/Frau ... in die Tarifgruppe ... gegen den Tarifvertrag vom ... verstößt. Dies deshalb, weil in dem Richtbeispiel des oben genannten Tarifvertrages ausdrücklich die Tätigkeit als ... genannt ist und der Tarifgruppe ... zugeordnet wurde. Allein aus rechtlichen Erwägungen ist es daher aus Sicht des Betriebsrats nicht möglich, die von Ihnen beabsichtigte niedrigere Eingruppierung zu rechtfertigen.
Wir dürfen Sie daher bitten, Ihre Entscheidung nochmals zu überdenken. Gerne stehen wir für weitere Gespräche zur Verfügung, um eine konstruktive Lösung zu finden.

Mit freundlichen Grüßen

....
(Unterschrift
Betriebsratsvorsitzende/r)

Anmerkung zur Abfassung von Widersprüchen bei ordentlichen Kündigungen (§ 102 Abs. 3 Nr. 1 bis 5 BetrVG)

140 Im Rahmen des Anhörungsverfahrens bei ordentlichen Kündigungen hat der Arbeitgeber nach § 102 Abs. 1 Satz 2 BetrVG dem Betriebsrat Gründe für die beabsichtigte Kündigung mitzuteilen. In diesem Zusammenhang stellen sich immer wieder u. a. folgende Fragen wie z. B.:

- stimmen die angegebenen Kündigungsgründe,
- haben die angekündigten Kündigungsgründe etwas mit den Kündigungsgründen nach § 1 Abs. 3 KSchG (personenbedingte, verhaltensbedingte oder betriebsbedingte Gründe) zu tun,
- welche Beweismittel liegen vor,
- gibt es entlastende Sachverhalte,
- ....

Wenn ein Betriebsrat sich zu den angegebenen Kündigungsgründen unabhängig von den Widerspruchsgründen nach § 102 Abs. 3 Nr. 1 bis 5 BetrVG äußern will, so kann er zusätzlich zum Widerspruch Bedenken gegen die beabsichtigte ordentliche Kündigung anmelden, um so den Kündigungsentschluss des Arbeitgebers noch zu beeinflussen.

Schriftlicher Widerspruch an den Arbeitgeber gegen eine beabsichtigte ordentliche Kündigung (§ 102 Abs. 3 Nr. 1 BetrVG)

141

Der Betriebsrat der XY-GmbH Ort, Datum

An die
Geschäftsleitung der XY-GmbH
Im Hause

Beabsichtigte Kündigung des Herrn/Frau ....

Sehr geehrte Damen und Herren,
der Betriebsrat hat in seiner Sitzung am ..... beschlossen, der beabsichtigten Kündigung von Herrn/Frau .... gemäß § 102 Abs. 3 Nr. 1 BetrVG zu widersprechen.
Begründung:
Herr/Frau ..., geb. am ..., ist seit dem ... in unserem Betrieb als ... beschäftigt. Er/Sie ist verheiratet und hat drei Kinder im schulpflichtigen Alter. Beanstandung gegen die von Herrn/Frau ... verrichtete Arbeit sind dem Betriebsrat, auch nach Befragung des ...., nicht bekannt geworden.
Der Betriebsrat verkennt nicht, dass die momentane Auftragslage unbefriedigend ist und der gegenwärtige Personalbestand nicht gehalten werden kann. Der Betriebsrat ist jedoch der Auffassung, dass gerade Herr/Frau ... auf keinen Fall entlassen werden kann, weil Sie dadurch die Ihnen obliegende Sozialauswahl nach Ansicht des Betriebsrates nicht einhalten.
Der Personalkartei ist zu entnehmen, dass mehrere Mitarbeiter in der Abteilung ... beschäftigt werden, die aber im Gegensatz zu Frau/Herrn ... wesentlich später eingestellt wurden und auch weniger Familienangehörige zu versorgen haben.
Da Sie bei Ihrer Kündigungsauswahl die sozialen Gesichtspunkte nicht berücksichtigt haben, musste der Betriebsrat der beabsichtigten Kündigung widersprechen. Eine andere Entscheidung wäre nicht gerechtfertigt gewesen.

Mit freundlichen Grüßen

....
(Unterschrift
Betriebsratsvorsitzende/r)

Schriftlicher Widerspruch an den Arbeitgeber gegen eine beabsichtigte ordentliche Kündigung (§ 102 Abs. 3 Nr. 1 BetrVG)

142 Der Betriebsrat der XY-GmbH   Ort, Datum

An die
Geschäftsleitung der XY-GmbH
Im Hause

Beabsichtigte Kündigung der Frau . . . .

Sehr geehrte Damen und Herren,
der Betriebsrat hat sich in seiner Sitzung am . . . mit der Anhörungskündigung von Frau . . . beschäftigt und hat den einvernehmlichen Beschluss gefasst, dieser beabsichtigten Kündigung gern. § 102 Abs. 2 Nr. 1 BetrVG zu widersprechen.
Zur Begründung führen wir an, dass aus unserer Sicht die von Ihnen vorgenommene Sozialauswahl fehlerhaft ist. Sie haben eine Vielzahl von Kolleginnen und Kollegen mit der Begründung in die Sozialauswahl nicht einbezogen, da eine Weiterbeschäftigung gern. § 1 Abs. 3 KSchG im angeblichen berechtigten, betrieblichen Interesse läge. Ihr pauschaler Hinweis, die Nichteinbeziehung sei im Hinblick auf die erforderliche Qualifikations- und eine ausgewogene Personalstruktur angezeigt, reicht aus Sicht des Betriebsrates nicht aus, insbesondere deshalb nicht, weil nach unserem Kenntnisstand auch Personen nicht einbezogen wurden, die über deutlich geringere Qualifikationen als Frau . . . verfügen.
Wir vermuten stark, dass Sie den einzubeziehenden Personenkreis bewusst so gewählt haben, dass diese Entscheidung zu Ungunsten der Kollegin . . . ausfallen musste. Frau . . . . . . hat in der Vergangenheit häufig sehr selbstbewusst ihren Standpunkt gegenüber ihren Vorgesetzten vorgetragen. Offensichtlich sind kritische Mitarbeiter und Mitarbeiterinnen in unserem Unternehmen weniger gern gesehen, und es geht wohl eben nicht darum, eine ausgewogene Personalstruktur zu haben.
Wir fordern Sie daher auf, die Kündigungsabsicht zurückzuziehen. Sollten Sie jedoch an Ihrem Vorhaben festhalten wollen, erwarten wir neben der Darlegung der Betriebszwänge auch eine nachvollziehbare Sozialauswahl, bei der anhand objektiver Kriterien erklärbar ist, aus welchen Gründen einzelne Personen nicht in die Sozialauswahl einbezogen worden sind. Pauschalierung durch Verweis auf die gesetzliche Regelung des § 1 Abs. 3 KSchG sind dafür auf keinen Fall ausreichend.

Mit freundlichen Grüßen

. . . .
(Unterschrift
Betriebsratsvorsitzende/r)

Schriftlicher Widerspruch an den Arbeitgeber gegen eine beabsichtigte ordentliche Kündigung (§ 102 Abs. 3 Nr. 2 BetrVG)

143

Der Betriebsrat der XY-GmbH Ort, Datum

An die
Geschäftsleitung der XY-GmbH
Im Hause

Beabsichtigte Kündigung des Herrn ....

Sehr geehrte Damen und Herren,
der Betriebsrat hat in seiner Sitzung am .... beschlossen, der beabsichtigten Kündigung des Herrn .... gemäß § 102 Abs. 3 Nr. 2 BetrVG zu widersprechen.
Begründung:
In der am .... in Kraft getretenen Betriebsvereinbarung über Auswahlrichtlinien gemäß § 95 BetrVG ist in Abschnitt D Nr. 3a aufgeführt, dass Mitarbeiter, die bereits das 50. Lebensjahr überschritten haben und dem Betrieb länger als 15 Jahre angehören, erst als letzte der vergleichbaren Arbeitnehmer entlassen werden dürfen.
Herr ...., jetzt 54-jährig, gehört dem Betrieb bereits seit 19 Jahren an, während andere Arbeitnehmer der gleichen Berufsgruppe, die vor einem Jahr neu eingestellt wurden, noch im Betrieb beschäftigt sind.
Da die beabsichtigte Kündigung des Herrn .... gegen unsere Auswahlrichtlinien verstößt, mussten wir der beabsichtigten Kündigung widersprechen.
Darüber hinaus lassen sich auch noch weitere Bedenken anfügen. So ist Herr .... seit 18 Jahren Mitglied der Werksfeuerwehr und hat bei der Brandbekämpfung Hervorragendes geleistet. Ebenso hat er viele Stunden seiner Freizeit der Ausbildung von Werksfeuerwehrleuten gewidmet.
Auch dies bitten wir bei Ihrer Kündigungsentscheidung zu berücksichtigen.

Mit freundlichen Grüßen

....

(Unterschrift
Betriebsratsvorsitzende/r)

144

Schriftlicher Widerspruch an den Arbeitgeber gegen eine beabsichtigte ordentliche Kündigung (§ 102 Abs. 3 Nr. 3 BetrVG)

Der Betriebsrat der XY-GmbH — Ort, Datum

An die
Geschäftsleitung der XY-GmbH
Im Hause

Beabsichtigte Kündigung des Herrn ....

Sehr geehrte Damen und Herren,
der Betriebsrat hat sich in seiner Sitzung am .... eingehend mit der von Ihnen beabsichtigten Kündigung des Kraftfahrers .... beschäftigt und den Beschluss gefasst, der beabsichtigten Kündigung gemäß § 102 Abs. 3 Nr. 3 BetrVG zu widersprechen.
Begründung:
Wir widersprechen der beabsichtigten Kündigung des Herrn ..., der gelernter Baufacharbeiter ist und der während der letzten Jahre als Kraftfahrer eingesetzt war, gleichwohl aber an einem anderen Arbeitsplatz seine bisherige Tätigkeit wieder ausüben könnte. Auch wenn die Stelle als Kraftfahrer aus betriebsbedingten Gründen nicht mehr benötigt wird, so ist die Entscheidung des Arbeitgebers nicht nachvollziehbar, da in der Abteilung ... Baufacharbeiter gesucht werden, hierzu verweist der Betriebsrat auf die Stellenausschreibungen vom ... Herr ... kann jedoch wieder in seinem alten Beruf eingesetzt werden, sodass aus diesen Gründen eine andere Entscheidung vom Betriebsrat nicht getroffen werden konnte.

Mit freundlichen Grüßen

....
(Unterschrift
Betriebsratsvorsitzende/r)

Schriftlicher Widerspruch an den Arbeitgeber gegen eine beabsichtigte ordentliche Kündigung (§ 102 Abs. 3 Nr. 4 BetrVG)

Der Betriebsrat der XY-GmbH Ort, Datum 145

An die
Geschäftsleitung der XY-GmbH
Im Hause

Beabsichtigte Kündigung des Herrn ....

Sehr geehrte Damen und Herren,
Sie haben uns mit Schreiben vom .... mitgeteilt, dass Sie dem Techniker ... . aus betriebsbedingten Gründen zu kündigen beabsichtigten. Der Betriebsrat hat sich mit diesem Sachverhalt in seiner Sitzung am .... beschäftigt und den Beschluss gefasst, der beabsichtigten Kündigung gemäß § 102 Abs. 3 Nr. 4 BetrVG zu widersprechen.
Begründung:
Da Herr ... als Techniker großes technisches Verständnis und Einfühlungsvermögen besitzt, halten wir eine Weiterbeschäftigung nach zumutbaren Umschulungsmaßnahmen für sinnvoll und möglich.
In der Abteilung ... ist die Stelle als ... frei geworden, die innerbetrieblich am ... ausgeschrieben wurde. Nach Kenntnis des Betriebsrates ist diese bis heute nicht besetzt worden.
Da der Betrieb ab ... einen neuen Systembetreuer für die DV-Anlage benötigt, wären nur nachfolgende Umschulungsmaßnahmen erforderlich, um Herrn ... auf der oben genannten Stelle weiterbeschäftigen zu können. Bei den Umschulungsmaßnahmen handelt es sich um ...
Deshalb schlagen wir vor, Herrn ... auf Ihre Kosten als ... umschulen zu lassen.
Aus den oben genannten Gründen ist der Betriebsrat davon überzeugt, dass Sie Verständnis für den Widerspruch haben werden.
Wir dürfen Sie daher bitten, nochmals Ihre Entscheidung zu überdenken.

Mit freundlichen Grüßen

....
(Unterschrift
Betriebsratsvorsitzende/r)

146

Schriftlicher Widerspruch an den Arbeitgeber gegen eine beabsichtigte ordentliche Kündigung (§ 102 Abs. 3 Nr. 5 BetrVG)

Der Betriebsrat der XY-GmbH   Ort, Datum

An die
Geschäftsleitung der XY-GmbH
Im Hause

Beabsichtigte Kündigung des Herrn ...

Sehr geehrte Damen und Herren,
der Betriebsrat hat in seiner Sitzung am .... beschlossen, der Kündigung der Frau .... zu widersprechen.
Begründung:
Der Widerspruch des Betriebsrats stützt sich auf § 102 Abs. 3 Nr. 1 und 5 BetrVG. Die Kündigung soll erfolgen, weil der Arbeitsplatz von Frau .... in Zukunft wegfallen soll.
Der Fortfall des Arbeitsplatzes ist objektiv richtig. Es befinden sich jedoch noch mehr Arbeitnehmer und Arbeitnehmerinnen in der Abteilung ..., die eine mit Frau ... vergleichbare Tätigkeit ausüben und deren soziale Lage, insbesondere jedoch deren Beschäftigungsdauer im Betrieb nicht der von Frau ... entsprechen. Ihrer Pflicht der sorgfältigen Sozialauswahl sind Sie somit nach Ansicht des Betriebsrates nur unzureichend nachgekommen. Deshalb konnte der Betriebsrat dem Verlangen nicht entsprechen und hat widersprochen.
Darüber hinaus ist es auch möglich, dass Frau ... auf einem freien Arbeitsplatz als ... weiterbeschäftigt werden kann, der bereits seit dem ... innerbetrieblich ausgeschrieben ist. Ausdrücklich hat sich Frau ... dafür bereit erklärt, dies auch unter geänderten Arbeitsvertragsbedingungen zu tun.
Wir dürfen Sie daher bitten, nochmals Ihre Entscheidung zu überdenken, und verbleiben

mit freundlichen Grüßen

....
(Unterschrift
Betriebsratsvorsitzende/r)

Schriftliche Äußerung von Bedenken gegenüber dem Arbeitgeber gegen eine beabsichtigte außerordentliche Kündigung (§ 102 Abs. 2 BetrVG)

147

Der Betriebsrat der XY-GmbH Ort, Datum

An die
Geschäftsleitung der XY-GmbH
Im Hause

Außerordentliche Kündigung des Herrn ....

Sehr geehrte Damen und Herren,
am .... um .... Uhr wurde der Betriebsratsvorsitzende, Herr ...., von der Geschäftsleitung, vertreten durch Herrn ...., von der beabsichtigten außerordentlichen Kündigung des Herrn .... unterrichtet. Unverzüglich am gleichen Tage, um .... Uhr, hat der Betriebsrat eine Sitzung durchgeführt, auf der die Kündigungsgründe beraten wurden. Herr .... nahm zeitweilig an der Sitzung teil. Herr .... wurde ebenfalls vom Betriebsrat gehört. Nach eingehender Beratung ist der Betriebsrat zu dem Ergebnis gekommen, der beabsichtigten außerordentlichen Kündigung mit Bedenken zu begegnen.
Begründung:
Nach Information des Betriebsrates, die durch die Ausführung von ... bestätigt wurden, sind der Geschäftsleitung die dem Betriebsrat gegenüber mitgeteilten Kündigungsgründe bereits länger als zwei Wochen bekannt, sodass eine außerordentliche Kündigung wegen Fristversäumnis gemäß § 626 Abs. 1 BGB nicht mehr erfolgen kann. Die angegebenen Kündigungsgründe sind im Übrigen nicht richtig. Nach Aussage von Frau ... entsprechen sie nicht den Tatsachen. Im Übrigen ist der Betriebsrat der Ansicht, dass ein wichtiger Grund i. S. d. § 626 Abs. 1 BGB nicht vorliegt, weil ... Alle Anzeichen deuten darauf hin, dass die außerordentliche Kündigung ausgesprochen werden soll, um den Weiterbeschäftigungsanspruch nach § 102 Abs. 5 BetrVG zu vereiteln.
Zuletzt weist der Betriebsrat noch darauf hin, dass auch ein milderes Mittel in Betracht zu ziehen ist, selbst dann, wenn die arbeitgeberseits angegebenen Kündigungsgründe den Tatsachen entsprechen sollten. In Frage käme z. B. eine Abmahnung oder auch eine ordentliche Kündigung.
Wir dürfen Sie daher bitten, nochmals Ihre Entscheidung zu überdenken.

Mit freundlichen Grüßen

....
(Unterschrift
Betriebsratsvorsitzende/r)

Schriftliche Mitteilung an den Arbeitgeber, wenn keine Bedenken oder kein Widerspruch gegen eine Kündigung erhoben werden kann oder soll

148 Der Betriebsrat der XY-GmbH Ort, Datum

An die
Geschäftsleitung der XY-GmbH
Im Hause

Beabsichtigte Kündigung des Herrn ...

Sehr geehrte Damen und Herren,
der Betriebsrat bestätigt hiermit, dass er vor Ausspruch der Kündigung von Herrn ..... ordnungsgemäß gehört worden ist und keine weitere Stellungnahme abgibt.

Mit freundlichen Grüßen

....
(Unterschrift
Betriebsratsvorsitzende/r)

Widerspruch gegenüber einer vom Arbeitgeber beabsichtigten Änderungskündigung
Zustimmungsverweigerung gegenüber der beabsichtigten Versetzung im Rahmen dieser Änderungskündigung 149
Widerspruch gegen eine vom Arbeitgeber beabsichtigten Umgruppierung im Rahmen dieser Änderungskündigung

Der Betriebsrat der XY-GmbH — Ort, Datum

An die
Geschäftsleitung der XY-GmbH
Im Hause

Beabsichtigte Änderungskündigung des Herrn ....

Sehr geehrte Damen und Herren,
der Betriebsrat hat sich in seiner Sitzung am ... eingehend mit der beabsichtigten Änderungskündigung des Herrn ... beschäftigt. Dabei ist im Rahmen Ihrer Mitteilung vom ... zu unterscheiden, zum einen die beabsichtigte Kündigung und zum anderen sowohl die darin enthaltene Weiterbeschäftigung als ..., die eine Versetzung i. S. d. § 97 Abs. 3 BetrVG darstellt, als auch die darin enthaltene Umgruppierung in die Vergütungsgruppe ...
Begründung:
Sie beabsichtigten, Herrn ... zum Ablauf seiner ordentlichen Kündigungsfrist zum ... die Stellung als Abteilungsmanager in der Niederlassung ... zu kündigen, und bieten gleichzeitig an, ihn als Vorarbeiter in der Niederlassung ... weiterzubeschäftigen, wobei sich die Vergütungsgruppe von bisher ... auf die ... ändern soll.
Wir widersprechen dieser beabsichtigten Kündigung gern. § 102 Abs. 2 Nr. 1 BetrVG, da die sozialen Gesichtspunkte nicht ausreichend berücksichtigt wurden. Herr ..., jetzt 56-jährig, gehört dem Betriebsrat seit über 20 Jahren an. Deshalb würde diese Maßnahme gerade ihn besonders hart treffen. Da Sie Arbeitsmangel als Begründung für die Änderungskündigung angeben, liegt somit eine betriebsbedingte Änderungskündigung vor. Bei Durchsicht der Personalunterlagen werden Sie sicherlich vergleichbare Mitarbeiter finden, die wesentlich jünger sind und eine kürzere Betriebszugehörigkeit haben. Gerade in der Abteilung ... werden solche mit einer kürzeren Betriebszugehörigkeit beschäftigt. Die Sozialauswahl nach § 1 Abs. 2 BetrVG ist somit nicht eingehalten worden.
Gleichzeitig verweigern wir die Zustimmung sowohl zu der Versetzung nach § 99 Abs. 1 Nr. 4 als auch der Umgruppierung nach § 99 Abs. 2 Nr. 2 und 4 BetrVG sowie der Umgruppierung nach § 99 Abs. 2 Nr. 1 BetrVG i. V. m. dem Tarifvertrag ....
Die beabsichtigte Versetzung würde verheerende Nachteile mit sich ziehen, da sich die Vergütung dahin gehend ändert, dass nunmehr nur noch ... bezahlt werden.
Darüber hinaus widerspricht diese Absicht der Versetzung nach § ... unserer Betriebsvereinbarung Auswahlrichtlinien. Dort hatten wir vereinbart, dass Mitarbeiter, die be-

reits das 55. Lebensjahr vollendet haben, nur im Falle der Schließung versetzt werden können.
Die beabsichtigte Umgruppierung stellt sich als Verstoß gegen den Tarifvertrag ... dar, da die Stelle als ... in die Vergütungsgruppe ... einzugruppieren ist.
Wegen der genannten Gründe werden Sie Verständnis dafür haben, dass wir zu einer anderen Entscheidung nicht kommen durften und konnten.

Mit freundlichen Grüßen

....
(Unterschrift
Betriebsratsvorsitzende/r)

Zustimmungsverweigerung gegen eine beabsichtigte außerordentliche Kündigung eines Betriebsratsmitglieds

150

Der Betriebsrat der XY-GmbH Ort, Datum

An die
Geschäftsleitung der XY-GmbH
...

Beabsichtigte außerordentliche Kündigung

Sehr geehrte Damen und Herren,
Sie haben dem Betriebsrat am ...... mitgeteilt, dass Sie beabsichtigen, dem Betriebsratsmitglied ..... gemäß § 103 BetrVG i.V.m. § 626 BGB zu kündigen. Der Betriebsrat hat sich in seiner heutigen außerordentlichen Sitzung mit dieser Frage beschäftigt und den Beschluss gefasst, dieser beabsichtigten außerordentlichen Kündigung die Zustimmung zu verweigern.
Begründung:
Ihr Argument, Herr .... habe wegen der zeitweiligen privaten Nutzung von Kleingeräten gemäß § 626 BGB einen wichtigen Grund gegeben, um das Arbeitsverhältnis fristlos zu kündigen, vermag uns nicht zu überzeugen. Nicht nur das Betriebsratsmitglied ..., sondern die meisten anderen Mitarbeiter in den Abteilungen ... haben bisher die ihnen anvertrauten Werkzeuge und Geräte in ihrem Privat-Pkw zu den wechselnden Arbeitsstellen transportiert und zeitweilig privat genutzt. Die zuständigen Vorgesetzten ... billigten eine zeitweilige private Nutzung. Dass diese Verhaltensweisen bereits seit Jahren betriebliche Übung darstellen, dürfte der Geschäftsleitung nicht entgangen sein. Da sie niemals Einwände gegen dieses Verfahren erhoben hat, erscheint uns die Begründung für die beabsichtigte Kündigung nicht stichhaltig. Viel näherliegend ist jedoch die Vermutung, dass ein für Sie missliebiges Betriebsratsmitglied, das regelmäßig entschieden für die Interessen der Arbeitnehmer eingetreten ist, entlassen werden soll. Das sehen wir jedoch nicht nur als einen Verstoß gegen den Sinn des § 103 BetrVG an, sondern erkennen daraus, dass Sie kein großes Interesse haben, mit dem Betriebsrat vertrauensvoll zusammenzuarbeiten. Wir bedauern Ihr Verhalten sehr und hoffen, dass die Zusammenarbeit, die das gegenseitige Respektieren der Interessen beinhaltet, in Zukunft wieder mehr in den Vordergrund rückt.

Mit freundlichen Grüßen

....
(Unterschrift
Betriebsratsvorsitzende/r)

Schreiben an einen Arbeitnehmer, dem gekündigt wurde, zur Aufklärung über die ihm zustehenden Rechte

151 Der Betriebsrat der XY-GmbH Ort, Datum

Frau/Herrn
...
Im Hause

Kündigung vom ...

Liebe Kollegin/Lieber Kollege ...,
der Arbeitgeber hat Ihnen zum Ablauf der ordentlichen Kündigungsfrist am .... trotz des Widerspruchs des Betriebsrats gemäß § 102 Abs. 4 BetrVG das Arbeitsverhältnis gekündigt. Die Stellungnahme des Betriebsrats war dem Kündigungsschreiben beigefügt.

Wir halten es für ratsam und zweckmäßig, Sie auf Ihre rechtlichen Möglichkeiten aufmerksam zu machen. Wenn Sie mit der Kündigung nicht einverstanden sind, haben Sie gemäß § 4 KSchG die Möglichkeit, innerhalb von drei Wochen nach Zugang der Kündigung Klage beim Arbeitsgericht einzureichen. Diese Klage bezweckt, feststellen zu lassen, dass die Kündigung sozial ungerechtfertigt war und das Arbeitsverhältnis dadurch nicht aufgelöst ist. Da der Betriebsrat der Kündigung widersprochen hat, haben Sie die Möglichkeit, vom Arbeitgeber zu verlangen, dass Sie nach Ablauf Ihrer ordentlichen Kündigungsfrist bis zum rechtskräftigen Abschluss des Rechtsstreits unter unveränderten Vertragsbedingungen weiterbeschäftigt werden.

Diesem Verlangen muss der Arbeitgeber gemäß § 102 Abs. 5 BetrVG nachkommen. Der Arbeitgeber hat in diesem Fall lediglich noch die Möglichkeit, beim Arbeitsgericht zu beantragen, gemäß § 102 Abs. 5 Nr. 1–3 BetrVG von der Weiterbeschäftigungspflicht entbunden zu werden. Unserer Einschätzung nach dürfte der Arbeitgeber für diesen Antrag jedoch keine hinreichende und überzeugende Begründung finden.

Ohne Sie beeinflussen zu wollen, empfehlen wir Ihnen aber, diese rechtlichen Möglichkeiten einmal zu durchdenken. Wir weisen jedoch nachdrücklich nochmals auf die Frist von drei Wochen hin, in der Sie die Klage beim Arbeitsgericht eingereicht haben müssen.

Ihre Gewerkschaft wird Ihnen hierbei bestimmt mit Rat und Tat zur Seite stehen.

Wir hoffen, Ihnen mit diesen Erklärungen über die Rechtslage geholfen zu haben, und verbleiben

mit freundlichen Grüßen

....
(Unterschrift
Betriebsratsvorsitzende/r)

Schreiben an einen Arbeitnehmer, dem gekündigt wurde und der beim Betriebsrat Einspruch gegen die Kündigung erhoben hat

152

Der Betriebsrat der XY-GmbH Ort, Datum

Frau/Herrn
...
im Hause

Einspruch gegen Ihre Kündigung

Liebe Kollegin/Lieber Kollege ....,
mit Nachricht vom .... haben Sie gemäß § 3 KSchG Einspruch beim Betriebsrat gegen Ihre ordentliche Kündigung zum .... eingelegt. Der Betriebsrat, der keinen Widerspruch gegen die beabsichtigte Kündigung eingelegt hatte, hat sich aufgrund Ihrer neuen Argumente in seiner Sitzung am .... nochmals mit der inzwischen ausgesprochenen Kündigung beschäftigt.
Der Betriebsrat kam zu dem Schluss, dass Ihre neu angeführten Argumente überzeugend sind, und hält deshalb den Einspruch für begründet. Gleich nach der Sitzung haben zwei Mitglieder des Betriebsrats dem Arbeitgeber die neuen Argumente vorgetragen und den Versuch unternommen, zu einer Verständigung zu kommen.
Da einige der von Ihnen neu vorgetragenen Argumente weder dem Arbeitgeber noch dem Betriebsrat bekannt waren, konnten sie zum damaligen Zeitpunkt auch nicht berücksichtigt werden. Wir freuen uns deshalb, Ihnen mitteilen zu können, dass unsere Verhandlungen mit dem Arbeitgeber sehr erfolgreich waren. Der Arbeitgeber ist bereit, die bereits ausgesprochene Kündigung zurückzuziehen, wenn Sie damit einverstanden sind, auf einem anderen Arbeitsplatz in der gleichen Halle zu unveränderten Vertragsbedingungen weiterzuarbeiten.
Wir sind sicher, dass Sie mit diesem Ergebnis einverstanden sind, und verbleiben

mit freundlichen Grüßen

....
(Unterschrift
Betriebsratsvorsitzende/r)

153

Schreiben an den Arbeitgeber zur Entfernung eines betriebsstörenden Mitarbeiters

Der Betriebsrat der XY-GmbH | Ort, Datum

An die
Geschäftsleitung der XY-GmbH
Im Hause

Entlassungsantrag wegen wiederholter und ernstlicher Störung des Betriebsfriedens

Sehr geehrte Damen und Herren,
wie Ihnen bereits durch Schreiben vom ... und aufgrund des Gesprächs mit dem Betriebsrat vom ...... bekannt ist, tritt der Mitarbeiter ...... ständig als Gewerkschaftsgegner im Betrieb auf. Das Verhalten von Herrn ..... überschreitet bei Weitem den Begriff der Kritik und kommt vielmehr der Hetze und Verleumdung gleich.
Ein erneuter Vorfall gibt uns Veranlassung, nun die Entlassung von .... zu beantragen.
Begründung:
In der Betriebsversammlung vom .... hat sich ... außerhalb der Reihenfolge der Redner das Wort genommen und erklärt: »Gewerkschaften wollen die deutsche Wirtschaft ruinieren und die freiheitliche Grundordnung der Bundesrepublik beseitigen. Deshalb sind alle Gewerkschaftsmitglieder Dummköpfe, weil sie durch ihre Beitragszahlungen der Zerschlagung unseres Staates Vorschub leisten.«
Nur mit Mühe gelang es den anwesenden Betriebsratsmitgliedern, die Versammlung ordentlich zu beenden. Der anhaltenden Unruhe in der Belegschaft konnte aber bislang nicht begegnet werden, und immer mehr Arbeitnehmer weigerten sich, mit ..... wegen seiner ständigen ungehörigen Ausfälle zusammenzuarbeiten.
Es gibt keinen Zweifel darüber, dass der Betriebsfrieden zum wiederholten Male durch .... ernstlich gestört worden ist. Daher ist der Betriebsrat in seiner Sitzung vom .... zu dem Ergebnis gekommen, die Entlassung des .... gem. § 104 BetrVG zu beantragen.

Mit freundlichen Grüßen

....
(Unterschrift
Betriebsratsvorsitzende/r)

Schreiben an den Arbeitgeber zu einer beabsichtigten Einstellung eines leitenden Angestellten (§ 105 BetrVG)

154

Der Betriebsrat der XY AG Ort, Datum

An den
Vorstand der XY AG
Im Hause

Einstellung von Herrn/Frau ... als leitende/r Angestellte/r nach § 105 BetrVG

Sehr geehrte Damen und Herren,
Sie haben dem Betriebsrat mit Schreiben vom ...... gemäß § 100 BetrVG mitgeteilt, dass Sie beabsichtigen Herrn/Frau ..... als ...... einzustellen und dass es sich hierbei um eine Einstellung eines/r leitende/r Angestellte/r i. S. d. § 5 Abs. 3 BetrVG handelt.
Der Betriebsrat hat sich eingehend mit der oben genannten personellen Maßnahme in seiner Betriebsratssitzung vom ...... auseinandergesetzt und ist zu dem Schluss gekommen, dass es sich nach eingehender Prüfung nicht um die Einstellung eines/leitenden Angestellten i. S. d. § 5 Abs. 3 BetrVG handelt.
Herr/Frau .... soll die Tätigkeit als .... übernehmen, die recherchierten Informationen zur auszuübenden Tätigkeit haben für den Betriebsrat ergeben, dass es sich um eine/n AT-Mitarbeiter/in handelt, sodass Sie das Verfahren nach § 99 BetrVG hätten beachten müssen.
Wir möchten Ihnen hiermit die Gelegenheit geben, das oben genannte Verfahren nach § 99 BetrVG nachzuholen, wobei der Betriebsrat schon jetzt signalisieren möchte, dass er die Einstellung von Herrn/Frau ...... als ...... für erforderlich erachtet.
In der Hoffnung, dass eine zufriedenstellende Lösung gefunden werden kann, verbleiben wir

mit freundlichen Grüßen

....
(Unterschrift
Betriebsratsvorsitzende/r)

Schreiben an den Arbeitgeber zu einer beabsichtigten Vertragsbeendigung mit einem leitenden Angestellten (§ 105 BetrVG)

155 Der Betriebsrat der XY AG

Ort, Datum

An den
Vorstand der XY AG
Im Hause

Vertragsauflösung mit Herrn ....

Sehr geehrte Damen und Herren,
Sie haben dem Betriebsrat mit Schreiben vom .... gem. § 105 BetrVG mitgeteilt, dass Sie beabsichtigen, den Vertrag mit .... zum .... zu lösen.
Obwohl dem Betriebsrat natürlich bekannt ist, dass das Beteiligungsrecht gem. § 102 BetrVG bei leitenden Angestellten nicht besteht und es sich bei Herrn .... um einen solchen gemäß § 5 Abs. 3 BetrVG handeln soll, möchten wir dennoch unser Unverständnis für diesen beabsichtigten Schritt erklären. Herr ...., an dessen fachlicher Qualifikation bisher niemals Zweifel bestand, hat mit dem Betriebsrat stets zum Wohl des Betriebs gut zusammengearbeitet. Deshalb ist uns die überraschende, von Ihnen gewollte Vertragsauflösung unverständlich.
Sicherlich werden in der Belegschaft eine erhebliche Unruhe und vielerlei Spekulationen entstehen. Der Betriebsrat hält im Interesse einer kontinuierlichen Zusammenarbeit die Weiterbeschäftigung von Herrn .... für wünschenswert.
In der Hoffnung, dass Sie von der beabsichtigten Vertragsauflösung Abstand nehmen werden, verbleiben wir

mit freundlichen Grüßen

....
(Unterschrift
Betriebsratsvorsitzende/r)

Stellungnahme an das Integrationsamt zu einer beabsichtigten Kündigung eines schwerbehinderten Menschen

Der Betriebsrat der XY-GmbH Ort, Datum 156

An das
Integrationsamt
...

Beabsichtigte Kündigung des Schwerbehinderten ....;
Stellungnahme gemäß § 170 Abs. 2 SGB IX

Sehr geehrte Damen und Herren,
der Betriebsrat hat in seiner Sitzung vom ... beschlossen, den Antrag auf Zustimmung zur Kündigung des Schwerbehinderten ...... nicht zu unterstützen.
Begründung:
Herr .... ist seit dem .... im Unternehmen als Sachbearbeiter tätig. Sein Grad der Behinderung beträgt 60%. Dieser stand aber bisher einer ordentlichen Erfüllung seiner arbeitsvertraglichen Pflichten nicht im Wege. Anzufügen ist noch, dass Herr .... verheiratet ist und für zwei schulpflichtige Kinder im Alter von 13 und 15 Jahren zu sorgen hat.
Wenn nun das Unternehmen vorträgt, dass wegen Fortfalls des Arbeitsplatzes von Herrn .... – was nicht bestritten wird – eine betriebsbedingte Kündigung unumgänglich sei, dann muss der Betriebsrat dem aus guten Gründen widersprechen. Herr .... ist durchaus in der Lage, in der Versandabteilung an einem vergleichbaren Arbeitsplatz seine bisherige Tätigkeit fortzusetzen; nicht zuletzt auch deshalb, weil in der angeführten Abteilung ständig über Unterbesetzung geklagt wird – siehe Auszüge aus den Protokollen der Betriebsratssitzungen vom .... und vom ....
Weiterhin muss vermerkt werden, dass wir immer noch nicht schwerbehinderte Menschen in der gesetzlich vorgeschriebenen Zahl beschäftigen, obwohl genügend Arbeitsplätze für schwerbehinderte Menschen eingerichtet werden könnten. Zur gleichen Auffassung gelangte auch die Schwerbehindertenvertretung.
Aus diesen Gründen spricht sich der Betriebsrat gegen die beabsichtigte Kündigung von Herrn .... aus und wird keine Zustimmung erteilen.

Mit freundlichen Grüßen

....
(Unterschrift
Betriebsratsvorsitzende/r)

Stellungnahme an die Agentur für Arbeit zu geplanten Massenentlassungen gemäß § 17 Abs. 3 Satz 3 KSchG – 1. Alternative

157 Der Betriebsrat der XY-GmbH Ort, Datum

An die
Agentur für Arbeit
...

Stellungnahme des Betriebsrats gemäß § 99 Abs. 1 SGB III

Sehr geehrte Damen und Herren,
der Betriebsrat ist von der Geschäftsleitung darüber unterrichtet worden, dass die unbefriedigende Auftragslage unseres Unternehmens Massenentlassungen in diesem Jahr erfordern wird.
Hier kann nach Auffassung der Geschäftsleitung keine Abhilfe durch Einführung von Kurzarbeit erfolgen, da der Markt sich in einem anhaltenden Schrumpfungsprozess befinde und deshalb auch in absehbarer Zeit nicht mit einer Besserung der zukünftigen Auftragslage zu rechnen sei. Dennoch muss der Betriebsrat dem Wunsch der Geschäftsleitung nach Durchführung von Massenentlassungen widersprechen. Hierfür gibt es gute Gründe, ohne dabei die bestehenden Marktschwierigkeiten leugnen zu wollen.
Zum einen vermag der Betriebsrat nicht einzusehen, dass viele vom Unternehmen gebuchte Aufträge an Subunternehmer weitergegeben und zum anderen in einer Reihe von Betrieben noch Überstunden geleistet werden. Wenn diese Verfahrensweisen abgestellt würden und anstelle der beabsichtigten Entlassungen Kurzarbeit träte, würden sich nach Auffassung des Betriebsrats Entlassungen in erheblichem Umfang vermeiden lassen.
Hinzu kommt noch, dass der zwischen den Tarifvertragsparteien geschlossene Tarifvertrag über eine Vorruhestandsregelung von einer erheblichen Anzahl von Betriebsangehörigen in Anspruch genommen werden wird. Damit verringert sich neben der normalen Fluktuation zwangsläufig der Personalbestand in den nächsten 12 Monaten.
Im Übrigen sei noch darauf hingewiesen, dass die Geschäftsleitung kaum eine Verhandlungsbereitschaft für den erforderlichen Interessenausgleich und Sozialplan erkennen lässt.
Der Betriebsrat wird auch aus diesen Gründen den beabsichtigten Massenentlassungen widersprechen.

Mit freundlichen Grüßen

....
(Unterschrift
Betriebsratsvorsitzende/r)

Stellungnahme an die Agentur für Arbeit zu geplanten Massenentlassungen gemäß § 17 Abs. 3 Satz 3 KSchG – 2. Alternative

158

Der Betriebsrat der XY-GmbH Ort, Datum

An die
Agentur für Arbeit
...

Stellungnahme des Betriebsrats gemäß § 99 Abs. 1 SGB III

Sehr geehrte Damen und Herren,
der Betriebsrat ist am .... von der Geschäftsleitung eingehend und ausführlich unter Vorlage der erforderlichen Unterlagen darüber unterrichtet worden, dass der Geschäftszweig ».....« zum .... seine Aktivitäten einstellen muss. Die in den zurückliegenden Jahren eingetretenen Verluste rechtfertigen diesen Schritt, da andernfalls weitere Arbeitsplätze in Gefahr gerieten.
Weiterhin ist erkennbar, dass wegen der bestehenden Überkapazitäten auf dem Markt und dem damit verbundenen ruinösen Wettbewerb in absehbarer Zeit mit keiner besseren Marktsituation zu rechnen ist. Der Betriebsrat kann sich daher dem Antrag der Geschäftsleitung nach Durchführung von Massenentlassungen nicht widersetzen.
Abschließend sei noch darauf hingewiesen, dass die Verhandlungen über einen Interessenausgleich nahezu abgeschlossen sind und es ohne Zweifel ebenso zum Abschluss eines Sozialplans kommen wird.
Auch aus diesen Gründen kann der Betriebsrat den geplanten personellen Maßnahmen nicht widersprechen.

Mit freundlichen Grüßen

....
(Unterschrift
Betriebsratsvorsitzende/r)

Stellungnahme an die zuständige Agentur für Arbeit zu geplanten Massenentlassungen – 1. Alternative

159 Der Betriebsrat der XY-GmbH Ort, Datum

An die
Agentur für Arbeit
...

Massenentlassungsantrag unseres Unternehmens vom ...

Sehr geehrte Damen und Herren,
der Betriebsrat hat sich in seiner Sitzung vom .... eingehend mit dem obigen Massenentlassungsantrag beschäftigt und ist zu dem Ergebnis gekommen, dem Antrag unserer Unternehmensleitung auf eine Massenentlassung zu widersprechen.
Zur Begründung ist Folgendes vorzutragen:
Die Geschäftsleitung hat dem Betriebsratsvorsitzenden, ..., am .... durch den .... mitteilen lassen, dass erhebliche Personalreduzierungen vorgenommen werden müssen, »um zu überleben«. Zu weiteren Auskünften war Herr .... trotz mehrfachen Auskunftsverlangens des Betriebsrats ..... nicht bereit. Die Geschäftsleitung verhielt sich in der Betriebsratssitzung vom ... ebenso und lehnte eine eingehende Erörterung der beabsichtigten Maßnahmen mit dem Betriebsrat ab.
Damit ist die Geschäftsleitung ihrer Erörterungs- und Beratungspflicht gemäß § 17 Abs. 2 des Kündigungsschutzgesetzes nicht nachgekommen, und somit verfestigt sich die Auffassung des Betriebsrats, dass eine Massenentlassung nicht zwingend geboten ist.
Der Betriebsrat wird einer Massenentlassung mindestens so lange widersprechen, bis die Geschäftsleitung der betrieblichen Arbeitnehmervertretung zweckdienliche Auskünfte zukommen lässt.

Mit freundlichen Grüßen

....
(Unterschrift
Betriebsratsvorsitzende/r)

Stellungnahme an die zuständige Agentur für Arbeit zu geplanten Massenentlassungen – 2. Alternative

160

Der Betriebsrat der XY-GmbH Ort, Datum

An die
Agentur für Arbeit
. . .

Massenentlassungsantrag unseres Unternehmens vom . . . .

Sehr geehrte Damen und Herren,
nach langer und eingehender Beratung zwischen dem Betriebsrat und der Geschäftsleitung unseres Unternehmens sehen wir keine Möglichkeit, Vorschläge zu machen, die geeignet erscheinen, die beantragte Massenentlassung abzuwenden.
Dem o. g. Antrag wird daher seitens des Betriebsrats nicht widersprochen.

Mit freundlichen Grüßen

. . . .
(Unterschrift
Betriebsratsvorsitzende/r)

XIV. Wirtschaftsausschuss – Betriebsänderungen – Interessenausgleich über die Betriebsänderung – Sozialplan – Handlungsoptionen

Wirtschaftsausschuss

Die §§ 106–110 BetrVG beschäftigen sich mit der Unterrichtung der Arbeitnehmer und ihrer Betriebsvertretung in wirtschaftlichen Angelegenheiten, die §§ 111–113 BetrVG mit den Regularien zu einem Interessenausgleich sowie mit Regularien zur Kompensation oder Abmilderung wirtschaftlicher Nachteile infolge von Betriebsänderungen.
Die Bildung eines Wirtschaftsausschusses durch den Betriebsrat ist gemäß § 106 BetrVG für alle Unternehmen mit in der Regel mehr als 100 ständig beschäftigten Arbeitnehmern vorgesehen. Wenn auch der Betriebsrat das eigentliche Mitbestimmungsorgan ist, stehen dem Wirtschaftsausschuss als besonderer Ausschuss des Betriebsrates oder aber des Gesamtbetriebsrates eigenständige Beratung- und Unterrichtungsrechte zu, die für die Wahrnehmung der Arbeitnehmerinteressen durch den Betriebsrat bzw. Gesamtbetriebsrat von erheblicher Bedeutung sind. Der Wirtschaftsausschuss ist vom Unternehmer rechtzeitig und umfassend unter Vorlage der erforderlichen Unterlagen zu unterrichten; insoweit handelt es sie um eine reine Bringschuld des Unternehmers. Als unterstützendes Organ des Betriebsrates bzw. Gesamtbetriebsrates hat er alle das Unternehmen betreffenden wirtschaftlichen Angelegenheiten mit dem Unternehmer zu beraten und anschließend den Betriebsrat bzw. Gesamtbetriebsrat zu unterrichten. Die hierunter fallenden wirtschaftlichen Angelegenheiten sind in § 106 Abs. 3 BetrVG in 12 Ziffern erfasst. Zu den wirtschaftlichen Angelegenheiten, über die der Unternehmer den Wirtschaftsausschuss zu unterrichten und hier mit ihm zu beraten hat, gehören sowohl »Fragen des betrieblichen Umweltschutzes« als auch »Daten eines Erwerbers des Unternehmens, wenn hiermit der Erwerber der Kontrolle verbunden ist«. Die Zuständigkeit des Wirtschaftsausschusses ergibt sich aus der Tatsache, dass heute der Umweltschutz für Unternehmen ein bedeutender betriebswirtschaftlicher Faktor ist. Dabei ist nicht nur an die Kosten für bereits verwirklichte und geplante Maßnahmen des Umweltschutzes zu denken, vor allem sind die Auswirkungen auf die wirtschaftliche Situation des Unternehmens und damit auch auf die Arbeitsplätze zu berücksichtigen. Darüber hinaus

zählt zu den wirtschaftlichen Angelegenheiten durch das Gesetz zur Begrenzung der mit Finanzinvestitionen verbundenen Risiken vom 19. 8. 2008 nunmehr auch der Fall, dass das Unternehmen von einem Finanzinvestor aufgekauft werden soll, der es meist auch umstrukturieren will, sodass zusätzlich die Gefahr des Personalabbaus und anderer Restrukturierungsmaßnahmen besteht.
Hinsichtlich seiner Funktion und seiner Aufgaben ist der Wirtschaftsausschuss somit als ein Beratungs- und Informationsorgan des Betriebsrates bzw. Gesamtbetriebsrates zu bezeichnen.
Die Bestellung und Zusammensetzung des Wirtschaftsausschusses, die Dauer seiner Amtszeit sowie die Sitzungen, die stattzufinden haben, sind abschließend in den §§ 107 und 108 BetrVG geregelt. Existiert ein Gesamtbetriebsrat, hat dieser den Wirtschaftsausschuss zu bestellen, ansonsten ist dies die Aufgabe des örtlichen Betriebsrates.
Von besonderer Bedeutung ist die Auswahl der Mitglieder und damit die Zusammensetzung des Wirtschaftsausschusses. Wie in § 107 Abs. 1–3 BetrVG erläutert, besteht der Wirtschaftsausschuss aus mindestens drei und höchstens sieben Mitgliedern. In ihm können auch sogenannte leitende Angestellte i. S. v. § 5 Abs. 3 BetrVG berufen werden. Ein Mitglied des Wirtschaftsausschusses muss zur Gewährleistung der gewünschten Verzahnung zum Betriebsrat gleichzeitig Mitglied dieses Organs sein.
Bei der Wahl der Mitglieder sollte der Betriebsrat darauf achten, dass auch Beschäftigte in den Wirtschaftsausschuss gewählt werden, die nicht Mitglied des Betriebsrates sind, wobei die ausgewählten Mitarbeiter das Vertrauen des Betriebsrates genießen sollten. Auf diese Weise kann sowohl eine Arbeitsentlastung des Betriebsrates als auch die gewünschte Sachkompetenz gewährleistet werden.
Die fachliche und persönliche Eignung des Mitgliedes ist eine unerlässliche Voraussetzung, wobei hier das Gesetz keine präzisen Vorgaben macht. Im Zweifel sollten Schulungsmaßnahmen ins Auge gefasst werden.
Bei Meinungsverschiedenheiten zwischen Wirtschaftsausschuss und Unternehmern über den Umfang der Auskunftspflicht in wirtschaftlichen Angelegenheiten ist der Betriebsrat bzw. Gesamtbetriebsrat einzuschalten. Wird das Auskunftsverlangen des Wirtschaftsausschusses unterstützt und kommt es zwischen der Arbeitnehmervertretung und dem Unternehmen nicht zu einer Einigung, so entscheidet die Einigungsstelle gemäß § 109 BetrVG verbindlich.
Für die Anrufung der Einigungsstelle bedarf es nach Beschluss des Wirtschaftsausschusses eines ausdrücklichen Verlangens auf Auskunftserteilung über wirtschaftliche Angelegenheiten an den Unternehmer oder seinen Vertreter, und der Unternehmer muss daraufhin die Auskunft überhaupt nicht, unvollständig, verspätet oder ohne Vorlage der erforderlichen Unterlagen erteilt haben.

Betriebsänderungen

Die Vorschriften in den §§ 111–113 BetrVG behandeln die Mitbestimmungsrechte des Betriebsrates bei Betriebsänderungen. Ziel ist, die Arbeitnehmer vor unbilligen sozialen Härten zu bewahren und möglichst Arbeitsplätze zu sichern. Die Mitbestimmung ist dabei auf den einzelnen Betrieb ausgerichtet und fällt in der Regel somit in den Zuständigkeitsbereich des Betriebsrates, auch wenn es sich um ein Unternehmen mit mehreren Betrieben handelt, für die ein Gesamtbetriebsrat gebildet wurde. Die Zuständigkeit des Gesamtbetriebsrates bzw. bei Bestehen des Konzernbetriebsrates dessen Zuständigkeit ist dann gegeben, wenn die Voraussetzung der §§ 50 Abs. 1 Satz 1, 58 Abs. 1 Satz 1 BetrVG gegeben sind, dies bedarf stets einer sorgfältigen Prüfung.
In den Fällen des § 111 Satz 3 Ziff. 1–5 BetrVG werden automatisch wesentliche Nachteile für die Arbeitnehmer fingiert, d.h. unterstellt. Lediglich im Fall des § 111 Satz 1 BetrVG bedarf es einer Betriebsänderung, die wesentliche Nachteile für die Arbeitnehmer beinhalten kann.
Der Gesetzgeber hat im Rahmen der Novellierung des BetrVG bereits im Jahre 2001 den § 111 BetrVG an die veränderten Realitäten und die ständige Rechtsprechung angepasst. So hat bereits das Bundesverfassungsgericht in seinem Urteil zur Kleinbetriebsklausel im Kündigungsschutzgesetz entschieden, dass die Anwendung der Kleinbetriebsklausel in Unternehmen mit mehreren Betrieben nur dann als verfassungskonform angesehen werden kann, wenn die Schwelle der Arbeitnehmerzahl auf das Unternehmen bezogen wird (BVerfGE 97, 169f.). Diese Grundsatzentscheidung ist auch bei dem Beteiligungsrecht des Betriebsrates nach den §§ 111ff. BetrVG zu berücksichtigen.
Das Beteiligungsrecht des Betriebsrates bei Betriebsänderungen i.S.d. § 111 BetrVG besteht in Unternehmen mit in der Regel mehr als 20 Arbeitnehmern. Die Bezugnahme der Arbeitnehmergrenzzahl auf den Betrieb ist damit aufgegeben worden. Allein entscheidend ist die Gesamtzahl der Arbeitnehmer des Unternehmens, also der Rechtsform, unabhängig davon, ob die Arbeitnehmer in einer oder mehreren Betriebseinheiten eingesetzt werden. Denn die Frage der wirtschaftlichen Belastbarkeit eines Unternehmens ist nicht von der organisatorischen Gliederung des Unternehmens in einzelne Betriebseinheiten abhängig.
Auch das Bundesarbeitsgericht hat bereits entschieden, dass für die Berechnung des Stellenwertes in § 111 BetrVG auf die Zahl der Arbeitnehmer des Unternehmens und nicht auf die jeweils betroffenen Betriebe abzustellen ist (BAG vom 8.6.1999, AP Nr. 47 zu § 111 BetrVG 1972).
An den Tatbestandsvoraussetzungen für das Vorliegen einer konkreten Betriebsänderung ändert sich dadurch nichts. Die Beurteilung bleibt unverändert betriebsbezogen.

Damit der Betriebsrat externen Sachverstand im Zeitalter immer schneller fortschreitenden Strukturwandels schnellstmöglich zur Verfügung hat, hat er in Unternehmen mit mehr als 300 Arbeitnehmern das Recht, abweichend von dem zeitaufwändigerem Verfahren bei der Hinzuziehung von Sachverständigen nach § 80 Abs. 3 BetrVG im Fall der Betriebsänderung einen Berater auch ohne vorherige Vereinbarung mit dem Arbeitgeber hinzuzuziehen. Dabei ist »ein Berater« wörtlich zu nehmen, es können auch mehrere Berater mit unterschiedlicher Qualifikation sein.
Damit ist der Betriebsrat in die Lage versetzt, die Auswirkung einer geplanten Betriebsänderung rasch zu erfassen und in kurzer Zeit mit Hilfe externen Sachverstands fundierter Alternativvorschläge vor allem für eine Beschäftigungssicherung so rechtzeitig zu erarbeiten, dass er auf die Entscheidung des Arbeitgebers noch Einfluss nehmen kann. Diese Sonderregelung für ein unbürokratisches Hinzuziehen von externem Sachverstand ist auf Betriebsänderungen beschränkt, da gerade diese in der Regel mit einem erheblichen Personalabbau verbunden sind oder andere wesentliche Nachteile für die Arbeitnehmer nach sich ziehen und ein schnelles Reagieren erforderlich machen.
Betriebsänderungen i. S. d. § 111 BetrVG sind Einschränkungen, Stilllegung oder Verlegung des gesamten Betriebes oder von wesentlichen Betriebsteilen, der Zusammenschluss mit anderen Betrieben oder die Spaltung von Betrieben, grundliegende Änderungen der Betriebsorganisation, des Betriebszwecks oder der Betriebsanlagen sowie die Einführung grundliegend neuer Arbeitsmethoden und Fertigungsverfahren.
Sofern eine Betriebsänderung nach § 111 Satz 3 Nr. 1–5 BetrVG nicht vorliegt, kann gleichwohl die Generalklausel des § 111 Satz 1 BetrVG eingreifen, die sich als Auffangtatbestand für Betriebsänderungen erweist. Dabei kommt es darauf an, dass sich die bisherige Funktionsweise des Betriebes erheblich ändert und dass tatsächlich wesentliche Nachteile für die Belegschaft oder erhebliche Teile der Belegschaft vorliegen.
Bei Unklarheiten über das Vorliegen von Tatbestandvoraussetzungen für eine Betriebsänderung kann gleichwohl der Betriebsrat aktiv werden im Hinblick darauf, dass das Arbeitsgericht eine Einigungsstelle bereits dann errichtet, wenn es sich um eine Betriebsänderung handeln könnte (§ 100 ArbGG).

Interessenausgleich über die Betriebsänderung – Sozialplan

Einigen sich Unternehmer und Betriebsrat nach vorangegangener Beratung über eine geplante Betriebsänderung als solche sowie über den Zeitpunkt und die Form der Durchführung, so ist dies schriftlich niederzulegen und vom Unternehmer und Betriebsrat zu unterschreiben. Hierbei spricht man von einem

Interessenausgleich der Betriebsparteien (§ 112 BetrVG). Dieser Interessenausgleich regelt das Ob, das Wann und das Wie der Betriebsänderung.
Durch den seit 1. 1. 2004 geltenden § 1 Abs. 5 KSchG besteht nunmehr die Möglichkeit, als Bestandteil des Interessenausgleichs eine Namensliste aufzunehmen. Das führt zu einem geminderten Kündigungsschutz für die betroffenen Arbeitnehmer.
Um soziale und personelle Auswirkungen einer geplanten Betriebsänderung abzumildern, die nicht Bestandteil des Interessenausgleichs sind, hat der Betriebsrat das Recht, mit dem Unternehmer einen Sozialplan zu verhandeln. Hierbei schränken die §§ 111, 112 BetrVG die Befugnis von Tarifvertragsparteien zum Abschluss eines Tarifvertrags mit einem sozialplanähnlichen Inhalt nicht ein (BAG vom 6. 12. 2006 – 4 AZR 798/05, NZA 2007, 821 ff.). Für den Sozialplan gilt die Schriftform, da der Tarifvorrang hier nicht gilt (§ 112 Abs. 1 BetrVG). Der Sozialplan hat die Wirkung einer Betriebsvereinbarung. Kommt zwischen Betriebsrat und Unternehmer ein Interessenausgleich über die geplante Betriebsänderung oder eine Einigung über den Sozialplan nicht zustande, so können beide Seiten im Vorstand der Bundesagentur für Arbeit um Vermittlung ersuchen und bei erfolgloser Vermittlung die Einigungsstelle anrufen. Diese kann aber auch ohne Vermittlungsversuch angerufen werden. In der Sache kommt es dann zu zwei Einigungsstellenverfahren, wobei lediglich der Spruch der Einigungsstelle für den Sozialplan verbindlich ist (§ 112 Abs. 4, 5 BetrVG). Erzwingen kann der Betriebsrat einen Sozialplan jedoch nur, wenn die geplante Betriebsänderung zu wirtschaftlichen Nachteilen für betroffene Arbeitnehmer führt.
Ein wesentliches Ziel der Reform des Betriebsverfassungsgesetzes im Jahre 2001 war, der Beschäftigungssicherung in der Betriebsverfassung mehr Gewicht zu verleihen. Auch bei Sozialplanregelungen ist nunmehr das Prinzip der Beschäftigungssicherung betriebsverfassungsrechtlich verankert. Die Einigungsstelle soll die im Dritten Buch des Sozialgesetzbuchs (SGB III) vorgesehenen Förderungsmöglichkeiten zur Vermeidung von Arbeitslosigkeit berücksichtigen. Statt sozialer Abfederung des Arbeitsplatzverlustes durch Abfindung kann die Einigungsstelle die Beschäftigungssicherung durch Qualifizierung und andere Maßnahmen in den Vordergrund des Sozialplans stellen, wo dies für die betroffenen Arbeitnehmer sinnvoll und für die Betriebe leistbar ist.
Die Sozialplanmittel sollen verstärkt auch zur Schaffung neuer Beschäftigungsperspektiven für die vom Verlust des Arbeitsplatzes bedrohten Arbeitnehmer eingesetzt werden. Die Praxis hat hier bereits unter dem Stichwort »Transfer-Sozialplan« einen beachtenswerten Beitrag zur Fortentwicklung des Sozialplans geleistet. Mit der Neuregelung sollen die nach dem Dritten Buch des Sozialgesetzbuches (SGB III) zur Vermeidung von Arbeitslosigkeit vorgesehenen Instrumentarien stärker mit der Möglichkeit eines Sozialplans zum Ausgleich oder zur

Abmilderung der mit der Betriebsänderung verbundenen Nachteile verknüpft werden (Stichwort: Bildung einer Beschäftigungsgesellschaft).
Falls eine Betriebsänderung allein in der Entlassung von Arbeitnehmern besteht, kann ein Sozialplan nur erzwungen werden, wenn die in § 112a BetrVG genannte Zahlenstaffel erreicht wird. Nach dieser Vorschrift ist ein Sozialplan durch Entscheidung der Einigungsstelle nur herbeizuführen, wenn die dort genannten Kopfzahlen hinsichtlich der geplanten betriebsbedingten Kündigung erreicht werden. Wird eine bloße Personalreduzierung unterhalb dieser Staffel erreicht, verbleibt es bei der Möglichkeit, einen Interessenausgleich abzuschließen, wobei in der Praxis in der Regel eine Personalreduzierung mit einer Einstellung von Arbeitsmitteln einhergeht.

Übersicht: Handlungsmöglichkeiten bei Betriebsänderung gemäß § 111 ff. BetrVG

1. Die Beratungsphase im Rahmen des § 111 BetrVG ist auszuschöpfen, bis dem Betriebsrat alle erforderlichen Informationen vorliegen.
2. Ein Interessenausgleich kann zunächst verhandelt werden.
3. Vorschläge des Betriebsrats nach § 92a BetrVG zur Beschäftigungssicherung sind zu beachten.
4. Der Vorstand der Bundesagentur für Arbeit kann zunächst um Vermittlung der Betriebsparteien betreffend den Abschluss eines Interessenausgleichs ersucht werden.
5. Die Person des Einigungsstellenvorsitzenden für die Einigungsstelle Interessenausgleich ist sorgfältig auszuwählen. Dies gilt auch für die Festlegung der vorzuschlagenden Anzahl der Beisitzer.
6. Bei Nichteinigung gemäß Ziff. 5 muss das Verfahren nach § 98 ArbGG beim zuständigen Arbeitsgericht eingeleitet werden; dieses Recht steht beiden Betriebsparteien zu.
7. Gegen den Beschluss des Arbeitsgerichts kann Beschwerde beim Landesarbeitsgericht eingelegt werden.
8. Nach Verkündung der Entscheidung des Landesarbeitsgerichts kann der Einigungsstellenvorsitzende seine Tätigkeit unverzüglich unter Berücksichtigung der Terminlage aufnehmen.
9. Im Rahmen des Einigungsstellenverfahrens können Sachverständige gehört werden, soweit der Betriebsrat die hierzu erforderliche Sachkenntnis nicht selbst besitzt.
10. Sofern sich der Arbeitgeber nicht an das Verfahren nach § 111 BetrVG hält, kann der Betriebsrat einen Unterlassungsanspruch, der sich gegen die geplante Betriebsänderung bzw. Kündigungen richtet, beim Arbeitsgericht ggf. auch im Wege der einstweiligen Verfügung geltend machen, wobei diese

von einigen Landesarbeitsgerichten bejaht, von anderen hingegen verneint wird.

11. Ein Sozialplan kann zunächst verhandelt werden.
12. Die Person des Einigungsstellenvorsitzenden für die Einigungsstelle Interessenausgleich ist sorgfältig auszuwählen. Dies gilt auch für die Festlegung der vorzuschlagenden Anzahl der Beisitzer.
13. Bei Nichteinigung gemäß Ziff. 5 muss das Verfahren nach § 100 ArbGG beim zuständigen Arbeitsgericht eingeleitet werden; dieses Recht steht beiden Betriebsparteien zu.
14. Gegen den Beschluss des Arbeitsgerichts kann Beschwerde beim Landesarbeitsgericht eingelegt werden.
15. Nach Verkündung der Entscheidung des Landesarbeitsgerichts kann der Einigungsstellenvorsitzende seine Tätigkeit unverzüglich unter Berücksichtigung der Terminlage aufnehmen.
16. Im Rahmen des Einigungsstellenverfahrens können Zeugen oder Sachverständige gehört werden, soweit erforderlich.

Gesetzestexte

Betriebsverfassungsgesetz

§ 106 Wirtschaftsausschuss

(1) In allen Unternehmen mit in der Regel mehr als einhundert ständig beschäftigten Arbeitnehmern ist ein Wirtschaftsausschuss zu bilden. Der Wirtschaftsausschuss hat die Aufgabe, wirtschaftliche Angelegenheiten mit dem Unternehmer zu beraten und den Betriebsrat zu unterrichten.

(2) Der Unternehmer hat den Wirtschaftsausschuss rechtzeitig und umfassend über die wirtschaftlichen Angelegenheiten des Unternehmens unter Vorlage der erforderlichen Unterlagen zu unterrichten, soweit dadurch nicht die Betriebs- und Geschäftsgeheimnisse des Unternehmens gefährdet werden, sowie die sich daraus ergebenden Auswirkungen auf die Personalplanung darzustellen. Zu den erforderlichen Unterlagen gehört in den Fällen des Absatzes 3 Nr. 9a insbesondere die Angabe über den potentiellen Erwerber und dessen Absichten im Hinblick auf die künftige Geschäftstätigkeit des Unternehmens sowie die sich daraus ergebenden Auswirkungen auf die Arbeitnehmer. Gleiches gilt, wenn im Vorfeld der Übernahme des Unternehmens ein Bieterverfahren durchgeführt wird.

(3) Zu den wirtschaftlichen Angelegenheiten im Sinne dieser Vorschrift gehören insbesondere

1. die wirtschaftliche und finanzielle Lage des Unternehmens;
2. die Produktions- und Absatzlage;
3. das Produktions- und Investitionsprogramm;
4. Rationalisierungsvorhaben;
5. Fabrikations- und Arbeitsmethoden, insbesondere die Einführung neuer Arbeitsmethoden;

5a. Fragen des betrieblichen Umweltschutzes;

6. die Einschränkung oder Stilllegung von Betrieben oder von Betriebsteilen;
7. die Verlegung von Betrieben oder Betriebsteilen;
8. der Zusammenschluss oder die Spaltung von Unternehmen oder Betrieben;
9. die Änderung der Betriebsorganisation oder des Betriebszwecks;

9a. die Übernahme des Unternehmens, wenn hiermit der Erwerb der Kontrolle verbunden ist, sowie

10. sonstige Vorgänge und Vorhaben, welche die Interessen der Arbeitnehmer des Unternehmens wesentlich berühren können.

§ 107 Bestellung und Zusammensetzung des Wirtschaftsausschusses

(1) Der Wirtschaftsausschuss besteht aus mindestens drei und höchstens sieben Mitgliedern, die dem Unternehmen angehören müssen, darunter mindestens einem Betriebsratsmitglied. Zu Mitgliedern des Wirtschaftsausschusses können auch die in § 5 Abs. 3 genannten Angestellten bestimmt werden. Die Mitglieder sollen die zur Erfüllung ihrer Aufgaben erforderliche fachliche und persönliche Eignung besitzen.
(2) Die Mitglieder des Wirtschaftsausschusses werden vom Betriebsrat für die Dauer seiner Amtszeit bestimmt. Besteht ein Gesamtbetriebsrat, so bestimmt dieser die Mitglieder des Wirtschaftsausschusses; die Amtszeit der Mitglieder endet in diesem Fall in dem Zeitpunkt, in dem die Amtszeit der Mehrheit der Mitglieder des Gesamtbetriebsrats, die an der Bestimmung mitzuwirken berechtigt waren, abgelaufen ist. Die Mitglieder des Wirtschaftsausschusses können jederzeit abberufen werden; auf die Abberufung sind die Sätze 1 und 2 entsprechend anzuwenden.
(3) Der Betriebsrat kann mit der Mehrheit der Stimmen seiner Mitglieder beschließen, die Aufgaben des Wirtschaftsausschusses einem Ausschuss des Betriebsrats zu übertragen. Die Zahl der Mitglieder des Ausschusses darf die Zahl der Mitglieder des Betriebsausschusses nicht überschreiten. Der Betriebsrat kann jedoch weitere Arbeitnehmer einschließlich der in § 5 Abs. 3 genannten leitenden Angestellten bis zur selben Zahl, wie der Ausschuss Mitglieder hat, in den Ausschuss berufen; für die Beschlussfassung gilt Satz 1. Für die Verschwiegenheitspflicht der in Satz 3 bezeichneten weiteren Arbeitnehmer gilt § 79 entsprechend. Für die Abänderung und den Widerruf der Beschlüsse nach den Sätzen 1 bis 3

sind die gleichen Stimmenmehrheiten erforderlich wie für die Beschlüsse nach den Sätzen 1 bis 3. Ist in einem Unternehmen ein Gesamtbetriebsrat errichtet, so beschließt dieser über die anderweitige Wahrnehmung der Aufgaben des Wirtschaftsausschusses; die Sätze 1 bis 5 gelten entsprechend.

§ 109 Beilegung von Meinungsverschiedenheiten

Wird eine Auskunft über wirtschaftliche Angelegenheiten des Unternehmens im Sinn des § 106 entgegen dem Verlangen des Wirtschaftsausschusses nicht, nicht rechtzeitig oder nur ungenügend erteilt und kommt hierüber zwischen Unternehmer und Betriebsrat eine Einigung nicht zustande, so entscheidet die Einigungsstelle. Der Spruch der Einigungsstelle ersetzt die Einigung zwischen Arbeitgeber und Betriebsrat. Die Einigungsstelle kann, wenn dies für ihre Entscheidung erforderlich ist, Sachverständige anhören; § 80 Abs. 4 gilt entsprechend. Hat der Betriebsrat oder der Gesamtbetriebsrat eine anderweitige Wahrnehmung der Aufgaben des Wirtschaftsausschusses beschlossen, so gilt Satz 1 entsprechend.

§ 109a Unternehmensübernahme

In Unternehmen, in denen kein Wirtschaftsausschuss besteht, ist im Fall des § 106 Abs. 3 Nr. 9a der Betriebsrat entsprechend § 108 Abs. 1 und 2 zu beteiligen; § 109 gilt entsprechend.

§ 110 Unterrichtung der Arbeitnehmer

(1) In Unternehmen mit in der Regel mehr als 1000 ständig beschäftigten Arbeitnehmern hat der Unternehmer mindestens einmal in jedem Kalendervierteljahr nach vorheriger Abstimmung mit dem Wirtschaftsausschuss oder den in § 107 Abs. 3 genannten Stellen und dem Betriebsrat die Arbeitnehmer schriftlich über die wirtschaftliche Lage und Entwicklung des Unternehmens zu unterrichten.

(2) In Unternehmen, die die Voraussetzungen des Absatzes 1 nicht erfüllen, aber in der Regel mehr als zwanzig wahlberechtigte ständige Arbeitnehmer beschäftigen, gilt Absatz 1 mit der Maßgabe, dass die Unterrichtung der Arbeitnehmer mündlich erfolgen kann. Ist in diesen Unternehmen ein Wirtschaftsausschuss nicht zu errichten, so erfolgt die Unterrichtung nach vorheriger Abstimmung mit dem Betriebsrat.

§ 111 Betriebsänderungen

In Unternehmen mit in der Regel mehr als zwanzig wahlberechtigten Arbeitnehmern hat der Unternehmer den Betriebsrat über geplante Betriebsänderungen, die wesentliche Nachteile für die Belegschaft oder erhebliche Teile der Belegschaft zur Folge haben können, rechtzeitig und umfassend zu unterrichten und die geplanten Betriebsänderungen mit dem Betriebsrat zu beraten. Der Betriebsrat kann in Unternehmen mit mehr als 300 Arbeitnehmern zu seiner Unterstützung einen Berater hinzuziehen; § 80 Abs. 4 gilt entsprechend; im Übrigen bleibt § 80 Abs. 3 unberührt. Als Betriebsänderung im Sinne des Satzes 1 gelten
1. Einschränkung und Stilllegung des ganzen Betriebs oder von wesentlichen Betriebsteilen,
2. Verlegung des ganzen Betriebs oder von wesentlichen Betriebsteilen,
3. Zusammenschluss mit anderen Betrieben oder die Spaltung von Betrieben,
4. grundlegende Änderungen der Betriebsorganisation, des Betriebszwecks oder der Betriebsanlagen,
5. Einführung grundlegend neuer Arbeitsmethoden und Fertigungsverfahren.

§ 112 Interessenausgleich über die Betriebsänderung, Sozialplan

(1) Kommt zwischen Unternehmer und Betriebsrat ein Interessenausgleich über die geplante Betriebsänderung zustande, so ist dieser schriftlich niederzulegen und vom Unternehmer und Betriebsrat zu unterschreiben. Das gleiche gilt für eine Einigung über den Ausgleich oder die Milderung der wirtschaftlichen Nachteile, die den Arbeitnehmern infolge der geplanten Betriebsänderung entstehen (Sozialplan). Der Sozialplan hat die Wirkung einer Betriebsvereinbarung. § 77 Abs. 3 ist auf den Sozialplan nicht anzuwenden.

(2) Kommt ein Interessenausgleich über die geplante Betriebsänderung oder eine Einigung über den Sozialplan nicht zustande, so können der Unternehmer oder der Betriebsrat den Vorstand der Bundesagentur für Arbeit um Vermittlung ersuchen, der Vorstand kann die Aufgabe auf andere Bedienstete der Bundesagentur für Arbeit übertragen. Erfolgt kein Vermittlungsersuchen oder bleibt der Vermittlungsversuch ergebnislos, so können der Unternehmer oder der Betriebsrat die Einigungsstelle anrufen. Auf Ersuchen des Vorsitzenden der Einigungsstelle nimmt ein Mitglied des Vorstands der Bundesagentur für Arbeit oder ein vom Vorstand der Bundesagentur für Arbeit benannter Bediensteter der Bundesagentur für Arbeit an der Verhandlung teil.

(3) Unternehmer und Betriebsrat sollen der Einigungsstelle Vorschläge zur Beilegung der Meinungsverschiedenheiten über den Interessenausgleich und den Sozialplan machen. Die Einigungsstelle hat eine Einigung der Parteien zu ver-

suchen. Kommt eine Einigung zustande, so ist sie schriftlich niederzulegen und von den Parteien und vom Vorsitzenden zu unterschreiben.
(4) Kommt eine Einigung über den Sozialplan nicht zustande, so entscheidet die Einigungsstelle über die Aufstellung eines Sozialplans. Der Spruch der Einigungsstelle ersetzt die Einigung zwischen Arbeitgeber und Betriebsrat.
(5) Die Einigungsstelle hat bei ihrer Entscheidung nach Absatz 4 sowohl die sozialen Belange der betroffenen Arbeitnehmer zu berücksichtigen als auch auf die wirtschaftliche Vertretbarkeit ihrer Entscheidung für das Unternehmen zu achten. Dabei hat die Einigungsstelle sich im Rahmen billigen Ermessens insbesondere von folgenden Grundsätzen leiten zu lassen:

1. Sie soll beim Ausgleich oder bei der Milderung wirtschaftlicher Nachteile, insbesondere durch Einkommensminderung, Wegfall von Sonderleistungen oder Verlust von Anwartschaften auf betriebliche Altersversorgung, Umzugskosten oder erhöhte Fahrtkosten, Leistungen vorsehen, die in der Regel den Gegebenheiten des Einzelfalles Rechnung tragen.
2. Sie hat die Aussichten der betroffenen Arbeitnehmer auf dem Arbeitsmarkt zu berücksichtigen. Sie soll Arbeitnehmer von Leistungen ausschließen, die in einem zumutbaren Arbeitsverhältnis im selben Betrieb oder in einem anderen Betrieb des Unternehmens oder eines zum Konzern gehörenden Unternehmens weiterbeschäftigt werden können und die Weiterbeschäftigung ablehnen; die mögliche Weiterbeschäftigung an einem anderen Ort begründet für sich allein nicht die Unzumutbarkeit.

2a. Sie soll insbesondere die im Dritten Buch des Sozialgesetzbuches vorgesehenen Förderungsmöglichkeiten zur Vermeidung von Arbeitslosigkeit berücksichtigen.

3. Sie hat bei der Bemessung des Gesamtbetrages der Sozialplanleistungen darauf zu achten, dass der Fortbestand des Unternehmens oder die nach Durchführung der Betriebsänderung verbleibenden Arbeitsplätze nicht gefährdet werden.

§ 112a Erzwingbarer Sozialplan bei Personalabbau, Neugründungen

(1) Besteht eine geplante Betriebsänderung im Sinne des § 111 Satz 3 Nr. 1 allein in der Entlassung von Arbeitnehmern, so findet § 112 Abs. 4 und 5 nur Anwendung, wenn

1. in Betrieben mit in der Regel weniger als 60 Arbeitnehmern 20 vom Hundert der regelmäßig beschäftigten Arbeitnehmer, aber mindestens 6 Arbeitnehmer,
2. in Betrieben mit in der Regel mindestens 60 und weniger als 250 Arbeitnehmern 20 vom Hundert der regelmäßig beschäftigten Arbeitnehmer oder mindestens 37 Arbeitnehmer,

3. in Betrieben mit in der Regel mindestens 250 und weniger als 500 Arbeitnehmern 15 vom Hundert der regelmäßig beschäftigten Arbeitnehmer oder mindestens 60 Arbeitnehmer,
4. in Betrieben mit in der Regel mindestens 500 Arbeitnehmern 10 vom Hundert der regelmäßig beschäftigten Arbeitnehmer, aber mindestens 60 Arbeitnehmer aus betriebsbedingten Gründen entlassen werden sollen. Als Entlassung gilt auch das vom Arbeitgeber aus Gründen der Betriebsänderung veranlasste Ausscheiden von Arbeitnehmern aufgrund von Aufhebungsverträgen.

(2) § 112 Abs. 4 und 5 findet keine Anwendung auf Betriebe eines Unternehmens in den ersten vier Jahren nach seiner Gründung. Dies gilt nicht für Neugründungen im Zusammenhang mit der rechtlichen Umstrukturierung von Unternehmen und Konzernen. Maßgebend für den Zeitpunkt der Gründung ist die Aufnahme einer Erwerbstätigkeit, die nach § 138 der Abgabenordnung dem Finanzamt mitzuteilen ist.

§ 113 Nachteilsausgleich

(1) Weicht der Unternehmer von einem Interessenausgleich über die geplante Betriebsänderung ohne zwingenden Grund ab, so können Arbeitnehmer, die infolge dieser Abweichung entlassen werden, beim Arbeitsgericht Klage erheben mit dem Antrag, den Arbeitgeber zur Zahlung von Abfindungen zu verurteilen; § 10 des Kündigungsschutzgesetzes gilt entsprechend.

(2) Erleiden Arbeitnehmer infolge einer Abweichung nach Absatz 1 andere wirtschaftliche Nachteile, so hat der Unternehmer diese Nachteile bis zu einem Zeitraum von zwölf Monaten auszugleichen.

(3) Die Absätze 1 und 2 gelten entsprechend, wenn der Unternehmer eine geplante Betriebsänderung nach § 111 durchführt, ohne über sie einen Interessenausgleich mit dem Betriebsrat versucht zu haben, und infolge der Maßnahme Arbeitnehmer entlassen werden oder andere wirtschaftliche Nachteile erleiden.

161

Schreiben an den Wirtschaftsausschuss zur Erlangung von Informationen

Der Betriebsrat der XY-GmbH Ort, Datum

An den
Wirtschaftsausschuss
Hauptverwaltung der XY-GmbH
Kollege/in ...

Informationen über Rationalisierungsvorhaben

Liebe Kollegin/Lieber Kollege ...,
der Betriebsrat der Zweigniederlassung .... hat in den letzten Tagen wiederholt Gerüchte vernommen, nach denen im genannten Bereich Rationalisierungsmaßnahmen größeren Ausmaßes von der Unternehmensleitung geplant sein sollen.
Da der Unternehmer gemäß § 106 Abs. 3 Nr. 4 BetrVG verpflichtet ist, den Wirtschaftsausschuss über Rationalisierungsvorhaben zu informieren und letzte Woche eine Wirtschaftsausschusssitzung stattgefunden hat, bitten wir euch, dem hiesigen Betriebsrat Informationen darüber zukommen zu lassen, ob die Gerüchte ernst zu nehmen sind. Vielleicht ist es auch möglich, dass du als Sprecher/in des Wirtschaftsausschusses einen mündlichen Bericht erstattest. Deshalb bist du zu unserer nächsten Betriebsratssitzung, die am .... um .... Uhr im Bürogebäude der Zweigniederlassung .... stattfindet, herzlich eingeladen.
In unser aller Interesse ist es wichtig, dass der Wirtschaftsausschuss der gewünschten Berichterstattung nachkommt. Für eure bzw. deine Mühe sagen wir bereits jetzt unseren besten Dank.

Mit freundlichen Grüßen

....
(Unterschrift
Betriebsratsvorsitzende/r)

Schreiben des Wirtschaftsausschusses an den Arbeitgeber zur Erlangung einer Auskunft 162

Der Wirtschaftsausschuss der XY-GmbH Ort, Datum

An die
Geschäftsleitung der XY-GmbH
...

Informationen über Rationalisierungsvorhaben und Restrukturierungsmaßnahmen

Sehr geehrte Damen und Herren,
der Betriebsrat des Werks .... hat uns darüber informiert, dass dort eine erhebliche Unruhe in der Arbeitnehmerschaft entstanden ist. Anlass hierfür sind Gerüchte, nach denen beabsichtigt sein soll, dort Rationalisierungs- und Restrukturierungsmaßnahmen größeren Umfangs durchzuführen.
Da Sie uns in unserer letzten Sitzung am .... keine Informationen über solche beabsichtigten Maßnahmen gegeben haben, gehen wir davon aus, dass diese Gerüchte jeder Grundlage entbehren.
Wir bitten Sie jedoch, in unserer nächsten Sitzung gemäß § 106 Abs. 2 Nr. 4 und 10 BetrVG einen umfassenden Überblick über alle geplanten Rationalisierungs- und Restrukturierungsmaßnahmen im Unternehmen zu geben. Als Termin für dieses Gespräch schlagen wir Ihnen den .... – .... Uhr vor. Sollte Ihnen die Einhaltung dieses Termins nicht möglich sein, bitten wir, uns kurzfristig einen anderen Vorschlag zu unterbreiten.
Wir sind sicher, dass es auch in Ihrem Interesse ist, dass wir Gerüchten und Spekulationen in der Belegschaft frühzeitig entgegentreten können. Das ist uns jedoch nur möglich, wenn wir umfassend und rechtzeitig von Ihnen über geplante Maßnahmen informiert werden.

Mit freundlichen Grüßen

....
(Unterschrift
Betriebsratsvorsitzende/r)

Schreiben an den/die Sprecher/in des Wirtschaftsausschusses zur Erlangung von Informationen

163 Der Betriebsrat der XY-GmbH Ort, Datum

An den
Wirtschaftsausschuss
Kollege/in . . . .

Wirtschaftsausschusssitzung am . . . .

Liebe Kollegin/lieber Kollege . . . .,
der Betriebsrat bittet dich, als Sprecher/in des Wirtschaftsausschusses in der am . . . . . . stattfindenden Sitzung mit der Geschäftsleitung die Punkte

1. Stilllegung des Reifenwerks in . . . .,
2. Rationalisierungsmaßnahmen im Unternehmen und
3. Auftragslage des Unternehmens

bevorzugt zu behandeln.
Einen Bericht erbitten wir am . . . . in unserer Betriebsratssitzung, damit wir uns rechtzeitig auf den Abschluss eines Sozialplans vorbereiten können.

Mit freundlichen Grüßen

. . . .
(Unterschrift
Betriebsratsvorsitzende/r)

Schreiben an einen leitenden Angestellten mit der Bitte um Mitarbeit im Wirtschaftsausschuss

Der Betriebsrat der XY-GmbH Ort, Datum 164
Frau/Herrn . . .
im Hause

Mitgliedschaft im Wirtschaftsausschuss

Sehr geehrte/r Frau/Herr . . .,
wie Sie wissen, wurde . . . . für unser Unternehmen ein Wirtschaftsausschuss gebildet, der aus sieben Mitgliedern besteht.
Da der Wirtschaftsausschuss die Aufgabe hat, wirtschaftliche Angelegenheiten mit dem Unternehmer zu beraten, legt der Betriebsrat großen Wert darauf, in betriebswirtschaftlichen Fragen versierte Arbeitnehmer des Betriebs in diesen Ausschuss zu entsenden.
Da der Kollege . . . . aus Altersgründen bereits am . . . aus dem Betrieb und damit aus dem Wirtschaftsausschuss ausgeschieden ist, muss ein neues Mitglied bestellt werden. Ihre Kenntnisse als Leiter/in des Rechnungswesens und Ihr ständiges Eintreten für die Belange der Arbeitnehmer haben den Betriebsrat veranlasst, in seiner Sitzung am . . . . zu beschließen, Sie für den frei gewordenen Platz vorzuschlagen.
Da Sie die erforderliche fachliche und persönliche Eignung gemäß § 107 Abs. 1 BetrVG besitzen, wäre der Betriebsrat dankbar, wenn Sie sich als Mitglied für den Wirtschaftsausschuss zur Verfügung stellen würden. Da auch leitende Angestellte zu Wirtschaftsausschussmitgliedern bestellt werden können, würde uns Ihre Zusage sehr freuen.
Wir hoffen auf eine weitere gute Zusammenarbeit und verbleiben

mit freundlichen Grüßen

. . . .
(Unterschrift
Betriebsratsvorsitzende/r)

Schreiben des/der Sprechers/in des Wirtschaftsausschusses an den Betriebsrat zur Beilegung von Meinungsverschiedenheiten

165 Der Wirtschaftsausschuss der XY-GmbH Ort, Datum

An den
Gesamtbetriebsrat der XY-GmbH
...

Auskunftsverlangen

Liebe Kolleginnen und Kollegen,
in den Wirtschaftsausschusssitzungen vom ...., ... und .... diesen Jahres wurde unsererseits immer wieder auf die Gerüchte hingewiesen, die im Zusammenhang mit der Stilllegung der Straßenbauabteilung bestehen. Die Unternehmensleitung hat jedoch permanent behauptet, dass an eine Stilllegung überhaupt nicht gedacht sei und somit für sie eine Auskunftspflicht entfalle. Wie wir aber beweisen können, werden derzeit z.B. Baugeräte, Lastkraftwagen und Bauunterkünfte zum Verkauf angeboten. Auch über diese Angelegenheiten hüllt sich die Unternehmensleitung in Schweigen und vertritt die Auffassung, dass sie darüber, selbst wenn es stimmen sollte, keine Informationen zu geben brauche.
Der Wirtschaftsausschuss bittet euch daher, die Unternehmensleitung aufzufordern, die Informationen nicht länger zurückzuhalten. Sollte sie den Informationsanspruch überhaupt verneinen, empfiehlt es sich, dass der Gesamtbetriebsrat die Einigungsstelle gemäß § 109 BetrVG anruft.
Nur so lassen sich nach unserer Auffassung die bestehenden Meinungsverschiedenheiten über die Auskunftspflicht des Unternehmers schnellstens beilegen.

Mit freundlichen Grüßen

....
(Unterschrift Sprecher/in des
Wirtschaftsausschusses)

Schreiben an den Arbeitgeber zur vorherigen Abstimmung des Berichts an die Arbeitnehmer zur wirtschaftlichen Lage und Entwicklung des Unternehmens

Der Betriebsrat der XY-GmbH Ort, Datum 166

An die
Geschäftsleitung der XY-GmbH
Im Hause

Vorherige Abstimmung des Berichts an die Arbeitnehmer

Sehr geehrte Damen und Herren,
wie wir bereits vereinbart haben, findet die nächste Betriebsversammlung am Donnerstag, dem . . . ., um . . . . Uhr statt.
Wie üblich ist als Tagesordnungspunkt 3 der Bericht über die wirtschaftliche Lage und Entwicklung des Unternehmens vorgesehen.
Da Sie den Bericht, der auf der letzten Betriebsversammlung gegeben wurde, nicht vorher mit uns abgestimmt haben, weisen wir vorsorglich nochmals auf die Einhaltung der Bestimmungen des § 110 Abs. 2 BetrVG hin. Gemäß § 110 Abs. 2 BetrVG hat auch die mündliche Unterrichtung durch den Arbeitgeber nach vorheriger Abstimmung mit dem Betriebsrat zu erfolgen.
Wir bitten Sie deshalb um einen Terminvorschlag, wann wir uns zu einer gemeinsamen Sitzung treffen können, um den Bericht abzustimmen.

Mit freundlichen Grüßen

. . . .
(Unterschrift
Betriebsratsvorsitzende/r)

Schreiben an den Arbeitgeber vor Abschluss über die Verhandlung eines Interessenausgleichs zwecks Unterlassung betriebsbedingter Maßnahmen

167 Der Betriebsrat der XY-GmbH Ort, Datum

An die
Geschäftsleitung der XY-GmbH

Unterlassung betriebsändernder Maßnahmen

Sehr geehrte Damen und Herren,
erneut legen Sie dem Betriebsrat zehn Kündigungsbegehren aus betrieblichen Gründen vor, nachdem wir bereits im vergangenen Jahr auf nunmehr 59 Mitarbeiter geschrumpft sind. Wiederum handelt es sich um einen einzigen Kündigungsgrund, nämlich die anhaltend schlechte Auftragslage des Betriebs.
Wir sehen, dass nicht alle beschäftigungssichernden Möglichkeiten (wie z.B. Kurzarbeit, Vermeidung struktureller Mehrarbeit, Arbeitszeitfragen etc.) diskutiert wurden, um betriebsbedingte Kündigungen zu vermeiden. Wie Sie sicherlich auch wissen, handelt es sich um eine Betriebsänderung nach § 111 BetrVG, da in unserem Betrieb nur 65 Mitarbeiter beschäftigt sind, so dass die Voraussetzung des § 111 Satz 3 Ziff. 1 BetrVG vorliegt.
Die Verhandlungen eines Interessenausgleichs machen aber nur dann Sinn, wenn der Betriebsrat nicht vor vollendete Tatsachen gestellt wird, so dass wir Sie bitten, uns bis morgen, 12:00 Uhr, mitzuteilen, dass Sie keinerlei betriebsändernde Maßnahmen – wie z. B. Aussprechen betriebsbedingter Beendigungskündigungen – vornehmen, bis die Verhandlungen zu einem Interessenausgleich abgeschlossen sind.
Sollte uns innerhalb der oben genannten Frist eine entsprechende Erklärung Ihrerseits nicht vorliegen, sieht sich der Betriebsrat gezwungen, gerichtliche Hilfe in Anspruch zu nehmen.
Wir sind jedoch überzeugt, dass Sie im Sinne einer guten Zusammenarbeit an einer einvernehmlichen Lösung des Problems interessiert sind.

Mit freundlichen Grüßen

....
(Unterschrift
Betriebsratsvorsitzende/r)

Schreiben an den Arbeitgeber zur Aufnahme von Verhandlungen über einen Interessenausgleich und Sozialplan

Der Betriebsrat der XY-GmbH Ort, Datum 168

An die
Geschäftsleitung der XY-GmbH
Im Hause

Beabsichtigte Stilllegung der Abteilung ....

Sehr geehrte Damen und Herren,
wie Sie dem Betriebsratsvorsitzenden am .... mündlich mitteilten, soll zum .... die oben genannte Betriebsabteilung stillgelegt werden. Rechtsirrig ist es, wenn die Geschäftsleitung nun annimmt, dass mit der mündlichen Unterrichtung alle betriebsverfassungsrechtlichen Pflichten firmenseitig erfüllt seien.
Der Betriebsrat muss im Interesse der von der Stilllegung betroffenen Arbeitnehmer auf dem Abschluss eines Interessenausgleichs und eines Sozialplans bestehen.
Die Vorstellungen des Betriebsrats, wie die wirtschaftlichen Nachteile der Arbeitnehmer ausgeglichen bzw. gemildert werden könnten, ergeben sich aus dem diesem Schreiben beigefügten Entwurf eines Interessenausgleichs nebst Sozialplan. Der Betriebsrat erwartet Ihre Stellungnahme bzw. ein Verhandlungsangebot innerhalb der nächsten 14 Tage, spätestens jedoch bis zum ....
An den Verhandlungen soll Frau/Herr Rechtsanwältin/Rechtsanwalt ... teilnehmen, ein gesondertes Schreiben nach § 80 Abs. 3 BetrVG (oder § 111 Satz 2 BetrVG) wird Ihnen zugehen/ist Ihnen bereits zugegangen.
Sollten wir auf diesen Brief keine Antwort erhalten, werden wir durch Ihr Verhalten gezwungen sein, das Scheitern der Verhandlungen zu erklären und die endgültige Regelung der Angelegenheit über die Einigungsstelle herbeizuführen.
Wir sind aber überzeugt davon, dass sich unsere als grundsätzlich gut zu bezeichnende Zusammenarbeit auch bei der Lösung des anstehenden Problems zeigen wird.

Mit freundlichen Grüßen

....
(Unterschrift
Betriebsratsvorsitzende/r)

Anlage: Entwürfe Interessenausgleich und Sozialplan

Vermittlungsversuch gegenüber der Bundesagentur für Arbeit

169 Der Betriebsrat der XY-GmbH — Ort, Datum

An die
Bundesagentur für Arbeit (Landesarbeitsämter)

Vermittlungsversuch zum Interessenausgleich nach § 112 Abs. 2 Satz 1 BetrVG

Sehr geehrte Damen und Herren,
hiermit bittet der Betriebsrat der ... um Vermittlung bei den Interessenausgleichsverhandlungen zwischen dem Betriebsrat und der Firma ...
Die Firma XY ist ein Dienstleistungsunternehmen im ... Sektor mit bundesweit ca. XY Beschäftigten (inkl. Arbeitnehmerüberlassung) in den Betrieben A und B. Das Unternehmen hat seinen Schwerpunkt im Bereich ...
Die Entscheidung des Arbeitgebers, auch das Kerngeschäft ... zu reduzieren, führt zu einem stillen Abbau von 50 % der Mitarbeiter im Betrieb in ...
Der Betriebsrat ist am ... darüber informiert worden, dass 50 % im Betrieb wegfallen.
Die Verhandlungen zum Interessenausgleich und Sozialplan haben am ... begonnen und wurden am ... vom Arbeitgeber zunächst mündlich, im Anschluss schriftlich für gescheitert erklärt.
Der Betriebsrat hat dem Arbeitgeber gemäß § 92a BetrVG Vorschläge zur Sicherung und Förderung der Beschäftigung gemacht, die bisher nicht beraten wurden.
Der Betriebsrat ersucht nunmehr die Bundesagentur um Vermittlung zu den Interessenausgleichsverhandlungen und bittet um entsprechende Terminvorschläge zur Teilnahme an den Beratungen in ... Zwecks Terminabsprache wenden Sie sich bitte an ...

Mit freundlichen Grüßen

....
(Unterschrift
Betriebsratsvorsitzende/r)

Schreiben an den Arbeitgeber zur Aufnahme von Sozialplanverhandlungen 170

Der Betriebsrat der XY-GmbH Ort, Datum

An die
Geschäftsleitung der XY-GmbH
...

Sozialplanverhandlungen

Sehr geehrte Damen und Herren,
erneut legten Sie dem Betriebsrat 17 Kündigungsbegehren aus betrieblichen Gründen vor. Wiederum handelt es sich um einen einzigen Kündigungsgrund, nämlich die anhaltend schlechte Auftragslage des Betriebs. Wir sehen ebenso wie Sie, dass eine vorübergehende Kurzarbeit der Belegschaft die strukturellen Probleme des Unternehmens nicht zu lösen vermag. Zu den Kündigungsbegehren haben wir uns bereits im Einzelnen in Form von Widersprüchen geäußert.
Der Betriebsrat ist jedoch der Auffassung, dass es sich hier um eine langfristig angelegte Betriebsänderung in Form eines einschneidenden stufenweisen Personalabbaus handelt.
Von bisher 420 Arbeitnehmern des Betriebs wurden bereits oder sollen insgesamt 97 Beschäftigte zu verschiedenen Zeitpunkten aus den gleichen Gründen entlassen werden. Dies waren oder sind
zum .... 25 Arbeitnehmer,
zum .... 35 Arbeitnehmer,
zum .... 20 Arbeitnehmer,
zum .... 17 Arbeitnehmer.
Das ergibt einen Personalabbau von insgesamt 23 Prozent.
Werden auch die Arbeitnehmer, die zum .... vorzeitig aus dem Arbeitsleben in den gesetzlichen Vorruhestand ausscheiden, hinzugerechnet, so ergibt sich eine Gesamtzahl der Belegschaft von 160 Personen oder 38 Prozent.
Der Personenkreis, der per Aufhebungsvertrag in diesem Zeitraum ausgeschieden ist, wird vom Betriebsrat auf weitere 12 Arbeitnehmer beziffert.
Allein der oben angeführte Personalabbau von 23 Prozent macht bereits einen Sozialplan nach § 112a BetrVG notwendig.
Wir fordern Sie hiermit auf, uns innerhalb der nächsten zehn Tage einen Terminvorschlag zur Aufnahme von Sozialplanverhandlungen zu unterbreiten.
Sollten Sie dazu nicht bereit sein, sieht sich der Betriebsrat gezwungen, die angestrebten Verhandlungen als gescheitert zu erklären und die Einigungsstelle nach § 112 Abs. 4 BetrVG anzurufen.

Wir sind jedoch überzeugt, dass Sie im Sinne einer guten Zusammenarbeit an einer einvernehmlichen Lösung des Problems interessiert sind.

Mit freundlichen Grüßen

....

(Unterschrift
Betriebsratsvorsitzende/r)

Anlagen: Entwürfe Interessenausgleich und Sozialplan

Schreiben an den Arbeitgeber zur wirtschaftlichen Vertretbarkeit der Sozialplanvorstellungen des Betriebsrats

Der Betriebsrat der XY-GmbH Ort, Datum 171

An die
Geschäftsleitung der XY-GmbH
Im Hause

Wirtschaftliche Vertretbarkeit

Sehr geehrte Damen und Herren,
nachdem nunmehr feststeht, dass Sie eine Betriebsänderung i. S. d. § 111 BetrVG planen, hatten wir Ihnen in der letzten Verhandlungssitzung unsere Vorstellungen zum Sozialplan und Sozialplanvolumen vorgestellt, wobei Sie darauf hinwiesen, dass das vom Betriebsrat geforderte Sozialplanvolumen nicht wirtschaftlich vertretbar ist i. S. d. § 112 Abs. 5 BetrVG.
Der Betriebsrat möchte sich nunmehr eingehend mit diesem Thema der wirtschaftlichen Vertretbarkeit mit seinem Wirtschaftsprüfer auseinandersetzen und bittet Sie hierfür um Ihre Stellungnahme zu den nachfolgenden Themen:

- Geplante Rückstellungen für die betriebsändernden Maßnahmen
- Erzielte Einsparungen durch die Betriebsänderung
- Ihre Vorstellungen zu einem Sanierungsplan
- Vermögensbilanz des Unternehmens
- Ertragskraft des Unternehmens auf geplante Ertragskraft für die nächsten zwei Jahre
- Vorhandenes Beteiligungs- und Anlagevermögen
- Notwendige Investitionen contra aufschiebbare Investitionen
- Bestandsgefährdung des Unternehmens

Mit freundlichen Grüßen

....
(Unterschrift
Betriebsratsvorsitzende/r)

XV. Straf- und Bußgeldvorschriften

Im Sechsten Teil des Betriebsverfassungsgesetzes werden die Straf- und Bußgeldvorschriften geregelt. Strafbewährt sind Straftaten gegen Betriebsverfassungsorgane und ihre Mitglieder, die Behinderung oder Beeinflussung der Wahlen, Behinderung oder Störung der Tätigkeit betriebsverfassungsrechtlicher Organe und die Benachteiligung oder Begünstigung der Mitglieder von betriebsverfassungsrechtlichen Organen sowie die Verletzung von Geheimnissen.
Die abschließend in § 119 Abs. 1 Nr. 1–3 BetrVG aufgeführten Straftaten und Ordnungswidrigkeiten werden alle nur auf Antrag verfolgt. Es findet keine Strafverfolgung von Amts wegen statt. Der Antrag ist gemäß § 158 StPO bei der Strafverfolgungsbehörde zu stellen. Die Frist zur Stellung eines Strafantrags, der bei der zuständigen Staatsanwaltschaft, dem Gericht oder einer Polizeidienststelle schriftlich oder zu Protokoll gestellt werden kann, beträgt drei Monate. Ohne rechtzeitigen Strafantrag entfällt eine Strafverfolgung. Antragsberechtigt sind der Betriebsrat, der Gesamtbetriebsrat, der Konzernbetriebsrat, die Wortvertretung, der Seebetriebsrat, die in § 3 Abs. 1 BetrVG bezeichneten Vertretungen der Arbeitnehmer, der Wahlvorstand, der Unternehmer oder eine im Betrieb vertretene Gewerkschaft.
Einen Strafantrag gemäß § 120 BetrVG bei Verletzung von Geheimnissen können hingegen nur der Verletzte selbst bzw. nach dessen Tod die Angehörigen bzw. Erben des Verletzten stellen, wenn das Geheimnis zum persönlichen Lebensbereich des Verletzten gehört. Eine Strafverschärfung tritt ein, wenn der Täter gegen Entgelt oder in der Absicht, sich persönliche Vorteile zu verschaffen bzw. dem Betrieb Schaden zuzufügen, gehandelt hat. Der Strafantrag erfolgt analog den Regelungen des § 119 BetrVG.
Strafbare Verhandlungen verjähren mit Ablauf von drei Jahren (vgl. § 78 Abs. 3 Nr. 5 StGB) seit dem Tag ihrer Beendigung. Eine Strafverfolgung ist nach Ablauf dieser Verjährungsfrist nicht mehr möglich. Der antragstellende Betriebsrat kann auch einen Rechtsanwalt mit der Stellung des Strafantrages beauftragen, der Arbeitgeber hat gemäß § 40 BetrVG die Kosten hierfür zu tragen.
Die bußgeldbewehrte Verletzung der Aufklärungs- oder Auskunftspflicht des Arbeitgebers ist in § 128 BetrVG geregelt und wird als Ordnungswidrigkeit ge-

ahndet. Diese Vorschriften dienen insbesondere der Durchsetzung von Informationsrechten des Betriebsrats. § 121 BetrVG nennt in einem abschließenden Katalog die Vorschriften des BetrVG, deren Verletzung mit einer Geldbuße bedroht ist:

- § 90 Abs. 1, Abs. 2 Satz 1 BetrVG: Unterrichtung- und Beratungsrechte bei der Planung von Neu-, Um- und Erweiterungsbauten, von technischen Anlagen, von Arbeitsverfahren und Arbeitsabläufen, von Arbeitsplätzen
- § 92 Abs. 1 Satz 1, Abs. 3 BetrVG: Unterrichtungsrechte bei der Personalplanung und bei Maßnahmen zur Gleichstellung von Frauen und Männern
- § 99 Abs. 1 BetrVG: Unterrichtungsrechte bei personellen Einzelmaßnahmen
- § 106 Abs. 2 BetrVG: Unterrichtung des Wirtschaftsausschusses
- § 108 Abs. 5 BetrVG: Erläuterung des Jahresabschlusses im Wirtschaftsausschuss
- § 110 BetrVG: Unterrichtung der Arbeitnehmer über die wirtschaftliche Lage und Entwicklung des Unternehmens
- § 111 BetrVG: Unterrichtung des Betriebsrats über geplante Betriebsänderungen

Zur Verfolgung dieser Tatbestände ist eine Ordnungswidrigkeitsanzeige zu stellen. Diese kann durch jedermann erfolgen, wobei es ratsam ist, eine Anzeige durch die im Betrieb vertretene Gewerkschaft oder den Betriebsrat, Gesamtbetriebsrat, Konzernbetriebsrat erfolgen zu lassen. Die Ordnungswidrigkeitsanzeige ist an die jeweils zuständige Verwaltungsbehörde zu stellen (z. B. Ministerien bzw. Senatoren für Arbeit bzw. die Behörde für Arbeit, Gesundheit und Soziales bzw. Regierungspräsidien bzw. Bezirksregierungen bzw. Städte, Gemeinde, Landkreise, Kreisverwaltungsbehörden bzw. Landratsamt/Bürgermeister).
Die Verfolgung von Ordnungswidrigkeiten liegt im pflichtgemäßen Ermessen der Behörde und verjährt zwei Jahre nach Begehung der Handlung. Die Höhe der verhängten Geldbuße beträgt höchstens € 10 000,–. Gegen den Bußgeldbescheid kann binnen einer Woche nach Zustellung schriftlich zur Niederschrift der Behörde, die den Bußgeldbescheid erlassen hat, Einspruch eingelegt werden. Dann entscheidet das Amtsgericht.

Gesetzestexte

Betriebsverfassungsgesetz

§ 119 Straftaten gegen Betriebsverfassungsorgane und ihre Mitglieder

(1) Mit Freiheitsstrafe bis zu einem Jahr oder mit Geldstrafe wird bestraft, wer

1. eine Wahl des Betriebsrats, der Jugend- und Auszubildendenvertretung, der Bordvertretung, des Seebetriebsrats oder der in § 3 Abs. 1 Nr. 1 bis 3 oder 5 bezeichneten Vertretungen der Arbeitnehmer behindert oder durch Zufügung oder Androhung von Nachteilen oder durch Gewährung oder Versprechen von Vorteilen beeinflusst,
2. die Tätigkeit des Betriebsrats, des Gesamtbetriebsrats, des Konzernbetriebsrats, der Jugend- und Auszubildendenvertretung, der Gesamt-Jugend- und Auszubildendenvertretung, der Konzern-Jugend- und Auszubildendenvertretung, der Bordvertretung, des Seebetriebsrats, der in § 3 Abs. 1 bezeichneten Vertretungen der Arbeitnehmer, der Einigungsstelle, der in § 76 Abs. 8 bezeichneten tariflichen Schlichtungsstelle, der in § 86 bezeichneten betrieblichen Beschwerdestelle oder des Wirtschaftsausschusses behindert oder stört oder
3. ein Mitglied oder ein Ersatzmitglied des Betriebsrats, des Gesamtbetriebsrats, des Konzernbetriebsrats, der Jugend- und Auszubildendenvertretung, der Gesamt-Jugend- und Auszubildendenvertretung, der Konzern-Jugend- und Auszubildendenvertretung, der Bordvertretung, des Seebetriebsrats, der in § 3 Abs. 1 bezeichneten Vertretungen der Arbeitnehmer, der Einigungsstelle, der in § 76 Abs. 8 bezeichneten Schlichtungsstelle, der in § 86 bezeichneten betrieblichen Beschwerdestelle oder des Wirtschaftsausschusses um seiner Tätigkeit willen oder eine Auskunftsperson nach § 80 Absatz 2 Satz 4 um ihrer Tätigkeit willen benachteiligt oder begünstigt.

(2) Die Tat wird nur auf Antrag des Betriebsrats, des Gesamtbetriebsrats, des Konzernbetriebsrats, der Bordvertretung, des Seebetriebsrats, einer der in § 3 Abs. 1 bezeichneten Vertretungen der Arbeitnehmer, des Wahlvorstands, des Unternehmers oder einer im Betrieb vertretenen Gewerkschaft verfolgt.

§ 120 Verletzung von Geheimnissen

(1) Wer unbefugt ein fremdes Betriebs- oder Geschäftsgeheimnis offenbart, das ihm in seiner Eigenschaft als

1. Mitglied oder Ersatzmitglied des Betriebsrats oder einer der in § 79 Abs. 2 bezeichneten Stellen,
2. Vertreter einer Gewerkschaft oder Arbeitgebervereinigung,
3. Sachverständiger, der vom Betriebsrat nach § 80 Abs. 3 hinzugezogen oder von der Einigungsstelle nach § 109 Satz 3 angehört worden ist,

3a. Berater, der vom Betriebsrat nach § 111 Satz 2 hinzugezogen worden ist,

3b. Auskunftsperson, die dem Betriebsrat nach § 80 Absatz 2 Satz 4 zur Verfügung gestellt worden ist, oder

4. Arbeitnehmer, der vom Betriebsrat nach § 107 Abs. 3 Satz 3 oder vom Wirtschaftsausschuss nach § 108 Abs. 2 Satz 2 hinzugezogen worden ist,

bekannt geworden und das vom Arbeitgeber ausdrücklich als geheimhaltungsbedürftig bezeichnet worden ist, wird mit Freiheitsstrafe bis zu einem Jahr oder mit Geldstrafe bestraft.

(2) Ebenso wird bestraft, wer unbefugt ein fremdes Geheimnis eines Arbeitnehmers, namentlich ein zu dessen persönlichen Lebensbereich gehörendes Geheimnis, offenbart, das ihm in seiner Eigenschaft als Mitglied oder Ersatzmitglied des Betriebsrats oder einer der in § 79 Abs. 2 bezeichneten Stellen bekannt geworden ist und über das nach den Vorschriften dieses Gesetzes Stillschweigen zu bewahren ist.

(3) Handelt der Täter gegen Entgelt oder in der Absicht, sich oder einen anderen zu bereichern oder einen anderen zu schädigen, so ist die Strafe Freiheitsstrafe bis zu zwei Jahren oder Geldstrafe. Ebenso wird bestraft, wer unbefugt ein fremdes Geheimnis, namentlich ein Betriebs- oder Geschäftsgeheimnis, zu dessen Geheimhaltung er nach den Absätzen 1 oder 2 verpflichtet ist, verwertet.

(4) Die Absätze 1 bis 3 sind auch anzuwenden, wenn der Täter das fremde Geheimnis nach dem Tode des Betroffenen unbefugt offenbart oder verwertet.

(5) Die Tat wird nur auf Antrag des Verletzten verfolgt. Stirbt der Verletzte, so geht das Antragsrecht nach § 77 Abs. 2 des Strafgesetzbuches auf die Angehörigen über, wenn das Geheimnis zum persönlichen Lebensbereich des Verletzten gehört; in anderen Fällen geht es auf die Erben über. Offenbart der Täter das Geheimnis nach dem Tode des Betroffenen, so gilt Satz 2 sinngemäß.

§ 121 Bußgeldvorschriften

(1) Ordnungswidrig handelt, wer eine der in § 90 Abs. 1, 2 Satz 1, § 92 Abs. 1 Satz 1 auch in Verbindung mit Abs. 3, § 99 Abs. 1, § 106 Abs. 2, § 108 Abs. 5, § 110 oder § 111 bezeichneten Aufklärungs- oder Auskunftspflichten nicht, wahrheitswidrig, unvollständig oder verspätet erfüllt.

(2) Die Ordnungswidrigkeit kann mit einer Geldbuße bis zu zehntausend Euro geahndet werden.

Arbeitszeitgesetz[1]

§ 22 Bußgeldvorschriften

(1) Ordnungswidrig handelt, wer als Arbeitgeber vorsätzlich oder fahrlässig

1. entgegen §§ 3, 6 Abs. 2 oder § 21a Abs. 4, jeweils auch in Verbindung mit § 11 Abs. 2, einen Arbeitnehmer über die Grenzen der Arbeitszeit hinaus beschäftigt,

---

1 Arbeitszeitgesetz (ArbZG) vom 6. Juni 1994 (BGBl. I S. 1170, 1171); zuletzt geändert durch Artikel 6 des Gesetzes vom 22. Dezember 2021 (BGBl. I S. 3334).

2. entgegen § 4 Ruhepausen nicht, nicht mit der vorgeschriebenen Mindestdauer oder nicht rechtzeitig gewährt,
3. entgegen § 5 Abs. 1 die Mindestruhezeit nicht gewährt oder entgegen § 5 Abs. 2 die Verkürzung der Ruhezeit durch Verlängerung einer anderen Ruhezeit nicht oder nicht rechtzeitig ausgleicht,
4. einer Rechtsverordnung nach § 8 Satz 1, § 13 Abs. 1 oder 2, § 15 Absatz 2a Nummer 2, § 21 Absatz 1 oder § 24 zuwiderhandelt, soweit sie für einen bestimmten Tatbestand auf diese Bußgeldvorschrift verweist,
5. entgegen § 9 Abs. 1 einen Arbeitnehmer an Sonn- oder Feiertagen beschäftigt,
6. entgegen § 11 Abs. 1 einen Arbeitnehmer an allen Sonntagen beschäftigt oder entgegen § 11 Abs. 3 einen Ersatzruhetag nicht oder nicht rechtzeitig gewährt,
7. einer vollziehbaren Anordnung nach § 13 Abs. 3 Nr. 2 zuwiderhandelt,
8. entgegen § 16 Abs. 1 die dort bezeichnete Auslage oder den dort bezeichneten Aushang nicht vornimmt,
9. entgegen § 16 Abs. 2 oder § 21a Abs. 7 Aufzeichnungen nicht oder nicht richtig erstellt oder nicht für die vorgeschriebene Dauer aufbewahrt oder
10. entgegen § 17 Abs. 4 eine Auskunft nicht, nicht richtig oder nicht vollständig erteilt, Unterlagen nicht oder nicht vollständig vorlegt oder nicht einsendet oder entgegen § 17 Abs. 5 Satz 2 eine Maßnahme nicht gestattet.

(2) Die Ordnungswidrigkeit kann in den Fällen des Absatzes 1 Nr. 1 bis 7, 9 und 10 mit einer Geldbuße bis zu dreißigtausend Euro, in den Fällen des Absatzes 1 Nr. 8 mit einer Geldbuße bis zu fünftausend Euro geahndet werden.

Strafantrag gegen den Arbeitgeber

Der Betriebsrat der XY-GmbH Ort, Datum 172

An die Staatsanwaltschaft
beim Landgericht
...

Strafantrag

des Betriebsrats der Firma ...., [Anschrift], dieser vertreten durch den Betriebsratsvorsitzenden ...., [Anschrift],

gegen

den Bauunternehmer ...., [Anschrift], wegen Behinderung bzw. Störung der Tätigkeit des Betriebsrats nach § 119 Abs. 1 Nr. 2 BetrVG.
Begründung:
Am .... wurde in dem oben genannten Betrieb ein Betriebsrat, bestehend aus drei Mitgliedern, gewählt. Seit diesem Zeitpunkt behindert der Bauunternehmer .... die Arbeit des Betriebsrats in gesetzwidriger Weise.
So wurden z. B. dem Betriebsratsvorsitzenden nur noch Hilfsarbeiten zugewiesen, obwohl er seit seiner abgeschlossenen Zimmererlehre nur mit Zimmererarbeiten betraut war. Die weiteren Betriebsratsmitglieder wurden ständig durch massive Einschüchterungsversuche vor einer Zusammenarbeit mit Herrn .... gewarnt. Alle diese Maßnahmen zeigen deutlich den Versuch, die Amtsführung des Betriebsrats zu behindern. Bislang blieben aber alle Störungen ohne den für den Unternehmer gewünschten Erfolg. Daher hat er sich nun in einem Brief, der allen Betriebsangehörigen persönlich zugestellt wurde, über Arbeit, Sinn und Zweck des Betriebsrats ausgelassen (siehe Anlage). Darin wird u. a. behauptet, dass die Betriebsratsmitglieder »Parasiten« seien, die auf Kosten der übrigen Arbeitnehmer »eine ruhige Kugel schieben wollen«. Weiterhin koste die Firma der »ganze Quatsch« 27 500 Euro jedes Jahr, und es sei »die Pleite« schon abzusehen. Wer seinen Arbeitsplatz aber behalten möchte, sollte mit Herrn .... gemeinsam den Betriebsrat »zum Teufel jagen«.
Nach diesem erneuten und massiven Druck gegen den Betriebsrat sieht dieser sich gezwungen, gegen Herrn .... Strafantrag nach § 119 Abs. 1 Nr. 2 BetrVG zu stellen.

Mit freundlichen Grüßen

....

(Unterschrift
Betriebsratsvorsitzende/r)

Anlage: Schreiben der Geschäftsleitung

Ordnungswidrigkeitsanzeige gegen den Arbeitgeber – 1. Alternative

173 Der Betriebsrat der XY-GmbH Ort, Datum

An den
Regierungspräsidenten
...

Ordnungswidrigkeitsanzeige

des Betriebsrats der Fa. ..., [Adresse], vertreten durch den Betriebsratsvorsitzenden .. ., [Adresse], gemäß § 121 BetrVG
wegen der dem Unternehmer obliegenden rechtzeitigen und umfassenden Unterrichtungspflicht gemäß § 111 BetrVG.
Begründung:
Der Inhaber der oben genannten Firma, Herr ...., wohnhaft: [Adresse], hat am ..... den Betriebsratsvorsitzenden .... zu sich ins Büro bestellt und erklärt, dass die Tiefbauabteilung, in der 78 Arbeitnehmer tätig sind, zum .... stillgelegt werde. Herr .... hielt Herrn .... vor, dass diese Information wohl nicht den Begriff der Rechtzeitigkeit erfülle und auch umfassender zu geschehen habe, wie es im § 111 des BetrVG niedergelegt worden sei.
Herr .... erklärte daraufhin, dass er erst am .... den Entschluss gefasst habe, die Tiefbauabteilung stillzulegen, weil seine Hausbank ein Kreditgesuch abschlägig beschieden habe und somit die Kurzfristigkeit dieser Maßnahme begründet sei.
Dem muss aber aus guten Gründen widersprochen werden, weil Herr .... bereits im vergangenen Jahr Maßnahmen vorgenommen hat, die eindeutig darauf hinweisen, dass es sich hierbei um eine längerfristig geplante Betriebsänderung handelt.
Folgende Maßnahmen sind von Bedeutung:

1. Es wurden seit dem ... keine Angebote für Tiefbauarbeiten mehr abgegeben.
   Beweis: Zeugnis des Kalkulators ... [Adresse]
2. Es wurden Lastkraftwagen und Baumaschinen, vor allem Bagger und Raupen, in der ...... Zeitung vom .... zum Verkauf angeboten.
   Beweis: beigelegter Zeitungsausschnitt
3. Es wurde das Bauhofgelände der Stadt .... am .... zum alsbaldigen Verkauf angeboten.
   Beweis: Zeugnis des Stadtkämmerers ... [Adresse]
4. Es wurden Arbeitnehmern Aufhebungsverträge per .... angeboten, um längerfristige Dienstverträge vorzeitig lösen zu können.
   Beweis: Zeugnis des Schachtmeisters ... [Adresse]

Aus den aufgezeigten Gründen bitten wir Sie, die Ordnungswidrigkeit zu ahnden.

Mit freundlichen Grüßen

....
(Unterschrift
Betriebsratsvorsitzende/r)

Ordnungswidrigkeitsanzeige gegen den Arbeitgeber – 2. Alternative 174

Der Betriebsrat der XY-GmbH Ort, Datum

An den
Regierungspräsidenten
...

Ordnungswidrigkeitsanzeige

des Betriebsrats der Fa. . . . [Adresse], vertreten durch den Betriebsratsvorsitzenden . . ., [Adresse], gemäß § 121 BetrVG
wegen Nichterfüllung der dem Unternehmer obliegenden Unterrichtungspflicht gemäß § 110 BetrVG.
Begründung:
Der Inhaber der Firma . . . ., Herr . . ., wohnhaft in . . . . [Adresse], hat seit dem 3. Quartal . . . . gegenüber der Belegschaft keinen Bericht mehr über die wirtschaftliche Lage und Entwicklung abgegeben.
Sowohl der Wirtschaftsausschuss als auch der Betriebsrat haben Herrn . . . . . . mehrfach schriftlich aufgefordert, die in jedem Kalendervierteljahr nach vorheriger Abstimmung mit dem Wirtschaftsausschuss und dem Betriebsrat gemäß § 110 BetrVG fällige Berichterstattung vorzunehmen. Die Mahnungen haben bislang keinen Erfolg gezeigt.
Beweis: Zeugnis des Sprechers des Wirtschaftsausschusses,
Herrn . . . ., [Adresse], und
des Betriebsratsvorsitzenden, Herrn . . . . [Adresse],
sowie drei Schreiben des Betriebsrats.
Aus den aufgezeigten Gründen bitten wir Sie, die Ordnungswidrigkeit zu ahnden.

Mit freundlichen Grüßen

. . . .
(Unterschrift
Betriebsratsvorsitzende/r)

175 **Ordnungswidrigkeitsanzeige gegen den Arbeitgeber – 3. Alternative**

Der Betriebsrat der XY-GmbH Ort, Datum

An den
Regierungspräsidenten
. . .

Ordnungswidrigkeitsanzeige

des Betriebsrats der Fa. . . . ., [Adresse], vertreten durch den Betriebsratsvorsitzenden . . ., [Adresse], gemäß § 121 BetrVG
wegen Verletzung der Pflichten des Arbeitgebers aus den §§ 99 und 100 BetrVG.
Begründung:
Der Inhaber der Firma . . . ., Herr . . . . ., wohnhaft: . . . . [Adresse], hat seit dem . . . . bereits in neun Fällen Einstellungen von Arbeitnehmern vorgenommen, ohne den Betriebsrat gemäß § 99 Abs. 1 BetrVG vorher gehört zu haben.
Der Betriebsrat hat jeweils sofort nach Kenntniserlangung den Arbeitgeber auf dessen rechtswidriges Verhalten hingewiesen. Herr . . . . erklärte jedoch, dass es sich bei allen personellen Maßnahmen in den zurückliegenden Monaten nur um vorläufige personelle Maßnahmen gemäß § 100 BetrVG gehandelt habe.
Der Hinweis des Betriebsrats, dass den Arbeitgeber auch hier eine *unverzügliche* Informationspflicht gemäß § 100 Abs. 2 BetrVG trifft, fand keine Beachtung.
Beweis: Zeugnis der Betriebsratsmitglieder
. . . . . . [Adresse]
. . . . . . [Adresse]
. . . . . . [Adresse]
Darüber hinaus wird die Einsicht in die Protokolle der Betriebsratssitzungen vom . . . . . ., ..., ... und . . . . angeboten.
Aus den aufgezeigten Gründen bitten wir Sie, die Ordnungswidrigkeiten zu ahnden.

Mit freundlichen Grüßen
. . . .
(Unterschrift
Betriebsratsvorsitzende/r)

Ordnungswidrigkeitsanzeige gegen den Arbeitgeber (Arbeitszeitverstoß und Restrukturierung) – 4. Alternative 176

Der Betriebsrat der XY-GmbH   Ort, Datum

An den
Regierungspräsidenten
...

Ordnungswidrigkeitsanzeige

des Betriebsrats der Fa. ... (Adresse) gemäß § 22 ArbZG wegen Verletzung der Pflichten des Arbeitgebers aus dem § 3 ArbZG
Begründung:
Am ... ist es zu einem Arbeitszeitverstoß gekommen, da in der Abteilung ... die Mitarbeiter ... länger als zehn Stunden gearbeitet haben. Dies ist dem Betriebsrat am ... bekannt geworden.
Die Betriebsparteien befinden sich in Interessenausgleichsverhandlungen, da der Arbeitgeber wegen Arbeitsmangel beabsichtigt, XY Mitarbeitern zu kündigen. Gleichwohl ist in der Abteilung ... so viel Arbeit vorhanden, dass es auch in der Vergangenheit schon dazu gekommen ist, dass länger als zehn Stunden gearbeitet wurde.
Der Betriebsrat hat mehrfach XY darauf hingewiesen, dass die 10-Stunden-Regelung in § 3 ArbZG einzuhalten ist, doch die Situation in der Abteilung ... änderte sich nicht.
Beweis: Zeugnis der Betriebsratsmitglieder
...... (Adresse)
...... (Adresse)
...... (Adresse)
Aus den aufgezeigten Gründen bitten wir Sie, die Ordnungswidrigkeit zu ahnden.

Mit freundlichen Grüßen
....
(Unterschrift
Betriebsratsvorsitzende/r)

Stichwortverzeichnis

D

E